Friedrich Engels

*

Die Lage der arbeitenden Klasse in England

„Das Werk ist heute ein Dokument der Zeitgeschichte – doch 1845 war es nicht weniger als eine Anklageschrift. Angesichts einer verarmten Unterschicht, die nicht einmal ihr Existenzminimus zu sichern vermochte, sah Engels im damaligen England nicht weniger als „sozialen Mord" am Werk und macht auch gleich den Täter aus: Die Großbourgeoisie mit ihren neu entdeckten Maschinen und dem kühnen Plan, Britannien zur Industriegroßmacht zu formen." *Redaktion Gröls-Verlag* (Edition I Werke der Weltliteratur)

Redaktionelle Hinweise und Impressum

Das vorliegende Werk wurde zugunsten der Authentizität sehr zurückhaltend bearbeitet. So wurden etwa ursprüngliche Rechtschreibfehler regelmäßig *nicht* behoben, denn kleine Unvollkommenheiten machen das Buch – wie im Übrigen den Menschen – erst authentisch. Mitunter wurden jedoch zum Beispiel Absätze behutsam neu getrennt, um den Lesefluss zu erleichtern.

Wir sind bemüht, ein ansprechendes Produkt zu gestalten, welches angemessenen Ansprüchen an das Preis/Leistungsverhältnis und vernünftigen Qualitätserwartungen gerecht wird. Um die Texte zu rekonstruieren, werden antiquarische Bücher von leistungsfähigen Lesegeräten gescannt und dann durch eine Software lesbar gemacht. Der so entstandene Text wird von Menschen gegen eine Aufwandsentschädigung gegengelesen und korrigiert – Hierbei können gelegentlich Fehler auftreten. Wenn Sie ebenfalls antiquarische Texte einreichen möchten, wenden Sie sich für weitere Informationen gerne an

www.groels.de

Informieren Sie sich dort auch gerne über die anderen Werke aus unserer

Edition I Bedeutende Werke der Weltliteratur

Sie werden es mit 95,041 %iger Wahrscheinlichkeit nicht bereuen.

Die Deutsche Nationalbibliothek verzeichnet dieses Werk in der Deutschen Nationalbibliografie.

Verleger: Marcel Hermann-Josef Gröls, Poelchaukamp 20, 22301 Hamburg.
Externer Dienstleister für Distribution und Herstellung: BoD, In de Tarpen 42, 22848 Norderstedt

Inhalt

An die arbeitenden Klassen Großbritanniens

Arbeiter!

Euch widme ich ein Werk, in dem ich den Versuch gemacht habe, meinen deutschen Landsleuten ein treues Bild eurer Lebensbedingungen, eurer Leiden und Kämpfe, eurer Hoffnungen und Perspektiven zu zeichnen. Ich habe lange genug unter euch gelebt, um einiges von euren Lebensumständen zu wissen; ich habe ihrer Kenntnis meine ernsteste Aufmerksamkeit gewidmet; ich habe die verschiedenen offiziellen und nichtoffiziellen Dokumente studiert, soweit ich die Möglichkeit hatte, sie mir zu beschaffen – ich habe mich damit nicht begnügt, mir war es um mehr zu tun als um die nurabstrakte Kenntnis meines Gegenstandes, ich wollte euch in euren Behausungen sehen, euch in eurem täglichen Leben beobachten, mit euch plaudern über eure Lebensbedingungen und Schmerzen, Zeuge sein eurer Kämpfe gegen die soziale und politische Macht eurer Unterdrücker. Ich verfuhr dabei so: Ich verzichtete auf die Gesellschaft und die Bankette, den Portwein und den Champagner der Mittelklasse und widmete meine Freistunden fast ausschließlich dem Verkehr mit einfachen Arbeitern; ich bin froh und stolz zugleich, so gehandelt zu haben. Froh, weil ich mir auf diese Weise manche frohe Stunde verschaffte, während ich gleichzeitig euer wirkliches Leben kennenlernte – manche Stunde, die sonst vertan worden wäre in konventionellem Geschwätz und langweiliger Etikette; stolz, weil mir dies Gelegenheit gab, einer unterdrückten und verleumdeten Klasse Gerechtigkeit widerfahren zu lassen, der bei allen ihren Fehlern und unter allen Nachteilen ihrer Lage eine englische Krämerseele die Achtung versagen wird; stolz auch, weil ich auf diese Weise in die Lage versetzt wurde, das englische Volk zu bewahren vor der wachsenden Verachtung, die auf dem Festland die unvermeidliche Konsequenz der brutal-eigennützigen Politik und überhaupt des Auftretens eurer herrschenden Mittelklasse gewesen ist.

Dank meiner gleichzeitigen umfassenden Gelegenheit zur Beobachtung der Mittelklasse, eures Gegners, bin ich sehr schnell zu dem Schluß gelangt, daß ihr im Recht, völlig im Recht seid, wenn ihr von ihnen keinerlei Hilfe erwartet. Ihre Interessen sind den euren diametral entgegengesetzt, obgleich sie immer versuchen werden, das Gegenteil zu behaupten und in euch den Glauben zu wecken an ihr herzlichstes Mitgefühl mit eurem Schicksal. Ihre Taten strafen sie Lügen. Ich hoffe mehr als genügendes Beweismaterial dafür erbracht zu haben, daß die Mittelklasse – was immer sie zu sagen beliebt – in Wirklichkeit kein anderes Ziel kennt, als sich durch eure Arbeit zu bereichern, solange sie deren Produkt verkaufen kann, und euch dem Hungertod zu überlassen, sobald sie aus diesem indirekten Handel mit Menschenfleisch keinen Profit schlagen kann. Was haben sie getan, um ihre vorgeblichen guten Absichten euch gegenüber zu beweisen? Haben sie euren Leiden jemals irgendwie ernste Beachtung geschenkt? Haben sie mehr getan, als die Kosten zu bewilligen für ein halbes Dutzend Untersuchungskommissionen, deren umfangreiche Berichte verurteilt sind, ewig unter Haufen von Makulatur auf den Regalen des Home Office (Ministerium des Innern) zu schlummern? Haben sie sich je dazu aufgeschwungen, aus ihren modernen Blaubüchern auch nur ein einziges lesbares Buch zusammenzustellen, das jedem die Möglichkeit geben würde, sich ohne Mühe einiges Material über die Lebenslage der großen Mehrheit der "freigebornen Briten" zu machen? Natürlich nicht, das sind Dinge, über die sie nicht zu sprechen lieben – sie überließen es einem Ausländer, der zivilisierten Welt über die entwürdigende Lage zu berichten, in der ihr zu leben gezwungen seid.

Ein Ausländer für sie, ich hoffe, nicht für euch. Mag auch mein Englisch nicht rein sein, so werdet ihr doch hoffentlich finden, daß es deutliches Englisch ist. Kein Arbeiter in England – nebenbei gesagt, auch in Frankreich nicht – hat mich je als Ausländer behandelt. Mit dem größten Vergnügen sah ich euer Freisein von dem verderblichen Fluch der nationalen Beschränktheit und der nationalen Überheblichkeit, die schließlich nichts ist als Egoismus im großen – ich beobachtete eure Sympathie mit jedem, der seine Kräfte ehrlich dem menschlichen Fortschritt widmet, ob er ein Engländer oder nicht – eure Bewunderung für alles Edle und Gute, ob auf eurem Heimatboden er wachsen oder nicht – ich fand, daß ihr mehr seid als nur Engländer Angehörige einer einzelnen, isolierten Nation ich fand, daß ihr Menschen seid, Angehörige der großen und internationalen Familie der Menschheit, die erkannt haben, daß ihre Interessen und die der ganzen menschlichen Rasse die gleichen sind, und als solche als Glieder dieser Familie der "einen und unteilbaren" Menschheit,als menschliche Wesen in der nachdrücklichsten Bedeutung des Wortes, als solche begrüßen ich und viele andere auf dem Festland eure Fortschritte in jeder Richtung und wünschen euch schnellen Erfolg. Vorwärts denn auf dem beschrittenen Wege. Vieles steht euch noch bevor; seid standhaft, laßt euch nicht entmutigen – euer Erfolg ist gewiß, und jeder einzelne Schritt vorwärts auf dem Wege, den ihr zu gehen habt, wird unserer gemeinsamen Sache dienen, der Sache der Menschheit!

Barmen (Rheinpreußen), 15. März 1845 Friedrich Engels

Vorwort

Die nachfolgenden Bogen behandeln einen Gegenstand, den ich anfangs nur als einzelnes Kapitel einer umfassenderen Arbeit über die soziale Geschichte Englands darstellen wollte, dessen Wichtigkeit mich jedoch bald nötigte, ihm eine selbständige Bearbeitung zu geben.

Die Lage der arbeitenden Klasse ist der tatsächliche Boden und Ausgangspunkt aller sozialen Bewegungen der Gegenwart, weil sie die höchste, unverhüllteste Spitze unsrer bestehenden sozialen Misere ist. Der französische und deutsche Arbeiterkommunismus sind direkt, der Fourierismus und der englische Sozialismus sowie der Kommunismus der deutschen gebildeten Bourgeoisie sind indirekt durch sie erzeugt. Einerseits, um den sozialistischen Theorien, andrerseits, um den Urteilen über ihre Berechtigung einen festen Boden zu geben, um allen Schwärmereien und Phantastereien pro et contra ein Ende zu machen, ist die Erkenntnis der proletarischen Zustände deshalb eine unumgängliche Notwendigkeit. Die proletarischen Zustände existieren aber in ihrer klassischen Form, in ihrer Vollendung nur im britischen Reich, namentlich im eigentlichen England; und zugleich ist nur in England das nötige Material so vollständig zusammengetragen und durch offizielle Untersuchungen konstatiert, als es zu einer irgendwie erschöpfenden Darstellung des Gegenstandes nötig ist.

Ich hatte während einundzwanzig Monaten Gelegenheit, das englische Proletariat, seine Bestrebungen, seine Leiden und Freuden in der Nähe aus persönlicher Anschauung und persönlichem Verkehr kennenzulernen und zugleich meine Anschauung durch den Gebrauch der nötigen authentischen Quellen zu ergänzen. Was ich gesehen, gehört und gelesen habe, ist in vor liegender Schrift verarbeitet. Ich bin darauf vorbereitet, meinen Standpunkt nicht nur, sondern auch die gegebenen Tatsachen von vielen Seiten her angegriffen zu sehen, besonders wenn mein Buch in die Hände von Engländern gerät; ich weiß ebensogut, daß man hier und da eine unbedeutende Unrichtigkeit, wie sie bei dem umfassenden Gegenstande und seinen weitläufigen Voraussetzungen selbst von einem Engländer nicht zu vermeiden wäre, wird um so eher nachweisen können, als selbst in England noch kein einziges Werk existiert, das wie das meinigealle Arbeiter behandelt; aber ich stehe keinen Augenblick an, die englische Bourgeoisie herauszufordern: mir auch nur bei einer einzigen Tatsache, die irgendwie von Bedeutung für den Standpunkt des Ganzen ist, eine Unrichtigkeit nachzuweisen – nachzuweisen mit ebenso authentischen Belegen, wie ich sie angeführt habe.

Für Deutschland insbesondere hat die Darstellung der klassischen Proletariatszustände des britischen Reichs – und namentlich im gegenwärtigen Augenblick – große Bedeutung. Der deutsche Sozialismus und Kommunismus ist mehr als jeder andre von theoretischen Voraussetzungen ausgegangen; wir deutschen Theoretiker kannten von der wirklichen Welt noch viel zu wenig, als daß uns die wirklichen Verhältnisse unmittelbar zu Reformen dieser "schlechten Wirklichkeit" hätten treiben sollen. Von den öffentlichen Vertretern solcher Reformen ist wenigstens fast kein einziger anders als durch die Feuerbachsche Auflösung der Hegelschen Spekulation zum Kommunismus gekommen. Die wirklichen Lebensumstände des Proletariats sind so wenig gekannt unter uns, daß selbst die wohlmeinenden "Vereine zur Hebung der arbeitenden Klassen", in denen jetzt unsre Bourgeoisie die soziale Frage mißhandelt, fortwährend von den lächerlichsten und abgeschmacktesten Meinungen über die Lage der Arbeiter ausgehen. Uns Deutschen vor allem tut eine Kenntnis der Tatsachen in dieser Frage not. Und wenn auch die proletarischen Zustände Deutschlands nicht zu der Klassizität ausgebildet sind wie die englischen, so haben wir doch im Grunde dieselbe soziale Ordnung, die über kurz oder lang auf dieselbe Spitze getrieben werden muß, welche sie jenseits der Nordsee bereits erlangt hat – falls nicht beizeiten die Einsicht der Nation Maßregeln zustande bringt, die dem ganzen sozialen System eine neue Basis geben. Dieselben Grundursachen, welche in England das Elend und die Unterdrückung des Proletariats bewirkt haben, sind in Deutschland ebenfalls vorhanden und müssen auf die Dauer dieselben Resultate erzeugen. Einstweilen wird aber das konstatierte englische Elend uns einen Anlaß bieten, auch unser deutsches Elend zu konstatieren, und einen Maßstab, woran wir seine Ausdehnung und die Größe der – in den schlesischen und böhmischen Unruhen zutage gekommenen – Gefahr können, welche von dieser Seite der unmittelbaren Ruhe Deutschlands droht.

Schließlich habe ich noch zwei Bemerkungen zu machen. Erstens, daß ich das Wort Mittelklasse fortwährend im Sinne des englischen middle-class (oder wie fast immer gesagt wird: middle-classes) gebraucht habe, wo es gleich dem französischen bourgeoisie die besitzende Klasse, speziell die von der sogenannten Aristokratie unterschiedene besitzende Klasse bedeutet – die Klasse, welche in Frankreich und England direkt und in Deutschland als "öffentliche Meinung" indirekt im Besitze der Staatsmacht ist. So habe ich auch die Ausdrücke: Arbeiter (working men) und Proletarier, Arbeiterklasse, besitzlose Klasse und Proletariat fortwährend als gleichbedeutend gebraucht. – Zweitens, daß ich bei den meisten Zitaten die Partei meiner Gewährsleute aus dem Grunde angeführt habe, weil fast durchgängig die Liberalen das Elend der Ackerbaudistrikte hervorzuheben, das der Fabrikdistrikte aber wegzuleugnen suchen, während umgekehrt die Konservativen die Not der Fabrikdistrikte anerkennen, aber von der der Ackerbaugegenden nichts wissen wollen. Aus dieser Ursache habe ich auch, wo mir offizielle Dokumente abgingen, in der Schilderung der Industriearbeiter immer einen liberalen Beleg vorgezogen, um die liberale Bourgeoisie aus ihrem eignen Munde zu schlagen, und überhaupt mich nur dann auf Tories oder Chartisten berufen, wenn ich entweder die Richtigkeit der Sache aus eigner Anschauung kannte oder von der Wahrheit der Aussage durch den persönlichen oder literarischen Charakter meiner Autoritäten überzeugt sein konnte.

Barmen, den 15. März 1845 F. Engels

Einleitung

Die Geschichte der arbeitenden Klasse in England beginnt mit der letzten Hälfte des vorigen Jahrhunderts, mit der Erfindung der Dampfmaschine und der Maschinen zur Verarbeitung der Baumwolle. Diese Erfindungen gaben bekanntlich den Anstoß zu einer industriellen Revolution, einer Revolution, die zugleich die ganze bürgerliche Gesellschaft umwandelte und deren weltgeschichtliche Bedeutung erst jetzt anfängt erkannt zu werden. England ist der klassische Boden dieser Umwälzung, die um so gewaltiger war, je geräuschloser sie vor sich ging, und England ist darum auch das klassische Land für die Entwicklung ihres hauptsächlichsten Resultates, des Proletariats. Das Proletariat kann nur in England in allen seinen Verhältnissen und nach allen Seiten hin studiert werden.

Wir haben es hier einstweilen nicht mit der Geschichte dieser Revolution, nicht mit ihrer ungeheuren Bedeutung für die Gegenwart und Zukunft zu tun. Diese Darstellung muß einer künftigen, umfassenderen Arbeit vorbehalten bleiben. Für den Augenblick müssen wir uns auf das wenige beschränken, das zum Verständnis der nachfolgenden Tatsachen, zum Verständnis der gegenwärtigen Lage der englischen Proletarier notwendig ist.

Vor der Einführung der Maschinen geschah die Verspinnung und Verwebung der Rohstoffe im Hause des Arbeiters. Frau und Töchter spannen Garn, das der Mann verwebte oder das sie verkauften, wenn der Familienvater nicht selbst es verarbeitete. Diese Weberfamilien lebten meist auf dem Lande, in der Nähe der Städte, und konnten mit ihrem Lohn ganz gut auskommen, da der heimische Markt noch für die Nachfrage nach Stoffen entscheidend, ja fast der einzige Markt war und die mit der Eroberung fremder Märkte, mit der Ausdehnung des Handels später hereinbrechende Übermacht der Konkurrenz noch nicht fühlbar auf den Arbeitslohn drückte. Dazu kam eine dauernde Steigerung der Nachfrage im heimischen Markt, die mit der langsamen Vermehrung der Bevölkerung Schritt hielt und also sämtliche Arbeiter beschäftigte, und dann die Unmöglichkeit einer heftigen Konkurrenz der Arbeiter gegeneinander, die aus der ländlichen Vereinzelung ihrer Wohnungen entstand. So kam es, daß der Weber meist imstande war, etwas zurückzulegen und sich ein kleines Grundstück zu pachten, das er in seinen Mußestunden – und deren hatte er so viele als er wollte, da er weben konnte, wann und wielange er Lust verspürte – bearbeitete. Freilich war er ein schlechter Bauer und betrieb seine Ackerwirtschaft nachlässig und ohne viel reellen Ertrag; aber er war doch wenigstens kein Proletarier, er hatte, wie die Engländer sagen, einen Pfahl in den Boden seines Vaterlandes eingeschlagen, er war ansässig und stand um eine Stufe höher in der Gesellschaft als der jetzige englische Arbeiter.

Auf diese Weise vegetierten die Arbeiter in einer ganz behaglichen Existenz und führten ein rechtschaffenes und geruhiges Leben in aller Gottseligkeit und Ehrbarkeit, ihre materielle Stellung war bei weitem besser als die ihrer Nachfolger; sie brauchten sich nicht zu überarbeiten, sie machten nicht mehr, als sie Lust hatten, und verdienten doch, was sie brauchten, sie hatten Muße für gesunde Arbeit in ihrem Garten oder Felde, eine Arbeit, die ihnen selbst schon Erholung war, und konnten außerdem noch an den Erholungen und Spielen ihrer Nachbarn teilnehmen; und alle diese Spiele, Kegel, Ballspiel usw., trugen zur Erhaltung der Gesundheit und zur Kräftigung ihres Körpers bei. Sie waren meist starke, wohlgebaute Leute, in deren Körperbildung wenig oder gar kein Unterschied von ihren bäurischen Nachbarn zu entdecken war. Ihre Kinder wuchsen in der freien Landluft auf, und wenn sie ihren Eltern bei der Arbeit helfen konnten, so kam dies doch nur dann und wann vor, und von einer acht- oder zwölfstündigen täglichen Arbeitszeit war keine Rede.

Was der moralische und intellektuelle Charakter dieser Klasse war, läßt sich erraten. Abgeschlossen von den Städten, in die sie nie hineinkamen, da das Garn und Gewebe an reisende Agenten gegen Auszahlung des Lohns abgeliefert wurde, so abgeschlossen, daß alte Leute, die ganz in der Nähe von Städten wohnten, doch nie hingingen, bis sie endlich durch die Maschinen ihres Erwerbs beraubt und gezwungen wurden, in den Städten sich nach Arbeit umzusehen, standen sie auf der moralischen und intellektuellen Stufe der Landleute, mit denen sie ohnehin noch durch ihre kleine Pachtung meistens unmittelbar verknüpft waren. Sie sahen ihren Squire – den bedeutendsten Grundherrn der Gegend – für ihren natürlichen Vorgesetzten an, sie frugen ihn um Rat, legten ihm ihre kleinen Zwiste zur Entscheidung vor und gaben ihm alle Ehre, die dies patriarchalische Verhältnis mit sich brachte. Sie waren "respektable" Leute und gute Familienväter, lebten moralisch, weil sie keine Veranlassung hatten, unmoralisch zu sein, da keine Schenken und liederlichen Häuser in ihrer Nähe waren, und weil der Wirt, bei dem sie dann und wann ihren Durst löschten, auch ein respektabler Mann und meist ein größer Pächter war, der auf gutes Bier, gute Ordnung und frühen Feierabend hielt. Sie hatten ihre Kinder den Tag über im Hause bei sich und erzogen sie in Gehorsam und der Gottesfurcht; das patriarchalische Familienverhältnis blieb ungestört, solange die Kinder noch nicht selbst verheiratet waren; die jungen Leute wuchsen in idyllischer Einfalt und Vertraulichkeit mit ihren Gespielen heran, bis sie heirateten, und wenn auch geschlechtlicher Verkehr vor der Ehe fast durchgängig vorkam, geschah dies doch nur, wo die moralische Verpflichtung zur Ehe von beiden Seiten anerkannt war, und die nachfolgende Heirat brachte alles wieder ins gleiche. Kurz, die damaligen englischen Industriearbeiter lebten und dachten auf dieselbe Weise, wie man es in Deutschland noch hie und da findet, in Abgeschlossenheit und Zurückgezogenheit, ohne geistige Tätigkeit und ohne gewaltsame Schwankungen in ihrer Lebenslage. Sie konnten selten lesen und noch viel weniger schreiben, gingen regelmäßig in die Kirche, politisierten nicht, konspirierten nicht, dachten nicht, ergötzten sich an körperlichen Übungen, hörten die Bibel mit angestammter Andacht vorlesen und vertrugen sich bei ihrer anspruchslosen Demut mit den angeseheneren Klassen der Gesellschaft ganz vortrefflich. Dafür aber waren sie auch geistig tot, lebten nur für ihre kleinlichen Privatinteressen, für ihren Webstuhl und ihr Gärtchen und wußten nichts von der gewaltigen Bewegung, die draußen durch die Menschheit ging. Sie fühlten sich behaglich in ihrem stillen Pflanzenleben und wären ohne die industrielle Revolution nie herausgetreten aus dieser allerdings sehr romantisch-gemütlichen, aber doch eines Menschen unwürdigen Existenz. Sie waren eben keine Menschen, sondern bloß arbeitende Maschinen im Dienst der wenigen Aristokraten, die bis dahin die Geschichte geleitet hatten; die industrielle Revolution hat auch nur die Konsequenz hiervon durchgesetzt, indem sie die Arbeiter vollends zu bloßen Maschinen machte und ihnen den letzten Rest selbständiger Tätigkeit unter den Händen wegnahm, sie aber eben dadurch zum Denken und zur Forderung einer menschlichen Stellung antrieb. Wie in Frankreich die Politik, so war es in England die Industrie und die Bewegung der bürgerlichen Gesellschaft überhaupt, die die letzten in der Apathie gegen allgemein menschliche Interessen versunkenen Klassen in den Strudel der Geschichte hineinriß.

Die erste Erfindung, die in der bisherigen Lage der englischen Arbeiter eine durchgreifende Veränderung hervorbrachte, war die Jenny des Webers James

Hargreaves zu Standhill bei Blackburn in Nord-Lancashire (1764). Diese Maschine war der rohe Anfang der späteren Mule und wurde mit der Hand in Bewegung gesetzt, hatte aber statt einer Spindel, wie das gewöhnliche Handspinnrad, deren sechzehn bis achtzehn, die von einem einzigen Arbeiter getrieben wurden. Hierdurch wurde es möglich, bedeutend mehr Garn zu liefern als bisher; während früher, wo ein Weber immer drei Spinnerinnen beschäftigt hielt, nie genug Garn dagewesen war und der Weber oft auf Garn hatte warten müssen, war jetzt mehr Garn da, als von den vorhandenen Arbeitern verwebt werden konnte. Die Nachfrage nach gewebten Zeugen, die ohnehin im Zuwachs war, stieg noch mehr durch den billigeren Preis dieser Zeuge, der aus den durch die neue Maschine erniedrigten Produktionskosten des Garns folgte; es waren mehr Weber nötig, und der Weblohn stieg. Jetzt, da der Weber mehr an seinem Stuhl verdienen konnte, ließ er seine Ackerbaubeschäftigung allmählich fallen und legte sich ganz aufs Weben. Um diese Zeit konnte eine Familie von vier Erwachsenen und zwei Kindern, die zum Spulen angehalten wurden, bei täglich zehnstündiger Arbeit vier Pfund Sterling – achtundzwanzig Taler preußisch Kurant – in der Woche verdienen, und oft noch mehr, wenn das Geschäft gut ging und die Arbeit drängte; es kam oft genug vor, daß ein einzelner Weber an seinem Stuhl wöchentlich zwei Pfund verdiente. Nach und nach verschwand so die Klasse der ackerbauenden Weber ganz und löste sich in die neuentstehende Klasse der bloßen Weber auf, die allein vom Arbeitslohn lebten, gar keinen Besitz, nicht einmal den Scheinbesitz einer Pachtung hatten und somit Proletarier (working men) wurden. Hierzu kam noch, daß auch das alte Verhältnis des Spinners zum Weber aufgehoben wurde. Bisher war, soweit dies anging, unter einem Dach das Garn gesponnen und verwoben worden. Jetzt, wo die Jenny ebensogut wie der Webstuhl eine kräftige Hand erforderte, fingen auch Männer an zu spinnen, und ganze Familien lebten von ihr allein, während andre wiederum das jetzt veraltete und überflügelte Spinnrad beiseite stellen und, wenn ihnen die Mittel zum Ankauf einer Jenny fehlten, allein von dem Webstuhl des Familienvaters leben mußten. Hiermit fing die in der späteren Industrie so unendlich ausgebildete Teilung der Arbeit beim Weben und Spinnen an. Während so schon mit der ersten noch sehr unvollkommnen Maschine das industrielle Proletariat sich entwickelte, gab dieselbe Maschine Anlaß zur Entstehung auch des Ackerbauproletariats. Bisher hatte es eine große Menge kleiner Grundeigentümer gegeben, die Yeomen genannt wurden und die in derselben Stille und Gedankenlosigkeit hinvegetiert hatten wie ihre Nachbarn, die ackerbauenden Weber. Sie bebauten ihre Fleckchen Land ganz in der alten nachlässigen Weise ihrer Väter und widersetzten sich jeder Neuerung mit der Hartnäckigkeit, die solchen durch eine Reihe von Generationen stabil gebliebenen Gewohnheitsmenschen eigentümlich ist. Unter ihnen gab es auch viele kleine Pächter, aber nicht Pächter im heutigen Sinne des Worts, sondern Leute, die entweder durch vertragsmäßige Erbpacht oder kraft alter Sitte ihr Fleckchen Land von ihren Vätern und Großvätern überkommen und darauf bisher so fest gesessen hatten, als ob es ihnen eigentümlich gehöre. Jetzt wurden, da sich die Industriearbeiter vom Ackerbau zurückzogen, eine Menge Grundstücke frei, und auf ihnen nistete sich die neue Klasse der großen Pächter ein, die fünfzig, hundert, zweihundert und mehr Morgen zusammen in Pacht nahmen, tenants-at-will waren, d.h. Pächter, deren Pacht jedes Jahr gekündigt werden konnte, und die nun durch besseren Ackerbau und großartigere Wirtschaft den Ertrag der Grundstücke zu steigern wußten. Sie konnten ihre Produkte wohlfeiler verkaufen als der kleine Yeoman, und diesem blieb nun, da sein Grundstück ihn nicht mehr ernährte, nichts übrig, als es zu verkaufen und entweder eine Jenny oder einen Webstuhl anzuschaffen oder sich als Tagelöhner, Ackerbauproletarier, bei dem großen Pächter zu verdingen. Seine angestammte Trägheit und die nachlässige Art der Bebauung seines Grundstücks, die er von seinen Vorfahren überkommen hatte und über die er sich nicht erheben konnte, ließen ihm nichts andres übrig, als er in die Notwendigkeit gesetzt wurde, gegen Leute zu konkurrieren, die ihre Pacht nach vernünftigeren Prinzipien und mit allen Vorteilen betrieben, die eine große Wirtschaft und die Anlage von Kapitalien in der Verbesserung des Bodens in die Hand geben.

Die Bewegung der Industrie blieb indes hierbei nicht stehen. Einzelne Kapitalisten fingen an, Jennys in großen Gebäuden aufzustellen und durch Wasserkraft zu treiben, wodurch sie in den Stand gesetzt wurden, die Arbeiterzahl verringern und ihr Garn wohlfeiler zu verkaufen als die einzelnen Spinner, die bloß mit der Hand die Maschine bewegten. Es fielen fortwährend Verbesserungen der Jenny vor, so daß jeden Augenblick eine Maschine veraltet war und verändert oder gar beiseite geworfen werden mußte; und wenn der Kapitalist durch Anwendung der Wasserkraft selbst mit älteren Maschinen noch bestehen konnte, so war dies dem einzelnen Spinner auf die Dauer unmöglich. Und wenn schon hierin der Anfang des Fabriksystems lag, so erhielt dies durch die Spinning-Throstle, die Richard Arkwright, ein Barbier ausPreston in Nord-Lancashire, 1767 erfand, eine neue Ausdehnung. Diese Maschine, im deutschen gewöhnlich Kettenstuhl genannt, ist neben der Dampfmaschine die wichtigste mechanische Erfindung des achtzehnten Jahrhunderts. Sie ist von vorn herein auf eine mechanische Triebkraft berechnet und auf ganz neuen Prinzipien basiert. Durch die Vereinigung der Eigentümlichkeiten der Jenny und des Kettenstuhls brachte Samuel

Crompton aus Firwood (Lancashire) 1785 die Mulezustande, und da Arkwright um dieselbe Zeit die Kardier- und Vorspinnmaschinen erfand, so war hierdurch für das Spinnen der Baumwolle das Fabriksystem zum allein herrschenden geworden. Allmählich fing man an, diese Maschinen durch einige unbedeutende Veränderungen auf das Spinnen der Wolle und später (im ersten Jahrzehnt dieses Jahrhunderts) auch des Flachses anwendbar zu machen und dadurch auch hier die Handarbeit zu verdrängen. Auch hierbei blieb es nicht; in den letzten Jahren des vorigen Jahrhunderts hatte Dr. Cartwright, ein Landpfarrer, denmechanischen Webstuhl erfunden und gegen 1804 so weit gebracht, daß er erfolgreich gegen die Handweber konkurrieren konnte; und alle diese Maschinen erhielten doppelte Wichtigkeit durch James Watts Dampfmaschine, die um 1764 erfunden und seit 1785 zur Betreibung von Spinnmaschinen angewandt worden war.

Mit diesen Erfindungen, die seitdem noch jedes Jahr verbessert wurden, war der Sieg der Maschinenarbeit über die Handarbeit in den Hauptzweigen der englischen Industrie entschieden, und die ganze Geschichte dieser letzteren berichtet von nun an nur, wie die Handarbeiter aus einer Position nach der andern durch die Maschinen vertrieben wurden. Die Folgen hiervon waren auf der einen Seite rasches Fallen der Preise aller Manufakturwaren, Aufblühen des Handels und der Industrie, Eroberung fast aller unbeschützten fremden Märkte, rasche Vermehrung der Kapitalien und des Nationalreichtums; auf der andern eine noch viel raschere Vermehrung des Proletariats, Zerstörung alles Besitzes, aller Sicherheit des Erwerbs für die arbeitende Klasse, Demoralisation, politische Aufregung und alle die den besitzenden Engländern so höchst widerwärtige Tatsachen, die wir in den nachfolgenden Bogen zu betrachten haben werden. Haben wir schon oben gesehen, welche Umwälzung in den gesellschaftlichen Verhältnissen der unteren Klassen eine einzige unbeholfene Maschine wie die Jenny hervorbrachte, so wird man sich nicht mehr über das wundern, was ein vollständig ineinandergreifendes System fein ausgearbeiteter Maschinerie bewirkt, welches das rohe Material von uns empfängt und uns fertiggewebten Stoff zurückgibt.

Verfolgen wir indes die Entwicklung (Im Original (1845) Verwicklung; (1892) Entwicklung) der englischen Industrie In den Jahren 1771 bis 1775 wurden im Durchschnitt jährlich weniger als fünf Millionen Pfund roher Baumwolle importiert, im Jahre 1841 achtundzwanzig Millionen, und die Einfuhr von 1844 wird mindestens sechshundert Millionen Pfund betragen. 1834 exportierte England 556 Millionen Yards gewebter Baumwollenstoffe, 76 1/2 Millionen Pfund Baumwollengarns und für 1 200 000 Pfd. St. baumwollene Strumpfwaren. In demselben Jahre arbeiteten über acht Millionen Mulespindeln, 110 000 mechanische und 250

000 Handwebstühle, ungerechnet die Kettenstuhlspindeln, im Dienst der Baumwollenindustrie, und nach MacCullochs Berechnung lebten damals direkt oder indirekt beinahe anderthalb Millionen Menschen in den drei Reichen von diesem Industriezweige, von denen 220 000 allein in den Fabriken arbeiteten; die Kraft, die von diesen Fabriken gebraucht wurde, war 33 000 Pferde Dampfkraft und 11 000 Pferde Wasserkraft. Jetzt reichen alle diese Zahlen bei weitem nicht mehr aus, und man wird ruhig annehmen können, daß im Jahre 1845 die Kraft und die Zahl der Maschinen sowie die Zahl der Arbeiter um die Hälfte größer sein wird als 1834.

Der Hauptsitz dieser Industrie ist Lancashire, von wo sie auch ausging; sie hat diese Grafschaft durch und durch revolutioniert, aus einem obskuren, schlecht bebauten Sumpf in eine belebte, arbeitsame Gegend umgeschaffen, ihre Bevölkerung in achtzig Jahren verzehnfacht und Riesenstädte wie Liverpool und Manchester mit zusammen 700 000 Einwohnern und ihre Nebenstädte Bolton (60 000 Einw.), Rochdale (75 000 Einw.), Oldham (50 000 Einw.), Preston (60 000 Einw.), Ashton und Stalybridge (40 000 Einw.) und eine ganze Masse andere Fabrikstädte wie mit einem Zauberschlage aus dem Boden wachsen lassen. Die Geschichte von Süd-Lancashire weiß von den größten Wundern der neueren Zeit, und doch spricht kein Mensch von ihr, und alle diese Wunder hat die Bauenwollenindustrie zuwege gebracht.

Außerdem bildet Glasgow ein zweites Zentrum für den Baumwollendistrikt Schottlands, Lanarkshire undRenfrewshire, und auch hier hat die Bevölkerung der Zentralstadt sich seit der Einführung dieser Industrie von 30 000 auf 300 000 vermehrt. Die Strumpfwirkerei von Nottingham und Derby erhielt durch die erniedrigten Garnpreise ebenfalls einen neuen Anstoß, und einen zweiten durch eine Verbesserung des Strumpfstuhls, wodurch mit einem Stuhl zwei Strümpfe zu gleicher Zeit gewebt werden konnten; die Spitzenfabrikation wurde seit 1777, in welchem Jahre die Lace-Maschine erfunden wurde, ebenfalls ein bedeutender Industriezweig; bald erfand Lindley die Point-net-Maschine und 1809 Heathcote die Bobbinet-Maschine, wodurch die Verfertigung von Spitzen unendlich vereinfacht und der Verbrauch infolge der billigen Preise ebensosehr gesteigert wurde, so daß jetzt mindestens 200 000 Menschen von dieser Fabrikation sich ernähren. Sie hat ihre Hauptsitze in Nottingham, Leicester und dem Westen von England (Wiltshire, Devonshire etc.). Dieselbe Ausdehnung haben die von der Baumwollenindustrie abhängigen Arbeitszweige, das Bleichen, Färben und Drucken, erfahren. Die Bleicherei erhielt durch die Anwendung von Chlor statt des Sauerstoffs in der Schnellbleiche, die Färberei und Druckerei durch die rasche Entwicklung der Chemie und die Druckerei durch eine Reihe der glänzendsten mechanischen Erfindungen außerdem noch einen Aufschwung, der neben der durch die Zunahme der Baumwollenfabrikation bedingten Ausdehnung dieser Geschäftsbranchen sie zu einer vorher nie gekannten Blüte erhob. In der Verarbeitung der Wolle entwickelte sich dieselbe Tätigkeit. Sie war bisher der Hauptzweig der englischen Industrie gewesen, aber die Masse der Produktion in jenen Jahren ist nichts gegen das, was heute fabriziert wird. 1782 lag die ganze Wollernte der vorhergehenden drei Jahre aus Mangel an Arbeitern noch unverarbeitet da und hätte liegenbleiben müssen, wenn nicht die neuerfundne Maschinerie zu Hülfe gekommen wäre und sie versponnen hätte. Die Übertragung dieser Maschinen auf die Wollspinnerei wurde mit dem besten Erfolg durchgeführt.

Jetzt trat in den Wollbezirken dieselbe rasche Entwicklung ein, die wir in den Baumwolldistrikten gesehen haben. 1738 waren im West Riding von Yorkshire 75 000 Stück wollne Tuche gemacht worden, 1817 wurden 490 000 gemacht, und so rasch war die Ausdehnung der Wollenindustrie, daß 1834 schon 450 000 Stück Tuche mehr ausgeführt wurden als 1825. 1801 wurden 101 Millionen Pfund Wolle (wovon 7 Millionen importierte) verarbeitet, 1835 180 Millionen Pfund (wovon 42 Millionen importierte). Der Hauptbezirk dieser Industrie ist das West Riding von Yorkshire, wo in Bradford namentlich die lange englische Wolle zu Strickgarnen etc., und in den übrigen Städten, Leeds, Halifax, Huddersfield etc., die kurze Wolle zu festgedrehten Garnen und zur Tuchweberei verarbeitet wird; dann der angrenzende Teil von Lancashire, die Gegend vonRochdale, wo neben der Baumwollverarbeitung viel Flanell gemacht wird, und der Westen von England, der die feinsten Tuche fabriziert. Der Zuwachs der Bevölkerung ist hier ebenfalls bemerkenswert:

Bradford	hatte 1801	29 000 und 1831	77 000 Einwohner
Halifax	hatte 1801	63 000 und 1831	110 000 Einwohner
Huddersfield	hatte 1801	15 000 und 1831	34 000 Einwohner
Leeds	hatte 1801	53 000 und 1831	123 000 Einwohner
und das ganze West Riding	hatte 1801	564 000 und 1831	980 000 Einwohner

eine Bevölkerung, die sich seit 1831 noch um mindestens 20 bis 25 Prozent vermehrt haben muß. Die Wollenspinnerei beschäftigte 1835 in den drei Reichen

1 313 Fabriken mit 71 300 Arbeitern – letztere sind übrigens nur ein kleiner Teil der Menge, die direkt und indirekt von der Verarbeitung der Wolle leben, und schließen fast alle Weber aus.

Der Fortschritt entwickelte sich in der Leinenindustrie später, weil hier die natürliche Beschaffenheit des rohen Materials die Anwendung der Spinnmaschine sehr erschwerte. Zwar wurden schon in den letzten Jahren des vorigen Jahrhunderts in Schottland derartige Versuche gemacht, indes erst 1810 gelang es dem Franzosen Girard, die Flachsspinnerei auf eine praktische Weise einzurichten, und selbst Girards Maschinen erlangten erst durch die Verbesserungen, die sie in England erfuhren, und ihre allgemeine Anwendung in Leeds, Dundee und Belfast auf britischem Boden die Bedeutung, die ihnen gebührte. Jetzt aber dehnte sich die englische Leinenindustrie rasch aus. 1814 wurden nach Dundee 3 000 Tons Flachs importiert (2), 1833 an 19 000 Tons Flachs und 3400 Tons Hanf. Die Ausfuhr irischer Leinen nach Großbritannien stieg von 32 Millionen Yards (1800) auf 53 Millionen (1825), von denen ein großer Teil wieder exportiert wurde, die Ausfuhr englischer und schottischer Leinengewebe stieg von 24 Millionen Yards (1820) auf 51 Millionen (1833). Die Zahl der Flachsspinnereien belief sich 1835 auf 347 mit 33 000 Arbeitern; davon waren die Hälfte im südlichen Schottland, über 60 im West Riding von Yorkshire (Leeds und Umgegend), 25 in Belfast in Irland und die übrigen in Dorsetshire und Lancashire. Die Weberei wird im südlichen Schottland und hier und da in England, besonders aber in Irland betrieben.

Mit gleichem Erfolge legten sich die Engländer auf die Verarbeitung der Seide. Hier bekamen sie das Material aus Südeuropa und Asien fertig gesponnen, und die Hauptarbeit war das Zusammendrehen der feinen Fäden (Tramieren).Bis 1824 hinderte der schwere Zoll auf Rohseide (4 Shilling per Pfund) die englische Seidenindustrie sehr, und nur der Markt Englands und seiner Kolonien stand ihr durch Schutzzölle zu Gebote. Jetzt wurde der Eingangszoll auf einen Penny herabgesetzt, und sogleich vermehrte sich die Zahl der Fabriken bedeutend; in einem Jahre stieg die Anzahl der Doublierspindeln von 780 000 auf 1 180 000, und wenn auch die Handelskrisis von 1825 diesen Industriezweig für einen Augenblick lähmte, so wurde doch schon 1827 mehr fabriziert als je, da das mechanische Geschick und die Erfahrung der Engländer ihren Tramiermaschinen den Vorrang vor den unbeholfenen Einrichtungen ihrer Konkurrenten sicherte. 1835 besaß das britische Reich 263 Tramierfabriken mit 30 000 Arbeitern, die meistens in Cheshire (Macclesfield,Congleton und Umgegend), Manchester und Somersetshire angelegt waren. Außerdem gibt es noch viele Fabriken zur Bearbeitung des Seidenabfalls von den Kokons, aus denen ein eigner Artikel (Spunsilk) gemacht wird und mit dem die Engländer selbst die Pariser und Lyoner Webereien versorgen. Das Verweben der so tramierten und gesponnenen Seide geschieht besonders in Schottland (Paisley usw.) und London (Spitalfields), dann aber auch in Manchester und anderswo.

Aber der riesenhafte Aufschwung, den die englische Industrie seit 1760 genommen hat, beschränkt sich nicht auf die Fabrikation der Kleidungsstoffe. Der Anstoß, der einmal gegeben war, verbreitete sich über alle Zweige der industriellen Tätigkeit, und eine Menge Erfindungen, die außer allem Zusammenhang mit den bisher erwähnten standen, erhielten durch ihre Gleichzeitigkeit mit der allgemeinen Bewegung doppelte Wichtigkeit. Zugleich aber wurde nun, nachdem die unermeßliche Bedeutung der mechanischen Kraft in der Industrie einmal praktisch erwiesen war, auch alles in Bewegung gesetzt, um diese Kraft nach allen Seiten hin auszubeuten (1892) zu benutzen) und zum Vorteile der einzelnen Erfinder und Fabrikanten auszubeuten; und überdies setzte die Frage nach Maschinerie, Brenn- und Verarbeitungsmaterial schon direkt eine Masse Arbeiter und Gewerbe in verdoppelte Tätigkeit. Die Dampfmaschine gab den weiten Kohlenlagern Englands erst Bedeutung; die Maschinenfabrikation entstand erst jetzt und mit ihr ein neues Interesse an den Eisenbergwerken, die das rohe Material für die Maschinen lieferten; die vermehrte Konsumtion der Wolle hob die englische Schafzucht, und die zunehmende Einfuhr von Wolle, Flachs und Seide rief eine Vergrößerung der englischen Handelsmarine hervor. Vor allem hob sich die Eisenproduktion. Die eisenreichen Berge Englands waren bisher wenig ausgebeutet worden; man hatte das Eisenerz stets mit Holzkohlen geschmolzen, die mit der besseren Bebauung des Bodens und der Ausrottung der Wälder der immer teurer und seltner wurden; im vorigen Jahrhundert erst fing man an, geschwefelte Steinkohlen (coke) hierzu anzuwenden, und seit 1780 entdeckte man eine neue Methode, das mit Koks geschmolzene Eisen, das bisher nur als Gußeisen zu gebrauchen gewesen war, auch in brauchbares Schmiedeeisen zu verwandeln. Diese Methode, die in der Entziehung des im Schmelzen dem Eisen sich beimischenden Kohlenstoffs besteht, nennen die Engländer puddling, und durch sie wurde der englischen Eisenproduktion ein ganz neues Feld eröffnet. Die Hochöfen wurden fünfzigmal größer gemacht als früher, man vereinfachte das Schmelzen des Eisens durch heiße Gebläse und konnte dadurch das Eisen so wohlfeil produzieren, daß eine Menge Dinge, die früher von Holz oder Stein gemacht worden waren, jetzt von Eisen angefertigt wurden. 1788 errichtete Thomas Paine, der bekannte Demokrat, in Yorkshire die erste eiserne Brücke, der eine Unzahl folgten, so daß jetzt fast alle Brücken, namentlich auf Eisenbahnen, von Gußeisen gemacht werden und in London sogar eine Brücke über die Themse, die Southwark-Brücke, von diesem Material konstruiert worden ist; eiserne Säulen, Gestelle der Maschinen usw. sind allgemein, und seit der Einführung der Gasbeleuchtung und Eisenbahnen sind der englischen Eisengewinnung neue Abzugsquellen eröffnet.

Nägel und Schrauben wurden allmählich auch mit Maschinen gemacht; Huntsman, ein Sheffielder, fand 1760 eine Methode, um Stahl zu gießen, wodurch viele Arbeit überflüssig gemacht und die Anfertigung ganz neuer, wohlfeiler Waren ermöglicht wurde; und durch die größere Reinheit des ihr zu Gebote stehenden Materials sowie durch vollkommnere Instrumente, neue Maschinerie und detailliertere Teilung der Arbeit wurde erst jetzt die Metallwarenproduktion von England bedeutend. Die Bevölkerung von Birmingham wuchs von 73 000 (1801) auf 200 000 (1844), die von Sheffield von 46 000 (1801) auf 110 000 (1844), und der Kohlenverbrauch der letzteren Stadt allein belief sich 1836 auf 515 000 Tons. 1805 wurden 4 300 Tons Eisenwaren und 4 600 Tons Roheisen, 1834 16 200 Tons Eisenwaren und 107 000 Tons Roheisen exportiert, und die ganze Eisengewinnung, 1740 nur noch 17 000 Tons betragend, stieg 1834 auf beinahe 700 000 Tons. Die Schmelzung des Roheisens konsumierte allein jährlich über 3 Millionen Tons Kohlen, und welche Wichtigkeit überhaupt die Kohlenbergwerke im Laufe der letzten sechzig Jahre bekommen haben, davon kann man sich keine Vorstellung machen. Alle englischen und schottischen Kohlenlager werden jetzt ausgebeutet, und die Gruben Northumberland und Durham allein liefern jährlich über 5 Millionen Tons zur Verschiffung und beschäftigen 40 000 bis 50 000 Arbeiter. Nach dem "Durham Chronicle" waren in den beiden genannten Grafschaften

1753	14 Kohlengruben
1800	40 Kohlengruben
1836	76 Kohlengruben
und 1843	130 Kohlengruben

im Betrieb. Dabei werden alle Gruben jetzt mit viel mehr Tätigkeit ausgebeutet als früher. Eine ähnliche vermehrte Tätigkeit wurde in den Zinn-, Kupfer- und Bleibergwerken angewendet, und neben der Ausdehnung der Glasfabrikationentstand ein neuer Industriezweig in der Anfertigung der Töpferwaren, die durch Josiah Wedgwood um 1763 Bedeutung erhielt. Dieser reduzierte die ganze Fabrikation des Steinguts auf wissenschaftliche Prinzipien, führte einen besseren Geschmack ein und gründete die Töpfereien (potteries) von Nord-Staffordshire, einen Bezirk von acht englischen Meilen im Quadrat, der, früher eine unfruchtbare Wüste, jetzt mit Fabriken und Wohnungen besät ist und über 60000 Menschen ernährt.

In diesen allgemeinen Strudel der Bewegung wurde alles hineingerissen. Der Ackerbau erlitt ebenfalls einen Umschwung. Und nicht nur, daß, wie wir oben sahen, das Grundeigentum in die Hände anderer Besitzer und Bebauer überging, sondern auch auf andre Weise noch wurde der Ackerbau affiziert. Die großen Pächter wandten Kapital an die Verbesserung des Bodens, rissen unnötige Scheidewände nieder, legten trocken, düngten, wandten bessere Instrumente an und führten eine systematische Abwechselung der Bebauung (cropping by rotation) ein. Auch ihnen half der Fortschritt der Wissenschaften; Sir H. Davy wandte die Chemie mit Erfolg auf den Ackerbau an, und die Entwicklung der Mechanik gab ihnen eine Menge Vorteile an die Hand. Dazu stieg infolge der vermehrten Bevölkerung die Nachfrage nach Ackerbauprodukten so sehr, daß von 1760 bis 1834 6 840 540 englische Morgen wüstes Land urbar gemacht wurden und trotzdem England aus einem kornausführenden Lande ein korneinführendes wurde.

Dieselbe Tätigkeit in der Herstellung der Kommunikation (1892) Kommunikationen). Von 1818 bis 1829 wurden in England und Wales 1000 englische Meilen Chausseen von der gesetzlichen Breite von 60 Fuß angelegt und fast alle alten nach MacAdams Prinzip erneuert. In Schottland legte die Behörde der öffentlichen Arbeiten seit 1803 an neunhundert Meilen Chaussee und über tausend Brücken an, wodurch in den Hochlanden das Volk mit einem Male in die Nähe der Zivilisation gebracht wurde. Die Hochländer waren bisher meist Wilddiebe und Schmuggler gewesen; jetzt wurden sie fleißige Ackerbauer und Handwerker, und obwohl gälische Schulen zur Erhaltung der Sprache errichtet worden sind, verschwindet gälisch-keltische Sitte und Sprache rasch vor dem Anrücken der englischen Zivilisation. Ebenso in Irland. Zwischen den Grafschaften Cork, Limerick und Kerry lag bisher ein wüster Landstrich ohne alle fahrbaren Wege, der wegen seiner Unzugänglichkeit der Zufluchtsort aller Vererbrecher und der Hauptschutz der keltisch-irischen Nationalität in Südirland war; man durchschnitt ihn mit Landstraßen und eröffnete dadurch der Zivilisation Zugänge auch in diese wilde Gegend. Das ganze britische Reich, namentlich aber England, das vor sechzig Jahren ebenso schlechte Wege besaß wie damals Deutschland und Frankreich, ist jetzt mit einem Netze der schönsten Chausseen überzogen, und auch diese sind, wie fast alles in England, das Werk der Privatindustrie, da der Staat wenig oder gar nichts dazu getan hat.

Vor 1755 hatte England fast gar keine Kanäle, 1755 wurde in Lancashire der Kanal von Sankey Brook nach St. Helensangelegt: und 1759 baute James Brindley den ersten bedeutenden Kanal, den des Herzogs von Bridgewater, der vonManchester und den Kohlenbergwerken der Umgegend nach der Mündung des Mersey geht und bei Barton in einem Aquädukt über den Fluß Irwell geführt wird. Von hier an datiert sich das englische Kanalwesen, dem erst Brindley Wichtigkeit gegeben hat. Jetzt wurden Kanäle nach allen Richtungen hin angelegt und Flüsse schiffbar gemacht. InEngland allein sind 2 200 Meilen Kanal und 1 800 Meilen schiffbarer Flüsse; in Schottland wurde der kaledonische Kanal,der das Land quer durchschneidet, und in Irland ebenfalls verschiedene Kanäle angelegt. Auch diese Anlagen sind, wie die Eisenbahnen und Chausseen, fast alle das Werk von Privatleuten und Kompagnien.

Die Eisenbahnen sind erst in der neuesten Zeit angelegt. Die erste größere war die von Liverpool nach Manchester(1830 eröffnet); seitdem sind alle großen Städte miteinander durch Schienenwege verbunden worden. London mit Southampton, Brighton, Dover, Colchester, Cambridge, Exeter (über Bristol) und Birmingham; Birmingham mit Gloucester, Liverpool, Lancaster (über Newton und Wigan und über Manchester und Bolton), ferner mit Leeds (über Manchester und Halifax und über Leicester, Derby und Sheffield); Leeds mit Hull und Newcastle (über York). Dazu die vielen kleineren, die im Bau begriffenen und projektierten Linien, die es bald möglich machen werden, von Edinburgh nach London in einem Tage zu reisen.

Wie der Dampf die Kommunikation zu Lande revolutioniert hatte, so gab er auch der zu Wasser ein neues Ansehen. Das erste Dampfschiff fuhr 1807 auf dem Hudson in Nordamerika; das erste im britischen Reich 1811 auf dem Clyde. Seitdem sind über sechshundert in England gebaut worden, und über fünfhundert waren 1836 in britischen Häfen in Tätigkeit.

Das ist in kurzem die Geschichte der englischen Industrie in den letzten sechzig Jahren, eine Geschichte, die ihresgleichen nicht hat in den Annalen der Menschheit. Vor sechzig, achtzig Jahren ein Land wie alle andern, mit kleinen Städten, wenig und einfacher Industrie und einer dünnen, aber ver- hältnismäßig großen Ackerbaubevölkerung; und jetzt ein Land wie kein anderes, mit einer Hauptstadt von drittehalb Millionen Einwohnern, mit kolossalen Fabrikstädten, mit einer Industrie, die die ganze Welt versorgt und die fast alles mit den kompliziertesten Maschinen macht, mit einer fleißigen, intelligenten, dichtgesäten Bevölkerung, von der zwei Drittel durch die Industrie (In den englischen Ausgaben von 1887 und 1892 "... trade and commerce (Industrie und Handel)") in Anspruch genommen werden und die aus ganz andern Klassen besteht, ja, die eine ganz andre Nation mit andern Sitten und andern Bedürfnissen bildet als damals. Die industrielle Revolution hat für England dieselbe Bedeutung wie die politische Revolution für Frankreich und die philosophische für Deutschland, und der Abstand zwischen dem England von 1760 und dem von 1844 ist mindestens ebenso groß wie der zwischen dem Frankreich des ancien régime und dem der Julirevolution. Die wichtigste Frucht aber dieser industriellen Umwälzung ist das englische Proletariat.

Wir haben oben gesehen, wie das Proletariat durch die Einführung der Maschinen ins Leben gerufen wurde. Die rasche Ausdehnung der Industrie erforderte Hände; der Arbeitslohn stieg, und infolgedessen wanderten Scharen von Arbeitern aus den Ackerbaubezirken nach den Städten. Die Bevölkerung vermehrte sich reißend, und fast aller Zuwachs kam auf die Klasse der Proletarier. Dazu war in Irland erst seit dem Anfange des achtzehnten Jahrhunderts ein geordneter Zustand eingetreten; auch hier vermehrte sich die in den früheren Unruhen durch englische Barbarei mehr als dezimierte Bevölkerung schnell, besonders seitdem der Aufschwung der Industrie anfing, eine Menge Irländer nach England herüberzuziehen. So entstanden die großen Fabrik- und Handelsstädte des britischen Reichs, in denen mindestens drei Viertel der Bevölkerung der Arbeiterklasse angehören und die kleine Bourgeoisie nur aus Krämern und sehr, sehr wenigen Handwerkern besteht. Denn wie die neue Industrie erst dadurch bedeutend wurde, daß sie die Werkzeuge in Maschinen, die Werkstätten in Fabriken – und dadurch die arbeitende Mittelklasse in arbeitendes Proletariat, die bisherigen Großhändler in Fabrikanten verwandelte; wie also schon hier die kleine Mittelklasse verdrängt und die Bevölkerung auf den Gegensatz von Arbeitern und Kapitalisten reduziert wurde, so geschah dasselbe, außer dem Gebiet der Industrie im engeren Sinne, in den Handwerken und selbst im Handel. An die Stelle der ehemaligen Meister und Gesellen traten große Kapitalisten und Arbeiter, die nie Aussicht hatten, sich über ihre Klasse zu erheben; die Handwerke wurden fabrikmäßig betrieben, die Teilung der Arbeit streng durchgeführt und die kleinen Meister, die gegen die großen Etablissements nicht konkurrieren konnten, in die Klasse der Proletarier herabgedrängt. Zu gleicher Zeit aber wurde dem Arbeiter durch die Aufhebung des bisherigen Handwerksbetriebs, durch die Vernichtung der kleinen Bourgeoisie alle Möglichkeit genommen, selbst Bourgeois zu werden. Bisher hatte er immer die Aussicht gehabt, sich als ansässiger Meister irgendwo niederlassen, später vielleicht Gesellen annehmen zu können, jetzt aber, wo die Meister selbst durch die Fabrikanten verdrängt, wo zum selbständigen Betrieb einer Arbeit große Kapitalien nötig wurden, wurde das Proletariat erst eine wirkliche, feste Klasse der Bevölkerung, während es früher oft nur ein Durchgang in die Bourgeoisie war. Wer jetzt als Arbeiter geboren wurde, hatte keine andere Aussicht, als lebenslang Proletarier zu bleiben. Jetzt also erst war das Proletariat imstande, selbständige Bewegungen vorzunehmen.

Auf diese Weise wurde die ungeheure Masse von Arbeitern zusammengebracht, die jetzt das ganze britische Reich erfüllt und deren soziale Lage sich mit jedem Tage der Aufmerksamkeit der zivilisierten Welt mehr und mehr aufdrängt.

Die Lage der arbeitenden Klasse, das heißt die Lage der ungeheuren Majorität des englischen Volks, die Frage: Was soll aus diesen besitzlosen Millionen werden, die heute das verzehren, was sie gestern verdient haben, die mit ihren Erfindungen und ihrer Arbeit Englands Größe geschaffen haben, die täglich ihrer Macht sich mehr und mehr bewußt werden und täglich dingender ihren Anteil an den Vorteilen der gesellschaftlichen Einrichtungen verlangen – diese Frage ist seit der Reformbill die nationale Frage geworden. Alle einigermaßen wichtigen Parlamentsdebatten lassen sich auf sie reduzieren; und wenn auch die englische Mittelklasse es sich bis jetzt nicht gestehen will, wenn sie dieser großen Frage auch auszuweichen und sich ihre besondern Interessen als die wahrhaft nationalen hinzustellen sucht, so hilft ihr das doch gar nichts. Mit jeder Parlamentssession gewinnt die arbeitende Klasse Terrain, verlieren die Interessen der Mittelklassen an Bedeutung, und obwohl die Mittelklasse die Hauptmacht, ja die einzige Macht des Parlaments ist, so war doch die letzte Session 1844 eine fortwährende Debatte über Arbeiterverhältnisse (die Armenbill, die Fabrikenbill, die Bill über das Verhältnis von Herren und Dienern), und Thomas Duncombe, der Vertreter der Arbeiterklasse im Unterhause, war der große Mann der Session, während die liberale Mittelklasse mit ihrer Motion wegen Abschaffung der Korngesetze und die radikale Mittelklasse mit ihrem Antrag auf Steuerverweigerung eine jämmerliche Rolle spielten. Selbst die Debatten über Irland waren im Grunde nur Debatten über die Lage des irischen Proletariats und die Mittel, ihm aufzuhelfen. Es ist aber auch hohe Zeit, daß die englische Mittelklasse den nicht bittenden, sondern drohenden und fordernden Arbeitern Konzessionen macht, denn in kurzem möchte es zu spät sein.

Aber bei alledem will die englische Mittelklasse und namentlich die fabrizierende, die aus der Not der Arbeiter sich direkt bereichert, nichts von dieser Not wissen. Sie, die sich als die mächtige, die Nation repräsentierende Klasse fühlt, schämt sich, den wunden Fleck Englands den Augen der Welt bloßzulegen; sie will es sich nicht gestehen, daß die Arbeiter elend sind, weil sie, die besitzende, industrielle Klasse, die moralische Verantwortlichkeit für dieses Elend tragen müßte. Daher das spöttische Gesicht, was die gebildeten Engländer – und nur diese, das heißt die Mittelklasse, kennt man auf dem Kontinent – was die gebildeten Engländer aufzusetzen pflegen, wenn man von der Lage der Arbeiter zu sprechen anfängt; daher die totale Unwissenheit über alles, was die Arbeiter angeht, bei der ganzen Mittelklasse; daher die lächerlichen Böcke, die diese Klasse in und außer dem Parlament schießt, wenn die Verhältnisse des Proletariats zur Sprache kommen; daher die lächelnde Sorglosigkeit, in der sie auf einem Boden lebt, der unter ihren Füßen ausgehöhlt ist und jeden Tag einstürzen kann, und dessen baldiger Einsturz so sicher ist wie irgendein mathematisches oder mechanisches Gesetz; daher das Wunder, daß die Engländer noch kein einziges vollständiges Buch über die Lage ihrer Arbeiter besitzen, obwohl sie nun schon seit wer weiß wie vielen Jahren daran herumuntersuchen und herumflicken. Daher aber auch der tiefe Groll der ganzen Arbeiterklasse von Glasgow bis London gegen die Reichen, von denen sie systematisch ausgebeutet und dann gefühllos ihrem Schicksal überlassen wird – ein Groll, der über nicht gar zu lange – man kann sie fast berechnen – in einer Revolution ausbrechen muß, gegen die die erste französische und das Jahr 1794 ein Kinderspiel sein wird.

Anmerkungen F. E.:

(1) Nach Porters "(The) Progress of the Nation" (Der Fortschritt der Nation), London, 1836 I vol., 1838 II vol., 1843 III vol. (aus offiziellen Angaben) und anderen meist ebenfalls offiziellen Quellen. – (1892) Die obige geschichtliche Skizze der industriellen Umwälzung ist in Einzelheiten ungenau, es lag aber 1843/44 kein besseres Quellenmaterial vor.

(2) Das englische Ton ist ein Gewicht von 2 240 Pfund englisch, (1892) fast 1 000 Kilogramm.

Die großen Städte

So eine Stadt wie London, wo man stundenlang wandern kann, ohne auch nur an den Anfang des Endes zu kommen, ohne dem geringsten Zeichen zu begegnen, das auf die Nähe des platten Landes schließen ließe, ist doch ein eigen Ding. Diese kolossale Zentralisation, diese Anhäufung von dritthalb Millionen Menschen auf einem Punkt hat die Kraft dieser dritthalb Millionen verhundertfacht; sie hat London zur kommerziellen Hauptstadt der Welt erhoben, die riesenhaften Docks geschaffen und die Tausende von Schiffen versammelt, die stets die Themse bedecken. Ich kenne nichts Imposanteres als den Anblick, den die Themse darbietet, wenn man von der See nach London Bridge hinauffährt. Die Häusermassen, die Werfte auf beiden Seiten, besonders von Woolwich aufwärts, die zahllosen Schiffe an beiden Ufern entlang, die sich immer dichter und dichter zusammenschließen und zuletzt nur einen schmalen Weg in der Mitte des Flusses frei lassen, einen Weg, auf dem hundert Dampfschiffe aneinander vorüberschießen – das alles ist so großartig, so massenhaft, daß man gar nicht zur Besinnung kommt und daß man vor der Größe Englands staunt, noch ehe man englischen Boden betritt. (1)

Aber die Opfer, die alles das gekostet hat, entdeckt man erst später. Wenn man sich ein paar Tage lang auf dem Pflaster der Hauptstraßen herumgetrieben, sich mit Mühe und Not durch das Menschengewühl, die endlosen Reihen von Wagen und Karren durchgeschlagen, wenn man die "schlechten Viertel" der Weltstadt besucht hat, dann merkt man erst, daß diese Londoner das beste Teil ihrer Menschheit aufopfern mußten, um alle die Wunder der Zivilisation zu vollbringen, von denen ihre Stadt wimmelt, daß hundert Kräfte, die in ihnen schlummerten, untätig blieben und unterdrückt wurden, damit einige wenige sich voller entwickeln und durch die Vereinigung mit denen anderer multipliziert werden konnten. Schon das Straßengewühl hat etwas Widerliches, etwas, wogegen sich die menschliche Natur empört. Diese Hunderttausende von allen Klassen und aus allen Ständen, die sich da aneinander vorbeidrängen, sind sie nicht alleMenschen mit denselben Eigenschaften und Fähigkeiten und mit demselben Interesse, glücklich zu werden? und haben sie nicht alle ihr Glück am Ende doch durch ein und dieselben Mittel und Wege zu erstreben? Und doch rennen sie aneinander vorüber, als ob sie gar nichts gemein, gar nichts miteinander zu tun hätten, und doch ist die einzige Übereinkunft zwischen ihnen die stillschweigende, daß jeder sich auf der Seite des Trottoirs hält, die ihm rechts liegt, damit die beiden aneinander vorbeischießenden Strömungen des Gedränges sich nicht gegenseitig aufhalten; und doch fällt es keinem ein, die andern auch nur eines Blickes zu würdigen. Die brutale Gleichgültigkeit, die gefühllose Isolierung jedes einzelnen auf seine Privatinteressen tritt um so widerwärtiger und verletzender hervor, je mehr diese einzelnen auf den kleinen Raum zusammengedrängt sind; und wenn wir auch wissen, daß diese Isolierung des einzelnen, diese bornierte Selbstsucht überall das Grundprinzip unserer heutigen Gesellschaft ist, so tritt sie doch nirgends so schamlos unverhüllt, so selbstbewußt auf als gerade hier in dem Gewühl der großen Stadt. Die Auflösung der Menschheit in Monaden, deren jede ein apartes Lebensprinzip und einen aparten Zweck hat, die Welt der Atome ist hier auf ihre höchste Spitze getrieben.

Daher kommt es denn auch, daß der soziale Krieg, der Krieg Aller gegen Alle, hier offen erklärt ist. Wie Freund Stirner sehen die Laute einander nur für brauchbare Subjekte an; jeder beutet den andern aus, und es kommt dabei heraus, daß der Stärkere den Schwächeren unter die Füße tritt und daß die wenigen Starken, das heißt die Kapitalisten, alles an sich reißen, während den vielen Schwachen, den Armen, kaum das nackte Leben bleibt.

Und was von London gilt, das gilt auch von Manchester, Birmingham und Leeds, das gilt von allen großen Städten. Überall barbarische Gleichgültigkeit, egoistische Härte auf der einen und namenloses Elend auf der andern Seite, überall sozialer Krieg, das Haus jedes einzelnen im Belagerungszustand, überall gegenseitige Plünderung unter dem Schutz des Gesetzes, und das alles so unverschämt, so offenherzig, daß man vor den Konsequenzen unseres gesellschaftlichen Zustandes, wie sie hier unverhüllt auftreten, erschrickt und sich über nichts wundert als darüber, daß das ganze tolle Treiben überhaupt noch zusammenhält.

Da in diesem sozialen Kriege das Kapital, der direkte oder indirekte Besitz der Lebensmittel und Produktionsmittel, die Waffe ist, mit der gekämpft wird, so ist es einleuchtend, daß alle Nachteile eines solchen Zustandes auf den Armen fallen. Kein Mensch kümmert sich um ihn; hineingestoßen in den wirren Strudel, muß er sich durchschlagen, so gut er kann. Wenn er so glücklich ist, Arbeit zu bekommen, d.h. wenn die Bourgeoisie ihm die Gnade antut, sich durch ihn zu bereichern, so wartet seiner ein Lohn, der kaum hinreicht, Leib und Seele zusammenzuhalten; bekommt er keine Arbeit, so kann er stehlen, falls er die Polizei nicht fürchtet, oder verhungern, und die Polizei wird auch hierbei Sorge tragen, daß er auf eine stille, die Bourgeoisie nicht verletzende Weise verhungert. Während meiner Anwesenheit in England sind wenigstens zwanzig bis dreißig Menschen unter den empörendsten Umständen direkt Hungers gestorben, und bei der Totenschau fand sich selten eine Jury, die den Mut hatte, dies geradezu auszusprechen. Die Zeugenaussagen mochten noch so klar, noch so unzweideutig sein – die Bourgeoisie, aus der die Jury gewählt war, fand immer eine Hintertür, durch die sie dem schrecklichen Verdikt: Hungers gestorben, entgehen konnte. Die Bourgeoisie darf in diesen Fällen die Wahrheit aber nicht sagen, sie spräche ja ihr eigen Urteil aus. Aber auch indirekt sind viele – noch viel mehr als direkt – Hungers gestorben, indem der anhaltende Mangel zureichender Lebensmittel tödliche Krankheiten hervorrief und so seine Opfer hinwegraffte; indem er sie so schwächte, daß gewisse Umstände, die sonst ganz glücklich abgelaufen wären, notwendig schwere Krankheiten und den Tod herbeiführten. Die englischen Arbeiter nennen das sozialen Mord und klagen die ganze Gesellschaft an, daß sie fortwährend dies Verbrechen begehe. Haben sie unrecht?

Allerdings verhungern immer nur einzelne – aber welche Garantie hat der Arbeiter, daß er nicht morgen auch an die Reihe kommt? Wer sichert ihm seine Stellung? Wer leistet ihm Gewähr, daß, wenn er morgen von seinem Brotherrn aus irgendeinem Grund oder Ungrund entlassen wird, er sich mit den Seinigen so lange durchschlägt, bis er einen andern findet, der ihm "Brot gibt"? Wer verbürgt dem Arbeiter, daß der gute Wille zur Arbeit hinreichend ist, um Arbeit zu bekommen, daß Ehrlichkeit, Fleiß, Sparsamkeit, und wie die vielen von der weisen Bourgeoisie ihm empfohlenen Tugenden alle heißen, für ihn wirklich der Weg zum Glücke sind? Niemand. Er weiß, daß er heute etwas hat und daß es nicht von ihm selbst abhängt, ob er morgen auch noch etwas hat; er weiß, daß jeder Wind, jede Laune des Arbeitgebers, jede schlechte Handelskonjunktur ihn in den wilden Strudel zurückstoßen kann, aus dem er sich temporär gerettet hat und in dem es schwer, oft unmöglich ist, oben zu bleiben. Er weiß, daß, wenn er heute leben kann, es sehr ungewiß ist, ob er dies auch morgen kann.

Gehen wir indes zu einer detaillierteren Untersuchung des Zustandes über, in den der soziale Krieg die besitzlose Klasse versetzt. Sehen wir, was für Lohn denn eigentlich die Gesellschaft dem Arbeiter für seine Arbeit in Wohnung, Kleidung und Nahrung erstattet, welch eine Existenz sie denen gewährt, die das meiste zur Existenz der Gesellschaft beitragen; nehmen wir zuerst die Wohnungen vor.

Jede große Stadt hat ein oder mehrere "schlechte Viertel", in denen sich die arbeitende Klasse zusammendrängt. Oft freilich wohnt die Armut in versteckten Gäßchen dicht neben den Palästen der Reichen; aber im allgemeinen hat man ihr ein apartes Gebiet angewiesen, wo sie, aus den Augen der glücklicheren Klassen verbannt, sich mit sich selbst durchschlagen mag, so gut es geht. Diese schlechten Viertel sind in England in allen Städten ziemlich egal eingerichtet – die schlechtesten Häuser in der schlechtesten Gegend der Stadt; meist zweistöckige oder einstöckige Ziegelgebäude in langen Reihen, möglicherweise mit bewohnten Kellerräumen und fast überall unregelmäßig angelegt. Diese Häuschen von drei bis vier Zimmern und einer Küche werden Cottages genannt und sind in ganz England – einige Teile von London ausgenommen – die allgemeinen Wohnungen der arbeitenden Klasse. Die Straßen selbst sind gewöhnlich ungepflastert, höckerig, schmutzig, voll vegetabilischen und animalischen Abfalls, ohne Abzugskanäle oder Rinnsteine, dafür aber mit stehenden, stinkenden Pfützen versehen. Dazu wird die Ventilation durch die schlechte, verworrene Bauart des ganzen Stadtviertels erschwert, und da hier viele Menschen auf einem kleinen Raume leben, so kann man sich leicht vorstellen, welche Luft in diesen Arbeiterbezirken herrscht. Die Straßen dienen überdies bei schönem Wetter als Trockenplatz; es werden von Haus zu Haus Leinen quer herüber gespannt und mit nasser Wäsche behangen.

Nehmen wir einige dieser schlechten Viertel durch. Da ist zuerst London werden soll. Dies St. Giles liegt mitten im bevölkertsten Teile der Stadt, umgeben von glänzenden, breiten Straßen, in denen die schöne Welt Londons sich herumtreibt – ganz in der Nähe von Oxford Street und Regent Street, von Trafalgar Square und dem Strand. Es ist eine unordentliche Masse von hohen, drei- bis vierstöckigen Häusern, mit engen, krummen und schmutzigen Straßen, auf denen wenigstens ebensoviel Leben ist wie auf den Hauptrouten durch die Stadt, nur daß man in St. Giles bloß Leute aus der arbeitenden Klasse sieht. Auf den Straßen wird Markt gehalten, Körbe mit Gemüse und Obst, natürlich alles schlecht und kaum genießbar, verengen die Passage noch mehr, und von ihnen, wie von den Fleischerläden, geht ein abscheulicher Geruch aus. Die Häuser sind bewohnt vom Keller bis hart unters Dach, schmutzig von außen und innen, und sehen aus, daß kein Mensch drin wohnen möchte. Das ist aber noch alles nichts gegen die Wohnungen in den engen Höfen und Gäßchen zwischen den Straßen, in die man durch bedeckte Gänge zwischen den Häusern hineingeht und in denen der Schmutz und die Baufälligkeit alle Vorstellung übertrifft – fast keine ganze Fensterscheibe ist zu sehen, die Mauern bröcklig, die Türpfosten und Fensterrahmen zerbrochen und lose, die Türen von alten Brettern zusammengenagelt oder gar nicht vorhanden – hier in diesem Diebsviertel sogar sind keine Türen nötig, weil nichts zu stehlen ist. Haufen von Schmutz und Asche liegen überall umher, und die vor die Tür geschütteten schmutzigen Flüssigkeiten sammeln sich in stinkenden Pfützen. Hier wohnen die Ärmsten der Armen, die am schlechtesten bezahlten Arbeiter mit Dieben, Gaunern und Opfern der Prostitution bunt durcheinander – die meisten sind Irländer oder Abkömmlinge von Irländern, und diejenigen, die selbst noch nicht in dem Strudel moralischer Verkommenheit, der sie umgibt, untergegangen sind, sinken doch täglich tiefer, verlieren täglich mehr und mehr die Kraft, den demoralisierenden Einflüssen der Not, des Schmutzes und der schlechten Umgebung zu widerstehen.

Aber St. Giles ist nicht das einzige "schlechte Viertel" Londons. In dem ungeheuren Straßenknäul gibt es Hunderte und Tausende verborgener Gassen und Gäßchen, deren Häuser zu schlecht sind für alle, die noch etwas auf menschliche

Wohnung verwenden können – oft dicht neben den glänzenden Häusern der Reichen findet man solche Schlupfwinkel der bittersten Armut. So wurde vor kurzem, bei Gelegenheit einer Totenschau, eine Gegend dicht bei Portman Square, einem sehr anständigen öffentlichen Platze, als der Aufenthalt "einer Menge durch Schmutz und Armut demoralisierter Irländer" bezeichnet. So findet man in Straßen wie Long Acre usw., die zwar nicht fashionabel, aber doch anständig sind, eine Menge Kellerwoh- nungen, aus denen kränkliche Kindergestalten und halbverhungerte, zerlumpte Frauen ans Tageslicht steigen. In der unmittelbaren Nähe des Drury Lane Theaters – des zweiten von London – sind einige der schlechtesten Straßen der ganzen Stadt - Charles, King und Parker Street, deren Häuser ebenfalls von den Kellern an bis unters Dach von lauter armen Familien bewohnt sind. In den Pfarren St. John und St. Margaret in Westminster wohnten 1840 nach dem Journal der Statistischen Gesellschaft 5 366 Arbeiterfamilien in 5 294 "Wohnungen" – wenn sie diesen Namen verdienen -, Männer, Weiber und Kinder, ohne Rücksicht auf Alter oder Geschlecht zusammengeworfen, zusammen 26 830 Individuen, und von der obigen Familienzahl hatten drei Viertel nur ein einziges Zimmer. In der aristokratischen Pfarre St. Georg, Hanover Square, wohnten nach derselben Autorität 1 465 Arbeiterfamilien, zusammen an 6 000 Personen, in gleichen Verhältnissen – auch hier über zwei Drittel der ganzen Anzahl auf je ein Zimmer für die Familie zusammengedrängt. Und wie wird die Armut dieser Unglücklichen, bei denen selbst Diebe nichts mehr zu finden hoffen, von den besitzenden Klassen auf gesetzlichem Wege ausgebeutet! Die scheußlichen Wohnungen bei Drury Lane, deren eben erwähnt wurde, bezahlen folgende Mieten: zwei Kellerwohnungen 3 sh. (1 Taler), ein Zimmer parterre 4 sh., eine Treppe hoch 41/2 sh., zwei Treppen hoch 4 sh., Dachstuben 3 sh. wöchentlich – so daß allein die ausgehungerten Bewohner der Charles Street den Häuserbesitzern einen jährlichen Tribut von 2 000 Pfd. St. (14 000 Taler) und die erwähnten 5 366 Familien in Westminster eine jährliche Miete von zusammen 40000 Pfd. St. (270000 Taler) bezahlen.

Der größte Arbeiterbezirk liegt indes östlich vom Tower – in Whitechapel und Bethnal Green, wo die Hauptmasse der Arbeiter Londons konzentriert ist. Hören wir, was Herr G. Alston, der Prediger von St. Philip's, Bethnal Green, über den Zustand seiner Pfarre sagt:

"Sie enthält 1 400 Häuser, die von 2 795 Familien oder ungefähr 12 000 Personen bewohnt werden. Der Raum, auf dem diese große Bevölkerung wohnt, ist weniger als 400 Yards (1 200 Fuß) im Quadrat, und bei solch einer Zusammendrängung ist es nichts Ungewöhnliches, daß ein Mann, seine Frau, vier bis fünf

Kinder und zuweilen noch Großvater und Großmutter in einem einzigen Zimmer von zehn bis zwölf Fuß im Quadrat gefunden werden, worin sie arbeiten, essen und schlafen. Ich glaube, daß, ehe der Bischof von London die öffentliche Aufmerksamkeit auf diese so höchst arme Pfarre hinlenkte, man da am Westende der Stadt ebensowenig von ihr wußte wie von den Wilden Australiens oder der Südsee-Inseln. Und wenn wir uns einmal mit den Leiden dieser Unglücklichen durch eigne Anschauung bekannt machen, wenn wir sie bei ihrem kargen Mahle belauschen und sie von Krankheit oder Arbeitslosigkeit gebeugt sehen, so werden wir eine solche Masse von Hülflosigkeit und Elend finden, daß eine Nation wie die unsrige über die Möglichkeit derselben sich zu schämen hat. Ich war Pfarrer bei Huddersfield während der drei Jahre, in denen die Fabriken am schlechtesten gingen; aber ich habe nie eine so gänzliche Hülflosigkeit der Armen gesehen wie seitdem in Bethnal Green. Nicht ein Familienvater aus zehnen in der ganzen Nachbarschaft hat andere Kleider als sein Arbeitszeug, und das ist noch so schlecht und zerlumpt wie möglich; ja viele haben außer diesen Lampen keine andere Decke während der Nacht und als Bette nichts als einen Sack mit Stroh und Hobelspänen."

Wir sehen schon aus der obigen Beschreibung, wie es in diesen Wohnungen selbst auszusehen pflegt. Zum Überfluß wollen wir den englischen Behörden, die zuweilen dahin geraten, noch in einige Proletarierwohnungen folgen.

Bei Gelegenheit einer Totenschau, die Herr Carter, Coroner für Surrey, über die Leiche der 45jährigen Ann Galway am 14. November 1843 abhielt, erzählen die Journale folgendes von der Wohnung der Verstorbenen: Sie hatte in Nr. 3, White Lion Court, Bermondsey Street, London, mit ihrem Mann und ihrem l9jährigen Sohne in einem kleinen Zimmer gewohnt, worin sich weder Bettstelle oder Bettzeug noch sonstige Möbel befanden. Sie lag tot neben ihrem Sohn auf einem Haufen Federn, die über ihren fast nackten Körper gestreut waren, denn es war weder Decke noch Bettuch vorhanden. Die Federn klebten so fest an ihr über den ganzen Körper, daß der Arzt die Leiche nicht untersuchen konnte, bevor sie gereinigt war, und dann fand er sie ganz abgemagert und über und über von Ungeziefer zerbissen. Ein Teil des Fußbodens im Zimmer war aufgerissen, und das Loch wurde von der Familie als Abtritt benutzt.

Montag, den 15. Januar 1844 wurden zwei Knaben vor das Polizeigericht von Worship Street, London, gebracht, weil sie aus Hunger einen halbgekochten Kuhfuß von einem Laden gestohlen und sogleich verzehrt hatten. Der Polizeirichter sah sich veranlaßt, weiter nachzuforschen, und erhielt von den Polizeidienern bald folgende Aufklärung: Die Mutter dieser Knaben war die Witwe eines alten

Soldaten und späteren Polizeidieners, der es seit dem Tode ihres Mannes mit ihren neun Kindern sehr schlecht ergangen war, Sie wohnte Nr. 2, Pool's Place, Quaker Street, Spitalfields, im größten Elende. Als der Polizeidiener zu ihr kam, fand er sie mit sechs ihrer Kinder in einem kleinen Hinterstübchen buchstäblich zusammengedrängt, ohne Möbel, ausgenommen zwei alte Binsenstühle ohne Boden, einen kleinen Tisch mit zwei zerbrochenen Beinen, eine zerbrochene Tasse und eine kleine Schüssel. Auf dem Herde kaum ein Funken Feuer, und in der Ecke so viel alte Lumpen, als eine Frau in ihre Schürze nehmen konnte, die aber der ganzen Familie zum Bette dienten. Zur Decke hatten sie nichts als ihre ärmliche Kleidung. Die arme Frau erzählte ihm, daß sie voriges Jahr ihr Bett habe verkaufen müssen, um Nahrung zu erhalten; ihre Bettücher habe sie dem Viktualienhändler als Unterpfand für einige Lebensmittel dagelassen, und sie habe überhaupt alles verkaufen müssen, um nur Brot zu bekommen. Der Polizeirichter gab der Frau einen beträchtlichen Vorschuß aus der Armenbüchse.

Im Februar 1844 wurde eine Witwe von sechzig Jahren, Theresa Bishop, mit ihrer 26jährigen kranken Tochter der Wohltätigkeit des Polizeirichters von Marlborough Street empfohlen. Sie wohnte in Nr. 5, Brown Street, Grosvenor Square, in einem kleinen Hinterzimmer, nicht größer als ein Schrank, worin nicht ein einziges Stück Möbel war. In einer Ecke lagen einige Lumpen, auf denen die beiden schliefen; eine Kiste diente als Tisch und Stuhl zugleich. Die Mutter verdiente etwas durch Stubenreinigen; sie hatten, wie der Wirt sagte, seit Mai 1843 in diesem Zustande gelebt, allmählich alles verkauft oder versetzt, was sie noch hatten, und dennoch nie die Miete bezahlt. Der Polizeirichter ließ ihnen ein Pfund aus der Armenbüchse zukommen.

Es fällt mir nicht ein, zu behaupten, alle Londoner Arbeiter lebten in einem solchen Elend wie die obigen drei Familien; ich weiß wohl, daß zehn es besser haben, wo einer so ganz und gar von der Gesellschaft mit Füßen getreten wird – aber ich behaupte, daß Tausende von fleißigen und braven Familien, viel braver, viel ehrenwerter als sämtliche Reiche von London, in dieser eines Menschen unwürdigen Lage sich befinden und daß jeder Proletarier, jeder ohne Ausnahme, ohne seine Schuld und trotz allen seinen Anstrengungen, von gleichem Schicksal getroffen werden kann.

Aber bei alledem sind diejenigen noch glücklich, die nur noch ein Obdach irgendeiner Art haben – glücklich gegen die ganz Obdachlosen. In London stehen jeden Morgen fünfzigtausend Menschen auf, ohne zu wissen, wo sie für die nächste Nacht ihr Haupt hinlegen sollen. Die glücklichsten dieser Zahl, denen es gelingt, am Abend einen oder ein paar Pence zu erübrigen, gehen in ein sogenanntes Logierhaus (lodging-house), deren es in allen großen Städten eine Menge gibt und wo sie für ihr Geld ein Unterkommen finden. Aber welch ein Unterkommen! Das Haus ist von oben bis unten mit Betten angefüllt, vier, fünf, sechs Betten in einer Stube, soviel ihrer hineingehen. In jedes Bett werden vier, fünf, sechs Menschen gestopft, ebenfalls soviel ihrer hineingehen – Kranke und Gesunde, Alte und Junge, Männer und Weiber, Trunkene und Nüchterne, wie es gerade kommt, alles bunt durcheinander. Da gibt es denn Streit, Schlägereien und Verwundungen – und wenn sich die Bettgenossen vertragen, so ist das noch schlimmer, es werden Diebstähle verabredet oder Dinge getrieben, deren Bestialität unsere menschlicher gewordenen Sprachen nicht in Worten wiedergeben wollen. Und diejenigen, die kein solches Nachtlager bezahlen können? Nun, die schlafen, wo sie Platz finden, in Passagen, Arkaden, in irgendeinem Winkel, wo die Polizei oder die Eigentümer sie ungestört schlafen lassen; einzelne kommen wohl unter in den Zufluchtshäusern, die hier und dort von der Privatwohltätigkeit errichtet wurden – andere schlafen in den Parks auf den Bänken, dicht unter den Fenstern der Königin Viktoria – hören wir, was die "Times" vom Oktober 1843 sagt:

"Aus unserm gestrigen Polizeibericht geht hervor, daß eine Durchschnittsanzahl von fünfzig menschlichen Wesen jede Nacht in den Parks schlafen, ohne anderen Schutz gegen das Wetter als die Bäume und einige Höhlungen in den Dämmen. Die meisten derselben sind junge Mädchen, die von Soldaten verführt, in die Hauptstadt gebracht und in die weite Welt hinausgestoßen sind, hinaus in all die Verlassenheit der Not in einer fremden Stadt, in all die wilde Unbekümmertheit frühreifen Lasters.

Das ist in Wahrheit schrecklich. Arme muß es überall geben. Der Mangel wird überallhin seinen Weg finden und sich mit seiner ganzen Scheußlichkeit im Herze einer großen und üppigen Stadt niederlassen. In den tausend engen Gassen und Gäßchen einer volkreichen Metropole muß es immer, fürchten wir, viel Leiden geben viel, das das Auge beleidigt – viel, das nie ans Tageslicht kommt.

Aber daß im Kreise, den sich Reichtum, Fröhlichkeit und Glanz gezogen haben, daß nahe an der königlichen Größe von St. James, hart am strahlenden Palast von Bayswater, wo das alte und das neue aristokratische Viertel sich begegnen, in eine Gegend, wo das vorsichtige Raffinement moderner Städtebaukunst sich gehütet hat, auch nur die kleinste Hütte für die Armut zu errichten, in einer Gegend, die den ausschließlichsten Genüssen des Reichtums geweiht zu sein scheint –

daß da Not und Hunger und Krankheit und Laster mit all ihren verwandten Schrecken einherziehen, verzehrend Leib auf Leib, Seele auf Seele!

Es ist in der Tat ein monströser Zustand. Die höchsten Genüsse, welche körperliche Gesundheit, geistige Anregung, unschuldigere Sinnenfreuden gewähren können, in unmittelbarer Berührung mit dem härtesten Elend! Reichtum, von seinen glänzenden Salons herab lachend, mit brutaler Gedankenlosigkeit lachend bei den ungekannten Wunden des Mangels! Freude, unbewußt aber grausam verhöhnend den Schmerz der dort unten stöhnt! Alle Gegensätze im Kampf, alle im Widerstreit, nur nicht das Laster, das in Versuchung führt, und das Laster, das sich versuchen läßt ... Aber all Menschen mögen des gedenken: daß in dem glänzendsten Bezirk der reichsten Stadt auf dieser Erde, Nacht auf Nacht, Winter auf Winter, Weiber zu finden sind, Weiber jung an Jahren, alt an Sünden und Leiden, Ausgestoßene der Gesellschaft, verfaulend in Hunger, Schmutz und Krankheit. Mögen sie des gedenken und lernen, nicht zu theoretisieren, sondern zu handeln. Gott weiß, es ist viel Raum da zum Handeln heutzutage!"

Ich sprach oben von Zufluchtshäusern für Obdachlose. Wie sehr diese überlaufen sind, mögen uns zwei Beispiele lehren. Ein neuerrichtetes "Refuge of the Houseless" (Obdachlosenasyl) in Upper Ogle Street, das jede Nacht 300 Personen beherbergen kann, nahm seit seiner Eröffnung am 27. Januar bis zum 17. März 1844 2 740 Personen für eine oder mehrere Nächte auf; und obwohl die Jahreszeit günstiger wurde, war die Zahl der Applikanten sowohl in diesem als in den Asylen von Whitecross Street und Wapping stark im Zunehmen begriffen, und jede Nacht mußten eine Menge Obdachloser aus Mangel an Raum zurückgewiesen werden. In einem andern, dem Zentral-Asyl von Playhouse Yard, wurden in den ersten drei Monaten des Jahres 1844 durchschnittlich jede Nacht 460 Nachtlager gegeben, im ganzen 6 681 Personen beherbergt und 96 141 Rationen Brot verteilt. Dennoch erklärt das leitende Komitee, daß auch diese Anstalt dem Andrange der Benötigten einigermaßen erst dann genügt habe, als auch das östliche Asyl der Aufnahme von Obdachlosen geöffnet worden sei.

Verlassen wir London, um die übrigen großen Städte der drei Reiche der Reihe nach durchzugehen. Nehmen wir zunächst Dublin, eine Stadt, deren Einfahrt von der See aus ebenso reizend wie die von London imposant ist; die Bai von Dublin ist die schönste des ganzen britischen Inselreichs und pflegt von den Irländern wohl gar mit der von Neapel verglichen zu werden. Die Stadt selbst hat ebenfalls große Schönheiten (1892) Schönheit), und die aristokratischen Teile derselben sind besser und geschmackvoller angelegt als die irgendeiner andern britischen Stadt. Aber dafür gehören auch die ärmeren Bezirke von Dublin zu dem Widerlichsten und Häßlichsten, was man in der Welt sehen kann. Allerdings hat daran der irische Volkscharakter, der sich unter Umständen erst im Schmutz behaglich fühlt, seinen Anteil; aber da wir in jeder großen Stadt Englands und Schottlands auch Tausende von Irländern finden und jede arme Bevölkerung allmählich in dieselbe Unreinlichkeit versinken muß, so ist das Elend in Dublin nichts Spezifisches, nichts der irischen Stadt allein Angehöriges mehr, sondern etwas, das allen großen Städten der ganzen Welt gemeinsam ist. Die armen Distrikte von Dublin sind überaus ausgedehnt, und der Schmutz, die Unbewohnbarkeit der Häuser, die Vernachlässigung der Straßen übersteigen alle Begriffe. Von der Art, wie die Armen hier zusammengedrängt sind kann man sich eine Vorstellung machen, wenn man hört, daß 1817 nach dem Bericht der Inspektoren des Arbeitshauses (3) in Barrack Street in 52 Häusern mit 390 Zimmern 1 318 Personen und in Church Street und der Umgegend in 71 Häusern mit 393 Zimmern 1 997 Menschen wohnten; daß

"in diesem und dem anstoßenden Distrikt eine Menge stinkender (foul) Gäßchen und Höfe sind, daß manche Keller ihr Licht nur durch die Türe empfangen und in mehreren derselben die Einwohner auf der nackten Erde schlafen, obwohl die Mehrzahl derselben doch wenigstens Bettstellen besitzt – daß aber z.B. Nicholson's Court in 28 kleinen, elenden Stuben 151 Menschen in der größten Not enthält, so daß in dem ganzen Hof nur zwei Bettstellen und zwei Bettdecken zu finden waren".

Die Armut ist so groß in Dublin, daß eine einzige wohltätige Anstalt, die der "Mendicity Association" ("Bettler(fürsorge)-Vereinigung"), täglich 2 500 Personen, also ein Prozent der ganzen Bevölkerung, aufnimmt, den Tag über ernährt und abends wieder entläßt.

Ein Gleiches erzählt uns Dr. Alison von Edinburgh – wieder einer Stadt, deren prächtige Lage, die ihr den Namen des modernen Athens verschafft hat, und deren glänzendes aristokratisches Viertel in der Neustadt schroff mit dem stinkenden Elend der Armen in der Altstadt kontrastiert. Alison behauptet, dieser große Stadtteil sei ebenso unflätig und scheußlich wie die schlechtesten Distrikte von Dublin, und die "Mendicity Association" würde in Edinburgh eine ebenso große Proportion Notleidender zu unterstützen haben wie in der irischen Hauptstadt; ja, er sagt, die Armen in Schottland, namentlich in Edinburgh und Glasgow, seien schlimmer daran als in irgendeiner andern Gegend des britischen Reichs, und die elendesten seien nicht Irländer, sondern Schotten. Der Prediger der alten Kirche in Edinburgh, Dr. Lee, sagte 1836 vor der Commission of Religious Instruction (Kommission für religiöse Unterweisung) aus:

"Er habe solches Elend wie in seiner Pfarre nirgends zuvor gesehen. Die Leute seien ohne Möbel, ohne alles; häufig wohnten zwei Ehepaare in einem Zimmer. An einem Tage sei er in sieben Häusern gewesen, in denen kein Bett – in einigen sogar kein Stroh gewesen sei; achtzigjährige Leute hätten auf dem bretternen Boden geschlafen, fast alle brächten die Nacht in ihren Kleidern zu. In einem Kellerraum habe er zwei schottische Familien vom Lande gefunden; bald nach ihrer Ankunft in der Stadt seien zwei Kinder gestorben, das dritte sei zur Zeit seines Besuchs im Sterben gewesen – für jede Familie habe ein schmutziger Strohhaufen in einem Winkel gelegen und obendrein habe der Keller, der so dunkel gewesen sei, daß man bei Tage keinen Menschen darin habe erkennen können, noch einen Esel beherbergt. Es müsse ein Herz von Demant bluten machen, solches Elend in einem Lande wie Schottland zu sehen."

Ähnliches berichtet Dr. Hennen im "Edinburgh Medical and Surgical Journal". Aus einem Parlamentsberichte (4) geht hervor, welche Unreinlichkeit – wie unter solchen Umständen wohl zu erwarten ist – in den Häusern der Edinburgher Armen herrscht. Auf den Bettpfosten halten Hühner ihr Nachlager, Hunde und sogar Pferde schlafen mit den Menschen in einem Zimmer, und die natürliche Folge davon ist, daß ein entsetzlicher Schmutz und Gestank sowie Heere von Ungeziefer aller Art in diesen Wohnungen existieren. Die Bauart Edinburghs begünstigt diesen scheußlichen Zustand soviel wie möglich. Die Altstadt ist an beiden Abhängen eines Hügels gebaut, über dessen Rücken die Hochstraße (high street) läuft. Von dieser aus laufen nach beiden Seiten eine Menge schmaler, krummer Gäßchen, von ihren vielen Windungen wynds genannt, den Berg hinab, und diese bilden den proletarischen Stadtteil. Die Häuser der schottischen Städte sind überhaupt hoch, fünf- und sechsstöckig wie in Paris, und im Gegensatz zu England, wo soviel wie möglich jeder sein apartes Haus hat, von einer großen Anzahl verschiedener Familien bewohnt; die Zusammendrängung vieler Menschen auf einer kleinen Fläche wird hierdurch noch vergrößert.

"Diese Straßen", sagt ein englisches Journal in einem Artikel über die Gesundheitsverhältnisse der Arbeiter in Städten (5) - "diese Straßen sind oft so eng, daß man aus dem Fenster des einen Hauses in das des gegenüberstehenden steigen kann, und dabei sind die Häuser so hoch Stock auf Stock getürmt, daß das Licht kaum in den Hof oder die Gasse, die dazwischenliegt, hineinzudringen vermag. In diesem Teile der Stadt sind weder Kloaken noch sonstige zu den Häusern gehörende Abzüge oder Abtritte; und daher wird aller Unrat, Abfall und Exkremente von wenigstens 50 000 Personen jede Nacht in die Rinnsteine geworfen, so daß trotz alles Straßenkehrens eine Masse aufgetrockneten Kots und ein stinkender Dunst entsteht und dadurch nicht nur Auge und Geruch beleidigt, sondern auch die Gesundheit der Bewohner aufs höchste gefährdet wird. Ist es zu verwundern, daß in solchen Lokalitäten alle Rücksichten auf Gesundheit, Sitten und selbst den gewöhnlichsten Anstand gänzlich vernachlässigt werden? Im Gegenteil, alle, die den Zustand der Bewohner näher kennen, werden Zeugnis geben, welchen hohen Grad Krankheit, Elend und Demoralisation hier erreicht haben. Die Gesellschaft ist in diesen Gegenden zu einer unbeschreiblich niedrigen und elenden Stufe herabgesunken. – Die Wohnungen der ärmeren Klasse sind im allgemeinen sehr schmutzig und augenscheinlich nie auf irgendeine Weise gereinigt; sie bestehen in den meisten Fällen aus einem einzigen Zimmer, das, bei der schlechtesten Ventilation, dennoch wegen zerbrochener, schlecht passender Fenster kalt ist – zuweilen feucht und teilweise unter der Erde, immer schlecht möbliert und durchaus unwohnlich, so daß ein Strohhaufen oft einer ganzen Familie zum Bette dient, auf dem Männer und Weiber, Junge und Alte in empörender Verwirrung durcheinanderliegen. Wasser ist nur bei den öffentlichen Pumpen zu haben, und die Mühe, mit der es herbeigeholt werden muß, begünstigt natürlich alle möglichen Unflätereien."

In andern großen Hafenstädten sieht es nicht besser aus. Liverpool mit all seinem Handel, Glanz und Reichtum behandelt dennoch seine Arbeiter mit derselben Barbarei. Ein volles Fünftel der Bevölkerung – also über 45 000 Menschen wohnen in engen, dunklen, feuchten und schlecht ventilierten Kellern, deren es 7 862 in der Stadt gibt. Dazu kommen noch 2 270 Höfe (courts), d.h. kleine Plätze, die nach allen vier Seiten zugebaut sind und nur einen schmalen, meist überwölbten Zugang haben, die also gar keine Ventilation zulassen, meist sehr schmutzig und fast ausschließlich von Proletariern bewohnt sind. Von solchen Höfen werden wir mehr zu sprechen haben, wenn wir zu Manchester kommen. In Bristol wurden bei einer Gelegenheit 2 800 Arbeiterfamilien besucht, und von diesen hatten 46 Prozent nur ein einziges Zimmer.

Ganz dasselbe finden wir in den Fabrikstädten. In Nottingham sind im ganzen 11 000 Häuser, von denen zwischen 7 000 und 8 000 mit der Rückwand aneinander gebaut sind, so daß keine durchgehende Ventilation möglich ist; dazu ist meistens nur ein gemeinsamer Abtritt für mehrere Häuser vorhanden. Bei einer vor kurzem gehaltenen Inspektion fand man viele Reihen Häuser über seichte Abzugsgräben gebaut, die mit nichts weiter als den Brettern des Fußbodens bedeckt waren. In Leicester, Derby und Sheffield sieht es nicht anders aus. Von Birmingham berichtet der oben zitierte Artikel des "Artizan":

"In den älteren Teilen der Stadt sind viele schlechte Gegenden, schmutzig und vernachlässigt, voll stehender Pfützen und Haufen Abfalls. Die Höfe sind in Birmingham sehr zahlreich, über zweitausend, und enthalten die größte Zahl der Arbeiter- klasse. Sie sind meist eng, kotig, schlecht ventiliert und mit schlechten Abzügen, enthalten von acht bis zu zwanzig Häusern, die meist nur nach einer Seite hin zu lüften sind, weil sie die Rückwand mit einem andern Gebäude gemein haben, und im Hintergrunde des Hofs liegt ziemlich allgemein ein Aschenloch oder dergleichen, dessen Schmutz sich nicht beschreiben läßt. Es muß indes bemerkt werden, daß die neueren Höfe verständiger angelegt und anständiger gehalten sind; und selbst in den Höfen sind die Cottages viel weniger gedrängt als in Manchester und Liverpool, weshalb denn auch Birmingham während der Herrschaft epidemischer Krankheiten viel weniger Sterbefälle hatte als z.B. Wolverhampton, Dudley und Bilston, die nur einige Meilen davon liegen. Kellerwohnungen sind in Birmingham ebenfalls unbekannt, obwohl einige Kellerlokale ungeeigneterweise zu Werkstätten benutzt werden. Die Logierhäuser für Proletarier sind etwas zahlreich (über 400), hauptsächlich in Höfen im Mittelpunkte der Stadt; sie sind fast alle ekelhaft schmutzig und dumpfig, die Zufluchtsörter von Bettlern, Landstreichern" (trampers – über die nähere Bedeutung dieses Wortes später), "Dieben und Huren, die hier ohne alle Rücksicht auf Anstand oder Komfort essen, trinken, rauchen und schlafen, in einer nur diesen degradierten Menschen erträglichen Atmosphäre."

Glasgow hat in vieler Beziehung Ähnlichkeit mit Edinburgh – dieselben Wynds, dieselben hohen Häuser. Über diese Stadt bemerkt der "Artizan":

"Die arbeitende Klasse macht hier etwa 78 Prozent der ganzen Bevölkerung (an 300 000) aus und wohnt in Stadtteilen, welche in Elend und Scheußlichkeit die niedrigsten Schlupfwinkel von St. Giles und Whitechapel, die Liberties von Dublin, die Wynds von Edinburgh übertreffen. Solche Gegenden gibt es in Menge im Herzen der Stadt – südlich vom Trongate, westlich vom Salzmarkt, im Calton, seitwärts von der Hochstraße usw. – endlose Labyrinthe enger Gassen oder Wynds, in welche fast bei jedem Schritt Höfe oder Sackgassen münden, die von alten, schlecht ventilierten, hochgetürmten, wasserlosen und verfallenden Häusern gebildet werden. Diese Häuser sind förmlich vollgedrängt von Einwohnern; sie enthalten drei oder vier Familien – vielleicht zwanzig Personen – auf jedem Stockwerke, und zuweilen ist jedes Stockwerk in Schlafstellen vermietet, so daß fünfzehn bis zwanzig Personen in einem einzigen Zimmer aufeinandergepackt, wir mögen nicht sagen untergebracht, sind. Diese Distrikte bergen die ärmsten, depraviertesten und wertlosesten Mitglieder der Bevölkerung und sind als die

Quellen jener furchtbaren Fieberepidemien zu betrachten, die von hier aus Verwüstung über ganz Glasgow verbreiten."

Hören wir, wie J. C. Symons, Regierungskommissär bei der Untersuchung über die Lage der Handweber, diese Stadtteile beschreibt "Ich habe das Elend in einigen seiner schlimmsten Phasen, sowohl hier als auf dem Kontinente, gesehen, aber ehe ich die Wynds von Glasgow besuchte, glaubte ich nicht, daß in irgendeinem zivilisierten Lande soviel Verbrechen, Elend und Krankheit existieren könne. In den niedrigeren Logierhäusern schlafen zehn, zwölf, ja zuweilen zwanzig Personen von beiden Geschlechtern und jedem Alter in verschiedenen Abstufungen der Nacktheit auf dem Fußboden durcheinander. Diese Wohnstätten sind gewöhnlich (generally) so schmutzig, feucht und verfallen, daß kein Mensch sein Pferd darin unterbringen möchte."

Und an einer andern Stelle:

"Die Wynds von Glasgow enthalten eine fluktuierende Bevölkerung von fünfzehn- bis dreißigtausend Menschen. Dies Viertel besteht aus lauter engen Gassen und viereckigen Höfen, in deren Mitte jedesmal ein Misthaufen liegt. So empörend das äußere Ansehen dieser Orte war, so war ich doch noch wenig vorbereitet auf den Schmutz und das Elend drinnen. In einigen dieser Schlafstuben, die wir" (der Polizeisuperintendent Hauptmann Miller und Symons) "bei Nacht besuchten, fanden wir eine vollständige Schicht menschlicher Wesen auf dem Fußboden ausgestreckt, oft fünfzehn bis zwanzig, einige bekleidet, andre nackt, Männer und Weiber durcheinander. Ihr Bett war eine Lage modriges Stroh mit einigen Lumpen vermengt. Wenig oder keine Möbel waren da, und das einzige, was diesen Löchern etwas wohnlichen Anschein gab, war ein Feuer im Kamin. Diebstahl und Prostitution machen die Haupterwerbsquellen dieser Bevölkerung aus. Niemand schien sich die Mühe zu geben, diesen Augiasstall, dies Pandämonium, diesen Knäuel von Verbrechen, Schmutz und Pestilenz im Zentrum der zweiten Stadt des Reichs zu fegen. Eine ausgedehnte Besichtigung der niedrigsten Bezirke andrer Städte zeigte mir nie etwas, das halb so schlecht gewesen wäre, weder an Intensität moralischer und physischer Verpestung noch an verhältnismäßiger Dichtigkeit der Bevölkerung. – In diesem Viertel sind die meisten Häuser durch den Court of Guild als verfallen und unbewohnbar bezeichnet – aber gerade diese sind am meisten bewohnt, weil von ihnen nach dem Gesetz keine Miete gefordert werden kann."

Der große Industriebezirk in der Mitte der britischen Insel, der dichtbevölkerte Strich von West-Yorkshire und Süd-Lancashire gibt mit seinen vielen Fabrikstädten den übrigen großen Städten nichts nach. Der Wollenbezirk des West Riding von Yorkshire ist eine reizende Gegend, ein schönes grünes Hügelland, dessen Erhöhungen nach Westen zu immer steiler werden, bis sie in dem schroffen Kamm von Blackstone Edge – der Wasserscheide zwischen dem irischen und deutschen Meere – ihre höchste Spitze erreichen. Die Täler des Aire, an dem Leeds liegt, und des Calder, durch welches die Manchester-Leeds-Eisenbahn läuft, gehören zu den anmutigsten Englands und sind überall mit Fabriken, Dörfern und Städten besäet; die bruchsteinernen, grauen Häuser sehen so nett und reinlich aus gegen die geschwärzten Ziegelgebäude von Lancashire, daß es eine Lust ist. Aber wenn man in die Städte selbst kommt, findet man wenig Erfreuliches. Leeds liegt, wie der "Artizan" (a.a.O.) es schildert und wie ich es bestätigt fand,

"an einem sanften Abhange, der in das Tal des Aire hinabläuft. Dieser Fluß durchschlängelt die Stadt auf einer Länge von ungefähr anderthalb Meilen (7) und ist während des Tauwetters oder heftiger Regengüsse starken Überschwemmungen ausgesetzt. Die höhergelegenen, westlichen Stadtteile sind für eine so große Stadt reinlich, aber die niedrigeren Gegenden um den Fluß und seine tributären Bäche (becks) sind schmutzig, eng und schon an und für sich hinreichend, um das Leben der Einwohner – besonders kleiner Kinder – zu verkürzen; hierzu noch gerechnet den ekelhaften Zustand der Arbeiterbezirke um Kirkgate, March Lane, Cross Street und Richmond Road, der sich hauptsächlich von ungepflasterten und abflußlosen Straßen, unregelmäßiger Bauart, den vielen Höfen und Sackgassen und der gänzlichen Abwesenheit auch der gewöhnlichsten Reinlichkeitsmittel herschreibt – das alles zusammengenommen und wir haben Ursachen genug, um uns die übergroße Sterblichkeit in diesen unglücklichen Regionen des schmutzigsten Elends zu erklären. – Infolge der Überschwemmungen des Aire" (der, wie hinzugefügt werden muß, gleich allen der Industrie dienstbaren Flüssen am einen Ende klar und durchsichtig in die Stadt hinein- und am andern dick, schwarz und stinkend von allem möglichen Unrat wieder herausfließt,) "werden die Wohnhäuser und Keller häufig so voll Wasser, daß dies auf die Straße hinausgepumpt werden muß; und zu solchen Zeiten steigt das Wasser, selbst wo Kloaken sind, aus denselben in die Keller (8) , erzeugt miasmatische, stark mit Schwefelwasserstoffgas vermischte Ausdünstungen und hinterläßt einen ekelhaften, der Gesundheit höchst nachteiligen Rückstand. Während der Frühjahrsüberschwemmung von 1839 waren die Wirkungen einer solchen Verstopfung der Kloaken so nachteilig, daß nach dem Bericht des Zivilstandsregistrators in diesem Stadtteil während des Quartals auf zwei Geburten drei Todesfälle kamen, wo in demselben Quartal alle andren Stadtteile drei Geburten auf zwei Todesfälle hatten."

Andre dicht bevölkerte Bezirke sind ohne alle Abzüge oder so schlecht damit versehen, daß sie keinen Vorteil davon haben. In einigen Häuserreihen sind die Keller selten trocken; in andern Bezirken sind mehrere Straßen mit fußtiefem, weichem Kot bedeckt. Die Einwohner haben sich vergebens bemüht, diese Straßen von Zeit zu Zeit mit Schaufeln Asche zu reparieren; aber trotzdem stehen Mistjauche und aus den Häusern weggeschüttetes, schmutziges Wasser in allen Löchern, bis Wind und Sonne es vertrocknet haben (vgl. Bericht des Stadtrats im "Statistical Journal" vol. 2, p. 404). Eine gewöhnliche Cottage in Leeds bedeckt nicht mehr Grundfläche als fünf Yards im Quadrat und besteht gewöhnlich aus einem Keller, einem Wohnzimmer und einer Schlafstube. Diese engen, Tag und Nacht von Menschen gefüllten Wohnungen sind ein anderer, der Sittlichkeit wie dem Gesundheitszustande der Einwohner gefährlicher Punkt. Und wie sehr diese Wohnungen gedrängt sind, erzählt der oben zitierte Bericht über den Gesundheitszustand der arbeitenden Klasse:

"In Leeds fanden wir Brüder und Schwestern und Kostgänger beider Geschlechter, die dasselbe Schlafzimmer mit den Eltern teilten; daraus entstehen denn Folgen, vor deren Betrachtung das menschliche Gefühl zurückschaudert."

Ebenso Bradford, das nur sieben Meilen von Leeds, im Mittelpunkte mehrerer zusammenstoßenden Täler an einem kleinen, pechschwarzen, stinkenden Flusse liegt. Die Stadt bietet an einem schönen Sonntage – denn an Werktagen wird sie von einer grauen Wolke Kohlenrauch verhüllt – von den umliegenden Höhen einen prächtigen Anblick dar; aber drinnen herrscht derselbe Schmutz und dieselbe Unwohnlichkeit wie in Leeds. Die älteren Stadtteile sind an steilen Abhängen eng und unregelmäßig gebaut; in den Gassen, Sackgassen und Höfen liegt Schmutz und Schutt angehäuft; die Häuser sind verfallen, unsauber und unwohnlich, und in der unmittelbaren Nähe des Flusses und der Talsohle fand ich manche, deren unteres, halb in den Bergabhang hinein vergrabenes Stockwerk ganz unbewohnbar war. Überhaupt sind die Stellen der Talsohle, an denen sich Arbeiterwohnungen zwischen die hohen Fabriken gedrängt haben, die am schlechtesten gebauten und unreinlichsten der ganzen Stadt. In den neueren Gegenden dieser wie jeder andern Fabrikstadt sind die Cottages regelmäßiger, in Reihen angelegt, teilen aber auch hier alle Übelstände, die mit der hergebrachten

Art, die Arbeiter unterzubringen, verknüpft sind und von denen wir bei Gelegenheit von Manchester näher sprechen werden. Ein Gleiches gilt von den übrigen Städten des West Riding, namentlich Barnsley, Halifax und Huddersfield. Letzteres, bei seiner reizenden Lage und modernen Bauart bei weitem die schönste aller Fabrikstädte von Yorkshire und Lancashire, hat dennoch auch seine schlechten Bezirke; denn ein von einer Bürgerversammlung zur Besichtigung der Stadt ernanntes Komitee berichtete am 5. August 1844:

"Es sei notorisch, daß in Huddersfield ganze Straßen und viele Gassen und Höfe weder gepflastert noch mit Kloaken oder sonstigen Abzügen versehen seien; daß hier Abfall, Unrat und Schmutz jeder Art aufgehäuft liege, in Gärung und Fäulnis übergehe, und fast überall stehendes Wasser in Pfützen sich ansammle, daß infolgedessen die anschließenden Wohnungen notwendig schlecht und schmutzig seien, so daß an solchen Orten Krankheiten sich erzeugten und die Gesundheit der ganzen Stadt bedrohten."

Gehen wir über, oder mit der Eisenbahn mitten durch Blackstone Edge, so kommen wir auf den klassischen Boden, auf dem die englische Industrie ihr Meisterwerk vollbracht hat und von dem alle Bewegungen der Arbeiter ausgehen, nachSüd-Lancashire mit seiner Zentralstadt Manchester. Wieder haben wir ein schönes Hügelland, das sich von der Wasserscheide westwärts nach dem irischen Meere zu sanft abdacht, mit den reizenden grünen Tälern des Ribble, Irwell und Mersey und ihrer Nebenflüsse; ein Land, das vor hundert Jahren noch zum größten Teile bloßer Sumpf und wenig bevölkert, jetzt mit Städten und Dörfern übersäet und der bevölkertste Landstrich von England ist. In Lancashire, und namentlich in Manchester, findet die Industrie des britischen Reichs, wie ihren Ausgangspunkt, so ihr Zentrum; die Börse von Manchester ist das Thermometer für alle Schwankungen des industrielle Verkehrs, die moderne Kunst der Fabrikation hat in Manchester ihre Vollendung erreicht. In der Baumwollenindustrie von Süd-Lancashire erscheint die Benutzung der Elementarkräfte, die Verdrängung der Handarbeit durch Maschinerie (besonders im mechanischen Webstuhl und der Selfaktor-Mule) und die Teilung der Arbeit auf ihrer höchsten Spitze, und wenn wir in diesen drei Elementen das Charakteristische der modernen Industrie erkannten, so müssen wir gestehen, daß auch in ihnen die Baumwollenverarbeitung allen übrigen Industriezweige von Anfang an bis jetzt vorausgeblieben ist. Zu gleicher Zeit indes mußten hier auch die Folgen der modernen Industrie für die arbeitende Klasse sich am vollständigsten und reinsten entwickeln und das industrielle Proletariat in seiner vollsten Klassizität zur Erscheinung kommen; die Erniedrigung, in welche der Arbeiter durch die Anwendung von Dampfkraft,

Maschinerie und Arbeitsteilung versetzt wird, und die Versuche des Proletariats, sich aus dieser entwürdigenden Lage zu erheben, mußten hier ebenfalls auf die höchste Spitze getrieben werden und am klarsten zum Bewußtsein kommen. Deshalb also, weil Manchester der klassische Typus der modernen Industriestadt ist, und dann auch, weil ich es so genau wie meine eigne Vaterstadt – genauer als die meisten Einwohner – kenne, werden wir uns hier etwas länger aufzuhalten haben.

Die Städte um Manchester herum weichen in Beziehung auf die Arbeitsbezirke (1892) Arbeiterbezirke) wenig von der Zentralstadt ab – nur daß in ihnen die Arbeiter womöglich einen noch größeren Teil der Bevölkerung bilden als dort. Diese Orte nämlich sind rein industriell und lassen alle kommerziellen Geschäfte in und durch Manchester besorgen; sie hängen in jeder Beziehung von Manchester ab und sind daher nur von Arbeitern, Fabrikanten und untergeordneten Krämern bewohnt – während Manchester doch noch eine sehr bedeutende kommerzielle Bevölkerung, namentlich Kommissions- und angesehene Detailhäuser besitzt. Daher sind Bolton, Preston, Wigan, Bury, Rochdale, Middleton, Heywood, Oldham, Ashton, Stalybridge, Stockport usw., obwohl fast alles Städte von dreißig-, fünfzig-, siebzig- bis neunzigtausend Einwohnern, fast lauter große Arbeiterviertel, nur von Fabriken und einigen Hauptstraßen, deren Fronten von Laden gebildet werden, unterbrochen und mit einigen Chausseezugängen versehen, an denen die Gärten und Häuser der Fabrikanten wie Villen angebaut sind. Die Städte selbst sind schlecht und unregelmäßig gebaut, mit schmutzigen Höfen, Gassen und Hintergäßchen, voll Kohlenrauch, und haben ein besonders unwohnliches Aussehen von dem ursprünglich hochroten, mit der Zeit aber schwarz gerauchten Ziegel, der hier das allgemeine Baumaterial ist. Kellerwohnungen sind hier allgemein; wo es irgend angeht, werden diese unterirdischen Löcher angelegt, und ein sehr bedeutender Teil der Bevölkerung wohnt in ihnen.

Zu den schlechtesten dieser Städte gehört nächst Preston und Oldham Bolton, elf Meilen nordwestlich von Manchester gelegen. Es hat, soviel ich bei meiner mehrmaligen Anwesenheit bemerken konnte, nur eine und noch dazu ziemlich schmutzige Hauptstraße, Deansgate, die zugleich als Markt dient, und ist bei dem schönsten Wetter immer noch ein finsteres, unansehnliches Loch, trotzdem daß es außer den Fabriken nur ein- und zweistöckige niedrige Häuser hat. Wie überall ist der ältere Teil der Stadt besonders verfallen und unwohnlich. Ein schwarzes Wasser, von dem man zweifelt, ob es ein Bach oder eine lange Reihe stinkender Pfützen ist, fließt hindurch und trägt das Seinige dazu bei, die ohnehin nicht reine Luft vollends zu verpesten.

Da ist ferner Stockport, das zwar auf der Cheshire-Seite des Mersey liegt, aber doch zum industriellen Bezirk von Manchester gehört. Es liegt in einem engen Tal den Mersey entlang, so daß auf der einen Seite die Straße steil bergab und auf der andern ebenso steil wieder bergauf führt und die Eisenbahn von Manchester nach Birmingham auf einem hohen Viadukt über die Stadt und das ganze Tal hinweggeht. Stockport ist im ganzen Bezirk als eins der finstersten und räucherigsten Nester bekannt und sieht in der Tat, besonders vom Viadukt herab, äußerst unfreundlich aus. Aber noch viel unfreundlicher sehen die Cottages und Kellerwohnungen der Proletarier aus, die in langen Reihen sich durch alle Teile der Stadt von der Talsohle bis auf die Krone der Hügel hinziehen. Ich erinnere mich nicht, in irgend- einer andern Stadt dieses Bezirks verhältnismäßig so viele bewohnte Keller gesehen zu haben.

Wenige Meilen nordöstlich von Stockport liegt Ashton-under-Lyne, einer der neusten Fabrikorte der Gegend. Es liegt am Abhange eines Hügels, an dessen Fuß der Kanal und der Fluß Tame sich hinziehen, und ist im allgemeinen nach dem neueren, regelmäßigeren System gebaut. Fünf oder sechs lange Parallelstraßen ziehen sich quer den Hügel entlang und werden rechtwinklig von andern, ins Tal hinabführenden Straßen durchschnitten. Die Fabriken werden durch diese Bauart alle aus der eigentlichen Stadt heraus verdrängt, auch wenn nicht die Nähe des Wassers und der Wasserstraße sie sämtlich unten ins Tal hinabgezogen hätte, wo sie dicht zusammengedrängt stehen und aus ihren Schornsteinen dicken Rauch ergießen. Dadurch bekommt Ashton ein viel freundlicheres Aussehen als die meisten andern Fabrikstädte; die Straßen sind breit und reinlicher, die Cottages sehen neu, frischrot und wohnlich aus. Aber das neue System, Cottages für die Arbeiter zu bauen, hat auch seine schlechten Seiten; jede Straße hat ihre versteckte Hintergasse, zu der ein enger Seitenweg führt und die dafür desto schmutziger ist. Und auch in Ashton – obwohl ich kein Gebäude, außer einigen am Eingang, gesehen habe, das mehr als fünfzig Jahre alt sein könnte – auch in Ashton gibt es Straßen, in denen die Cottages schlecht und alt werden, in deren Mauerecken die Ziegel nicht mehr halten wollen und sich verschieben, in denen die Wände rissig werden und den inwendig aufgeweißten Kalk abbröckeln lassen; Straßen, deren unreinliches und schwarzgeräuchertes Aussehen den übrigen Städten des Bezirks nichts nachgibt – nur daß dies in Ashton Ausnahme und nicht Regel ist.

Eine Meile weiter östlich liegt Stalybridge, ebenfalls am Tame. Wenn man von Ashton über den Berg kommt, hat man oben auf der Spitze rechts und links schöne, große Gärten mit villenartigen, prächtigen Häusern in der Mitte – meist im "elisabetheischen" Stil gebaut, der sich zum gotischen genauso verhält wie die protestantisch-anglikanische Religion zur apostolisch-katholischen. Einhundert Schritte weiter, und Stalybridge zeigt sich im Tal – aber ein schroffer Gegensatz gegen die prächtigen Landsitze, schroff sogar noch gegen die bescheidenen Cottages von Ashton! Stalybridge liegt in einer engen, gewundenen Talschlucht, noch viel enger als das Tal bei Stockport, deren beide Abhänge mit einem unordentlichen Gewirre von Cottages, Häusern und Fabriken besetzt sind. Wenn man hineingeht, so sind gleich die ersten Cottages eng, räucherig, alt und verfallen, und wie die ersten Häuser, so die ganze Stadt. Wenige Straßen liegen in der schmalen Talsohle; die meisten laufen kreuz und quer durcheinander, bergauf und bergab, fast in allen Häusern ist wegen dieser abschüssigen Lage das Erdgeschoß halb in die Erde vergraben, und welche Massen von Höfen, Hintergassen und abgelegenen Winkeln aus dieser konfusen Bauart entstehen, kann man von den Bergen sehen, von denen aus man die Stadt hier und da fast in der Vogelperspektive unter sich hat. Dazu den entsetzlichen Schmutz gerechnet – und man begreift den widerlichen Eindruck, den Stalybridge trotz seiner hübschen Umgebung macht.

Doch genug über diese kleineren Städte. Sie haben alle ihr Apartes, aber im ganzen leben die Arbeiter in ihnen gerade wie in Manchester; darum habe ich auch nur ihre eigentümliche Bauart besonders geschildert und bemerke nur, daß alle allgemeineren Bemerkungen über den Zustand der Arbeiterwohnungen in Manchester auch auf die umliegenden Städte ihre volle Anwendung finden. Gehen wir nun zur Zentralstadt selbst über.

Manchester liegt am Fuße des südlichen Abhangs einer Hügelkette, die sich von Oldham her zwischen die Täler des Irwell und des Medlock drängt und deren letzte Spitze Kersall-Moor, die Rennbahn und zugleich der Mons sacer (heilige Berg) von Manchester, bildet. Das eigentliche Manchester liegt auf dem linken Ufer des Irwell, zwischen diesem Flusse und den beiden kleineren, Irk und Medlock; die sich hier in den Irwell ergießen. Auf dem rechten Irwellufer und eingefaßt von einer starken Biegung dieses Flusses, liegt Salford, weiter westlich Pendleton; nördlich vom Irwell liegen Higher und Lower Broughton, nördlich vom Irk C heetham Hill; südlich vom Medlock liegt Hulme, weiter östlich Chorlton-on-Medlock,noch weiter, ziemlich im Osten von Manchester, Ardwick. Der ganze Häuserkomplex wird im gewöhnlichen Leben Manchester genannt und faßt eher über als unter viermalhunderttausend Menschen. Die Stadt selbst ist eigentümlich gebaut, so daß man jahrelang in ihr wohnen und täglich hinein- und herausgehen kann, ohne je in ein Arbeiterviertel oder nur mit Arbeitern in Berührung zu kommen – solange man nämlich eben nur seinen Geschäften nach- oder spazierengeht. Das kommt aber hauptsächlich daher, daß durch unbewußte, stillschweigende Übereinkunft wie durch bewußte ausgesprochene Absicht die Arbeiterbezirke von den der Mittelklasse überlassenen Stadtteilen aufs schärfste getrennt oder, wo dies nicht geht, mit dem Mantel der Liebe verhüllt werden. Manchester enthält in seinem Zentrum einen ziemlich ausgedehnten kommerziellen Bezirk, etwa eine halbe Meile lang und ebenso breit, der fast nur aus Kontoren und Warenlagern (warehouses) besteht. Fast der ganze Bezirk ist unbewohnt und während der Nacht einsam und öde – nur wacht- habende Polizeidiener streichen mit ihren Blendlaternen durch die engen, dunklen Gassen. Diese Gegend wird von einigen Hauptstraßen durchschnitten, auf denen sich der ungeheure Verkehr drängt und in denen die Erdgeschosse mit brillanten Laden besetzt sind; in diesen Straßen finden sich hier und da bewohnte Oberräume, und hier ist auch bis spät abends ziemlich viel Leben auf der Straße. Mit Ausnahme dieses kommerziellen Distrikts ist das ganze eigentliche Manchester, ganz Salford und Hulme, ein bedeutender Teil von Pendleton und Chorlton, zwei Drittel von Ardwick und einzelne Striche von Cheetham Hill und Broughton – alles lauter Arbeiterbezirk, der sich wie ein durchschnittlich anderthalb Meilen breiter Gürtel um das kommerzielle Viertel zieht. Draußen, jenseits dieses Gürtels, wohnt die höhere und mittlere Bourgeoisie – die mittlere in regelmäßigen Straßen in der Nähe der Arbeiterviertel, namentlich in Chorlton und den tieferliegenden Gegenden von Cheetham Hill, die höhere in den entfernteren villenartigen Gartenhäusern von Chorlton und Ardwick oder auf den luftigen Höhen von Cheetham Hill, Broughton und Pendleton – in einer freien, gesunden Landluft, in prächtigen, bequemen Wohnungen, an denen halbstündlich oder viertelstündlich die nach der Stadt fahrenden Omnibusse vorbeikommen. Und das schönste bei der Sache ist, daß diese reichen Geldaristokraten mitten durch die sämtlichen Arbeiterviertel auf dem nächsten Wege nach ihren Geschäftslokalen in der Mitte der Stadt kommen können, ohne auch nur zu merken, daß sie in die Nähe des schmutzigsten Elends geraten, das rechts und links zu finden ist. Die Hauptstraßen nämlich, die von der Börse nach allen Richtungen aus der Stadt hinausführen, sind in beiden Seiten mit einer fast ununterbrochenen Reihe von Läden besetzt und so in den Händen der mittleren und kleineren Bourgeoisie, die schon um ihres Vorteils willen auf anständigeres und reinliches Aussehen hält und halten kann. Allerdings haben diese Läden immerhin einige Verwandtschaft mit den Distrikten, die hinter ihnen liegen, sind also im kommerziellen Viertel und der Nähe der Bourgeoisiebezirke eleganter als da, wo sie schmutzige Arbeitercottages verdecken; aber sie sind immerhin hinreichend, um vor den Augen der reichen Herren und Damen mit starkem Magen und schwachen Nerven das Elend und den Schmutz zu verbergen, die das ergänzende Moment zu ihrem Reichtum und Luxus bilden. So ist z.B. Deansgate, das von der alten Kirche in gerader Richtung nach Süden führt, anfangs mit Warenlagern und Fabriken, dann mit Läden zweiten Ranges und einigen Bierhäusern, weiter südlich, wo es das kommerzielle Viertel verläßt, mit unansehnlicheren Laden, die, je weiter man kommt, desto schmutziger und mehr und mehr von Schenken und Schnapshäusern unterbrochen werden, bebaut, bis am südlichen Ende das Aussehen der Laden keinen Zweifel darüber läßt, daß Arbeiter und nur Arbeiter ihre Kunden sind. So Market Street, von der Börse südöstlich laufend; anfangs brillante Laden ersten Ranges und in den höheren Stockwerken Kontore und Warenlager; weiterhin in der Fortsetzung (Piccadilly) kolossale Hotels und Warenlager; in der weiteren Fortsetzung (London Road) in der Gegend des Medlock Fabriken, Schenken, Läden für niedere Bourgeoisie und Arbeiter, dann an Ardwick Green Wohnungen für höhere und mittlere Bourgeoisie, und von da an große Gärten und Landhäuser für die reicheren Fabrikanten und Kaufleute. Auf diese Weise kann man wohl, wenn man Manchester kennt, von den Hauptstraßen aus auf die anschließenden Bezirke schließen, aber man ist sehr selten imstande, von ihnen aus die wirklichenArbeiterbezirke selbst zu Gesicht zu bekommen. Ich weiß sehr wohl, daß diese heuchlerische Bauart mehr oder weniger allen großen Städten gemein ist; ich weiß ebenfalls, daß die Detailhändler schon wegen der Natur ihres Geschäfts die großen durchführenden Straßen für sich in Beschlag nehmen müssen; ich weiß, daß man überall an solchen Straßen mehr gute als schlechte Häuser hat und daß in ihrer Nähe der Grundwert höher ist als in abgelegenen Gegenden; aber ich habe zugleich eine so systematische Absperrung der Arbeiterklasse von den Hauptstraßen, eine so zartfühlende Verhüllung alles dessen, was das Auge und die Nerven der Bourgeoisie beleidigen könnte, nirgends gefunden als in Manchester. Und doch ist gerade Manchester sonst weniger planmäßig oder nach Polizeivorschriften und dagegen mehr durch den Zufall gebaut als irgendeine andre Stadt; und wenn ich die eifrigen Beteuerungen der Mittelklasse, daß es den Arbeitern ganz vortrefflich gehe, dabei erwäge, so will es mich doch dünken, als seien die liberalen Fabrikanten, die "big whigs" von Manchester, nicht so ganz unschuldig an dieser schamhaften Bauart.

Ich erwähne noch eben, daß die Fabrikanlagen sich fast alle dem Lauf der drei Flüsse oder der verschiedenen Kanäle, die sich durch die Stadt verzweigen, anschließen, und gehe dann zur Schilderung der Arbeiterbezirke selbst über. Da ist zuerst die Altstadt von Manchester, die zwischen der Nordgrenze des kommerziellen Viertels und dem Irk liegt. Hier sind die Straßen, selbst die besseren, eng und krumm – wie Todd Street, Long Millgate, Withy Grove und Shude Hill -, die

Häuser schmutzig, alt und baufällig und die Bauart der Nebenstraßen vollends abscheulich. Wenn man von der alten Kirche in Long Millgate hineingeht, so hat man gleich rechts eine Reihe altmodischer Häuser, an denen keine einzige Frontmauer senkrecht geblieben ist; es sind die Reste des alten, vorindustriellen Manchester, deren frühere Einwohner sich mit ihren Nachkommen in besser gebaute Bezirke gezogen und die Häuser, die ihnen zu schlecht waren, einer stark mit irischem Blut vermischten Arbeiterrasse überlassen haben. Man ist hier wirklich in einem fast unverhüllten Arbeiterviertel, denn selbst die Läden und Kneipen der Straße nehmen sich nicht die Mühe, etwas reinlich auszusehen. Aber das ist all noch nichts gegen die Gassen und Höfe, die dahinter liegen und zu denen man nur durch enge, überbaute Zugänge gelangt, in denen keine zwei Menschen aneinander vorbei können. Von der unordentlichen, aller vernünftigen Baukunst hohnsprechenden Zusammenwürfelung der Häuser, von der Gedrängtheit, mit der sie hier förmlich aneinandergepackt sind, kann man sich keine Vorstellung machen. Und es sind nicht nur die aus der alten Zeit Manchesters hinterlassenen Gebäude, die die Schuld davon tragen; die Verwirrung ist in neuerer Zeit erst auf die Spitze getrieben worden, indem überall, wo die ganze Bauart der früheren Epoche noch ein Fleckchen Raum ließ, später nachgebaut und angeflickt wurde, bis endlich zwischen den Häusern kein Zoll breit Platz blieb, der sich noch hätte verbauen lassen. Zur Bestätigung zeichne ich ein kleines Fleckchen aus dem Plane von Manchester hier ab – es ist nicht das schlimmste Stück und nicht der zehnte Teil der ganzen Altstadt.

Diese Zeichnung wird hinreichen, um die wahnsinnige Bauart des ganzen Bezirks, namentlich des in der Nähe des Irk zu charakterisieren. Das Ufer des Irk ist hier auf der Südseite sehr steil und zwischen fünfzehn und dreißig Fuß hoch; an diese abschüssige Bergwand sind meist noch drei Reihen Häuser hingepflanzt, deren niedrigste sich unmittelbar aus dem Flusse erhebt, während die Vorderwand der höchsten auf dem Niveau der Hügelkrone in Long Millgate steht. Dazwischen stehen noch Fabriken am Flusse – kurz die Bauart ist hier ebenso eng und unordentlich wie im unteren Teil von Long Millgate. Rechts und links führen eine Menge überbauter Zugänge von der Hauptstraße in die vielen Höfe ab, und wenn man hineingeht, so gerät man in einen Schmutz und eine ekelhafte Unsauberkeit, die ihresgleichen nicht hat – namentlich in den Höfen, die nach dem Irk hinabführen und die unbedingt die scheußlichsten Wohnungen enthalten, welche mir bis jetzt vorgekommen sind. In einem dieser Höfe steht gleich am Eingange, wo der bedeckte Gang aufhört, ein Abtritt, der keine Tür hat und so schmutzig ist, daß die Einwohner nur durch eine stagnierende Pfütze von faulem Urin und Exkrementen, die ihn umgibt, in den Hof oder heraus können; es ist der erste Hof am Irk oberhalb Ducie Bridge, wenn jemand Lust haben sollte, nachzusehen; unten am Flusse stehen mehrere Gerbereien, die die ganze Umgegend mit animalischem Verwesungsgeruch erfüllen. In die Höfe unterhalb Ducie Bridge steigt man meist auf engen, schmutzigen Treppen hinab und gelangt nur über Haufen von Schutt und Unrat an die Häuser. Der erste Hof unterhalb Ducie Bridge heißt Allen's Court und war zur Cholerazeit in einem solchen Zustande, daß die Gesundheitspolizei ihn ausräumen, fegen und mit Chlor ausräuchern ließ; Dr. Kay gibt in einer Broschüre (9) eine schreckenerregende Beschreibung von der damaligen Lage dieses Hofes. Seitdem scheint er teilweise abgebrochen und neu erbaut worden zu sein – von Ducie Bridge herab sieht man wenigstens noch mehrere Mauerruinen und hohe Schutthaufen neben einigen Häusern neueren Baues. Die Aussicht von dieser Brücke – zartfühlenderweise von einer mannshohen gemauerten Brustwehr den kleineren Sterblichen verhüllt – ist überhaupt charakteristisch für den ganzen Bezirk. In der Tiefe fließt oder vielmehr stagniert der Irk, ein schmaler, pechschwarzer, stinkender Fluß, voll Unrat und Abfall, den er ans rechte, flachere Ufer anspült; bei trocknem Wetter bleibt an diesem Ufer eine lange Reihe der ekelhaftesten schwarzgrünen Schlammpfützen stehen, aus deren Tiefe fortwährend Blasen miasmatischer Gase aufsteigen und einen Geruch entwickeln, der selbst oben auf der Brücke, vierzig oder fünfzig Fuß über dem Wasserspiegel, noch unerträglich ist. Der Fluß selbst wird dazu noch alle fingerlang durch hohe Wehre aufgehalten, hinter denen sich der Schlamm und Abfall in dicken Massen absetzt und verfault. Oberhalb der Brücke stehen hohe Gerbereien, weiter hinauf Färbereien, Knochenmühlen und Gaswerke, deren Abflüsse und Abfälle samt und sonders in den Irk wandern, der außerdem noch den Inhalt der anschießenden Kloaken und Abtritte aufnimmt. Man kann sich also denken, welcher Beschaffenheit die Residuen sind, die der Fluß hinterläßt. Unterhalb der Brücke sieht man in die Schutthaufen, den Unrat, Schmutz und Verfall der Höfe auf dem linken, steilen Ufer; ein Haus steht immer dicht hinter dem andern, und wegen der Steigerung des Ufers sieht man von jedem ein Stück alle schwarzgeraucht, bröckelig, alt, mit zerbrochnen Fensterscheiben und Fensterrahmen. Den Hintergrund bilden kasernenartige, alte Fabrikgebäude, Auf dem rechten, flacheren Ufer steht eine lange Reihe Häuser und Fabriken – gleich das zweite Haus ist eine Ruine ohne Dach, mit Schutt angefüllt, und das dritte steht so niedrig, daß das unterste Stockwerk unbewohnbar und infolgedessen ohne Fenster und Türen ist. Den Hintergrund bildet hier der Arrnenkirchhof, die Bahnhöfe der Liverpooler und Leedser Eisenbahnen und dahinter das Arbeitshaus, die "Armengesetz-Bastille" von Manchester, das wie eine Zitadelle von einem Hügel hinter hohen Mauern und Zinnen drohend auf das gegenüberliegende Arbeiterviertel herabschaut.

Oberhalb Ducie Bridge wird das linke Ufer flacher und das rechte dagegen steiler, der Zustand der Wohnungen auf beiden Seiten des Irk indessen eher schlimmer als besser. Wenn man hier von der Hauptstraße – noch immer Long Millgate – links abgeht, so ist man verloren; man gerät aus einem Hof in den andern, das geht um lauter Ecken, durch lauter enge, schmutzige Winkel und Gänge, bis man nach wenig Minuten alle Richtung verloren hat und gar nicht mehr weiß, wohin man sich wenden soll. Überall halb oder ganz verfallene Gebäude – einzelne sind wirklich unbewohnt, und das will hier viel heißen – in den Häusern Selten ein bretterner oder steinerner Fußboden, dagegen fast immer zerbrochene, schlecht passende Fenster und Türen, und ein Schmutz! – Schutthaufen, Abfall und Unflat überall; stehende Pfützen statt der Rinnsteine, und ein Geruch, der es allein jedem einigermaßen zivilisierten Menschen unerträglich machen würde, in einem solchen Distrikt zu wohnen. Die neuerbaute Verlängerung der Leedser Eisenbahn, welche hier den Irk überschreitet, hat einen Teil dieser Höfe und Gäßchen weggefegt, dagegen andre wieder erst recht dem Blicke offengelegt. So ist unmittelbar unterhalb der Eisenbahnbrücke ein Hof, der an Schmutz und Scheußlichkeit alle andern weit übertrifft, eben weil er bisher so geschlossen, so zurückgezogen war, daß man nur mit Mühe hineingelangen konnte; ich selbst hätte ihn ohne die durch den Eisenbahnviadukt geschaffene Lücke nie gefunden, obwohl ich diese ganze Gegend genau zu kennen glaubte. Man gelangt über ein holpriges Ufer, zwischen Pfählen und Waschleinen hindurch in dies Chaos kleiner, einstöckiger und einstubiger Hütten, von denen die meisten ohne allen künstlichen Fußboden sind – Küche, Wohn- und Schlafzimmer, alles vereinigt. In einem solchen Loche, das kaum sechs Fuß lang und fünf breit war, sah ich zwei Betten – und was für Bettstellen und Betten – die nebst einer Treppe und einem Herd gerade hinreichten, um das ganze Zimmer zu füllen. In mehreren andern sah ich gar nichts, obwohl die Tür weit offenstand und die Einwohner an ihr lehnten. Vor den Türen überall Schutt und Unrat; daß eine Art von Pflaster darunter sei, war nicht zu sehen, sondern bloß hie und da mit den Füßen herauszufühlen. Der ganze Haufen menschenbewohnter Viehställe war auf zwei Seiten von Häusern und einer Fabrik, auf der dritten vom Fluß begrenzt, und außer dem schmalen Ufersteig führte nur noch ein enger Torweg hinaus – in ein andres, fast ebenso schlecht gebautes und gehaltenes Labyrinth von Wohnungen.

Genug davon! In dieser Weise ist die ganze Irkseite bebaut, ein planlos zusammengewürfeltes Chaos von Häusern, die der Unbewohnbarkeit mehr oder weniger nahestehen und deren unreinliches Innere der unflätigen Umgebung vollkommen entspricht. Wie sollen die Leute auch reinlich sein! Nicht einmal für die Befriedigung der allernatürlichsten und alltäglichsten Bedürfnisse gibt es geeignete Gelegenheit. Die Abtritte sind hier so rar, daß sie entweder alle Tage voll werden oder den meisten zu entlegen sind. Wie sollten sich die Leute waschen, wo sie nur das schmutzige Irkwasser nahebei haben und Wasserleitungen und Pumpen erst in honetten Stadtteilen vorkommen! Wahrhaftig, man kann es diesen Heloten der modernen Gesellschaft nicht zurechnen, wenn ihre Wohnungen nicht reinlicher sind als die Schweineställe, die hier und da mitten dazwischen stehen! Schämen sich doch die Hausbesitzer nicht, Wohnungen zu vermieten wie die sechs oder sieben Keller am Kai, gleich unterhalb Scotland Bridge, deren Fußhoden mindestens zwei Fuß unter dem Wasserspiegel – bei niedrigem Wasser – des nicht sechs Fuß davon fließenden Irk liegt, oder wie das obere Stock im Eckhaus auf dem entgegengesetzten Ufer gleich oberhalb der Brücke, dessen Erdgeschoß unbewohnbar, ohne alle Ausfüllung für Tür- und Fensterlöcher – doch das ist ja ein Fall, der in dieser ganzen Gegend nicht selten vorkommt, wobei dann gewöhnlich dies offene untere Stockwerk von der ganzen Nachbarschaft aus Mangel an andern Lokalitäten als Abtritt benutzt wird!

Verlassen wir den Irk, um auf der entgegengesetzten Seite von Long Millgate wieder in die Mitte der Arbeiterwohnungen zu dringen, so kommen wir in ein etwas neueres Viertel, das sich von der St.-Michaelis-Kirche bis Withy Grove und Shude Hill erstreckt. Hier ist wenigstens etwas mehr Ordnung: statt der chaotischen Bauart finden wir hier wenigstens lange, gerade Gassen und Sackgassen oder absichtlich gebaute, meist viereckige Höfe; aber wenn früher jedes einzelne Haus, so ist hier wenigstens jede Gasse und jeder Hof willkürlich und ohne alle Rücksicht auf die Lage der übrigen angebaut. Bald läuft eine Gasse in dieser, bald in jener Richtung, alle fingerlang gerät man in einen Sack oder um eine zugebaute Ecke, die gerade wieder dahin führt, von wo man ausgegangen ist – wer nicht in diesem Labyrinth eine gute Zeit lang gewohnt hat, findet sich gewiß nicht hindurch. Die Ventilation der Straßen – wenn ich das Wort von diesem Distrikt gebrauchen darf – und Höfe wird dadurch ebenso unvollkommen wie die der Irkgegend; und wenn dennoch dieser Bezirk etwas vor dem Irktale voraus haben sollte – die Häuser sind allerdings neuer, die Straßen haben wenigstens zuweilen Rinnsteine -, so hat er dagegen auch wieder fast unter jedem Hause eine Kellerwohnung, was sich im Irktale eben wegen des größeren Alters und der nachlässigeren Bauart der Häuser selten findet. Im übrigen ist der Schmutz, die Schutt- und Aschenhaufen, die Pfützen auf den Straßen beiden Vierteln gemeinsam, und in dem Distrikt, von dem wir jetzt reden, finden wir außerdem noch einen andern

Umstand, der für die Reinlichkeit der Einwohner sehr nachteilig ist, nämlich die Masse Schweine, die hier überall auf den Gassen umherspazieren, den Unrat durchschnüffeln oder in den Höfen in kleinen Ställen eingesperrt sind. Die Schweinemäster mieten sich hier, wie in den meisten Arbeiterbezirken von Manchester, die Höfe und setzen Schweineställe hinein; fast in jedem Hofe ist ein solcher abgesperrter Winkel oder gar mehrere, in welche die Bewohner des Hofs allen Abfall und Unrat hineinwerfen – dabei werden die Schweine fett, und die ohnehin in diesen nach allen vier Seiten verbauten Höfen eingesperrte Luft vollends schlecht von den verwesenden vegetabilischen und animalischen Stoffen. Man hat durch diesen Bezirk eine breite, ziemlich honette Straße – Millers Street – gebrochen und den Hintergrund mit ziemlichem Erfolge verdeckt; wenn man sich aber von der Neugier in einen der zahlreichen Gange, die in die Höfe führen, verleiten läßt, so kann man diese buchstäbliche Schweinerei alle zwanzig Schritt wiederholt sehen.

Das ist die Altstadt von Manchester – und wenn ich meine Schilderung noch einmal durchlese, so muß ich bekennen, daß sie, statt übertrieben zu sein, noch lange nicht grell genug ist, um den Schmutz, die Verkommenheit und Unwohnlichkeit, die allen Rücksichten auf Reinlichkeit, Ventilation und Gesundheit hohnsprechende Bauart dieses mindestens zwanzig- bis dreißigtausend Einwohner fassenden Bezirks anschaulich zu machen. Und ein solches Viertel existiert im Zentrum der zweiten Stadt Englands, der ersten Fabrikstadt der Welt! Wenn man sehen will, wie wenig Raum der Mensch zum Bewegen, wie wenig Luft – und welche Luft! – er zum Atmen im Notfall zu haben braucht, mit wie wenig Zivilisation er existieren kann, dann hat man nur hieher zu kommen. Es ist freilich die Altstadt – und darauf berufen sich die Leute hier, wenn man ihnen von dem scheußlichen Zustande dieser Hölle auf Erden spricht -, aber was will das sagen? Alles, was unsren Abscheu und unsre Indignation hier am heftigsten erregt, ist neueren Ursprungs, gehört derindustriellen Epoche an. Die paar hundert Häuser, die dem alten Manchester angehören, sind von ihren ursprünglichen Bewohnern längst verlassen; nur die Industrie hat sie mit den Scharen von Arbeitern vollgepfropft, die jetzt in ihnen beherbergt werden; nur die Industrie hat jedes Fleckchen zwischen diesen alten Häusern verbaut, um Obdach zu gewinnen für die Massen, die sie sich aus den Ackerbaugegenden und aus Irland verschrieb; nur die Industrie gestattet es den Besitzern dieser Viehställe, sie an Menschen für hohe Miete zur Wohnung zu überlassen, die Armut der Arbeiter auszubeuten, die Gesundheit von Tausenden zu untergraben, damit nur sie sich bereichern; nur die Industrie hat es möglich gemacht, daß der kaum aus der Leibeigenschaft befreite Arbeiter wieder als ein bloßes Material, als Sache gebraucht werden konnte, daß er sich in eine Wohnung sperren lassen muß, die jedem andern zu schlecht und die er nun für sein teures Geld das Recht hat vollends verfallen zu lassen. Das hat nur die Industrie getan, die ohne diese Arbeiter, ohne die Armut und Knechtschaft dieser Arbeiter nicht hätte leben können. Es ist wahr, die ursprüngliche Anlage dieses Viertels war schlecht, man konnte nicht viel Gutes daraus machen – aber haben die Grundbesitzer, hat die Verwaltung etwas getan, um das beim Nachbau zu verbessern? Im Gegenteil, wo noch ein Winkelchen frei war, ist ein Haus hingesetzt, wo noch ein überflüssiger Ausgang, ist er zugebaut worden; der Grundwert stieg mit dem Aufblühen der Industrie, und je mehr er stieg, desto toller wurde darauf losgebaut, ohne Rücksicht auf die Gesundheit und Bequemlichkeit der Einwohner – es ist keine Baracke so schlecht, es findet sich immer ein Armer, der keine bessere bezahlen kann -, nur mit Rücksicht auf den größtmöglichen Gewinn. Doch es ist einmal die Altstadt, und damit beruhigt sich die Bourgeoisie; sehen wir denn, wie die Neustadt (the New Town) sich anläßt.

Die Neustadt, auch die Irische Stadt (the Irish Town) genannt, zieht sich jenseits der Altstadt einen Lehmhügel zwischen dem Irk und St. George's Road hinauf. Hier hört alles städtische Aussehen auf; einzelne Reihen Häuser oder Straßenkomplexe stehen wie kleine Dörfer hier und da auf dem nackten, nicht einmal mit Gras bewachsenen Lehmboden; die Häuser oder vielmehr Cottages sind in schlechtem Zustande, nie repariert, schmutzig, mit feuchten und unreinen Kellerwohnungen versehen; die Gassen sind weder gepflastert noch haben sie Abzüge, dagegen zahlreiche Kolonien von Schweinen, die in kleinen Höfen und Ställen abgesperrt sind oder ungeniert an der Halde spazierengehn. Der Kot auf den Wegen ist hier so groß, daß man nur bei äußerst trocknem Wetter Aussicht hat durchzukommen, ohne bei jedem Schritt bis über die Knöchel zu versinken. In der Nähe von St. George's Road schließen sich die einzelnen bebauten Flecken dichter aneinander, man gerät in eine fortlaufende Reihe Gassen, Sackgassen, Hintergassen und Höfe, die je gedrängter und unordentlicher werden, je näher man dem Zentrum der Stadt kommt. Dafür sind sie freilich auch öfter gepflastert oder wenigstens mit gepflasterten Fußwegen und Rinnsteinen versehen; der Schmutz, die schlechte Beschaffenheit der Häuser und besonders der Keller bleibt aber derselbe.

Es wird am Orte sein, hier einige allgemeine Bemerkungen über die in Manchester übliche Bauart der Arbeiterviertel zu machen. Wir haben gesehen, wie in der Altstadt meist der reine Zufall über die Gruppierung der Häuser verfügte. Jedes Haus ist ohne Rücksicht auf die übrigen gebaut, und die winkligen Zwischenräume der einzelnen Wohnungen werden in Ermangelung eines andern Namens

Höfe (courts) genannt. In den etwas neueren Teilen desselben Viertels und in andren Arbeitsvierteln (1892) Arbeitervierteln), die aus den ersten Zeiten der aufblühenden Industrie herrühren, finden wir ein etwas planmäßigeres Arrangement. Der Zwischenraum zwischen zwei Straßen wird in regelmäßigere, meist viereckige Hofe geteilt, etwa so:

die von vornherein so angelegt wurden und zu denen verdeckte Gänge von den Straßen fuhren, Wenn die ganz planlose Bauart der Gesundheit der Bewohner durch Verhinderung der Ventilation schon sehr nachteilig war, so ist es diese Art, die Arbeiter in Höfe einzusperren, die nach allen Seiten von Gebäuden umschlossen sind, noch viel mehr. Die Luft kann hier platterdings nicht heraus: die Schornsteine der Häuser selbst sind, solange Feuer anhalten wird, die einzigen Abzüge für die eingesperrte Luft des Hofes. Dazu kommt noch, daß die Häuser um solche Höfe meist doppelt, je zwei mit der Rückwand zusammengebaut sind, und schon das ist hinreichend, um alle gute, durchgehende Ventilation zu verhindern. Und da die Straßenpolizei sich nicht um den Zustand dieser Höfe bekümmert, da alles ruhig liegenbleibt, was hineingeworfen wird, so darf man sich nicht über den Schmutz und die Haufen von Asche und Unrat wundern, die man hier findet. Bin ich doch in Höfen gewesen – sie liegen an Millers Street -, die mindestens einen halben Fuß tiefer lagen als die Hauptstraße und die auch nicht den mindesten Abfluß für das bei Regenwetter sich in ihnen ansammelnde Wasser hatten!

In späterer Zeit hat man eine andre Bauart angefangen, die jetzt die allgemeine ist. Die Arbeitercottages werden jetzt nämlich fast nie einzeln, sondern immer dutzend-, ja schockweise gebaut – ein einziger Unternehmer baut gleich eine oder ein paar Straßen. Diese werden dann auf folgende Weise angelegt: Die eine Front – vgl. die Zeichnung unten – bilden Cottages ersten Ranges, die so glücklich sind, eine Hintertür und einen kleinen Hof zu besitzen, und die die höchste Miete bringen. Hinter den Hofmauern dieser Cottages ist eine schmale Gasse, die Hintergasse (back street), die an beiden Enden zugebaut ist und in die entweder ein schmaler Weg oder ein bedeckter Gang von der Seite her führt. Die Cottages, die auf diese Gasse führen bezahlen am wenigsten Miete und sind überhaupt am meisten vernachlässigt. Sie haben die Rückwand gemeinsam mit der dritten Reihe Cottages die nach der entgegengesetzten Seite hin auf die Straße gehen und weniger Miete als die erste, dagegen mehr als die zweite Reihe tragen. Die Anlage der Straßen ist also etwa so:

Durch diese Bauart wird zwar für die erste Reihe Cottages eine ziemlich gute Ventilation gewonnen und die der dritten Reihe wenigstens nicht gegen die der entsprechenden in der frühern Bauart verschlechtert; dagegen ist die Mittelreihe mindestens ebenso schlecht ventiliert wie die Häuser in den Höfen und die Hintergasse selbst stets in demselben schmutzigen. und unansehnlichen Zustande wie jene. Die Unternehmer ziehen diese Bauart vor, weil sie ihnen Raum spart und Gelegenheit gibt, die besser bezahlten Arbeiter durch höhere Miete in den Cottages der ersten und dritten Reihe desto erfolgreicher auszubeuten.

Diese dreierlei Formen des Cottagebaues findet man in ganz Manchester, ja in ganz Lancashire und Yorkshire wieder, oft vermengt, aber meist hinreichend geschieden, um hieraus schon auf das verhältnismäßige Alter der einzelnen Stadtteile schließen zu können. Das dritte System, das der Hintergassen, ist das in dem großen Arbeiterbezirk östlich von St. George's Road, zu beiden Seiten von Oldham Road und Great Ancoats Street, entschieden vorherrschende und findet sich auch in den übrigen Arbeiterbezirken von Manchester und seinen Vorstädten am häufigsten.

In dem erwähnten großen Bezirk, den man unter dem Namen Ancoats begreift, sind die meisten und größten Fabriken von Manchester an den Kanälen angelegt – kolossale sechs- bis siebenstöckige Gebäude, die mit ihren schlanken Rauchfängen hoch über die niedrigen Arbeitercottages emporragen. Die Bevölkerung des Bezirks sind daher hauptsächlich Fabrikarbeiter und, in den schlechtesten Straßen, Handweber. Die Straßen, die dem Zentrum der Stadt am nächsten liegen, sind die ältesten und daher die schlechtesten, doch sind sie gepflastert und mit Abzügen versehen; ich rechne hierzu die nächsten Parallelstraßen von Oldham Road und Great Ancoats Street. Weiterhin nach Nordosten findet man manche neugebaute Straße; hier sehen die Cottages nett und reinlich aus, die Türen und Fenster sind neu und frisch angestrichen, die inneren Räume rein geweißt; die Straßen selbst sind luftiger, die leeren Bauplätze zwischen ihnen größer und häufiger. Aber das läßt sich nur von der kleineren Zahl der Wohnungen sagen; dazu kommt dann noch, daß Kellerwohnungen fast unter jeder Cottage eingerichtet, daß viele Straßen ungepflastert und ohne Abzüge sind, und vor allem, daß dieses nette Aussehen doch nur Schein ist, Schein, der nach den ersten zehn Jahren schon verschwunden ist. Die Bauart der einzelnen Cottages selbst ist nämlich nicht weniger verwerflich als die Anlage der Straßen. Solche Cottages sehen alle anfangs nett und solide aus, die massiven Ziegelmauern bestechen das Auge, und wenn man durch eine neugebaute Arbeiterstraße geht, ohne sich um die Hintergassen oder die Bauart der Häuser selbst näher zu bekümmern, so stimmt man in die Behauptung der liberalen Fabrikanten ein, daß nirgends die Arbeiter so gut wohnen wie in England. Aber wenn man näher zusieht, so findet man, daß die Mauern dieser Cottages so dünn sind, wie es nur möglich ist, sie zu machen. Die äußeren Mauern, die das Kellerstockwerk, das Erdgeschoß und das Dach tragen, sind höchstens einen ganzen Ziegel dick – so daß in jeder waagerechten Schicht die Ziegel mit der langen Seite aneinandergefugt werden; ich habe aber manche Cottage von derselben Höhe – einige sogar noch im Bau – gesehen, bei denen die äußern Mauern nur einen halben Ziegel dick waren und die Ziegel also nicht der Breite, sondern der Länge nach gelegt waren, so daß sie mit der schmalen Seite aneinanderstießen. Dies geschieht teilweise, um Material zu sparen, teilweise aber auch, weil die Bauunternehmer nie die Eigentümer des Bodens sind, sondern ihn nach englischer Sitte nur auf zwanzig, dreißig, vierzig, fünfzig oder neunundneunzig Jahre gemietet haben, nach welcher Zeit er mit allem, was darauf ist, dem ursprünglichen Besitzer wieder zufällt, ohne daß dieser für gemachte Anlagen etwas zu vergüten hätte. Die Anlagen werden also vom Pächter darauf berechnet, daß sie nach Ablauf der kontraktlichen Zeit so wertlos wie möglich sind; und da solche Cottages oft nur zwanzig oder dreißig Jahre vor diesem Zeitpunkte errichtet werden, so ist es leicht zu begreifen, daß die Unternehmer nicht zuviel darauf verwenden werden. Dazu kommt noch, daß diese Unternehmer, meist Maurer und Zimmerleute oder Fabrikanten, teils um den Mietertrag nicht zu verringern, teils wegen herannahenden Rückfalls des Bauplatzes, wenig oder gar nichts auf Reparaturen verwenden, daß wegen Handelskrisen und der darauffolgenden Brotlosigkeit oft ganze Straßen leerstehen und daß infolge hiervon die Cottages sehr rasch verfallen und in unbewohnbaren Zustand geraten. Man rechnet wirklich allgemein, daß Arbeiterwohnungen durchschnittlich nur vierzig Jahre bewohnbar bleiben; das klingt wunderbar genug, wenn man die schönen, massiven Mauern neuerbauter Cottages dabei sieht, die eine Dauer von ein paar Jahrhunderten zu versprechen scheinen – aber es ist dennoch so, die Knickerei der ursprünglichen Anlage, die Vernachlässigung aller Reparaturen, das häufige Leerstehen, der fortwährende schnelle Wechsel der Bewohner und dazu die Verwüstungen, die die Einwohner während der letzten zehn Jahre der Bewohnbarkeit, meist Irländer, anrichten, indem sie das Holzwerk oft genug aufbrechen und zur Heizung gebrauchen – alles das macht diese Cottages nach vierzig Jahren zu Ruinen. Daher kommt es denn auch, daß der Distrikt von Ancoats, der erst seit dem Aufblühen der Industrie, ja meist erst in diesem Jahrhundert erbaut wurde, dennoch eine Menge alter und verfallender Häuser zählt, ja daß die größere Zahl der Häuser schon jetzt in dem letzten Stadium der Bewohnbarkeit sich befindet. Ich will nicht davon reden, wieviel Kapital auf diese Weise verschwendet wird, mit wiewenig mehr ursprünglicher Anlage und späterer Reparatur dieser ganze Bezirk lange Jahre hindurch reinlich, anständig und wohnlich gehalten werden könnte – mich geht hier nur die Lage der Häuser und ihrer Bewohner an, und da muß allerdings gesagt werden, daß es kein schädlicheres und demoralisierendes System, die Arbeiter unterzubringen, gibt, als gerade dieses. Der Arbeiter ist gezwungen, solche verkommene Cottages zu bewohnen, weil er keine besseren bezahlen kann oder weil keine besseren in der Nähe seiner Fabrik liegen, vielleicht auch gar, weil sie dem Fabrikanten gehören und dieser ihn nur dann in Arbeit nimmt, wenn er eine solche Wohnung bezieht. Natürlich wird es mit den vierzig Jahren so genau nicht gehalten, denn wenn die Wohnungen in einem stark bebauten Stadtteil liegen und also bei teurer Grundpacht viel Aussicht da ist, stets Mieter für jene zu finden, tun die Unternehmer auch wohl etwas, um sie über vierzig Jahre hinaus einigermaßen in bewohnbarem Zustande zu erhalten; aber auch gewiß nicht mehr als das Allernötigste, und diese reparierten Wohnungen sind dann gerade die allerschlechtesten. Zuweilen, bei drohenden Epidemien, wird das sonst sehr schläfrige Gewissen der Gesundheitspolizei etwas aufgeregt, und dann unternimmt sie Streifzüge in die Arbeiterdistrikte, schließt ganze Reihen von Kellern und Cottages, wie dies z.B. mit mehreren Gassen in der Nähe von Oldham Road geschehen ist; aber das dauert nicht lange, die geächteten Wohnungen finden bald wieder Insassen, und die Eigentümer stehen sich besser dabei, wenn sie sich wieder Mieter suchen – man weiß ja, daß die Gesundheitspolizei so bald nicht wiederkommt!

Diese östliche und nordöstliche Seite von Manchester ist die einzige, an welcher sich die Bourgeoisie nicht angebaut hat – aus dem Grunde, weil der hier zehn oder elf Monate im Jahr herrschende West- und Südwestwind den Rauch aller Fabriken – und der ist nicht gering – stets nach dieser Seite hinübertreibt. Den können die Arbeiter allein einatmen.

Südlich von Great Ancoats Street liegt ein großer halbbebauter Arbeiterbezirk – ein hügeliger, nackter Strich Landes, mit einzelnen unordentlich angelegten Häuserreihen oder Karrees besetzt. Dazwischen leere Bauplätze, uneben, lehmig, ohne Gras und daher bei feuchtem Wetter kaum zu passieren. Die Cottages sind alle schmutzig und alt, liegen oft in tiefen Löchern und erinnern überhaupt an die Neustadt. Die von der Birminghamer Eisenbahn durchschnittene Strecke ist die am dichtesten bebaute, also auch die schlechteste. Hier fließt in unzähligen Krümmungen der Medlock durch ein Tal, das stellenweise mit dem des Irk auf gleicher Stufe steht. Zu beiden Seiten des wieder pechschwarzen, stagnierenden und stinkenden Flusses, von seinem Eintritt in die Stadt bis zu seiner Vereinigung mit dem Irwell, zieht sich ein breiter Gürtel von Fabriken und Arbeiterwohnungen, welche letzteren alle in dem schlechtesten Zustande sind. Das Ufer ist meist abschüssig und bis in den Fluß hinein bebaut, gerade wie wir es am Irk gesehen haben, und die Anlage der Häuser und Straßen ist gleich schlecht, ob sie auf der Seite von Manchester oder der von Ardwick, Chorlton oder Hulme angelegt sind. Der abscheulichste Fleck – wenn ich alle die einzelnen Flecke detaillieren wollte, würde ich nicht zu Ende kommen – liegt aber auf der Manchester-Seite, gleich südwestlich von Oxford Road und heißt Klein-Irland (Little Ireland). In einem ziemlich tiefen Loche, das in einem Halbkreis vom Medlock und an allen vier Seiten von hohen Fabriken, hohen bebauten Ufern oder Aufschüttungen umgeben ist, liegen in zwei Gruppen etwa 200 Cottages, meist mit gemeinschaftlichen Rückwänden für je zwei Wohnungen, worin zusammen an 4 000 Menschen, fast lauter Irländer, wohnen. Die Cottages sind alt, schmutzig und von der kleinsten Sorte, die Straßen uneben, holperig und zum Teil ungepflastert und ohne Abflüsse; eine Unmasse Unrat, Abfall und ekelhafter Kot liegt zwischen stehenden Lachen überall herum, die Atmosphäre ist durch die Ausdünstungen derselben verpestet und durch den Rauch von einem Dutzend Fabrikschornsteinen verfinstert und schwer gemacht – eine Menge zerlumpter Kinder und Weiber treibt sich hier umher, ebenso schmutzig wie die Schweine, die sich auf den Aschenhaufen und in den Pfützen wohl sein lassen – kurz, das ganze Nest gewährt einen so unangenehmen, so zurückstoßenden Anblick wie kaum die schlechtesten Höfe am Irk. Das Geschlecht, das in diesen verfallenden Cottages, hinter den zerbrochenen und mit Ölleinwand verklebten Fenstern, den rissigen Türen und abfaulenden Pfosten oder gar in den finstern nassen Kellern, zwischen diesem grenzenlosen Schmutz und Gestank in dieser wie absichtlich eingesperrten Atmosphäre lebt – das Geschlecht muß wirklich auf der niedrigsten Stufe der Menschheit stehn – das ist der Eindruck und die Schlußfolgerung, die einem bloß die Außenseite dieses Bezirks aufdrängt. Aber was soll man sagen, wenn man hört (11), daß in jedem dieser Häuschen, das allerhöchstens zwei Zimmer und den Dachraum, vielleicht noch einen Keller hat, durchschnittlich zwanzig Menschen wohnen, daß in dem ganzen Bezirk nur auf etwa 120 Menschen ein – natürlich meist ganz unzugänglicher – Abtritt kommt und daß trotz alles Predigens der Ärzte, trotz der Aufregung, in die zur Cholerazeit die Gesundheitspolizei über den Zustand von Klein-Irland geriet, dennoch alles heute im Jahr der Gnade 1844 fast in demselben Zustande ist wie 1831? Dr. Kay erzählt, daß nicht nur die Keller, sondern sogar die Erdgeschosse aller Häuser in diesem Bezirk feucht seien; daß früher eine Anzahl Keller mit Erde aufgefüllt worden, allmählich aber wieder ausgeleert und jetzt von Irländern bewohnt würden – daß in einem Keller das Wasser – da der Boden des Kellers tiefer lag als der Fluß – fortwährend aus einem mit Lehm verstopften Versenkloch herausgequollen sei, so daß der Bewohner, ein

Handweber, jeden Morgen seinen Keiler habe trocken schöpfen und das Wasser auf die Straße gießen müssen!

Weiter abwärts liegt, auf der linken Seite des Medlock, Hulme, das eigentlich nur ein großes Arbeiterviertel ist und dessen Zustand fast ganz mit dem des Bezirks von Ancoats übereinstimmt. Die dichter bebauten Bezirke meist schlecht und dem Verfall nahend, die weniger bevölkerten von neuerer Bauart, luftiger, aber meist im Kot versunken. Feuchte Lage der Cottages allgemein, ebenso die Bauart mit Hintergassen und Kellerwohnungen. Auf der gegenüberliegenden Seite des Medlock, im eigentlichen Manchester, liegt ein zweiter großer Arbeiterdistrikt, der sich zu beiden Seiten von Deansgate bis an das kommerzielle Viertel erstreckt und teilweise der Altstadt nichts nachgibt. Namentlich in der unmittelbaren Nähe des kommerziellen Viertels, zwischen Bridge Street und Quay Street, Princess Street und Peter Street, übertrifft die Gedrängtheit der Bauart stellenweise die engsten Höfe der Altstadt. Hier findet man lange schmale Gassen, zwischen denen enge, winklige Höfe und Passagen sich befinden, deren Aus- und Eingänge so unordentlich angelegt sind, daß man in diesem Labyrinth alle Augenblicke in einem Sack festrennt oder an der ganz verkehrten Stelle herauskommt, wenn man nicht jede Passage und jeden Hof genau kennt. In diesen engen, verfallenen und schmutzigen Gegenden wohnt nach Dr. Kay die demoralisierteste Klasse von ganz Manchester, deren Handwerk Diebstahl oder Prostitution ist, und dem Anscheine nach hat er, auch jetzt noch, darin recht. Als auch hier die Gesundheitspolizei 1831 ihren Streifzug machte, fand sie in diesem Bezirk die Unreinlichkeit ebenso groß wie am Irk oder in Little Ireland (daß es damit jetzt noch nicht viel besser steht, kann ich bezeugen) und unter anderem in Parliament Street für dreihundertundachtzig Menschen und in Parliament Passage für dreißig starkbevölkerte Häuser nur einen einzigen Abtritt.

Gehen wir über den Irwell nach Salford, so finden wir auf einer von diesem Flusse gebildeten Halbinsel eine Stadt, die achtzigtausend Einwohner zählt und eigentlich nur ein großer, von einer einzigen breiten Straße durchschnittener Arbeiterbezirk ist. Salford, früher bedeutender als Manchester, war damals der Hauptort des umliegenden Distrikts und gibt ihm noch den Namen (Salford Hundred). Daher kommt es, daß sich auch hier ein ziemlich alter und folglich jetzt sehr ungesunder, schmutziger und verfallener Bezirk vorfindet, der der alten Kirche von Manchester gegenüberliegt und in ebenso schlechtem Zustande ist wie die Altstadt auf der andern Seite des Irwell. Weiter vom Flusse ab liegt ein neuerer Distrikt, der aber ebenfalls schon über vierzig Jahre und daher baufällig genug ist. Ganz Salford ist in Höfen oder schmalen Gassen gebaut, die so eng sind, daß sie mich an die engsten erinnerten, die ich gesehen habe, nämlich an die schmalen Gäßchen von Genua. In dieser Beziehung ist die durchschnittliche Bauart von Salford noch bedeutend schlechter als die von Manchester, und ebenso ist es mit der Reinlichkeit. Wenn in Manchester die Polizei wenigstens von Zeit zu Zeit – alle sechs bis zehn Jahre einmal – sich in die Arbeiterbezirke begab, die schlechtesten Wohnungen schloß, die schmutzigsten Stellen dieses Augiasstalles fegen ließ, so scheint sie in Salford gar nichts getan zu haben. Die engen Seitengassen und Höfe von Chapel Street, Greengate und Gravel Lane sind gewiß seit ihrer Erbauung nicht gereinigt worden – jetzt geht die Liverpooler Eisenbahn auf einem hohen Viadukt mitten dadurch und hat manchen der schmutzigsten Winkel weggenommen, aber was hilft das? Wenn man über diesen Viadukt fährt, so sieht man noch Schmutz und Elend genug von oben herab, und wenn man sich die Mühe nimmt, diese Gäßchen zu durchstreichen, durch die offenen Türen und Fenster in die Keller und Häuser hineinzublicken, so kann man sich jeden Augenblick überzeugen, daß die Arbeiter von Salford in Wohnungen leben, in denen Reinlichkeit und Bequemlichkeit unmöglich sind. Ganz dasselbe finden wir in den entfernter gelegenen Strichen von Salford, in Islington, an Regent Road und hinter der Boltoner Eisenbahn. Die Arbeiterwohnungen zwischen Oldfield Road und Cross Lane, wo sich zu beiden Seiten von Hope Street eine Menge von Höfen und Gassen im schlechtesten Zustande finden, wetteifern an Schmutz und gedrängter Einwohnerschaft mit der Altstadt von Manchester; in dieser Gegend fand ich einen Mann, der dem Aussehen nach sechzig Jahre alt war, in einem Kuhstall wohnend – er hatte sich den fensterlosen, weder gedielten noch gepflasterten viereckigen Kasten mit einer Art Rauchfang versehen, eine Bettstelle hineingebracht und wohnte darin, obwohl der Regen durch das schlechte, verfallene Dach troff. Der Mann war zu alt und zu schwach zur regelmäßigen Arbeit und ernährte sich durch Mistfahren usw. mit seiner Schubkarre; die Mistpfütze stieß dicht an seinen Stall.

Das sind die verschiedenen Arbeiterbezirke von Manchester, wie ich sie selbst während zwanzig Monaten zu beobachten Gelegenheit hatte. Fassen wir das Resultat unsrer Wanderung durch diese Gegenden zusammen, so müssen wir sagen, daß dreihundertfünfzigtausend Arbeiter von Manchester und seinen Vorstädten fast alle in schlechten, feuchten und schmutzigen Cottages wohnen, daß die Straßen, die sie einnehmen, meist in dem schlechtesten und unreinsten Zustande sich befinden und ohne alle Rücksicht auf Ventilation, bloß mit Rücksicht auf den dem Erbauer zufließenden Gewinn angelegt worden sind – mit einem Wort, daß in den Arbeiterwohnungen von Manchester keine Reinlichkeit, keine Bequemlichkeit, also auch keine Häuslichkeit möglich ist; daß in diesen Wohnungen nur eine entmenschte, degradierte, intellektuell und moralisch zur Bestialität herabgewürdigte, körperlich kränkliche Rasse sich behaglich und heimisch fühlen kann. Und ich bin nicht der einzige, der das behauptet; wir haben gesehen, daß Dr. Kay ganz dieselbe Beschreibung gibt, und zum Überfluß will ich noch die Worte eines Liberalen, einer anerkannten und sehr geschätzten Autorität der Fabrikanten, eines fanatischen Gegners aller selbständigen Arbeiterbewegungen, die Worte des Herrn Senior hersetzen (12):

"Als ich durch die Wohnungen der Fabrikarbeiter in der irischen Stadt, Ancoats und Klein-Irland ging, erstaunte ich nur darüber, daß es möglich sei, in solchen Wohnungen erträgliche Gesundheit zu bewahren. Diese Städte – denn das sind sie in Ausdehnung und Einwohnerzahl – sind errichtet worden mit der äußersten Rücksichtslosigkeit gegen alles, ausgenommen unmittelbaren Nutzen für die spekulierenden Erbauer. Ein Zimmermann und ein Maurer vereinigen sich, eine Reihe Bauplätze zu kaufen" (d.h. auf eine Anzahl Jahre zu mieten) "und diese mit sogenannten Häusern zu bedecken; an einer Stelle fanden wir eine ganze Straße, die dem Laufe eines Grabens folgte, damit man ohne die Kosten der Ausgrabung tiefere Keller bekam – Keller, nicht zu Rumpelkammern und Niederlagen, sondern zu Wohnungen für Menschen. Kein einziges Haus in dieser Straße entging der Cholera. Und im allgemeinen sind die Straßen in diesen Vorstädten ungepflastert, mit einem Düngerhaufen oder einer Lache in der Mitte, die Häuser mit der Rückwand zusammengebaut und ohne Ventilation oder Trockenlegung, und ganze Familien sind auf den Winkel eines Kellers oder einer Dachstube beschränkt."

Ich erwähnte schon oben einer ungewöhnlichen Tätigkeit, die die Gesundheitspolizei zur Cholerazeit in Manchester entwickelte. Als nämlich diese Epidemie herannahte, befiel ein allgemeiner Schrecken die Bourgeoisie dieser Stadt; man erinnerte sich auf einmal der ungesunden Wohnungen der Armut und zitterte bei der Gewißheit, daß jedes dieser schlechten Viertel ein Zentrum für die Seuche bilden würde, von wo aus sie ihre Verwüstungen nach allen Richtungen in die Wohnsitze der besitzenden Klasse ausbreite. Sogleich wurde eine Gesundheitskommission ernannt, um diese Bezirke zu untersuchen und über ihren Zustand genau an den Stadtrat zu berichten. Dr. Kay, selbst Mitglied der Kommission, die jeden einzelnen Polizeidistrikt, mit Ausnahme des elften, speziell besichtigte, gibt aus ihrem Bericht einzelne Auszüge. Es wurden im ganzen 6 951 Häuser – natürlich nur im eigentlichen Manchester, mit Ausschluß von Salford und den übrigen Vorstädten – inspiziert; davon hatten 2 565 dringend einen inneren Kalkanstrich nötig, an 960 waren notwendige Reparaturen vernachlässigt (were out of repair), 939 waren ohne hinreichende Abflüsse, 1 435 waren feucht, 452 schlecht ventiliert, 2 221 ohne Abtritte. Von den inspizierten 687 Straßen waren 248 ungepflastert, 53 nur teilweise gepflastert, 112 schlecht ventiliert, 352 enthielten stehende Pfützen, Haufen von Unrat, Abfall und dergleichen. Natürlich einen solchen Augiasstall vor der Ankunft der Cholera zu fegen war platterdings unmöglich; daher begnügte man sich mit der Reinigung einiger der schlechtesten Winkel und ließ sonst alles beim alten – es versteht sich, daß an den gereinigten Stellen, wie Klein-Irland beweist, nach ein paar Monaten die alte Unfläterei wiederhergestellt war. Und über den inneren Zustand dieser Wohnungen berichtet dieselbe Kommission Ähnliches, wie wir von London, Edinburgh und anderen Städten hörten:

"Oft ist eine ganze irische Familie in einem Bett zusammengedrängt; oft verbirgt ein Haufen schmutziges Stroh und Decken von altem Sackleinen alle in einem ununterscheidbaren Haufen, wo jeder durch Mangel, Stumpfsinn und Liederlichkeit gleich erniedrigt ist. Oft fanden die Inspektoren in einem Hause mit zwei Zimmern zwei Familien; in dem einen Zimmer schliefen sie alle, das andre war gemeinsames Eßzimmer und Küche; und oft wohnte mehr als eine Familie in einem einstubigen feuchten Keller, in dessen pestilenzialischer Atmosphäre zwölf bis sechzehn Menschen zusammengedrängt waren; zu diesen und anderen Quellen von Krankheiten kamen noch, daß Schweine darin gehalten wurden und andere Ekelhaftigkeiten der empörendsten Art sich vorfanden." (13)

Wir müssen hinzufügen, daß viele Familien, die selbst nur ein Zimmer haben, darin Kostgänger und Schlafgenossen für eine Entschädigung aufnehmen, daß solche Kostgänger von beiden Geschlechtern nicht selten sogar mit dem Ehepaar in einem und demselben Bette schlafen und daß z.B. der eine Fall, daß ein Mann, seine Frau und seine erwachsene Schwiegerin in einem Bette schliefen, nach dem "Bericht über den Gesundheitszustand der Arbeiterklasse", in Manchester sechs- oder mehrmal vorgefunden wurde. Die gemeinen Logierhäuser sind auch hier sehr zahlreich; Dr. Kay gibt ihre Zahl 1831 auf 267 im eigentlichen Manchester an, und seitdem muß sie sich sehr vermehrt haben. Diese nehmen jedes zwischen zwanzig und dreißig Gäste auf und beherbergen also zusammen jede Nacht zwischen fünf- und siebentausend Menschen; der Charakter der Häuser und ihrer Kunden ist derselbe wie in den andern Städten. Fünf bis sieben Betten liegen in jedem Zimmer ohne Bettstellen auf der Erde, und darauf werden soviel Menschen gelegt, wie sich finden, und alles durcheinander. Welche physische und moralische Atmosphäre in diesen Höhlen des Lasters herrscht, brauche ich wohl nicht zu sagen. Jedes dieser Häuser ist ein Fokus des Verbrechens und der Schauplatz von Handlungen, die die Menschlichkeit empören und vielleicht ohne diese gewaltsame Zentralisation der Unsittlichkeit nie zur Ausführung gekommen wären. Die Anzahl der in Kellerwohnungen lebenden Individuen gibt Gaskell (14) für das eigentliche Manchester auf 20 000 an. Das "Weekly Dispatch" gibt die Anzahl "nach offiziellen Berichten" auf 12 Prozent der Arbeiterklasse an, was damit stimmen würde – die Anzahl der Arbeiter zu 175 000 angenommen, sind 12 Prozent gleich 21 000. Die Kellerwohnungen in den Vorstädten sind mindestens ebenso zahlreich, und so wird die Zahl der in Manchester im weiteren Sinne in Kellern wohnenden Personen nicht unter 40 000 bis 50 000 betragen. Soviel über die Wohnungen der Arbeiter in den großen Städten. Die Befriedigung des Bedürfnisses für Obdach wird einen Maßstab abgeben für die Art, in welcher alle übrigen Bedürfnisse befriedigt werden. Daß in diesen schmutzigen Löchern nur eine zerlumpte, schlecht genährte Einwohnerschaft sich aufhalten kann, läßt sich schon schließen. Und so ist es auch. Die Kleidung der Arbeiter ist bei der ungeheuren Majorität in sehr schlechtem Zustande. Schon die Stoffe, die dazu genommen werden, sind nicht die geeignetsten; Leinen und Wolle sind aus der Garderobe beider Geschlechter fast verschwunden, und an ihre Stelle ist Baumwolle getreten. Die Hemden sind von gebleichtem oder buntem Kattun, ebenso die Kleider der Frauenzimmer meist gedruckter Kattun, wollene Unterröcke sieht man ebenfalls selten auf den Waschleinen. Die Männer haben meist Beinkleider von Baumwollensamt oder anderen schweren baumwollenen Stoffen und Röcke oder Jacken von demselben Zeuge. Der Baumwollensamt (fustian) ist sogar sprichwörtlich die Tracht der Arbeiter geworden – fustian-jackets, so werden die Arbeiter genannt und nennen sich selbst so im Gegensatz zu den Herren in wollenem Tuch (broadcloth), welches letztere ebenfalls als Bezeichnung für die Mittelklasse gebraucht wird. Als Feargus O'Connor, der Chartistenchef, während der Insurrektion von 1842 nach Manchester kam, erschien er unter dem rasendsten Beifall der Arbeiter in einem baumwollensamtnen Anzuge. Hüte sind in England die allgemeine Tracht auch der Arbeiter, Hüte der verschiedensten Formen, runde, kegelförmige oder zylindrische, breitrandig, schmalrandig oder randlos – nur jüngere Leute tragen in den Fabrikstädten Mützen. Wer keinen Hut hat, faltet sich von Papier eine niedrige, viereckige Kappe. Die ganze Bekleidung der Arbeiter – auch vorausgesetzt, daß sie in gutem Zustande ist – ist wenig in Einklang mit dem Klima. Die feuchte Luft Englands, die mit ihren schnellen Witterungswechseln mehr als jede andere Erkältungen hervorruft, nötigt fast die ganze Mittelklasse,

Flanell auf der bloßen Haut des Oberkörpers zu tragen; flanellne Halsbinden, Jacken und Leibbinden sind fast allgemein im Gebrauch. Die arbeitende Klasse entbehrt nicht nur dieser Vorsorge, sondern ist auch fast nie imstande, überhaupt einen Faden Wolle zur Kleidung zu verwenden. Die schweren Baumwollenzeuge aber, obwohl dicker, steifer und schwerer als wollenes Tuch, halten dennoch Kälte und Nässe viel weniger ab als dieses, bleiben wegen ihrer Dicke und wegen der Natur des Materials länger feucht und haben überhaupt nicht die Dichtigkeit des gewalkten Wollentuchs. Und wenn der Arbeiter sich einmal einen wollenen Rock für den Sonntag anschaffen kann, so muß er in einen der "billigen Laden" gehen, wo er schlechtes, sogenanntes "devil's dust"-Tuch (Teufelsdreck (Tuch, hergestellt aus minderwertigen, auf der Reißwolfmaschine – engl. devil: Teufel – verarbeiteten Wollresten)) bekommt, das "nur aufs Verkaufen, nicht aufs Tragen" gemacht ist und nach vierzehn Tagen reißt oder fadenscheinig wird – oder er muß sich beim Trödler einen halbverschlissenen alten Rock kaufen, dessen beste Zeit vorüber ist und der ihm nur für wenige Wochen gute Dienste leistet. Dazu kommt aber noch bei den meisten der schlechte Zustand ihrer Garderobe und von Zeit zu Zeit die Notwendigkeit, die besseren Kleidungsstücke ins Pfandhaus zu tragen. Bei einer sehr, sehr großen Anzahl aber, besonders denen irischen Bluts, sind die Kleider wahre Lumpen, die oft gar nicht mehr flickfähig sind oder bei denen man vor lauter Flicken die ursprüngliche Farbe gar nicht mehr erkennt. Die Engländer oder die Anglo-Iren flicken doch noch und haben es in dieser Kunst merkwürdig weit gebracht – Wolle oder Sackleinen auf Baumwollensamt oder umgekehrt, das macht ihnen gar nichts aus – aber die echten, eingewanderten Irländer flicken fast nie, nur im höchsten Notfalle, wenn das Kleid sonst in zwei Stücke reißt; gewöhnlich hangen die Lumpen des Hemdes durch die Risse des Rocks oder der Hosen heraus; sie tragen, wie Thomas Carlyle (15) sagt,

"einen Anzug von Fetzen, die aus- und anzuziehen eine der schwierigsten Operationen ist und nur an Festtagen und zu besonders günstigen Zeiten vorgenommen wird".

Die Irländer haben auch das früher in England unbekannte Barfußgehen mit herübergebracht. Jetzt sieht man in allen Fabrikstädten eine Menge Leute, namentlich Kinder und Weiber, barfuß umhergehen, und dies findet allmählich auch bei den ärmeren Engländern Eingang.

Wie mit der Kleidung, so mit der Nahrung. Die Arbeiter bekommen das, was der besitzenden Klasse zu schlecht ist. In den großen Städten Englands kann man alles aufs beste haben, aber es kostet teures Geld, der Arbeiter, der mit seinen paar Groschen haushalten muß, kann so viel nicht anlegen. Dazu bekommt er seinen

Lohn meist erst Samstag abends ausgezahlt – man hat angefangen, schon Freitag zu zahlen, aber diese sehr gute Einrichtung ist noch lange nicht allgemein – und so kommt er Samstag abends um vier, fünf oder sieben Uhr erst auf den Markt, von dem während des Vormittags schon die Mittelklasse sich das Beste ausgesucht hat. Des Morgens strotzt der Markt von den besten Sachen, aber wenn die Arbeiter kommen, ist das Beste fort, und wenn es auch noch da wäre, so würden sie es wahrscheinlich nicht kaufen können. Die Kartoffeln, die der Arbeiter kauft, sind meist schlecht, die Gemüse verwelkt, der Käse alt und von geringer Qualität, der Speck ranzig, das Fleisch mager, alt, zäh, von alten, oft kranken oder verreckten Tieren – oft schon halb faul. Die Verkäufer sind meistens kleine Höker, die schlechtes Zeug zusammenkaufen und es eben wegen seiner Schlechtigkeit so billig wieder er verkaufen können. Die ärmsten Arbeiter müssen noch einen andern Kunstgriff gebrauchen, um mit ihrem wenigen Gelde selbst bei der schlechtesten Qualität der einzukaufenden Artikel auszukommen. Da nämlich um zwölf Uhr am Sonnabendabend alle Läden geschlossen werden müssen und am Sonntag nichts verkauft werden darf, so werden zwischen zehn und zwölf Uhr diejenigen Waren, die bis zum Montagmorgen verderben würden, zu Spottpreisen losgeschlagen. Was aber um zehn Uhr noch liegengeblieben ist, davon sind neun Zehntel am Sonntagmorgen nicht mehr genießbar und gerade diese Waren bilden den Sonntagstisch der ärmsten Klasse. Das Fleisch, das die Arbeiter bekommen, ist sehr häufig ungenießbar – weil sie's aber einmal gekauft haben, so müssen sie es essen. Am 6. Januar (wenn ich nicht sehr irre) 1844 war Marktgericht (court leet) in Manchester, wobei elf Fleischverkäufer gestraft wurden, weil sie ungenießbares Fleisch verkauft hatten. Jeder derselben hatte ein ganzes Rind oder Schwein oder mehrere Schafe oder 50 bis 60 Pfund Fleisch, die alle in diesem Zustande konfisziert worden waren. Bei einem derselben wurden 64 gefüllte Weihnachtsgänse mit Beschlag belegt, die zu Liverpool nicht verkauft und infolgedessen nach Manchester transportiert worden waren, wo sie faul und stinkend auf den Markt kamen. Die ganze Geschichte mit Namen und Strafbetrag wurde damals im "Manchester Guardian" – erzählt. In den sechs Wochen vom 1. Juli bis 14. August berichtet dasselbe Blatt drei Fälle derselben Art; nach der Nummer vom 3. Juli wurde zu Heywood ein Schwein von 200 Pfund, das tot und faul gefunden, bei einem Schlächter zerhackt und zum Verkauf ausgestellt war, konfisziert; nach der vom 31. Juli wurden zwei Schlächter zu Wigan, deren einer schon früher sich desselben Vergehens schuldig gemacht hatte, wegen Ausstellung von ungenießbarem Fleisch in 2 Pfd. St. und 4 Pfd. St. Strafe genommen, und laut Nummer vom lo. August bei einem Krämer zu Bolton 26 ungenießbare Schinken mit Beschlag belegt, öffentlich verbrannt und der Krämer im Betrage von 20 sh.

gestraft. Das sind aber lange noch nicht alle Fälle, noch nicht einmal ein Durchschnitt für die Zeit von sechs Wochen, wonach der Jahresdurchschnitt zu berechnen wäre – es kommen oft Zeiten, wo jede Nummer des zweimal wöchentlich erscheinenden "Guardian" einen solchen Fall aus Manchester oder dem umliegenden Fabrikdistrikt bringt – und wenn man bedenkt, wie viele Fälle bei den ausgedehnten Märkten, die sich an allen Hauptstraßenfronten entlangziehen, und bei der wenigen Aufsicht den Marktinspektoren entgehen müssen – wie ist sonst auch die Frechheit erklärlich, mit der ganze Stücke Vieh zum Verkauf gebracht werden? – wenn man bedenkt, wie groß die Versuchung bei den oben angegebenen unbegreiflich niedrigen Strafbeträgen sein muß – wenn man bedenkt, in welchem Zustande ein Stück Fleisch schon sein muß, um von den Inspektoren als total ungenießbar konfisziert werden zu können, so kann man unmöglich glauben, daß die Arbeiter im Durchschnitt gutes und nahrhaftes Fleisch bekommen. Aber sie werden auch auf noch andere Weise von der Geldgier der Mittelklasse geprellt. Die Krämer und Fabrikanten verfälschen alle Nahrungsmittel auf eine unverantwortliche Weise und mit der größten Rücksichtslosigkeit gegen die Gesundheit derer, die sie verzehren sollen. Wir ließen oben den "Manchester Guardian" sprechen, hören wir jetzt ein anderes Blatt der Mittelklasse – ich liebe es, meine Gegner zu Zeugen zu nehmen – hören wir den "Liverpool Mercury":

"Gesalzene Butter wird für frische verkauft, entweder indem die Klumpen mit einem Überzuge von frischer Butter bedeckt oder indem ein frisches Pfund zum Schmecken oben hingelegt und nach dieser Probe die gesalzenen Pfunde verkauft werden, oder indem das Salz ausgewaschen und die Butter dann für frische verkauft werden. Unter den Zucker wird gestoßener Reis oder andere wohlfeile Sachen gemischt und zum vollen Preise verkauft. Der Abfall der Seifensiedereien wird ebenfalls mit andern Stoffen vermischt und als Zucker verkauft. Unter gemahlnen Kaffee wird Zichorie oder anderes wohlfeiles Zeug gemischt, ja sogar unter ungemahlnen, wobei die Mischung in die Form von Kaffeebohnen gebracht wird. Kakao wird sehr häufig mit feiner brauner Erde versetzt, die mit Hammelfett gerieben ist und sich dann mit dem echten Kakao leichter vermischt. Tee wird mit Schlehenblättern und anderem Unrat vermischt, oder ausgebrauchte Teeblätter werden getrocknet, auf kupfernen heißen Platten geröstet, damit sie wieder Farbe bekommen, und so für frisch verkauft. Pfeffer wird mit Staub von Hülsen usw. verfälscht; Portwein wird geradezu fabriziert (aus Farbstoffen, Alkohol usw.), da es notorisch ist, daß in England allein mehr davon getrunken wird, als in ganz Portugal wächst, und Tabak wird mit ekelhaften Stoffen aller Art vermischt in allen möglichen Formen, die diesem Artikel gegeben werden."

(Ich kann hinzusetzen, daß wegen der allgemeinen Tabaksverfälschung mehrere der angesehensten Tabakshändler von Manchester im vorigen Sommer öffentlich erklärten, kein derartiges Geschäft könne ohne Verfälschung bestehen, und daß keine einzige Zigarre, die weniger als 3 Pence kostet, ganz aus Tabak besteht.) Natürlich bleibt es nicht bei den Betrügereien in Nahrungsmitteln, deren ich noch ein Dutzend – unter andern die Niederträchtigkeit, Gips oder Kreide unter das Mehl zu mischen – anführen könnte; in allen Artikeln wird betrogen, Flanell, Strümpfe usw. werden gereckt, um größer zu erscheinen, und laufen nach der ersten Wäsche ein, schmales Tuch wird für anderthalb oder drei Zoll breiteres verkauft, Steingut wird so dünn glasiert, daß die Glasur so gut wie keine ist und gleich springt, und hundert andere Schändlichkeiten. Tout comme chez nous (Ganz wie bei uns) – aber wer die üblen Folgen der Betrügerei am meisten zu tragen hat, das sind die Arbeiter. Der Reiche wird nicht betrogen, weil er die teuren Preise der großen Laden bezahlen kann, die auf guten Ruf halten müssen und sich selbst am meisten schaden würden, wenn sie schlechte, verfälschte Ware hielten; der Reiche ist verwöhnt durch gute Kost und merkt den Betrug leichter mit seiner feinen Zunge. Aber der Arme, der Arbeiter, bei dem ein paar Pfennige viel ausmachen, der für wenig Geld viel Waren haben muß, der auf die Qualität so genau nicht sehen darf und kann, weil er nie Gelegenheit hatte, seinen Geschmackssinn zu verfeinern, der bekommt all die verfälschte, ja oft vergiftete Ware; er muß zu kleinen Krämern gehen, muß vielleicht sogar auf Kredit kaufen, und diese Krämer, die wegen ihres kleinen Kapitals und der größern Geschäftsunkosten bei gleicher Qualität gar nicht einmal so wohlfeil verkaufen können wie die bedeutenden Detaillisten, müssen schon um der von ihnen verlangten niedrigeren Preise und um der Konkurrenz der übrigen willen verfälschte Ware wissentlich oder unwissentlich anschaffen. Dazu, wenn ein bedeutender Detaillist, der großes Kapital in seinem Geschäft stecken hat, bei einem entdeckten Betrug durch seinen ruinierten Kredit mit ruiniert ist – was verschlägt es einem Winkelkrämer, der eine einzige Straße mit Waren versorgt, ob man ihm Betrügereien nachweist? Traut man ihm in Ancoats nicht mehr, so zieht er nach Chorlton oder Hulme, wo ihn niemand kennt und wo er wieder von vorn anfängt zu betrügen; und gesetzliche Strafen stehen auf den wenigsten Verfälschungen, es sei denn, daß sie zugleich einen Akzise-Unterschleif involvieren. Aber nicht nur in der Qualität, sondern auch in der Quantität der Waren wird der englische Arbeiter betrogen; die kleinen Krämer haben großenteils falsche Maße und Gewichte, und eine unglaubliche Menge Straffälle wegen solcher Vergehen sind täglich in den Polizeiberichten zu lesen. Wie allgemein diese Art Betrügerei in den Fabrikdistrikten ist, mögen ein paar Auszüge aus dem "Manchester Guardian" lehren;

sie erstrecken sich nur über einen kurzen Zeitraum, und selbst hier liegen mir nicht alle Nummern vor:

Guard(ian), 16. Juni 1844. Rochdaler Sessionen – 4 Krämer wegen zu leichter Gewichte in 5 bis 10 sh. gestraft.Stockporter Sessionen – 2 Krämer mit 1 sh. bestraft – einer davon hatte sieben leichte Gewichte und eine falsche Waagschale, und beide waren vorher gewarnt.
Guard. 19. Juni. Rochdaler Sessionen – ein Krämer mit 5 und zwei Bauern mit 10 sh. Strafe belegt.
Guard. 22. Juni. Manchester Friedensgericht – 19 Krämer von 2 1/2 sh,. bis 2 Pfd. gestraft.
Guard. 20. Juni. Ashtoner Sessionen – 14 Krämer und Bauern von 2 1/2 sh. bis 1 Pfd. St. bestraft. Hyder kleine Session – 9 Bauern und Krämer in die Kosten und 5 sh. Strafe verurteilt.
Guard. 6. Juli. Manchester – 16 Krämer verurteilt in die Kosten und Strafen bis zu 10 sh.
Guard. 13. Juli. Manchester – 9 Krämer von 2 1/2 bis 20 sh. bestraft.
Guard. 24. Juli. Rochdaler – 4 Krämer von 10 bis 20 sh. bestraft.
Guard. 27. Juli. Bolton - 12 Krämer und Wirte verurteilt in die Kosten.
Guard. 3. Aug. Bolton - drei desgleichen zu 2 1/2 bis 5 sh. Strafe.
Guard. lo. Aug. Bolton - ein desgleichen zu 5 sh. Strafe.

Und aus denselben Gründen, aus denen der Betrug in der Qualität der Waren hauptsächlich auf die Arbeiter fiel, aus denselben fällt auch der quantitative Betrug auf sie.

Die gewöhnliche Nahrung der einzelnen Arbeiter selbst ist natürlich nach Arbeitslohn verschieden. Die besserbezahlten Arbeiter, besonders solche Fabrikarbeiter, bei denen jedes Familienglied imstande ist, etwas zu verdienen, haben, solange das dauert, gute Nahrung, täglich Fleisch und abends Speck und Käse. Wo weniger verdient wird, findet man nur sonntags oder zwei- bis dreimal wöchentlich Fleisch, dafür mehr Kartoffeln und Brot; gehen wir allmählich tiefer, so finden wir die animalische Nahrung auf ein wenig unter die Kartoffeln geschnittenen Speck reduziert – noch tiefer verschwindet auch dieses, es bleibt nur Käse, Brot, Hafermehlbrei (porridge) und Kartoffeln, bis auf der tiefsten Stufe, bei den Irländern, nur Kartoffeln die Nahrung bilden. Dazu wird allgemein ein dünner Tee, vielleicht mit etwas Zucker, Milch oder Branntwein vermischt, getrunken; der Tee gilt in England und selbst in Irland für ein ebenso notwendiges und unerläßliches Getränk wie bei uns der Kaffee, und wo kein Tee mehr getrunken wird, da herrscht immer die bitterste Armut. Alles das aber unter der Voraussetzung, daß der Arbeiter beschäftigt ist; wenn er keine Arbeit hat, so ist er ganz dem Zufall überlassen und ißt, was er geschenkt bekommt, sich zusammenbettelt oder – stiehlt; und wenn er nichts bekommt, so verhungert er eben, wie wir vorhin gesehen haben. Es versteht sich überhaupt, daß die Quantität der Nahrung sich wie die Qualität nach dem Lohne richtet und daß bei den schlechter bezahlten Arbeitern, wenn sie noch gar eine starke Familie haben, auch während voller Beschäftigung Hungersnot herrscht; und die Zahl dieser schlechter bezahlten Arbeiter ist sehr groß. Namentlich in London, wo die Konkurrenz der Arbeiter in demselben Maße steigt wie die Bevölkerung, ist diese Klasse sehr zahlreich, aber auch in allen andern Städten finden wir sie. Da werden denn allerlei Auskunftsmittel gesucht, Kartoffelschalen, Gemüseabfall, faulende Vegetabilien ist, so kommt es oft genug vor, daß die Familie in den letzten Tagen derselben gar nichts oder nur soviel Nahrung bekommt, als dringend nötig ist, sie vor dem Verhungern zu schützen. Eine solche Lebensweise kann natürlich nur Krankheiten in Masse erzeugen, und wenn diese eintreten, wenn vollends der Mann, von dessen Arbeit die Familie hauptsächlich lebt und dessen angestrengte Tätigkeit am meisten Nahrung erfordert, der also auch am ersten unterliegt – wenn dieser vollends (1892) wenn vollends dieser) krank wird, so ist die Not erst groß, so tritt die Brutalität, mit der die Gesellschaft ihre Mitglieder gerade dann verläßt, wenn sie ihrer Unterstützung am meisten bedürfen, erst recht grell hervor.

Fassen wir nun zum Schluß die angeführten Tatsachen nochmals kurz zusammen: Die großen Städte sind hauptsächlich von Arbeitern bewohnt, da im günstigsten Falle ein Bourgeois auf zwei, oft auch drei, hier und da auf vier Arbeiter kommt; diese Arbeiter haben selbst durchaus kein Eigentum und leben von dem Arbeitslohn, der fast immer aus der Hand in den Mund geht; die in lauter Atome aufgelöste Gesellschaft kümmert sich nicht um sie, überläßt es ihnen, für sich und ihre Familien zu sorgen, und gibt ihnen dennoch nicht die Mittel an die Hand, dies auf eine wirksame und dauernde Weise tun zu können; jeder Arbeiter, auch der beste, ist daher stets der Brotlosigkeit, das heißt dem Hungertode ausgesetzt, und viele erliegen ihm; die Wohnungen der Arbeiter sind durchgehends schlecht gruppiert, schlecht gebaut, in schlechtem Zustande gehalten, schlecht ventiliert, feucht und ungesund; die Einwohner sind auf den kleinsten Raum beschränkt, und in den meisten Fällen schläft wenigstens eine Familie in einem Zimmer; die innere Einrichtung der Wohnungen ist ärmlich in verschiedenen Abstufungen bis zum gänzlichen Mangel auch der notwendigsten Möbel; die Kleidung der Arbeiter ist ebenfalls durchschnittlich kärglich und bei einer großen Menge zerlumpt; die Nahrung im allgemeinen schlecht, oft fast ungenießbar und in vielen Fällen wenigstens zeitweise in unzureichender Quantität, so daß im äußersten Falle Hungertod eintritt. Die Arbeiterklasse der großen Städte bietet uns so eine Stufenleiter verschiedener Lebenslagen dar – im günstigsten Falle eine temporär erträgliche Existenz, für angestrengte Arbeit guten Lohn, gute Wohnung und gerade keine schlechte Nahrung – alles natürlich vom Arbeiterstandpunkt aus gut und erträglich – im schlimmsten bitteres Elend, das sich bis zur Obdachlosigkeit und dem Hungertode steigern kann; der Durchschnitt liegt aber dem schlimmsten Falle weit näher als dem besten. Und diese Stufenleiter teilt sich nicht etwa bloß in fixe Klassen, so daß man sagen könnte: Dieser Fraktion der Arbeiter geht es gut, jener schlecht, und so bleibt es und ist es schon von jeher gewesen; sondern, wenn das auch hier und da der Fall ist, wenn einzelne Arbeitszweige im ganzen einen Vorzug vor andern genießen, so schwankt doch auch die Lege der Arbeiter in jeder Branche so sehr, daß ein jeder einzelne Arbeiter in den Fall kommen kann, die ganze Stufenleiter zwischen verhältnismäßigem Komfort und dem äußersten Mangel, ja dem Hungertode durchzumachen – wie denn auch fast jeder englische Proletarier von bedeutenden Glückswechseln zu erzählen weiß. Die Ursachen davon wollen wir jetzt etwas näher betrachten.

Anmerkungen F. E.:

(1) (1892) Das war vor beinah 50 Jahren, zur Zeit der malerischen Segelschiffe. Diese liegen – soweit noch welche nach London kommen – jetzt in den Docks, die Themse ist bedeckt von rußigen, häßlichen Dampfern.

(2) Seitdem ich die nachfolgende Darstellung geschrieben, ist mir ein Artikel über die Arbeiterdistrikte in London im "Illuminated Magazine (Oktober 1844) zu Gesicht gekommen, der mit meiner Schilderung – an vielen Stellen fast wörtlich, aber auch sonst der Sache nach überall vollständig übereinstimmt. Er ist überschrieben: "The Dwellings of the Poor, from the note-book of an M. D." (Medicinae Doctor) (Die Behausungen der Armen, aus dem Notizbuch eines Dr. med.).

(3) Zitiert in Dr. W. P. Alison, F. R. S. E., fellow and late President of the Royal College of Physicians etc. etc., "Observations on the Management of the Poor in Scotland and its Effects on the Health of Great Towns" (Betrachtungen über die Behandlung der Armen in Schottland und ihre Auswirkung auf die Gesundheit in den großen Städten), Edinburgh 1840. – Der Verfasser ist religiöser Tory und Bruder des Historikers Arch(ibald) Alison.

(4) Report to the Home Secretary from the Poor-Law Commissioners, on an Inquiry into the Sanitary Condition of the Labouring Classes of Great Britain. With Appendices.

Presented to both Houses of Parliament in July 1842 (Bericht der Armengesetz-Kommissare an den Innenminister über eine Untersuchung der sanitären Lage der arbeitenden Klassen Großbritanniens. Mit Anhängen. Beiden Häusern des Parlaments im Juli 1842 vorgelegt). - 3 vols. in Folio. - Gesammelt und geordnet aus ärztlichen Berichten von Edwin Chadwick, Sekretär der Armengesetz-Kommission.

(5) "The Artizan", 1843, Oktoberheft. - Eine Monatsschrift.

(6) "Arts and Artizans at Home and Abroad" (Handwerke und Handwerker im In- und Ausland). By J. C. Symons. Edinburgh 1839. - Der Verfasser, wie es scheint, selbst ein Schotte, ist ein Liberaler und folglich fanatisch gegen jede selbständige Arbeiterbewegung eingenommen. Die (...) zitierten Stellen finden sich p. 116 u. folg.

(7) Überall, wo von Meilen ohne nähere Bezeichnung die Rede ist, sind englische gemeint, deren 69 1/2 auf den Grad des Äquators und also etwa 5 auf die deutsche Meile gehen.

(8) Man vergesse nicht, daß diese "Keller" keine Rumpelkammern, sondern Wohnungen für Menschen sind.

(9) "The Moral and Physical Condition of the Working Clssses, employed in the Cotton Manufacture in Manchester" (Die sittliche und physische Lage der in der Baumwollfabrikation in Manchester beschäftigten arbeitenden Klassen). By James Ph. Kay, Dr. Med. 2nd edit. 1832. - Verwechselt die Arbeiterklasse im allgemeinen mit der Fabrikarbeiterklasse, sonst vortrefflich.

(10) Und doch behauptet einmal ein weiser englischer Liberaler - im "Bericht der Children's Empl(oyment) Comm(ission)" -, diese Höfe seien das Meisterstück der Städtebaukunst, weil sie, gleich einer Anzahl kleiner öffentlicher Plätze, die Ventilation und den Luftzug verbesserten! Freilich, wenn jeder Hof zwei oder vier breite, offene, gegenüberstehende Zugänge hätte, wodurch die Luft streichen könnte - aber sie haben nie zwei, sehr selten einen offnen, und fast alle nur schmale, überbaute Einlässe.

(11) Dr. Kay, a.a.O.

(12) Nassau W. Senior, "Letters on the Factory Act to the Rt. Hon. the President of Board of Trade" (Briefe über das Fabrikgesetz an den sehr ehrenwerten Präsidenten des Handelsamtes) (Chas. Poulett Thomson Esq.). London 1837. - p. 24.

(13) Kay, a.a.O. p.32.

(14) P. Gaskell, "The Manufacturing Population of England, its Moral, Social, and Physical Conditions, and the Changes which have arisen from the Use of Steam Machinery; with an Examination of Infant Labeur". "Fiat Justitia" (Die Fabrikarbeiterbevölkerung Englands, ihre sittliche, soziale und physische Lage und die durch die Anwendung von Dampfmaschinen verursachten Veränderungen. Nebst einer Untersuchung der Kin-

derarbeit. Es walte Gerechtigkeit). – 1833. – Hauptsächlich die Lage der Arbeiter in Lancashire schildernd. Der Verfasser ist ein Liberaler, schrieb aber zu einer Zeit, wo es noch nicht zum Liberalismus gehörte, das "Glück" der Arbeiter zu preisen. Daher ist er noch unbefangen und darf noch Augen haben für die Übel des jetzigen Zustandes, und namentlich des Fabriksystems. Dafür schrieb er aber auch vor der Factories Inquiry Commission (Fabrik-Untersuchungskommission) und entnimmt aus zweideutigen Quellen manche später durch den Kommissionsbericht widerlegte Behauptung. Das Werk, obwohl im ganzen gut, ist daher, und weil er wie Kay die Arbeiterklasse überhaupt mit der Fabrikarbeiterklasse im besondern verwechselt, in Einzelheiten nur mit Vorsicht zu gebrauchen. Die in der Einleitung gegebene Entwicklungsgeschichte des Proletariats ist hauptsächlich aus diesem Werke genommen.

(15) Thomas Carlyle, "Chartism". London 1840. – p. 28. – Über Thomas Carlyle siehe unten (siehe die Fußnoten S. 486 u. 502).

(16) "Weekly Dispatch", April oder Mai 1844, nach einem Berichte des Dr. Southwood Smith über die Lage der Armen in London.

Die Konkurrenz

Wir haben in der Einleitung gesehen, wie die Konkurrenz gleich im Anfange der industriellen Bewegung das Proletariat schuf, indem sie bei vermehrter Nachfrage nach gewebten Stoffen den Weblohn steigerte und dadurch die webenden Bauern veranlaßte, ihre Ackerwirtschaft dranzugeben, um am Webstuhl desto mehr verdienen zu können; wir haben gesehen, wie sie die kleinen Bauern durch das System der Bewirtschaftung im großen verdrängte, sie zu Proletariern herabsetzte und dann teilweise in die Städte zog; wie sie ferner die kleine Bourgeoisie zum größten Teil ruinierte und ebenfalls zu Proletariern herabdrückte, wie sie das Kapital in den Händen weniger und die Bevölkerung in den großen Städten zentralisierte. Das sind die verschiedenen Wege und Mittel, durch welche die Konkurrenz, wie sie in der modernen Industrie zur vollen Erscheinung und zur freien Entwicklung ihrer Konsequenzen kam, das Proletariat schuf und ausdehnte. Wir werden jetzt ihren Einfluß auf das schon bestehende Proletariat zu betrachten haben. Und hier haben wir zuerst die Konkurrenz der einzelnen Arbeiter unter sich in ihren Folgen zu entwickeln.

Die Konkurrenz ist der vollkommenste Ausdruck des in der modernen bürgerlichen Gesellschaft herrschenden Kriegs Aller gegen Alle. Dieser Krieg, ein Krieg um das Leben, um die Existenz, um alles, also auch im Notfalle ein Krieg auf Leben und Tod, besteht nicht nur zwischen den verschiedenen Klassen der Gesellschaft, sondern auch zwischen den einzelnen Mitgliedern dieser Klassen; jeder ist dem andern im Wege, und jeder sucht daher auch alle, die ihm im Wege sind, zu verdrängen und sich an ihre Stelle zu setzen. Die Arbeiter konkurrieren unter sich, wie die Bourgeois unter sich konkurrieren. Der mechanische Weber konkurriert gegen den Handweber, der unbeschäftigte oder schlecht bezahlte Handweber gegen den beschäftigten oder besser bezahlten und sucht ihn zu verdrängen. Diese Konkurrenz der Arbeiter gegeneinander ist aber die schlimmste Seite der jetzigen Verhältnisse für den Arbeiter, die schärfste Waffe gegen das Proletariat in den Händen der Bourgeoisie. Daher das Streben der Arbeiter, diese Konkurrenz durch Assoziationen aufzuheben, daher die Wut der Bourgeoisie gegen diese Assoziationen und ihr Triumph über jede diesen beigebrachte Schlappe.

Der Proletarier ist hülflos; er kann für sich selbst nicht einen einzigen Tag leben. Die Bourgeoisie hat sich das Monopol aller Lebensmittel im weitesten Sinne des Worts angemaßt. Was der Proletarier braucht, kann er nur von dieser Bourgeoisie, die durch die Staatsgewalt in ihrem Monopol geschützt wird, erhalten. Der Proletarier ist also rechtlich und tatsächlich der Sklave der Bourgeoisie;

sie kann über sein Leben und seinen Tod verfügen. Sie bietet ihm ihre Lebensmittel an, aber für ein "Äquivalent", für seine Arbeit; sie läßt ihm sogar noch den Schein, als ob er aus freiem Willen handelte, mit freier, zwangloser Einwilligung, als mündiger Mensch einen Vertrag mit ihr abschlösse. Schöne Freiheit, wo dem Proletarier keine andere Wahl bleibt, als die Bedingungen, die ihm die Bourgeoisie stellt, zu unterschreiben oder – zu verhungern, zu erfrieren, sich nackt bei den Tieren des Waldes zu betten! Schönes "Äquivalent", dessen Betrag ganz im Belieben der Bourgeoisie steht! Und ist der Proletarier ein solcher Narr, lieber verhungern zu wollen, als sich in die "billigen" Vorschläge der Bourgeois, seiner "natürlichen Vorgesetzten" (1) zu fügen – je nun, es findet sich leicht ein anderer, es gibt Proletarier genug in der Welt, und nicht alle sind so verrückt, nicht alle ziehen den Tod dem Leben vor.

Da haben wir die Konkurrenz der Proletarier untereinander. Wenn alle Proletarier nur den Willen aussprächen, lieber verhungern als für die Bourgeoisie arbeiten zu wollen, so würde diese schon von ihrem Monopol abstehen müssen; aber das ist nicht der Fall, das ist sogar ein ziemlich unmöglicher Fall, und daher ist die Bourgeoisie noch immer guter Dinge. Nur eine Schranke hat diese Konkurrenz der Arbeiter – kein Arbeiter wird für weniger arbeiten wollen, als er zu seiner Existenz nötig hat; wenn er einmal verhungern soll, wird er lieber faul als arbeitend verhungern wollen. Freilich ist diese Schranke relativ; der eine braucht mehr als der andere, der eine ist an mehr Bequemlichkeit gewöhnt als der andere – der Engländer, der noch etwas zivilisiert ist, braucht mehr als der Irländer, der in Lumpen geht, Kartoffeln ißt und in einem Schweinestall schläft. Aber das hindert den Irländer nicht, gegen den Engländer zu konkurrieren und allmählich den Lohn und mit ihm den Zivilisationsgrad des englischen Arbeiters auf das Niveau des irischen herabzudrücken. Gewisse Arbeiten erfordern einen bestimmten Zivilisationsgrad, und dahin gehören fast alle industriellen; daher muß der Lohn hier schon im Interesse der Bourgeoisie selbst so hoch sein, daß er dem Arbeiter möglich macht, sich in dieser Sphäre zu erhalten. Der frischeingewanderte, im ersten besten Stalle kampierende Irländer, der selbst in einer erträglichen Wohnung jede Woche auf die Straße gesetzt wird, weil er alles versäuft und die Miete nicht bezahlen kann, der würde ein schlechter Fabrikarbeiter sein; daher muß den Fabrikarbeitern so viel gegeben werden, daß sie ihre Kinder zu regelmäßiger Arbeit erziehen können – aber auch nicht mehr, damit sie nicht den Lohn ihrer Kinder entbehren können und sie etwas anderes werden lassen als bloße Arbeiter. Auch hier ist die Schranke, das Minimum des Lohns, relativ; wo jeder in der Familie arbeitet, braucht der einzelne um soviel weniger zu erhalten, und die Bourgeoisie hat die Gelegenheit zur Beschäftigung und Rentbarmachung der Weiber und Kinder, die ihr in der Maschinenarbeit gegeben wurde, zur Herabdrückung des Lohns weidlich benutzt. Natürlich ist nicht in jeder Familie jeder arbeitsfähig, und eine solche Familie würde sich schlecht stehen, wenn sie zu dem auf eine ganz arbeitsfähige Familie berechneten Minimum des Lohns arbeiten wollte; daher stellt sich der Lohn hier auf einen Durchschnitt, bei dem es der ganz arbeitsfähigen Familie ziemlich gut, der weniger arbeitsfähige Mitglieder zählenden ziemlich schlecht geht. Aber im schlimmsten Falle wird jeder Arbeiter lieber das bißchen Luxus oder Zivilisation aufgeben, an das er gewöhnt war, um nur die nackte Existenz zu fristen; er wird lieber einen Schweinestall als gar kein Obdach, lieber Lumpen als gar keine Kleider, lieber nur Kartoffeln haben wollen als verhungern. Er wird lieber, in Aussicht auf bessere Zeiten, mit halbem Lohn zufrieden sein, als sich still auf die Straße setzen und vor den Augen der Welt sterben, wie so mancher Brotlose es getan hat. Dies bißchen also, dies etwas mehr als nichts, ist das Minimum des Lohns. Und wenn mehr Arbeiter da sind, als die Bourgeoisie zu beschäftigen für gut hält, wenn also am Ende des Konkurrenzkampfs doch noch eine Zahl übrigbleibt, die keine Arbeit findet, so muß diese Zahl eben verhungern; denn der Bourgeois wird ihnen doch wahrscheinlich keine Arbeit geben, wenn er die Produkte ihrer Arbeit nicht mit Nutzen verkaufen kann.

Wir sehen hieraus, was das Minimum des Lohns ist. Das Maximum wird durch die Konkurrenz der Bourgeois gegeneinander festgestellt, denn wir sahen, wie auch diese konkurrieren. Der Bourgeois kann sein Kapital nur durch Handel oder Industrie vergrößern, und zu beiden Zwecken braucht er Arbeiter. Selbst wenn er sein Kapital auf Zinsen legt, braucht er sie indirekt, denn ohne Handel und Industrie würde ihm niemand Zinsen dafür geben, würde niemand es benutzen können. So braucht allerdings der Bourgeois den Proletarier, aber nicht zum unmittelbaren Leben – er könnte ja von seinem Kapitale zehren -, sondern wie man einen Handelsartikel oder ein Lasttier braucht, zur Bereicherung. Der Proletarier verarbeitet dem Bourgeois die Waren, die dieser mit Nutzen verkauft. Wenn also die Nachfrage nach diesen Waren wächst, so daß die gegeneinander konkurrierenden Arbeiter alle beschäftigt werden, vielleicht einige zu wenig da sind, so fällt die Konkurrenz der Arbeiter weg, und die Bourgeois fangen an, gegeneinander zu konkurrieren. Der Arbeiter suchende Kapitalist weiß sehr wohl, daß er bei den infolge der vermehrten Nachfrage steigenden Preisen größeren Gewinn macht, also auch lieber etwas mehr Lohn bezahlt, als sich den ganzen Gewinn entgehen läßt; er wirft mit der Wurst nach dem Schinken, und wenn er nur diesen bekommt, gönnt er dem Proletarier gern die Wurst. So jagt ein Kapitalist dem andern die Arbeiter ab, und der Lohn steigt. Aber nur so hoch, wie die steigende Nachfrage erlaubt. Wenn der Kapitalist, der wohl von seinem außerordentlichen Gewinn etwas aufopferte, auch von seinem ordentlichen, d.h. Durchschnittsgewinn etwas opfern sollte, so hütet er sich wohl, höheren als Durchschnittslohn zu zahlen.

Hieraus können wir den Durchschnittslohn bestimmen. Unter Durchschnittsverhältnissen, d. h. wenn weder Arbeiter noch Kapitalisten Grund haben, besonders gegeneinander zu konkurrieren, wenn gerade so viel Arbeiter da sind, als beschäftigt werden können, um die gerade verlangten Waren zu verfertigen, wird der Lohn etwas mehr als das Minimum betragen. Wie sehr er das Minimum übersteigen wird, wird von den Durchschnittsbedürfnissen und dem Zivilisationsgrad der Arbeiter abhängen. Wenn die Arbeiter gewohnt sind, wöchentlich mehrere Male Fleisch zu essen, so werden sich die Kapitalisten bequemen müssen, den Arbeitern so viel Lohn zu bezahlen, daß diesen eine solche Nahrung erschwinglich wird. Nicht weniger, weil die Arbeiter nicht unter sich konkurrieren, also auch keine Ursache haben, mit weniger vorliebzunehmen; nicht mehr, weil der Mangel der Konkurrenz unter den Kapitalisten diesen keine Veranlassung gibt, die Arbeiter durch außerordentliche Begünstigungen an sich zu ziehen.

Dies Maß der durchschnittlichen Bedürfnisse und der durchschnittlichen Zivilisation der Arbeiter ist durch die komplizierten Verhältnisse der heutigen englischen Industrie ein sehr verwickeltes und für verschiedene Arbeiterklassen verschiedenes geworden, wie schon oben angedeutet wurde. Die meisten industriellen Arbeiten erfordern indes eine gewisse Geschicklichkeit und Regelmäßigkeit, und für diese, die dann auch einen gewissen Zivilisationsgrad erfordern, muß dann auch der Durchschnittslohn so sein, daß er den Arbeiter veranlaßt, sich diese Geschicklichkeit anzueignen und dieser Regelmäßigkeit der Arbeit sich zu unterwerfen. Daher kommt es, daß der Lohn der Industriearbeiter durchschnittlich höher ist als der der bloßen Lastträger, Tagelöhner usw., namentlich höher als der der Arbeiter auf dem Lande, wozu freilich noch die Verteurung der Lebensmittel in den Städten ihr Teil beiträgt.

Oder deutsch gesprochen: Der Arbeiter ist rechtlich und faktisch Sklave der besitzenden Klasse, der Bourgeoisie, so sehr ihr Sklave, daß er wie eine Ware verkauft wird, wie eine Ware im Preise steigt und fällt. Steigt die Nachfrage nach Arbeitern, so steigen die Arbeiter im Preise; fällt sie, so fallen sie im Preise; fällt sie so sehr, daß eine Anzahl Arbeiter nicht verkäuflich sind, "auf Lager bleiben", so bleiben sie eben liegen, und da sie vom bloßen Liegen nicht leben können, so sterben sie Hungers. Denn, um in der Sprache der Nationalökonomen zu sprechen, die auf ihren Unterhalt verwendeten Kosten würden sich nicht "reproduzieren", würden weggeworfnes Geld sein, und dazu gibt kein Mensch sein Kapital her. Und soweit hat Herr Malthus mit seiner Populationstheorie vollkommen recht. Der ganze Unterschied gegen die alte, offenherzige Sklaverei ist nur der, daß der heutige Arbeiter frei zu sein scheint, weil er nicht auf einmal verkauft wird, sondern stückweise, pro Tag, pro Woche, pro Jahr, und weil nicht ein Eigentümer ihn dem andern verkauft, sondern er sich selbst auf diese Weise verkaufen muß, da er ja nicht der Sklave eines einzelnen, sondern der ganzen besitzenden Klasse ist. Für ihn bleibt die Sache im Grunde dieselbe, und wenn dieser Schein der Freiheit ihm auch einerseits einige wirkliche Freiheit geben muß, so hat er auf der andern Seite auch den Nachteil, daß ihm kein Mensch seinen Unterhalt garantiert, daß er von seinem Herrn, der Bourgeoisie, jeden Augenblick zurückgestoßen und dem Hungertode überlassen werden kann, wenn die Bourgeoisie kein Interesse mehr an seiner Beschäftigung, an seiner Existenz hat. Die Bourgeoisie dagegen steht sich bei dieser Einrichtung viel besser als bei der alten Sklaverei – sie kann ihre Leute abdanken, wenn sie Lust hat, ohne daß sie dadurch ein angelegtes Kapital verlöre, und bekommt überhaupt die Arbeit viel wohlfeiler getan, als es sich durch Sklaven tun läßt, wie dies Adam Smith daß die Nachfrage nach Arbeitern, gerade wie die Nachfrage nach irgendeinem andern Artikel, die Produktion von Arbeitern, die Quantität der erzeugten Menschen reguliert, diese Produktion beschleunigt, wenn sie zu langsam geht, sie aufhält, wenn sie zu rasch fortschreitet".

Ganz wie mit jedem andern Handelsartikel – ist zuwenig da, so steigen die Preise, d.h. der Lohn, es geht den Arbeitern besser, die Heiraten vermehren sich, es werden mehr Menschen erzeugt, es wachsen mehr Kinder heran, bis genug Arbeiter produziert sind; ist zuviel da, so fallen die Preise, es tritt Brotlosigkeit, Elend, Hungersnot und infolge davon Seuchen ein, und raffen die "überflüssige Bevölkerung" weg. Und Malthus, der obigen Smithschen Satz weiter ausführt, hat ebenfalls in seiner Weise recht, wenn er behauptet, es sei stets überflüssige Bevölkerung da, es seien immer zuviel Menschen in der Welt; er hat nur dann unrecht, wenn er behauptet, es seien mehr Menschen da, als von den vorhandenen Lebensmitteln ernährt werden könnten. Die überflüssige Bevölkerung wird vielmehr durch die Konkurrenz der Arbeiter unter sich erzeugt, die jeden einzelnen Arbeiter zwingt, täglich so viel zu arbeiten, als seine Kräfte ihm nur eben gestatten. Wenn ein Fabrikant täglich zehn Arbeiter neun Stunden lang beschäftigen kann, so kann er, wenn die Arbeiter zehn Stunden täglich arbeiten, nur neun beschäftigen, und der zehnte wird brotlos. Und wenn der Fabrikant zu einer Zeit, wo die Nachfrage nach Arbeitern nicht sehr groß ist, die neun Arbeiter durch die

Drohung, sie zu entlassen, zwingen kann, für denselben Lohn täglich eine Stunde mehr, also zehn Stunden zu arbeiten, so entläßt er den zehnten und spart dessen Lohn. Wie hier im kleinen, so geht es bei einer Nation im großen. Die durch die Konkurrenz der Arbeiter unter sich auf ihr Maximum gesteigerten Leistungen jedes einzelnen, die Teilung der Arbeit, die Einführung von Maschinerie, die Benutzung der Elementarkräfte werfen eine Menge Arbeiter außer Brot. Diese brotlosen Arbeiter kommen aber aus dem Markte; sie können nichts mehr kaufen, also die früher von ihnen verlangte Quantität Handelswaren wird jetzt nicht mehr verlangt, braucht also nicht mehr angefertigt zu werden, die früher mit deren Verfertigung beschäftigten Arbeiter werden also wieder brotlos, treten vom Markte ebenfalls ab, und so geht es immer weiter, immer denselben Kreislauf durch – oder vielmehr, so würde es gehen, wenn nicht andre Umstände dazwischenträten. Die Einführung der oben angeführten industriellen Mittel, die Produktion zu vermehren, führt nämlich auf die Dauer niedrigere Preise der produzierten Artikel und infolge davon einen vermehrten Konsum herbei, so daß ein großer Teil der außer Brot gesetzten Arbeiter in neuen Arbeitszweigen und freilich nach langen Leiden endlich doch wieder unterkommt. Tritt hierzu noch, wie es in England während der letzten sechzig Jahre geschah, die Eroberung fremder Märkte, so daß die Nachfrage nach Manufakturwaren fortwährend und rasch steigt, so steigt auch die Nachfrage nach Arbeitern und mit ihr die Bevölkerung in demselben Verhältnisse. Statt also abzunehmen, hat sich die Einwohnerzahl des britischen Reichs reißend schnell vermehrt, vermehrt sich noch fortwährend – und bei all der steigenden Ausdehnung der Industrie, bei all der im ganzen und großen steigenden Nachfrage nach Arbeitern hat England, nach dem Geständnisse aller offiziellen Parteien (d.h. der Tories, Whigs und Radikalen), dennoch fortwährend überzählige und überflüssige Bevölkerung, ist dennoch fortwährend im ganzen die Konkurrenz unter den Arbeitern größer als die Konkurrenz um Arbeiter.

Woher kommt dieser Widerspruch? Aus dem Wesen der Industrie und Konkurrenz und den darin begründeten Handelskrisen. Bei der heutigen regellosen Produktion und Verteilung der Lebensmittel, die nicht um der unmittelbaren Befriedigung der Bedürfnisse, sondern um des Geldgewinns willen unternommen wird, bei dem System, wonach jeder auf eigne Faust arbeitet und sich bereichert, muß alle Augenblicke eine Stockung entstehen. England z.B. versorgt eine Menge Länder mit den verschiedensten Waren. Wenn nun auch der Fabrikant weiß, wieviel von jedem Artikel in jedem einzelnen Lande jährlich gebraucht wird, so weiß er doch nicht, wieviel zu jeder Zeit die Vorräte dort betragen, und noch viel weniger, wieviel seine Konkurrenten dorthin schicken. Er kann nur aus den ewig schwankenden Preisen einen unsichern Schluß auf den Stand der Vorräte und der Bedürfnisse machen, er muß aufs Geratewohl seine Waren hinausschicken; alles geschieht blindlings ins Blaue hinein, mehr oder weniger nur unter der Ägide des Zufalls. Auf die geringsten günstigen Berichte hin schickt jeder, was er kann – und nicht lange, so ist ein solcher Markt überfüllt mit Waren, der Verkauf stockt, die Kapitalien ((1892) Rückflüsse) bleiben aus, die Preise fallen, und die englische Industrie hat keine Beschäftigung für ihre Arbeiter mehr. Im Anfange der industriellen Entwicklung beschränkten sich diese Stockungen auf einzelne Fabrikationszweige und einzelne Märkte; aber durch die zentralisierende Wirkung der Konkurrenz, die die Arbeiter, die in einem Arbeitszweige brotlos werden, auf die am leichtesten erlernbaren aus den übrigen, und die in einem Markte nicht mehr unterzubringenden Waren auf die übrigen Märkte wirft und dadurch allmählich die einzelnen kleinen Krisen näher zusammenrückt, sind diese nach und nach in eine einzige Reihe von periodisch wiederkehrenden Krisen vereinigt worden. Eine solche Krisis pflegt alle fünf Jahre auf eine kurze Periode der Blüte und des allgemeinen Wohlbefindens zu folgen; der heimische Markt wie alle fremden Märkte liegen voll englischer Fabrikate und können diese letzteren nur langsam konsumieren; die industrielle Bewegung stockt in fast allen Zweigen; die kleineren Fabrikanten und Kaufleute, die das Ausbleiben ihrer Kapitalien nicht überstehen können, fallieren, die größeren hören während der Dauer der schlimmsten Epoche auf, Geschäfte zu machen, setzen ihre Maschinen still oder lassen nur "kurze Zeit" arbeiten, d.h. etwa nur halbe Tage; der Lohn fällt durch die Konkurrenz der Brotlosen, die Verringerung der Arbeitszeit und den Mangel an gewinnbringenden Warenverkäufen; allgemeines Elend verbreitet sich unter den Arbeitern, die etwaigen kleinen Ersparnisse einzelner sind rasch verzehrt, die wohltätigen Anstalten werden überlaufen, die Armensteuer verdoppelt, verdreifacht sich und reicht doch nicht aus, die Zahl der Verhungernden vermehrt sich, und auf einmal tritt die ganze Menge der "überflüssigen" Bevölkerung in schreckenerregender Anzahl hervor. Das dauert dann eine Zeitlang; die "Überflüssigen" ((1892) "Überschüssigen") schlagen sich durch, so gut es geht, oder schlagen sich auch nicht durch; die Wohltätigkeit und die Armengesetze helfen vielen zu einer mühsamen Fristung ihrer Existenz; andre finden hier und da in solchen Arbeitszweigen, die der Konkurrenz weniger offengelegt worden sind, die der Industrie ferner stehen, eine kümmerliche Lebenserhaltung – und mit wie wenigem kann der Mensch sich nicht für eine Zeitlang durchschlagen! – Allmählich wird der Stand der Dinge günstiger; die aufgehäuften Warenvorräte werden konsumiert, die allgemeine Niedergeschlagenheit der Handels- und Industriemänner hindert ein zu rasches Auffüllen der Lücken, bis endlich steigende Preise und günstige

Berichte von allen Seiten die Tätigkeit wieder herstellen. Die Märkte liegen meist weit entfernt; bis die ersten neuen Zufuhren hingelangen können, steigt die Nachfrage fortwährend und mit ihr die Preise; man reißt sich um die zuerst ankommenden Waren, die ersten Verkäufe beleben den Verkehr noch mehr, die noch erwarteten Zufuhren versprechen noch höhere Preise, man fängt in Erwartung eines ferneren Aufschlags an, auf Spekulation zu kaufen und so die für den Konsum bestimmten Waren gerade zur nötigsten Zeit dem Konsum zu entziehen – die Spekulation steigert die Preise noch mehr, da sie andre zum Kaufen ermutigt und neue Zufuhren vorwegnimmt – alles das wird nach England berichtet, die Fabrikanten fangen wieder flott an zu arbeiten, neue Fabriken werden errichtet, alle Mittel aufgeboten, um die günstige Epoche auszubeuten; die Spekulation tritt auch hier ein, ganz mit derselben Wirkung wie auf den fremden Märkten, die Preise steigernd, die Waren dem Konsum wegnehmend, durch beides die industrielle Produktion zur höchsten Kraftanstrengung treibend – dann kommen die "unsoliden" Spekulanten, die mit fiktivem Kapital arbeiten, vom Kredit leben, die ruiniert sind, wenn sie nicht gleich flott verkaufen können, und stürzen sich in dies allgemeine, unordentliche Wettrennen nach Geldgewinn, vermehren die Unordnung und Hast durch ihre eigne zügellose Leidenschaft, welche Preise und Produktion bis zum Wahnsinn steigert – es ist ein tolles Treiben, das auch den Ruhigsten und Erfahrensten ergreift, es wird gehämmert, gesponnen, gewoben, als gälte es, die ganze Menschheit neu zu equipieren, als wären ein pur Tausend Millionen neuer Konsumenten auf dem Monde entdeckt worden. Auf einmal fangen drüben die unsoliden Spekulanten, die Geld haben müssen, zu verkaufen an – unter dem Marktpreise, versteht sich, denn die Sache hat Eile – dem einen Verkauf folgen mehrere, die Preise wanken, die Spekulanten werfen erschreckt ihre Waren in den Markt, der Markt ist in Unordnung, der Kredit ist erschüttert, ein Haus nach dem andern stellt die Zahlungen ein, Bankerott folgt auf Bankerott, und man findet, daß dreimal mehr Ware im Platze und unterwegs ist, als der Konsum erfordern würde. Die Nachrichten kommen nach England, wo in der Zwischenzeit noch immer mit aller Gewalt fabriziert worden – ein panischer Schrecken ergreift auch hier die Gemüter, die Fallissements von drüben ziehen andre in England nach sich, die Stockung stürzt dazu noch eine Menge Häuser, in der Angst werden auch hier alle Vorräte gleich an den Markt gebracht und der Schrecken dadurch noch übertrieben. Das ist der Anfang der Krisis, die dann wieder genau denselben Verlauf nimmt wie die vorige und später wieder in eine Periode der Blüte umschlägt. So geht es in einem fort, Blüte, Krisis, Blüte, Krisis, und dieser ewige Kreislauf, in dem sich die englische Industrie bewegt, pflegt sich, wie gesagt, in je fünf oder sechs Jahren zu vollenden.

Hieraus geht hervor, daß zu allen Zeiten, ausgenommen in den kurzen Perioden höchster Blüte, die englische Industrie eine unbeschäftigte Reserve von Arbeitern haben muß, um eben während der am meisten belebten Monate die im Markte verlangten Massen von Waren produzieren zu können. Diese Reserve ist mehr oder minder zahlreich, je nachdem die Lage des Marktes minder oder mehr die Beschäftigung eines Teiles derselben veranlaßt. Und wenn auch bei dem höchsten Blütenstande des Marktes wenigstens zeitweise die Ackerbaudistrikte, Irland und die weniger von dem Aufschwung ergriffenen Arbeitszweige eine Anzahl Arbeiter liefern können, so bilden diese einerseits doch eine Minderzahl und gehören andrerseits ebenfalls zur Reserve, nur mit dem Unterschiede, daß der jedesmalige Aufschwung es erst zeigt, daß sie dazu gehören. Man schränkt sich, wenn sie zu den belebteren Arbeitszweigen übertreten, daheim ein, um den Ausfall weniger zu merken, arbeitet länger, beschäftigt Weiber und jüngere Leute, und wenn sie beim Eintritt der Krisis entlassen zurückkommen, finden sie, daß ihre Stellen besetzt und sie überflüssig sind – wenigstens großenteils. Diese Reserve, zu der während der Krisis eine ungeheure Menge und während der Zeitabschnitte, die man als Durchschnitt von Blüte und Krisis annehmen kann, noch immer eine gute Anzahl gehören – das ist die "überzählige Bevölkerung" Englands, die durch Betteln und Stehlen, durch Straßenkehren, Einsammeln von Pferdemist, Fahren mit Schubkarren oder Eseln, Herumhökern oder einzelne gelegentliche kleine Arbeiten eine kümmerliche Existenz fristet. Man sieht in allen großen Städten eine Menge solcher Leute, die so durch kleine gelegentliche Verdienste "Leib und Seele zusammenhalten", wie die Engländer sagen. Es ist merkwürdig, zu welchen Erwerbszweigen diese "überflüssige Bevölkerung" ihre Zuflucht nimmt. Die Londoner Straßenkehrer (cross sweeps) ((1892) crossing sweeps) sind weltbekannt; bisher wurden aber nicht nur diese Kreuzwege, sondern auch in andern großen Städten die Hauptstraßen von Arbeitslosen gekehrt, die von der Armen- oder Straßenverwaltung dazu angenommen wurden – jetzt hat man eine Maschine, die täglich durch die Straßen rasselt und den Arbeitslosen diesen Erwerbszweig verdorben hat. Auf den großen Routen, die in die Städte führen und auf denen viel Wagenverkehr ist, sieht man eine Menge Leute mit kleinen Karren, die den frischgefallnen Pferdemist mit Lebensgefahr zwischen den vorbeirollenden Kutschen und Omnibussen wegscharren und zum Verkauf einsammeln – dafür müssen sie oft noch wöchentlich ein paar Shilling an die Straßenverwaltung bezahlen, und an vielen Orten ist es ganz verboten, weil sonst die Straßenverwaltung ihren zusammengekehrten Kot, der nicht den gehörigen Anteil Pferdemist enthielt, nicht als Dünger verkaufen konnte. Glücklich sind diejenigen "Überflüssigen", die sich eine Schubkarre verschaffen und damit Fuhren tun können, noch glücklicher diejenigen, denen es gelingt, Geld für einen Esel nebst Karre zu bekommen – der Esel muß sich sein Futter selbst suchen oder erhält ein wenig zusammengesuchten Abfall und kann doch einiges Geld einbringen.

Die meisten "Überflüssigen" werfen sich aufs Hökern. Namentlich Samstag abends, wenn die ganze Arbeiterbevölkerung auf den Straßen ist, sieht man die Menge zusammen, die davon lebt. Schnürriemen, Hosenträger, Litzen, Orangen, Kuchen, kurz alle möglichen Artikel werden von zahllosen Männern, Frauen und Kindern ausgeboten – und auch sonst sieht man alle Augenblicke solche Höker mit Orangen, Kuchen, Gingerbeer oder Nettlebeer (3) in den Straßen stehen oder umherziehen. Zündhölzchen und derartige Dinge, Siegellack, Patent-Kompositionen zum Feueranzünden usw. bilden ebenfalls Handelsartikel für diese Leute. Andre – sogenannte jobbers – gehen in den Straßen umher und sehen sich nach gelegentlichen kleinen Arbeiten um; manchem derselben gelingt es, sich ein Tagewerk zu verschaffen, viele sind nicht so glücklich.

"An den Toren aller Londoner Docks", erzählt der Rev(eren)d W. Champney, Prediger im östlichen Distrikt von London, "erscheinen jeden Morgen im Winter schon vor Tagesanbruch Hunderte von Armen, die in der Hoffnung, ein Tagewerk zu erlangen, auf die Eröffnung der Tore warten, und wenn die jüngsten und stärksten und die am meisten bekannten engagiert worden sind, gehen noch Hunderte niedergeschlagen von getäuschter Hoffnung zu ihren ärmlichen Wohnungen zurück."

Was bleibt diesen Leuten, wenn sie keine Arbeit finden und sich nicht gegen die Gesellschaft auflehnen wollen, anders übrig als zu betteln? Und da kann man sich nicht über die Menge von Bettlern, die meist arbeitsfähige Männer sind, wundern, mit denen die Polizei fortwährend zu kämpfen hat. Die Bettelei dieser Männer hat aber einen eigentümlichen Charakter. Solch ein Mann pflegt mit seiner Familie umherzuziehen, in den Straßen ein bittendes Lied zu singen oder in einem Vortrage die Mildtätigkeit der Nachbarn anzusprechen. Und es ist auffallend, daß man diese Bettler fast nur in Arbeiterbezirken findet, daß es fast nur Gaben von Arbeitern sind, von denen sie sich erhalten. Oder die Familie stellt sich schweigend an eine belebte Straße und läßt, ohne ein Wort zu sagen, den bloßen Anblick der Hülflosigkeit wirken. Auch hier rechnen sie nur auf die Teilnahme der Arbeiter, die aus Erfahrung wissen, wie der Hunger tut, und jeden Augenblick in die gleiche Lage kommen können; denn man findet diese stumme und doch so höchst ergreifende Ansprache fast nur an solchen Straßen, die von Arbeitern frequentiert, und zu solchen Stunden, in denen sie von Arbeitern passiert werden; namentlich aber Sonnabend abends, wo überhaupt die "Geheimnisse" der Arbeiterbezirke in den Hauptstraßen sich enthüllen und die Mittelklasse sich von diesen so verunreinigten Gegenden soviel wie möglich zurückzieht. Und wer von den Überflüssigen Mut und Leidenschaft genug hat, sich der Gesellschaft offen zu widersetzen und auf den versteckten Krieg, den die Bourgeoisie gegen ihn führt, mit dem offnen Krieg gegen die Bourgeoisie zu antworten, der geht hin, stiehlt und raubt und mordet.

Dieser Überflüssigen gibt es nach den Berichten der Armengesetzkommisäre durchschnittlich anderthalb Millionen in England und Wales, in Schottland läßt sich die Zahl wegen Mangel an Armengesetzen nicht bestimmen, und von Irland werden wir speziell zu sprechen haben. Diese anderthalb Millionen schließen übrigens nur diejenigen ein, die wirklich die Armenverwaltung um Hülfe ansprechen; die große Menge, die sich, ohne dies letzte, so sehr gescheute Auskunftsmittel anzuwenden, forthilft, ist darin nicht eingeschlossen; dafür fällt aber auch ein guter Teil der obigen Zahl auf die Ackerbaudistrikte und kommt hier also nicht in Betracht. Während einer Krisis vermehrt sich diese (1892) die) Zahl natürlich um ein bedeutendes, und die Not steigt auf den höchsten Grad. Nehmen wir z.B. die Krisis von 1842, die, weil die letzte, auch die heftigste war – denn die Intensität der Krisen wächst mit jeder Wiederholung, und die nächste, die wohl 1847 spätestens eintreten wird (4), wird allem Anscheine nach noch heftiger und dauernder sein. Während dieser Krisis stieg die Armensteuer in allen Städten auf einen nie gekannten Höhepunkt. Unter andern mußten in Stockport von jedem Pfund, das an Hausmiete bezahlt wurde, acht Shilling Armensteuer bezahlt werden, so daß die Steuer allein 40 Prozent vom Mietbetrage der ganzen Stadt ausmachte; dazu standen ganze Straßen leer, so daß mindestens 20 000 Einwohner weniger als gewöhnlich da waren und man an die Türen der leerstehenden Häuser geschrieben fand: Stockport to let – Stockport zu vermieten. In Bolton, wo in gewöhnlichen Jahren der Armensteuer zahlende Mietertrag durchschnittlich 86 000 Pfd. St. betrug, sank er auf 36 000 Pfd. St.; dagegen stieg die Anzahl der zu unterstützenden Armen auf 14 000, also über 20 Prozent der ganzen Einwohnerzahl. In Leeds hatte die Armenverwaltung einen Reservefonds von 10 000 Pfd. St. – dieser, sowie eine Kollekte von 7 000 Pfd. St., wurde schon, ehe die Krisis ihren Höhepunkt erreichte, vollständig erschöpft. So war es überall; ein Bericht, den ein Komitee der Anti-Korngesetz-Ligue im Januar 1843 über den Zustand der Industriebezirke im Jahre 1842 erstattete und der auf ausführlichen Angaben der Fabrikanten beruhte, sagt aus, daß die Armensteuer durchschnittlich doppelt so hoch gewesen sei als 1839 und die Zahl der Unterstützungsbedürftigen sich seit jener Zeit verdreifacht, ja verfünffacht habe; daß eine Menge Applikanten einer

Klasse angehörten, die bis jetzt nie um Unterstützung angehalten hätten usw.; daß die arbeitende Klasse über zwei Drittel weniger Lebensmittel zu verfügen habe als 1834/36; daß die Konsumtion von Fleisch bedeutend geringer gewesen sei – an einigen Orten 20 Prozent, an andern bis zu 60 Prozent; daß selbst die gewöhnlichen Handwerker, Schmiede, Maurer usw., die sonst in den gedrücktesten Perioden noch volle Beschäftigung hatten, ebenfalls viel an Mangel an Arbeit und Lohnherabsetzung gelitten hatten – und daß selbst jetzt, im Januar 1843, der Lohn noch fortwährend im Fallen sei. Und das sind Berichte von Fabrikanten!

Die brotlosen Arbeiter, deren Fabriken stillstanden, deren Brotherren ihnen keine Arbeit geben konnten, standen überall auf den Straßen, bettelten einzeln oder in Haufen, belagerten scharenweise die Chausseen und sprachen die Vorüberkommenden um Unterstützung an – sie baten aber nicht kriechend, wie gewöhnliche Bettler, sondern drohend durch ihre Zahl, ihre Gebärden und Worte. So sah es in allen Industriebezirken aus, von Leicester bis Leeds und von Manchester bis Birmingham. Hier und da brachen einzelne Unruhen aus, so im Juli in den Töpfereien von Nord-Staffordshire; die fürchterlichste Gärung herrschte unter den Arbeitern, bis sie endlich im August in der allgemeinen Insurrektion der Fabrikdistrikte zum Ausbruche kam. Als ich Ende November 1842 nach Manchester kam, standen noch überall eine Menge Arbeitsloser an den Straßenecken, und viele Fabriken standen noch still; in den nächsten Monaten bis Mitte 1843 verloren sich die unfreiwilligen Eckensteher allmählich, und die Fabriken kamen wieder in Betrieb.

Was hier für eine Masse von Elend und Not unter diesen Arbeitslosen während einer solchen Krisis herrscht, brauche ich wohl nicht erst zu sagen. Die Armensteuer reicht nicht aus – bei weitem nicht; die Wohltätigkeit der Reichen ist ein Schlag ins Wasser, dessen Wirkung in einem Augenblick verschwunden ist; die Bettelei kann, wo so viele sind, nur wenigen helfen. Wenn nicht die kleinen Krämer den Arbeitern zu solchen Zeiten auf Kredit verkauften, solange sie können – sie lassen sich freilich auch tüchtig dafür nachzahlen -, und wenn nicht die Arbeiter unter sich einander unterstützten, solange sie können, so würde jede Krisis allerdings Massen von "Überflüs sigen" durch Hungersnot wegraffen. So aber, da die gedrückteste Epoche doch nur kurz ist, ein Jahr, höchstens zwei oder dritthalb Jahre dauert, kommen die meisten doch noch mit dem nackten Leben und schweren Entbehrungen davon. Daß indirekt, durch Krankheiten usw., in jeder Krisis eine Menge Opfer fallen, werden wir sehen. Einstweilen wenden wir uns zu einer andern Ursache der Erniedrigung, der die englischen Arbeiter anheimgegeben sind, einer Ursache, die noch fortwährend daran arbeitet, jene Klasse immer tiefer und tiefer herabzudrücken.

Anmerkungen F. E.:

(1) Lieblingsausdruck der englischen Fabrikanten

(2) "Man hat gesagt, daß der Verschleiß eines Sklaven auf Kosten seines Herrn vor sich gehe, während der eines freien Arbeiters für Rechnung dieses Arbeiters geschehe. Aber der Verschleiß des letzteren ist ebenfalls für Rechnung des Herrn. Der den Tagelöhnern, Dienern usw. von jeglicher Art bezahlte Lohn muß so hoch sein, daß er diese in den Stand setzt, die Rasse der Tagelöhner und Diener in der Weise fortzupflanzen, wie es die zunehmende, stationäre oder abnehmende Nachfrage der Gesellschaft nach solchen Leuten gerade verlangt. Aber obgleich der Verschleiß eines freien Arbeiters ebenfalls auf Kosten des Herrn vor sich geht, so kostet er ihm doch in der Regel viel weniger als der eines Sklaven. Der Fonds, der dazu bestimmt ist, den Verschleiß eines Sklaven zu reparieren oder zu ersetzen, wird gewöhnlich von einem nachlässigen Herrn oder unaufmerksamen Aufseher verwaltet etc." – A. Smith, "Wealth of Nations" (Der Reichtum der Nationen), 1, 8, p. 134 der MacCullochschen vierbändigen Ausgabe.

(4) (1887 Fußnote) And it came in 1847 (Und sie kam 1847).

Die irische Einwanderung

Wir erwähnten schon mehrere Male gelegentlich der Irländer, die sich nach England hinübergesiedelt haben, und werden die Ursachen und Wirkungen dieser Einwanderung jetzt näher zu erörtern haben.

Die rasche Ausdehnung der englischen Industrie hätte nicht stattfinden können, wenn England nicht an der zahlreichen und armen Bevölkerung von Irland eine Reserve gehabt hätte, über die es verfügen konnte. Der Irländer hatte daheim nichts zu verlieren, in England viel zu gewinnen, und seit der Zeit, daß es in Irland bekannt wurde, auf der Ostseite des Georgskanals sei sichre Arbeit und guter Lohn für starke Arme zu finden, sind jedes Jahr Scharen von Irländern herübergekommen. Man rechnet, daß bis jetzt über eine Million auf diese Weise eingewandert sind und jährlich noch an fünfzigtausend einwandern, die sich fast alle auf die Industriebezirke, namentlich die großen Städte werfen und dort die niedrigste Klasse der Bevölkerung bilden. So sind in London 120 000, in Manchester 40 000, in Liverpool 34 000, Bristol 24 000, Glasgow 40 000, Edinburgh 29 000 arme Irländer nach dem Milesier; dieser verflucht ihn mit seiner Zunge, hält den

Hut bin und bettelt. Er ist das schlimmste Übel, mit dem dies Land zu kämpfen hat. Mit seinen Lumpen und seinem verwilderten Lachen ist er bei der Hand, alle Arbeit zu tun, die nur starke Arme und einen starken Rücken erfordert – für einen Lohn, der ihm Kartoffeln kauft. Er braucht nur Salz zur Würze; er schläft ganz vergnügt im ersten besten Schweinestall oder Hundestall, nistet sich in Scheunen ein und trägt einen Anzug von Fetzen, die aus- und anzuziehen eine der schwierigsten Operationen ist, die nur an Festtagen und zu besonders günstigen Zeiten vorgenommen wird. Der sächsische Mann, der auf solche Bedingungen nicht arbeiten kann, wird brotlos. Der unzivilisierte Irländer, nicht durch seine Kraft, sondern durch das Gegenteil davon, treibt den sächsischen Eingebornen aus und nimmt von seiner Stelle Besitz. Da wohnt er in seinem Schmutz und seiner Unbekümmertheit, in seiner betrunkenen Gewaltsamkeit und Falschheit, der fertige Nukleus von Degradation und Unordnung. Wer sich noch zu schwimmen, noch an der Oberfläche sich zu halten abmüht, der kann hier ein Beispiel sehen, wie der Mensch existieren kann, nicht schwimmend, sondern untergesunken ... Daß die Lage der niedrigen Masse der englischen Arbeiter immer näher kommt der der irischen, die mit ihnen in allen Märkten konkurrieren; daß alle Arbeit, die mit bloßer Körperstärke ohne viel Geschicklichkeit abgetan werden kann, nicht für englischen Lohn getan wird, sondern für eine Annäherung an irischen Lohn, d.h. für etwas mehr als 'halbsatt von Kartoffeln schlechtester Sorte für dreißig Wochen im Jahr' – für etwas mehr, aber mit der Ankunft jedes neuen Dampfboots von Irland diesem Endziel näherrückend – wer sieht das nicht?"

Carlyle hat hierin – wenn wir die übertriebene und einseitige Verwerfung des irischen Nationalcharakters ausnehmen – vollkommen recht. Diese irischen Arbeiter, die für vier Pence (3 1/3 Silbergroschen) nach England herüberfahren – auf dem Verdeck der Dampfschiffe, wo sie oft so gedrängt stehen wie Vieh – nisten sich überall ein. Die schlechtesten Wohnungen sind übrigens gut genug für sie; ihre Kleider machen ihnen wenig Müh, solange sie nur noch mit einem Faden zusammenhalten, Schuhe kennen sie nicht; ihre Nahrung sind Kartoffeln und nur Kartoffeln – was sie drüber verdienen, vertrinken sie, was braucht ein solches Geschlecht viel Lohn? Die schlechtesten Viertel aller großen Städte sind von Irländern bewohnt; überall, wo ein Bezirk sich durch besondern Schmutz und besondern Verfall auszeichnet, kann man darauf rechnen, vorzugsweise diese keltischen Gesichter anzutreffen, die man auf den ersten Blick von den sächsischen Physiognomien der Eingebornen unterscheidet, und die singende, aspirierte irische Brogue zu hören, die der echte Irländer nie verlernt. Zuweilen habe ich sogar irisch-keltisch in den dichtestbevölkerten Teilen von Manchester sprechen hören.

Die Mehrzahl der Familien, die in Kellern wohnen, sind fast überall irischen Ursprungs. Kurz, die Irländer haben es herausgefunden, wie Dr. Kay sagt, was das Minimum der Lebensbedürfnisse ist, und lehren es nun den englischen Arbeitern. Auch den Schmutz und die Trunksucht haben sie mitgebracht. Diese Unreinlichkeit, die auf dem Lande, wo die Bevölkerung zerstreut lebt, nicht soviel schadet, die aber dem Irländer zur andern Natur geworden ist, wird hier in den großen Städten durch ihre Konzentration erst schreckenerregend und gefahrbringend. Wie es der Milesier zu Hause gewohnt war, schüttet er auch hier allen Unrat und Abfall vor die Haustüre und bringt dadurch die Pfützen und Kothaufen zusammen, die die Arbeiterviertel verunzieren und ihre Luft verpesten. Wie zu Hause baut er sich seinen Schweinstall ans Haus, und wenn er das nicht kann, so läßt er sein Schwein bei sich im Zimmer schlafen. Diese neue abnorme Art von Viehzucht in den großen Städten ist ganz irischen Ursprungs; der Irländer hängt an seinem Schwein wie der Araber an seinem Pferd, nur daß er's verkauft, wenn es zum Schlachten fett genug ist – sonst aber ißt er mit ihm und schläft mit ihm, seine Kinder spielen mit ihm und reiten darauf und wälzen sich mit ihm im Kot, wie man das in allen großen Städten Englands Tausende von Malen sehen kann. Und was dabei für ein Schmutz, für eine Unwohnlichkeit in den Häusern selbst herrscht, davon kann man sich keine Vorstellung machen. Möbel ist der Irländer nicht gewohnt – ein Haufen Stroh, ein paar Lumpen, die zu Kleidern total verdorben sind, das ist genug für sein Nachtlager. Ein Stück Holz, ein zerbrochner Stuhl, eine alte Kiste statt des Tisches, mehr braucht er nicht; ein Teekessel, einige Töpfe und Scherben, das reicht hin, um seine Küche, die zugleich Schlaf- und Wohnzimmer ist, auszurüsten. Und wenn es ihm an Feuerung mangelt, so wandert alles Brennbare in seinem Bereich, Stühle, Türpfosten, Gesimse, Dielen, wenn sie ja da sein sollten, in den Kamin. Dazu – was braucht er viel Raum? Drüben, in seiner Lehmhütte, war nur ein innerer Raum für alle häuslichen Zwecke; mehr als ein Zimmer braucht die Familie auch in England nicht. So ist auch diese Zusammendrängung vieler in einem einzigen Zimmer, die jetzt so allgemein sich findet, hauptsächlich durch die irische Einwanderung hereingebracht. Und da der arme Teufel doch einen Genuß haben muß und von allen andern ihn die Gesellschaft ausgeschlossen hat – so geht er hin und trinkt Branntwein. Der Branntwein ist das einzige, was dem Irländer das Leben der Mühe wert macht – der Branntwein und allenfalls sein sorgloses, heiteres Temperament, und daher schwelgt er auch im Branntwein bis zur brutalsten Betrunkenheit. Der südliche, leichtsinnige Charakter des Irländers, seine Roheit, die ihn wenig über einen Wilden stellt, seine Verachtung aller menschlicheren Genüsse, deren er eben wegen dieser Roheit unfähig ist, sein Schmutz und seine Armut, alles das begünstigt bei ihm die Trunksucht – die Versuchung ist zu groß, er kann ihr nicht widerstehen, und sowie er Geld bekommt, muß er's durch die Kehle jagen. Wie sollte er auch anders? Wie will die Gesellschaft, die ihn in eine Lage versetzt, in der er fast notwendig ein Säufer werden muß, die ihn in allem vernachlässigt und verwildern läßt – wie will sie ihn hernach verklagen, wenn er wirklich ein Trunkenbold wird?

Mit einem solchen Konkurrenten hat der englische Arbeiter zu kämpfen – mit einem Konkurrenten, der auf der niedrigsten Stufe steht, die in einem zivilisierten Lande überhaupt möglich ist, und der deshalb auch weniger Lohn braucht als irgendein andrer. Daher ist es gar nicht anders möglich, als daß, wie Carlyle sagt, der Lohn des englischen Arbeiters in allen Zweigen, in denen der Irländer mit ihm konkurrieren kann, immer tiefer und tiefer herabgedrückt wird. Und dieser Arbeitszweige sind viele. Alle diejenigen, die wenig oder gar keine Geschicklichkeit erfordern, stehen dem Irländer offen. Freilich für Arbeiten, die eine lange Lehrzeit oder regelmäßig anhaltende Tätigkeit erfordern, steht der liederliche, wankelmütige und versoffene Irländer zu tief. Um Mechaniker (mechanic ist im Englischen jeder zur Verfertigung von Maschinerie gebrauchter Arbeiter), um Fabrikarbeiter zu werden, müßte er erst englische Zivilisation und englische Sitten annehmen, kurz, erst der Sache nach Engländer werden. Aber wo es eine einfache, weniger exakte Arbeit gilt, wo es mehr auf Stärke als auf Geschicklichkeit ankommt, da ist der Irländer ebensogut wie der Engländer. Daher sind auch diese Arbeitszweige vor allen von Irländern überlaufen: die Handweber, Maurergesellen, Lastträger und Jobbers und dergleichen zählen Massen von Irländern, und die Eindrängung dieser Nation hat hier sehr viel zur Erniedrigung des Lohnes und der Arbeiterklasse selbst beigetragen. Und wenn auch die in andre Arbeitszweige eingedrungenen Irländer zivilisierter werden mußten, so blieb doch immer noch genug von der alten Wirtschaft hängen, um auch hier – neben dem Einflusse, den die Umgebung von Irländern überhaupt hervorbringen mußte – degradierend auf die englischen Arbeitsgenossen einzuwirken. Denn wenn fast in jeder großen Stadt ein Fünftel oder ein Viertel der Arbeiter Irländer oder in irischem Schmutz aufgewachsene Kinder von Irländern sind, so wird man sich nicht darüber wundern, daß das Leben der ganzen Arbeiterklasse, ihre Sitten, ihre intellektuelle und moralische Stellung, ihr ganzer Charakter einen bedeutenden Teil von diesem irischen Wesen angenommen hat, so wird man begreifen können, wie die schon durch die moderne Industrie und ihre nächsten Folgen hervorgerufene indignierende Lage der englischen Arbeiter auf eine hohe Stufe der Entwürdigung gesteigert werden konnte ((1892) ... indignierende Lage der englischen Arbeiter noch entwürdigender gemacht werden konnte).

Anmerkungen F. E.:

(1) Archibald Alison, High Sheriff of Lanarkshire, "The Principles of Population, and their Connection with Human Happiness (Die Bevölkerungsprinzipien und ihr Zusammenhang mit dem menschlichen Glück). 2 vols. 1840. – Dieser Alison ist der Geschichtschreiber der französischen Revolution und wie sein Bruder, der Dr. W.P. Alison, religiöser Tory.

(2) "Chartism", p 28, 31 usw.

(3) Miles ist der Name der alten keltischen Könige von Irland.

Resultate

Wenn wir jetzt die Verhältnisse, unter denen die englische Arbeiterklasse der Städte lebt, in ziemlicher Ausführlichkeit betrachtet haben, so wird es nun an der Zeit sein, aus diesen Tatsachen weitere Schlüsse zu ziehen und diese wiederum mit dem Tatbestande zu vergleichen. Sehen wir denn zu, was unter solchen Umständen aus den Arbeitern selbst geworden ist, was für Leute wir an ihnen haben, wie ihr körperlicher, intellektueller und moralischer Zustand beschaffen ist.

Wenn ein einzelner einem andern körperlichen Schaden tut, und zwar solchen Schaden, der dem Beschädigten den Tod zuzieht, so nennen wir das Totschlag; wenn der Täter im voraus wußte, daß der Schaden tödlich sein würde, so nennen wir seine Tat einen Mord. Wenn aber die Gesellschaft Hunderte von Proletariern in eine solche Lage versetzt, daß sie notwendig einem vorzeitigen, unnatürlichen Tode verfallen, einem Tode, der ebenso gewaltsam ist wie der Tod durchs Schwert oder die Kugel; wenn sie Tausenden die nötigen Lebensbedingungen entzieht, sie in Verhältnisse stellt, in welchen sie nicht leben können; wenn sie sie durch den starken Arm des Gesetzes zwingt, in diesen Verhältnissen zu bleiben, bis der Tod eintritt, der die Folge dieser Verhältnisse sein muß; wenn sie weiß, nur zu gut weiß, daß diese Tausende solchen Bedingungen zum Opfer fallen müssen, und doch diese Bedingungen bestehen läßt – so ist das ebensogut Mord wie die Tat des einzelnen, nur versteckter, heimtückischer Mord, ein Mord, gegen den sich niemand wehren kann, der kein Mord zu sein scheint, weil man den Mörder nicht sieht, weil alle und doch wieder niemand dieser Mörder ist, weil der Tod des Schlachtopfers wie ein natürlicher aussieht und weil er weniger eine Begehungssünde als eine Unterlassungssünde ist. Aber er bleibt Mord. Ich werde nun zu beweisen haben, daß die Gesellschaft in England diesen von den englischen Arbeiterzeitungen mit vollem Rechte als solchen bezeichneten sozialen Mord täglich und stündlich begeht; daß sie die Arbeiter in eine Lage versetzt hat, in der diese nicht gesund bleiben und nicht lange leben können; daß sie so das Leben dieser Arbeiter stückweise, allmählich untergräbt und sie so vor der Zeit ins Grab bringt; ich werde ferner beweisen müssen, daß die Gesellschaft weiß, wie schädlich eine solche Lage der Gesundheit und dem Leben der Arbeiter ist, und daß sie doch nichts tut, um diese Lege zu verbessern. Daß sie um die Folgen ihrer Einrichtungen weiß, daß ihre Handlungsweise also nicht bloßer Totschlag, sondern Mord ist, habe ich schon bewiesen, wenn ich offizielle Dokumente, Parlaments- und Regierungsberichte als Autorität für das Faktum des Totschlags anführen kann.

Daß eine Klasse, welche in den oben geschilderten Verhältnissen lebt und so schlecht mit den allernotwendigsten Lebensbedürfnissen versehen ist, nicht gesund sein und kein hohes Alter erreichen kann, versteht sich von vornherein von selbst. Gehen wir indes die einzelnen Umstände nochmals und in spezieller Beziehung auf den Gesundheitszustand der Arbeiter durch. Schon die Zentralisation der Bevölkerung in großen Städten äußert ungünstigen Einfluß; die Atmosphäre von London kann nie so rein, so sauerstoffhaltig sein wie die eines Landdistrikts; drittehalb Millionen Lungen und drittehalb hunderttausend Feuer, auf drei bis vier geographischen Quadratmeilen zusammengedrängt, verbrauchen eine ungeheure Menge Sauerstoff, der sich nur mit Schwierigkeit wieder ersetzt, da die städtische Bauart an und für sich die Ventilation erschwert. Das durch Atmen und Brennen erzeugte kohlensaure Gas bleibt vermöge seiner spezifischen Schwere in den Straßen, und der Hauptzug des Windes streicht über den Dächern der Häuser hinweg. Die Lungen der Einwohner erhalten nicht das volle Quantum Sauerstoff, und die Folge davon ist körperliche und geistige Erschlaffung und Niederhaltung der Lebenskraft. Aus diesem Grunde sind die Einwohner großer Städte zwar den akuten, besonders entzündlichen Krankheiten weit weniger ausgesetzt als die Landleute, die in einer freien, normalen Atmosphäre leben, leiden aber dafür desto mehr an chronischen Übeln. Und wenn schon das Leben in großen Städten an und für sich der Gesundheit nicht zuträglich ist, wie groß muß dieser nachteilige Einfluß einer abnormen Atmosphäre erst in den Arbeiterbezirken sein, wo, wie wir sahen, alles vereinigt ist, was die Atmosphäre verschlechtern kann. Auf dem Lande mag es unschädlich genug sein, dicht neben dem Hause eine Mistpfütze zu haben, weil hier die Luft von allen Seiten freien Zutritt hat; aber mitten in einer großen Stadt, zwischen verbauten, allem Luftzuge abgeschnittenen Gassen und Höfen, ist es ganz etwas anderes. Aller verfaulende animalische und vegetabilische Stoff entwickelt Gase, die der Gesundheit entschieden schädlich sind, und wenn diese Gase keinen freien Abzug haben, so müssen sie die Atmosphäre verpesten. Der Unrat und die stehenden Pfützen in den Arbeitervierteln der großen Städte sind daher von den schlimmsten Folgen für die öffentliche Gesundheit, weil sie gerade die krankheiterzeugenden Gase hervorbringen; ebenso die Ausdünstungen der verunreinigten Flüsse. Aber das ist noch lange nicht alles. Es ist wirklich empörend, wie die große Menge der Armen von der heutigen Gesellschaft behandelt wird. Man zieht sie in die großen Städte, wo sie eine schlechtere Atmosphäre als in ihrer ländlichen Heimat einatmen. Man verweist sie in Bezirke, die nach ihrer Bauart schlechter ventiliert sind als alle übrigen. Man entzieht ihnen alle Mittel zur Reinlichkeit, man entzieht ihnen das Wasser, indem man nur gegen Bezahlung Röhren legt und die Flüsse so verunreinigt, daß sie zu Reinlichkeitszwecken nicht mehr taugen; man zwingt sie, allen Abfall und Kehricht, alles schmutzige Wasser, ja oft allen ekelhaften Unrat und Dünger auf die Straße zu schütten, indem man ihnen alle Mittel nimmt, sich seiner sonst zu entledigen; man zwingt sie dadurch, ihre eignen Distrikte zu verpesten. Damit noch nicht genug. Alle möglichen Übel werden auf das Haupt der Armen gehäuft. Ist die Bevölkerung der Stadt überhaupt schon zu dicht, so werden sie erst recht auf einen kleinen Raum zusammengedrängt. Nicht damit zufrieden, die Atmosphäre in der Straße verdorben zu haben, sperrt man sie dutzendweise in ein einziges Zimmer, so daß die Luft, die sie nachts atmen, vollends zum Ersticken wird. Man gibt ihnen feuchte Wohnungen, Kellerlöcher, die von unten, oder Dachkammern, die von oben nicht wasserdicht sind. Man baut ihre Häuser so, daß die dumpfige Luft nicht abziehen kann. Man gibt ihnen schlechte, zerlumpte oder zerlumpende Kleider und schlechte, verfälschte und schwerverdauliche Nahrungsmittel. Man setzt sie den aufregendsten Stimmungswechseln, den heftigsten Schwankungen von Angst und Hoffnung aus – man hetzt sie ab wie das Wild und läßt sie nicht zur Ruhe und zum ruhigen Lebensgenuß kommen. Man entzieht ihnen alle Genüsse außer dem Geschlechtsgenuß und dem Trunk, arbeitet sie dagegen täglich bis zur gänzlichen Abspannung aller geistigen und physischen Kräfte ab und reizt sie dadurch fortwährend zum tollsten Übermaß in den beiden einzigen Genüssen, die ihnen zu Gebote stehen. Und wenn das alles nicht hilft, wenn sie das alles überstehen, so fallen sie der Brotlosigkeit einer Krisis zum Opfer, in der ihnen auch das wenige entzogen wird, was man ihnen bisher noch gelassen hatte.

Wie ist es möglich, daß unter solchen Umständen die ärmere Klasse gesund sein und lange leben kann? Was läßt sich da anderes erwarten als eine übermäßige Proportion von Sterbefällen, eine fortwährende Existenz von Epidemien, eine sicher fortschreitende körperliche Schwächung der arbeitenden Generation? Sehn wir zu, wie die Tatsachen stehen.

Daß die Wohnungen der Arbeiter in den schlechten Stadtteilen, vereinigt mit der sonstigen Lebenslage dieser Klasse, eine Menge Krankheiten hervorrufen, wird uns von allen Seiten her bezeugt. Der oben zitierte Artikel des "Artizan" behauptet mit vollem Recht, daß Lungenkrankheiten die notwendige Folge von solchen Einrichtungen sein müssen und wirklich besonders häufig unter den Arbeitern vorkämen (1892)vorkommen). Daß die schlechte Atmosphäre Londons und besonders der Arbeitergegenden die Ausbildung der Schwindsucht im höchsten Grade begünstigt, zeigt das hektische Aussehen so vieler Leute, denen man auf der Straße begegnet. Wenn man morgens früh um die Zeit, wo alles an die Arbeit geht, ein wenig durch die Straßen streicht, so erstaunt man über die Menge halb oder ganz schwindsüchtig aussehender Leute, denen man begegnet. Selbst in Manchester sehen die Menschen so nicht aus; diese bleichen, hochaufgeschossenen, engbrüstigen und hohläugigen Gespenster, an denen man jeden Augenblick vorüberkommt, diese schlaffen, kraftlosen, aller Energie unfähigen Gesichter hab' ich nur in London in so auffallender Menge gesehen – obwohl auch in den Fabrikstädten des Nordens die Schwindsucht eine Menge Opfer jährlich hinwegrafft. Mit der Schwindsucht konkurriert noch, außer anderen Lungenkrank- heiten und dem Scharlachfieber, vor allen die Krankheit, die die fürchterlichsten Verwüstungen unter den Arbeitern anrichtet – der Typhus. Dies allgemein verbreitete Übel wird von dem offiziellen. Bericht über den Gesundheitszustand der Arbeiterklasse direkt aus dem schlechten Zustande der Wohnungen in Beziehung auf Ventilation, Trockenlegung und Reinlichkeit abgeleitet. Dieser Bericht – der, nicht zu vergessen, von den ersten Medizinern Englands auf die Angaben von anderen Medizinern hin ausgearbeitet ist – dieser Bericht behauptet, daß ein einziger schlechtventilierter Hof, eine einzige Sackgasse ohne Abzüge, besonders wenn die Bewohner gedrängt wohnen und organische Stoffe in der Nähe sich zersetzen, imstande ist, Fieber zu erzeugen, und es fast immer erzeugt. Dies Fieber hat fast überall denselben Charakter und entwickelt sich beinahe in allen Fällen zum ausgebildeten Typhus. In den Arbeiterbezirken aller großen Städte, selbst in einzelnen schlechtgebauten und -gehaltenen Straßen kleinerer Orte findet es sich, und seine größte Verbreitung erhält es in den schlechten Vierteln, obwohl es natürlich auch in den besseren Bezirken einzelne Opfer aufsucht. In London hat es seit geraumer Zeit geherrscht; seine außerordentliche Heftigkeit im Jahre 1837 veranlaßte den erwähnten offiziellen Bericht. Nach dem Jahresbericht des Dr. Southwood Smith über das Londoner Fieberhospital im Jahre 1843 war die Zahl der verpflegten Kranken 1 462, um 418 höher als in irgendeinem frühern Jahr. In den feuchten und schmutzigen Gegenden des Ost-, Nord- und Süddistrikts von London hatte diese Krankheit außerordentlich heftig gewütet. Viele der Patienten waren eingewanderte Arbeiter vom Lande, die unterwegs und nach ihrer Ankunft die härtesten Entbehrungen ausgestanden, an den Straßen halbnackt und halbverhungert geschlafen, keine Arbeit gefunden hatten und so dem Fieber verfallen waren. Diese Leute wurden so schwach ins Hospital geliefert, daß eine ungewöhnlich große Quantität von Wein, Kognak, Ammoniumpräparaten und anderen stimulierenden Mitteln angewandt werden mußte. Von sämtlichen Kranken starben 16 1/2 Prozent. Auch in Manchester ist dies bösartige Fieber zu finden; in den schlechteren Arbeitervierteln der Altstadt, Ancoats, Little Ireland usw., ist es fast nie exstinkt, doch herrscht es hier, wie überhaupt in den englischen Städten, nicht in der Ausdehnung, die man erwarten sollte. In Schottland und Irland dagegen grassiert der Typhus mit einer Heftigkeit, die alle Begriffe übersteigt; in Edinburgh und Glasgow trat er 1817 nach der Teurung, 1826 und 1837 nach den Handelskrisen mit besonderer Wut auf und ließ jedesmal, nachdem er etwa drei Jahre lang gewütet, für eine Zeitlang etwas nach; in Edinburgh waren während der Epidemie von 1817 an 6 000, in der von 1837 an 10 000 Personen vom Fieber ergriffen worden, und nicht nur die Zahl der Kranken, sondern auch die Heftigkeit der Krankheit und die Proportion der Sterbefälle vermehrte sich mit jeder neuen Wiederholung der Epidemie (2). Aber die Wut der Krankheit scheint in allen früheren Perioden ein Kinderspiel gegen ihr Auftreten nach der Krisis von 1842 gewesen zu sein. Ein Sechstel aller Armen in ganz Schottland wurde vom Fieber ergriffen und das Übel durch wandernde Bettler mit reißender Schnelligkeit von einem Ort zum andern getragen; es erreichte die mittleren und höheren Klassen der Gesellschaft nicht – in zwei Monaten waren mehr Fieberkranke als in zwölf Jahren vorher. In Glasgow erkrankten im Jahre 1843 zwölf Prozent der Bevölkerung, 32 000 Menschen, am Fieber, von denen 32 Prozent starben, während die Sterblichkeit in Manchester und Liverpool gewöhnlich nur acht Prozent beträgt. Die Krankheit hatte ihre Krisen am siebenten und fünfzehnten Tage; an diesem letzteren wurde der Patient gewöhnlich gelb, was unsere Autorität für einen Beweis hält, daß die Ursache des Übels auch in geistiger Aufregung und Angst zu suchen sei (3). In Irland sind diese epidemischen Fieber ebenfalls heimisch. Während 21 Monaten der Jahre 1817/18 gingen 39 000 Fieberkranke und in einem späteren Jahr nach Sheriff Alison (im zweiten Bande der "Principles of Population") sogar 60 000 Fieberkranke durch das Dubliner Hospital. In Cork hatte das Fieberspital 1817/18 den siebenten Teil der Bevölkerung aufzunehmen, in Limerick war zu derselben Zeit ein Viertel und im schlechten Viertel von Waterford neunzehn Zwanzigstel der Einwohner fieberkrank (4).

Wenn man sich die Umstände ins Gedächtnis zurückruft, unter denen die Arbeiter leben, wenn man bedenkt, wie gedrängt ihre Wohnungen sind, wie vollgepfropft jeder Winkel von Menschen ist, wie Kranke und Gesunde in einemZimmer, auf einem Lager schlafen, so wird man sich noch wundern, daß eine ansteckende Krankheit, wie dies Fieber, sich nicht noch mehr verbreitet. Und wenn man bedenkt, wie wenig medizinische Hülfe den Erkrankten zu Gebote steht, wie viele von allem ärztlichen Rate verlassen und mit den gewöhnlichsten diätarischen ((1892) diätetischen) Vorschriften unbekannt bleiben, so erscheint die Sterblichkeit noch gering. Dr. Alison, der diese Krankheit genau kennt, führt sie geradezu auf die Not und die elende Lage der Armen zurück, wie der zitierte Bericht; er behauptet, daß Entbehrungen und ungenügende Befriedigung der Lebensbedürfnisse den Körper für die Ansteckung zugänglich und überhaupt die Epidemie erst furchtbar mache und rasch verbreite. Er beweist, daß jedesmal eine Periode der Entbehrung – eine Handelskrisis oder eine Mißernte – in Schottland wie in Irland das epidemische Auftreten des Typhus hervorgebracht hat und daß die Wut der Krankheit fast ausschließlich auf die arbeitende Klasse gefallen ist. Es ist bemerkenswert, daß nach seiner Aussage die Mehrzahl der dem Typhus erliegenden Individuen Familienväter sind, also grade diejenigen, welche von den Ihrigen am wenigsten entbehrt werden können; dasselbe sagen mehrere von ihm zitierte irische Ärzte aus.

Eine andere Reihe von Krankheiten hat weniger in der Wohnung als in der Nahrung der Arbeiter ihre unmittelbare Ursache. Die an und für sich schon schwerverdauliche Kost der Arbeiter ist vollends für kleine Kinder ungeeignet; und doch fehlen dem Arbeiter die Mittel und die Zeit, seinen Kindern passendere Nahrung zu verschaffen. Dazu kommt noch die sehr sich verbreitete Sitte, den Kindern Branntwein oder gar Opium zu geben, und aus alledem entstehen unter Mitwirkung der übrigen für die körperliche Entwicklung schädlichen Lebensverhältnisse die verschiedensten Krankheiten der Verdauungsorgane, die ihre Spuren für das ganze Leben zurücklassen. Fast alle Arbeiter haben einen mehr oder weniger schwachen Magen und sind trotzdem gezwungen, fortwährend bei der Diät zu bleiben, die die Ursache ihres Übels war. Wie sollten sie's auch wissen, was daran schuld ist – und wenn sie's wüßten, wie sollten sie eine passendere Diät halten können, solange sie nicht in eine andere Lebenslage versetzt und anders gebildet werden? Aber aus dieser schlechten Verdauung entwickeln sich schon während der Kindheit neue Krankheiten. Skrofeln sind fast allgemein unter den die Arbeitern verbreitet, und skrofulöse Eltern haben skrofulöse Kinder, besonders wenn die ursprüngliche Ursache der Krankheit wiederum auf die geerbte skrofulöse Anlage dieser letzteren wirkt. Eine zweite Folge dieser ungenügenden Ernährung des Körpers während der Entwicklung ist Rachitis (englische Krankheit, knotige Auswüchse an den Gelenken), die sich zur ebenfalls sehr häufig an den Kindern der Arbeiter findet. Die Verhärtung der Knochen wird verzögert, der Knochenbau überhaupt in seiner Ausbildung gehemmt, und neben den gewöhnlichen rachitischen Affektionen findet man oft genug Verkrümmung der Beine und des Rückgrats. Wie sehr alle diese Übel durch die Wechselfälle verschlimmert werden, denen die Arbeiter durch die Schwankungen des Handels, die Brotlosigkeit und den knappen Lohn der Krisen ausgesetzt sind, brauch' ich wohl nicht erst zu sagen. Der temporäre Mangel an zureichender Nahrung, dem fast jeder Arbeiter wenigstens einmal in seinem Leben eine Zeitlang ausgesetzt wird, trägt nur dazu bei, die Folgen der schlechten, aber doch zureichenden Nahrung zu verschlimmern. Kinder, die gerade zu der Zeit, wo sie die Nahrung am nötigsten hätten, nur halbsatt zu essen bekommen – und wie viele gibt es deren während jeder Krisis, ja noch in den besten Perioden des Verkehrs – solche Kinder müssen notwendig schwach, skrofulös und rachitisch in hohem Grade werden. Und daß sie's werden, zeigt der Augenschein. Die Vernachlässigung, zu der die große Masse der Arbeiterkinder verurteilt wird, hinterläßt unvertilgbare Spuren und hat die Schwächung der ganzen arbeitenden Generation zur Folge. Dazu noch die ungeeignete (1892) ... noch gerechnet die ungeeignete) Kleidung dieser Klasse und die hier gesteigerte Unmöglichkeit, sich vor Erkältungen zu schützen, dann die Notwendigkeit zu arbeiten, solange die Unpäßlichkeit eben erlaubt, die im Krankheitsfall gesteigerte Not der Familie, die nur zu gewöhnliche Entbehrung alles ärztlichen Beistandes gerechnet – so (1892) ... Beistands – so) wird man sich ungefähr vorstellen können, was der Gesundheitszustand der englischen Arbeiter ist. Die schädlichen Folgen, welche einzelnen Arbeitszweigen, wie sie jetzt betrieben werden, eigen sind, will ich hier noch gar nicht erwähnen.

Dazu kommen noch andere Einflüsse, die die Gesundheit einer großen Zahl von Arbeitern schwächen. Vor allem der Trunk. Alle Lockungen, alle möglichen Versuchungen vereinigen sich, um die Arbeiter zur Trunksucht zu bringen. Der Branntwein ist ihnen fast die einzige Freudenquelle, und alles vereinigt sich, um sie ihnen recht nahezulegen. Der Arbeiter kommt müde und erschlafft von seiner Arbeit heim; er findet eine Wohnung ohne alle Wohnlichkeit, feucht, unfreundlich und schmutzig; er bedarf dringend einer Aufheiterung, er muß etwas haben, das ihm die Arbeit der Mühe wert, die Aussicht auf den nächsten sauren Tag erträglich macht; seine abgespannte, unbehagliche und hypochondrische Stimmung, die schon aus seinem ungesunden Zustande, namentlich aus der Indigestion entsteht, wird durch seine übrige Lebenslage, durch die Unsicherheit seiner Existenz, durch seine Abhängigkeit von allen möglichen Zufällen und sein Unvermögen, selbst etwas zur Sicherstellung seiner Lage zu tun, bis zur Unerträglichkeit gesteigert; sein geschwächter Körper, geschwächt durch schlechte Luft und schlechte Nahrung, verlangt mit Gewalt nach einem Stimulus von außen her; sein geselliges Bedürfnis kann nur in einem Wirtshause befriedigt werden, er hat durchaus keinen andern Ort, wo er seine Freunde treffen könnte – und bei alledem sollte der Arbeiter nicht die stärkste Versuchung zur Trunksucht haben, sollte imstande sein, den Lockungen des Trunks zu widerstehen? Im Gegenteil, es ist die moralische und physische Notwendigkeit vorhanden, daß unter diesen Umständen eine sehr große Menge der Arbeiter dem Trunk verfallen muß. Und abgesehen von den mehr physischen Einflüssen, die den Arbeiter zum Trunk antreiben, wirkt das Beispiel der großen Menge, die vernachlässigte Erziehung, die Unmöglichkeit, die jüngeren Leute vor der Versuchung zu schützen, in vielen Fällen der direkte Einfluß trunksüchtiger Eltern, die ihren Kindern selbst Branntwein geben, die Gewißheit, im Rausch wenigstens für ein paar Stunden die Not und den Druck des Lebens zu vergessen, und hundert andere Umstände so stark, daß man den Arbeitern ihre Vorliebe für den Branntwein wahrlich nicht verdenken kann. Die Trunksucht hat hier aufgehört, ein Laster zu sein, für das man den Lasterhaften verantwortlich machen kann, sie wird ein Phänomen, die notwendige, unvermeidliche Folge gewisser Bedingungen auf ein, wenigstens diesen Bedingungen gegenüber, willenloses Objekt. Diejenigen, die den Arbeiter zum bloßen Objekt gemacht haben, mögen die Verantwortlichkeit tragen. Aber mit derselben Notwendigkeit, mit der eine große Menge der Arbeiter dem Trunk verfallen, mit derselben Notwendigkeit äußert der Trunk seine zerstörenden Wirkungen auf Geist und Körper seiner Opfer. Alle Krankheitsanlagen, die aus den Lebensverhältnissen der Arbeiter entspringen, werden durch ihn gefördert, die Entwicklung von Lungen- und Unterleibskrankheiten sowie die Entstehung und Verbreitung des Typhus werden im höchsten Grade durch ihn begünstigt.

Eine andere Ursache körperlicher Übel liegt für die arbeitende Klasse in der Unmöglichkeit, sich in Krankheitsfällen den Beistand geschickter Ärzte zu verschaffen. Es ist wahr, daß eine Menge wohltätiger Anstalten diesem Mangel abzuhelfen suchen, daß z.B. das Krankenhaus in Manchester jährlich an 22 000 Kranke teils aufnimmt, teils mit ärztlichem Rat und Arznei unterstützt – aber was ist das alles in einer Stadt, wo nach Gaskells Berechnung (5) drei Viertel der Einwohner jährlich ärztlicher Hülfe bedürfen? Die englischen Ärzte rechnen hohe Gebühren, und die Arbeiter sind nicht imstande, diese zu bezahlen. Sie können also entweder gar nichts tun, oder sie sind gezwungen, wohlfeile Quacksalber und Quackarzneien zu gebrauchen, mit denen sie sich auf die Dauer mehr schaden als nützen. Eine überaus große Anzahl solcher Quacksalber treibt ihr Wesen in allen englischen Städten und verschafft sich durch Annoncen, Maueranschläge und sonstige Kniffe eine Kundschaft aus den ärmeren Klassen. Außerdem aber werden noch eine Menge sogenannter Patent-Arzneien (patent medicines) für alle möglichen und unmöglichen Übel verkauft, Morrisons Pillen, Parrs Lebenspillen, Dr. Mainwarings Pillen und tausend andere Pillen, Essenzen und Balsame, die alle die Eigenschaft haben, sämtliche Krankheiten in der Welt zu kurieren. Diese Arzneien enthalten zwar selten geradezu schädliche Dinge, wirken aber doch sehr häufig, wenn oft und viel genossen, auf den Körper nachteilig, und da den unkundigen Arbeitern in allen Annoncen vorgepredigt wird, man könne nicht zuviel davon nehmen, so darf man sich nicht wundern, wenn diese fortwährend, mit und ohne sonstige Veranlassung, große Quantitäten verschlucken. Es ist nichts Ungewöhnliches, daß der Verfertiger der Parrschen Lebenspillen in einer Woche 20 000 bis 25 000 Schachteln von diesen heilsamen Pillen verkauft – und sie werden eingenommen, von diesem gegen Verstopfung, von jenem gegen Diarrhöe, gegen Fieber, Schwäche und alle möglichen Übel. Wie unsere deutschen Bauern zu gewissen Jahreszeiten sich schröpfen oder zur Ader ließen, so nehmen jetzt die englischen Arbeiter ihre Patentmedizin, um sich selbst dadurch zu schaden und dem Fabrikanten derselben ihr Geld in die Tasche zu jagen. Eins der schädlichsten von diesen Patentmitteln ist ein Trank, der von Opiaten, besonders Laudanum, bereitet und unter dem Namen "Godfrey's Cordial" verkauft wird. Frauen, die zu Hause arbeiten und eigne oder fremde Kinder zu verwahren haben, geben ihnen diesen Trank, damit sie ruhig sein und, wie viele meinen, kräftiger werden sollen. Sie fangen oft schon gleich nach der Geburt an zu medizinieren, ohne die schädlichen Folgen dieser "Herzstärkung" zu kennen, so lange bis die Kinder sterben. Je stumpfer der Organismus des Kindes gegen die Wirkungen des Opiums wird, desto größere Quantitäten werden ihm davon gegeben. Wenn das "Cordial" nicht mehr zieht, wird auch wohl unvermischtes Laudanum gereicht, oft 15 bis 20 Tropfen auf einmal. Der Coroner von Nottingham bezeugte einer Regierungskommission (6), daß ein Apotheker nach eigner Aussage dreizehn Zentner Sirup (In der englischen Ausgabe 1887: ... thirteen hundredweight of laudanum ... (dreizehn Zentner Laudanum)) in einem Jahre zu "Godfrey's Cordial" verarbeitet habe. Man kann sich leicht denken, was die Folgen für die so behandelten Kinder sind. Sie werden blaß, welk und schwach und sterben meist, ehe sie zwei Jahre alt sind. Die Anwendung dieser Medizin ist in allen großen Städten und Industriebezirken des Reichs sehr verbreitet. Die Folge von allen diesen Einflüssen ist eine allgemeine Schwächung des Körpers bei den Arbeitern. Man findet wenig starke, wohlgebaute und gesunde Leute unter ihnen – wenigstens unter den Industriearbeitern, die meist in geschlossenen Räumen arbeiten, und von diesen nur ist hier die Rede. Sie sind fast alle schwächlich, von eckigem, aber nicht kräftigem Knochenbau, mager, bleich und mit Ausnahme der bei ihrer Arbeit besonders angestrengten Muskeln schlaff von Fieber. Fast alle leiden an schlechter Verdauung und sind infolgedessen mehr oder weniger hypochondrisch und von trüber, unbehaglicher Gemütsstimmung. Ihr geschwächter Körper ist nicht imstande, einer Krankheit Widerstand zu leisten, und wird daher bei jeder Gelegenheit davon ergriffen. Daher altern sie früh und sterben jung. Die Sterblichkeitstabellen liefern dafür einen unwidersprechlichen Beweis.

Nach dem Berichte des Generalregistrators G. Graham ist die Sterblichkeit von ganz England und Wales jährlich etwas unter 2 1/4 Prozent, d.h. aus 45 Menschen stirbt jedes Jahr einer (7). Wenigstens war dies der Durchschnitt der Jahre 1 839/40 – im nächsten Jahre nahm die Sterblichkeit etwas ab und war nur einer aus 46. In den großen Städten aber stellt sich das Verhältnis ganz anders. Mir liegen (im "Manchester Guardian", 31. Juli 1844) offizielle Sterblichkeitstabellen vor, nach denen sich die Sterblichkeit einiger großer Städte so berechnet: In Manchester inklusive Salford und Chorlton 1 aus 32,72 und exklusive Salford und Chorlton 1 aus 30,75; in Liverpool inklusive West-Derby (Vorstadt) 31,90 und exklusive West-Derby 29,90, während der Durchschnitt sämtlicher angegebenen Distrikte von Cheshire, Lancashire und Yorkshire – und diese schließen eine Menge ganz oder halb ländlicher Distrikte ein, dazu viele kleine Städte – mit einer Bevölkerung von 2 172 506 Menschen eine Sterblichkeit von 1 aus 39,80 ergibt. Wie ungünstig die Arbeiter in den Städten gestellt sind, zeigt die Sterblichkeit von Prescot in Lancashire – einem von Kohlengrubenarbeitern bewohnten und, da die Arbeit in den Gruben keine sehr gesunde ist, an Gesundheit noch unter den Ackerbaubezirken stehenden Distrikt. Aber die Arbeiter wohnen auf dem Lande, und die Sterblichkeit stellt sich auf 1 in 47,54, also beinahe 2 1/2 vorteilhafter als der Durchschnitt von ganz England. Sämtliche Angaben beruhen auf den Sterblichkeitstabellen von 1843. Noch höher ist das Verhältnis der Sterblichkeit in den schottischen Städten; in Edinburgh 1838 39,1 aus 28, ja 1831 in der Altstadt allein 1 aus 22; in Glasgow nach Dr. Cowan (Vital Statistics of Glasgow); durchschnittlich seit 1830 1 aus 30, in einzelnen Jahren 1 aus 22 bis 24. Daß diese enorme Verkürzung der durchschnittlichen Lebensdauer hauptsächlich auf die arbeitende Klasse fällt, ja daß der Durchschnitt aller Klassen durch die geringere Sterblichkeit der höheren und mittleren Klassen noch verbessert wird, wird uns von allen Seiten bezeugt. Eins der neuesten Zeugnisse ist das des Arztes P. H. Holland in Manchester, der in offiziellem Auftrage (8) die Vorstadt von Manchester, Chorlton-on-Medlock, untersuchte. Er klassifiziert Häuser und Straßen in je drei Klassen und fand folgende Unterschiede der Sterblichkeit:

		Sterblichkeit
Erste Straßenklasse: Häuser	I. Klasse	1 aus 51
	II. Klasse	1 aus 45
	III. Klasse	1 aus 36
Zweite Straßenklasse: Häuser	I. Klasse	1 aus 55
	II. Klasse	1 aus 38
	III. Klasse	1 aus 35
Dritte Straßenklasse: Häuser	I. Klasse	fehlen
	II. Klasse	1 aus 35
	III. Klasse	1 aus 25

Aus mehreren andern von Holland gegebenen Tabellen geht hervor, daß die Sterblichkeit in den Straßen zweiter Klasse 18 Prozent und dritter Klasse 68 Prozent größer ist als in denen erster Klasse; daß die Sterblichkeit in den Häusern zweiter Klasse 31 Prozent und dritter Klasse 78 Prozent größer ist als in denen erster Klasse; daß die Sterblichkeit in den schlechten Straßen, die verbessert wurden, sich um 25 Prozent vermindert hat. Er schließt mit der für einen englischen Bourgeois sehr offenen Bemerkung:

"Wenn wir finden, daß die Sterblichkeit in einigen Straßen viermal so hoch ist als in anderen und in ganzen Straßenklassen doppelt so hoch ist als in andern Klassen, wenn wir ferner finden, daß sie so gut wie unveränderlich hoch ist in den Straßen, die in schlechtem Zustande sind, und so gut wie unveränderlich niedrig in gutkonditionierten Straßen, so können wir dem Schluß nicht widerstehen, daß

Massen unserer Mitmenschen, Hunderte unserer nächsten Nachbarn jährlich getötet (destroyed) werden aus Mangel an den allergewöhnlichsten Vorsichtsmaßregeln."

Der Bericht über den Gesundheitszustand der arbeitenden Klassen enthält eine Angabe, die dasselbe Faktum beweist. In Liverpool war 1840 die durchschnittliche Lebensdauer der höheren Klassen (gentry, professional men etc.) 35, der Geschäftsleute und bessergestellten Handwerker 22 Jahre, der Arbeiter, Tagelöhner und der dienenden Klasse überhaupt nur 15 Jahre. Die Parlamentsberichte enthalten noch eine Menge ähnlicher Tatsachen.

Die Sterblichkeitslisten werden hauptsächlich durch die vielen Todesfälle unter den kleinen Kindern der Arbeiterklasse so hoch gesteigert. Der zarte Körper eines Kindes widersteht den ungünstigen Einflüssen einer niedrigen Lebenslage am wenigsten; die Vernachlässigung, der es oft ausgesetzt ist, wenn beide Eltern arbeiten oder einer von beiden tot ist, rächt sich sehr bald, und so darf man sich nicht wundern, wenn z.B. in Manchester, laut dem letzterwähnten Bericht, über 57 Prozent der Arbeiterkinder vor dem fünften Jahre sterben, während von den Kindern der höheren Klassen nur 20 Prozent und im Durchschnitt aller Klassen in Landdistrikten von allen Kindern unter dem fünften Jahre nicht volle 32 Prozent (9) sterben. Der mehrerwähnte Artikel des "Artizan" gibt uns hierüber genauere Nachweisungen, indem er die Proportionen der Sterbefälle bei einzelnen Kinderkrankheiten in den Städten denen auf dem Lande gegenüberstellt und so beweist, daß Epidemien im allgemeinen in Manchester und Liverpool dreimal tödlicher sind als in Landdistrikten; daß Krankheiten des Nervensystems in den Städten verfünffacht und Magenübel mehr als verdoppelt werden, während die Todesfälle infolge von Lungenkrankheiten in Städten sich zu denen auf dem Lande verhalten wie 2 1/2 zu 1. Todesfälle von kleinen Kindern infolge von Pocken, Masern, Stickhusten und Scharlachfieber vervierfachen sich: die infolge von Wasser im Gehirn verdreifachen und infolge von Krämpfen verzehnfachen sich in Städten, Um noch eine schlagende Autorität aufzuführen, gebe ich hier eine Tabelle, die Dr. Wade in seiner History of the Middle and Working Classes" (London, 1835, 3 rd ed.) nach dem Bericht des parlamentarischen Fabrikkomitees vom Jahre 1832 gibt.

von 10 000 Menschen sterben	unter 5 Jahren	5 bis 19	20 bis 39	40 bis 59	60 bis 69	70 bis 79	80 bis 89	90 bis 99	100 und darüber
in der Grafschaft Rutland – gesunder Agrikulturdistrikt	2865	891	1275	1299	1189	1428	938	112	3
in der Grafschaft Essex – marschiger Agrikultursistrikt	3159	1110	1526	1413	963	1019	630	77	3
in der Stadt Carlisle 1779-1787, vor der Einführung der Fabriken	4408	911	1006	1201	940	826	533	153	22
in der Stadt Carlisle nach Einführung der Fabriken	4738	930	1261	1134	677	727	452	80	1
in der Stadt Preston, Fabrikstadt	4947	1136	1379	1114	553	532	298	38	3
In der Stadt Leeds, Fabrikstadt	5286	927	1228	1198	593	512	225	29	2

Außer diesen verschiedenen Krankheiten, die die notwendige Folge der jetzigen Vernachlässigung und Unterdrückung der ärmeren Klasse sind, gibt es aber noch andere Einflüsse, die zur Vermehrung der Sterblichkeit unter kleinen Kindern beitragen. In vielen Familien arbeitet die Frau so gut wie der Mann außer dem Hause, und die Folge davon ist die gänzliche Vernachlässigung der Kinder, die entweder eingeschlossen oder zum Verwahren ausgemietet werden. Da ist es denn kein Wunder, wenn Hunderte von solchen Kindern durch allerlei Unglücksfälle das Leben verlieren. Nirgends werden so viel Kinder überfahren und überritten, nirgends fallen so viele zu Tode, ertrinken oder verbrennen als in den großen Städten Englands. Namentlich sind Todesfälle infolge von Brandwunden oder Übergießung mit heißem Wasser häufig – in Manchester während der Wintermonate fast jede Woche einmal, in London ebenfalls häufig, doch sieht man dort selten etwas davon in den Blättern; mir ist nur eine Angabe im "Weekly Dispatch" vom 15. Dezember 1844 zur Hand, wonach in der Woche vom 1. bis 7. Dezember sechs derartige Fälle vorgekommen waren. Diese armen Kinder, die auf eine so fürchterliche Weise ums Leben kommen, sind rein die Opfer unserer gesellschaftlichen Unordnung und der bei der Erhaltung dieser Unordnung interessierten besitzenden Klasse – und doch weiß man nicht, ob nicht selbst dieser schreckliche, qualvolle Tod eine Wohltat für die Kinder war, indem er sie vor einem langen Leben voll Mühe und Elend, reich an Leiden und arm an Genüssen, bewahrte. So weit ist es gekommen in England – und die Bourgeoisie liest das alles täglich in den Zeitungen und kümmert sich nicht drum. Sie wird sich aber auch nicht beklagen können, wenn ich sie nach den angeführten offiziellen und nichtoffiziellen Zeugnissen, die sie kennen muß, geradezu des sozialen Mordes beschuldige. Entweder sorge sie dafür, daß diesem entsetzlichen Zustande abgeholfen werde – oder sie trete die Verwaltung der allgemeinen Interessen an die arbeitende Klasse ab. Und zu letzterem hat sie keine Lust, während sie zu ersterem – solange sie Bourgeoisie und in Bourgeoisievorurteilen befangen bleibt – nicht die Kraft besitzt; denn wenn sie jetzt endlich, nachdem Hunderttausende von Schlachtopfern gefallen sind, einige kleinliche Vorsorge für die Zukunft trifft, einen "Metropolitan Buildings Act" erläßt, wonach wenigstens die rücksichtsloseste Zusammendrängung von Wohnungen etwas beschränkt wird – wenn sie mit Maßregeln prunkt, die, weit entfernt, auf die Wurzel des Übels einzugehen, noch lange nicht an die Anordnungen der allgewöhnlichsten Gesundheitspolizei reichen, so wird sie sich dadurch doch nicht von der Anklage reinigen können. Die englische Bourgeoisie hat nur die Wahl, entweder mit der unwiderlegbaren Anklage des Mordes auf ihren Schultern und trotz dieser Anklage fortzuregieren – oder zugunsten der Arbeiterklasse abzudanken. Bis jetzt hat sie das erstere vorgezogen.

Die wenigen der arbeitenden Klasse zu Gebote stehenden Wochenschulen können nur von den wenigsten besucht werden und sind außerdem schlecht, die Lehrer – ausgediente Arbeiter und sonstige untaugliche Leute, die nur, um leben zu können, Schulmeister wurden – sind großenteils selbst in den notdürftigsten

Elementarkenntnissen unerfahren, ohne die dem Lehrer so nötige sittliche Bildung und ohne alle öffentliche Kontrolle. Auch hier herrscht die freie Konkurrenz, und wie immer haben die Reichen den Nutzen, und die Armen, für die die Konkurrenz eben nicht frei ist, die nicht die gehörigen Kenntnisse haben, um urteilen zu können, haben den Schaden. Ein Schulzwang existiert nirgends, in den eigentlichen Fabriken, wie wir sehen werden, nur dem Namen nach, und als in der Session von 1843 die Regierung diesen scheinbaren Schulzwang in Kraft treten lassen wollte opponierte die fabrizierende Bourgeoisie aus Leibeskräften, obwohl die Arbeiter sich entschieden für den Schulzwang aussprachen. Ohnehin arbeitet eine große Menge Kinder die ganze Woche über in Fabriken und zu Hause und kann deshalb die Schule nicht besuchen. Denn die Abendschulen,wohin diejenigen gehen sollen, die des Tages beschäftigt sind, werden fast gar nicht und ohne Nutzen besucht. Es wäre auch wirklich gar zuviel verlangt, wenn junge Arbeiter, die sich zwölf Stunden lang abgeplagt haben, nun noch von acht bis zehn Uhr in die Schule gehen sollten. Und diejenigen, die es tun, schlafen dort meistens ein, wie durch den Children's Empl(oyment) Rep(or)t in Hunderten von Aussagen konstatiert ist. Allerdings hat man Sonntagsschulen eingerichtet, die aber ebenfalls höchst mangelhaft mit Lehrern besetzt sind und nur denen, die schon in der Wochenschule etwas gelernt haben, nützen können. Der Zeitraum von einem Sonntag zum andern ist zu lang, als daß ein ganz ungebildetes Kind in der zweiten Lektion das nicht wieder vergessen haben sollte, was es in der ersten, acht Tage früher, gelernt hat. Der Bericht der Children's Employment Commission liefert Tausende von Beweisen, und die Kommission selbst spricht sich aufs entschiedenste dahin aus, daß weder die Wochen- noch die Sonntagsschulen dem Bedürfnis der Nation auch nur im entferntesten entsprechen. Dieser Bericht liefert Beweise von Unwissenheit unter der arbeitenden Klasse Englands, die man nicht aus einem Lande wie Spanien und Italien erwarten sollte. Es kann aber nicht anders sein; die Bourgeoisie hat wenig zu hoffen, aber manches zu fürchten von der Bildung der Arbeiter; die Regierung hat in ihrem ganzen kolossalen Budget von 55 000 000 Pfd. St. nur einen einzigen winzigen Posten von 40 000 Pfd. St. für öffentlichen Unterricht; und wenn nicht der Fanatismus der religiösen Sekten wäre, der wenigstens ebensoviel verdirbt, als er hier und da bessert, so würden die Unterrichtsmittel noch viel elender sein. Aber so errichtet die Hochkirche ihre National Schools (Volksschulen) und jede Sekte ihre Schulen, einzig in der Absicht, die Kinder ihrer Glaubensgenossen in ihrem Schoß zu behalten und womöglich hier und da den andern Sekten eine arme Kinderseele abzujagen. Die Folge davon ist, daß die Religion und gerade die unfruchtbarste Seite der Religion, die Polemik, zum vorzüglichsten Unterrichtsgegenstande erhoben und das Gedächtnis der Kinder mit unverständlichen Dogmen und theologischen Distinktionen vollgepfropft, daß der Sektenhaß und die fanatische Bigotterie so früh wie möglich geweckt und alle vernünftige, geistige und sittliche Bildung schändlich vernachlässigt wird. Die Arbeiter haben oft genug eine rein weltliche öffentliche Erziehung, die Religion den Geistlichen jeder Sekte überlassend, vom Parlament gefordert – sie haben bis jetzt noch kein Ministerium gefunden, das ihnen etwas Ähnliches bewilligt hätte. Natürlich. Der Minister ist der gehorsame Knecht der Bourgeoisie, und diese teilt sich in zahllose Sekten; jede Sekte aber gönnt dem Arbeiter nur dann die sonst gefährliche Erziehung, wenn er das Gegengift der speziell dieser Sekte angehörigen Dogmen mit in den Kauf nehmen muß. Und da sich diese Sekten noch bis heute um die Oberherrschaft zanken, so bleibt die Arbeiterklasse einstweilen ohne Bildung. Zwar rühmen sich die Fabrikanten, der großen Mehrzahl das Lesen beigebracht zu haben, aber es ist auch ein Lesen danach – wie der Bericht der Children's Employment Commission zeigt. Wer das Alphabet kennt, sagt, er könne lesen, und dabei beruhigen sich die Fabrikanten. Und wenn man die konfuse englische Orthographie bedenkt, bei der das Lesen eine wahre Kunst ist und nur nach langem Unterricht gelernt werden kann, so findet man diese Unwissenheit begreiflich. Schreiben vollends können sehr wenige – orthographisch schreiben selbst sehr viele "Gebildete" nicht. Die Sonntagsschulen der Hochkirche, der Quäker und ich glaube noch mehrerer andern Sekten lehren gar kein Schreiben, "weil dies eine zu weltliche Beschäftigung für den Sonntag sei". Wie es sonst mit der Bildung, die den Arbeitern geboten wird, steht, sollen ein paar Beispiele zeigen. Sie sind aus dem Ch(ildren's) Empl(oyment) Commiss(ion's)-Bericht, der sich leider nicht auf die eigentliche Fabrikindustrie ausdehnt.

"In Birmingham", sagt Kommissär Grainger, "sind die von mir geprüften Kinder in ihrer Gesamtheit gänzlich ohne alles, was auch nur im entferntesten eine nützliche Erziehung genannt werden könnte. Obwohl fast in allen Schulen nur Religionsunterricht gegeben wird, zeigten sie doch im allgemeinen auch hierüber die gröbste Unwissenheit." – "In Wolverhampton", erzählt Kommissär Horne, "fand ich unter andern folgende Beispiele: Ein Mädchen, 11 Jahre, war in einer Wochen- und Sonntagsschule gewesen, 'hatte nie von einer andern Welt, vom Himmel oder einem andern Leben gehört'. Ein andrer, 17 Jahre alt, wußte nicht, wieviel zwei mal zwei machten, wieviel Farthings" (1/4 Penny) "in 2 Pence seien, selbst als man das Geld ihm in die Hand legte. Einige Knaben hatten nie von London oder selbst von Willenhall gehört, obwohl letzteres nur eine Stunde von ihrem Wohnort entfernt liegt und fortwährend in Kommunikation mit Wolverhampton steht. Einige hatten nie den Namen der Königin oder Namen wie Nelson, Wellington, Bonaparte gehört. Aber es war bemerkenswert, daß diejenigen, die selbst von Sankt Paulus, Moses oder Salomon nie gehört hatten, über Leben, Taten und Charakter Dick Turpins, des Straßenräubers, und besonders Jack Sheppards, des Diebs und Gefängnisbrechers, sehr wohl unterrichtet waren. Ein Junge, 16 Jahre alt, wußte nicht, wieviel zwei mal zwei machten oder wieviel vier Farthings machten – ein Junge von 17 Jahren behauptete, zehn Farthings seien zehn halbe Pence, und ein dritter, 17 Jahre alt, antwortete kurz auf einige sehr einfache Fragen: 'Er wisse nichts von gar nichts (he was ne judge o' nothin')'" (Horne, Rept., App. Part II, Q. 18, No. 216, 217, 226, 233 etc.).

Diese Kinder, die vier bis fünf Jahre hindurch mit religiösen Dogmen geplagt werden, wissen am Ende soviel wie vorher.

Ein Kind "ist fünf Jahrelang regelmäßig zur Sonntagsschule gegangen; weiß nicht, wer Jesus Christus war, hat den Namen aber gehört; hat nie von den zwölf Aposteln, Simson, Moses, Aaron usw. gehört" (ibid. Evid. p. q. 39, 1.33). Ein andres "sechs Jahre regelmäßig zur Sonntagsschule gegangen. Weiß, wer Jesus Christus war, er starb am Kreuz, sein Blut zu vergießen, um unsern Erlöser zu erlösen; hat nie von St. Petrus oder Paulus gehört" (ibid. p. q. 36, 1.46). Ein drittes "sieben Jahre in verschiednen Sonntagsschulen gewesen, kann nur in den dünnen Büchern lesen, leichte einsilbige Wörter; hat von den Aposteln gehört, weiß nicht, ob St. Peter einer war oder St. Johann, es müßte denn Sankt Johann Wesley (Stifter der Methodisten) sein usw. (ibid p. q. 34, 1.58), auf die Frage, wer Jesus Christus sei, erhielt Horne u.a. noch folgende Antworten: "Er war Adam"; "er war ein Apostel"; "er war der Sohn des Herrn des Erlösers (he was the Saviour's Lord's Son)", und von einem sechzehnjährigen Jungen: "Er war ein König von London vor langer, langer Zeit,"

In Sheffield ließ Kommissär Symons die Sonntagsschüler lesen; sie waren nicht imstande zu sagen, was sie gelesen hatten oder was für Leute die Apostel gewesen seien, von denen sie soeben gelesen hatten. Nachdem er sie alle nach der Reihe wegen der Apostel befragt hatte, ohne eine richtige Antwort zu erhalten, rief ein kleiner schlau aussehender Junge mit großer Zuversicht aus:

"Ich weiß es, Herr, es waren die Aussätzigen!" (Symons, Rept., App. Part 1, pp. E 22 sqq.)

Aus den Töpfereibezirken und aus Lancashire wird Ähnliches berichtet.

Man sieht, was die Bourgeoisie und der Staat für die Erziehung und Ausbildung der arbeitenden Klasse getan haben. Glücklicherweise sind die Verhältnisse, in denen diese Klasse lebt, derart, daß sie ihr eine praktische Bildung geben, welche nicht nur den Schulkram ersetzt, sondern auch die mit ihm verbundenen verworrenen religiösen Vorstellungen unschädlich macht und die Arbeiter sogar an die Spitze der nationalen Bewegung Englands stellt. Not lehrt beten und, was mehr heißen will, denken und handeln. Der englische Arbeiter, der kaum lesen und noch weniger schreiben kann, weiß dennoch sehr gut, was sein eignes Interesse und das der ganzen Nation ist – er weiß auch, was das spezielle Interesse der Bourgeoisie ist und was er von dieser Bourgeoisie zu erwarten hat. Kann er nicht schreiben, so kann er doch sprechen, öffentlich sprechen; kann er nicht rechnen, so kann er doch mit nationalökonomischen Begriffen soviel kalkulieren, als dazu gehört, einen korngesetzabschaffenden Bourgeois zu durchschauen und zu widerlegen; bleiben ihm trotz aller Mühe der Pfaffen die himmlischen Fragen sehr unklar, so weiß er desto besser Bescheid in irdischen, politischen und sozialen Fragen. Wir werden davon noch weiter zu reden haben und gehen jetzt zur sittlichen Charakterisierung unserer Arbeiter über.

Daß der Moralunterricht, der in allen Schulen Englands mit dem religiösen vereinigt ist, von keiner besseren Wirkung sein kann als dieser, ist ziemlich klar. Die einfachen Prinzipien, welche für den Menschen das Verhältnis des Menschen zum Menschen regulieren, Prinzipien, die schon durch den sozialen Zustand, den Krieg Aller gegen Alle, in die greulichste Verwirrung geraten, müssen dem ungebildeten Arbeiter vollends unklar und fremd bleiben, wenn sie mit religiösen, unverständlichen Lehrsätzen vermischt und in der religiösen Form eines willkürlichen, unbegründeten Befehls vorgetragen werden. Die Schulen tragen nach dem Geständnis aller Autoritäten, namentlich der Child. Empl. Comm., zur Sittlichkeit der arbeitenden Klasse fast gar nichts bei. So rücksichtslos, so dumm borniert ist die englische Bourgeoisie in ihrem Egoismus, daß sie sich nicht einmal die Mühe gibt, den Arbeitern die heutige Moral einzuprägen, eine Moral, welche die Bourgeoisie sich doch in ihrem eignen Interesse und zu ihrem eignen Schutz zusammengestümpert hat! Selbst diese Sorge für sich selbst macht der schlaff werdenden, trägen Bourgeoisie zuviel Mühe, selbst das scheint ihr überflüssig. Die Zeit wird freilich kommen, wo sie ihr Versäumnis zu spät bereuen wird. Aber beklagen darf sie sich nicht, wenn die Arbeiter von dieser Moral nichts wissen und sich nicht nach ihr richten.

So sind die Arbeiter, wie körperlich und intellektuell, auch moralisch von der machthabenden Klasse ausgestoßen und vernachlässigt. Die einzige Rücksicht, die man noch für sie hat, ist das Gesetz, das sich an sie anklammert, sobald sie der Bourgeoisie zu nahe treten – wie gegen die unvernünftigen Tiere wendet man nur ein Bildungsmittel auf sie an – die Peitsche, die brutale, nicht überzeugende, nur einschüchternde Gewalt. Es ist also auch nicht zu verwundern, wenn die so wie Tiere behandelten Arbeiter entweder wirklich zu Tieren werden oder sich nur durch den glühendsten Haß, durch fortwährende innere Empörung gegen die machthabende Bourgeoisie das Bewußtsein und Gefühl ihrer Menschheit bewahren können. Sie sind nur Menschen, solange sie den Zorn gegen die herrschende Klasse fühlen; sie werden Tiere, sobald sie sich geduldig in ihr Joch fügen und sich nur das Leben im Joch angenehm zu machen suchen, ohne das Joch selbst brechen zu wollen.

Das ist also alles, was die Bourgeoisie zur Bildung der arbeitenden Klasse getan hat – und wenn wir die übrigen Umstände erwägen, in denen diese letztere lebt, so werden wir ihr den Ingrimm, den sie gegen die herrschende Klasse hegt, vollends nicht verübeln können. Die sittliche Bildung, die dem Arbeiter in der Schule nicht gereicht wird, wird ihm auch in seinen sonstigen Lebensverhältnissen nicht geboten – wenigstens die sittliche Bildung nicht, die in den Augen der Bourgeoisie etwas gilt. Seine ganze Stellung und Umgebung enthält die stärksten Neigungen zur Immoralität. Er ist arm, das Leben hat keinen Reiz für ihn, fast alle Genüsse sind ihm versagt, die Strafen des Gesetzes haben nichts Fürchterliches mehr für ihn – was soll er sich also in seinen Gelüsten genieren, weshalb soll er den Reichen im Genuß seiner Güter lassen, statt sich selbst einen Teil davon anzueignen? Was für Gründe hat der Proletarier, nicht zu stehlen? Es ist all recht schön und klingt den Bourgeois angenehm genug ins Ohr, wenn man von der "Heiligkeit des Eigentums" spricht – aber für den, der kein Eigentum hat, hört die Heiligkeit des Eigentums von selber auf. Das Geld ist der Gott dieser Welt. Der Bourgeois nimmt dem Proletarier sein Geld und macht ihn dadurch zum praktischen Atheisten. Kein Wunder also, wenn der Proletarier seinen Atheismus bewährt und die Heiligkeit und die Macht des irdischen Gottes nicht mehr respektiert. Und wenn die Armut des Proletariers bis zum wirklichen Mangel der nötigsten Lebensbedürfnisse, bis zum Elend und zur Brotlosigkeit gesteigert wird, so steigt der Reiz zur Nichtachtung aller gesellschaftlichen Ordnung noch mehr. Das wissen auch die Bourgeois großenteils selbst. Symons bemerkt (11) Das Elend läßt dem Arbeiter nur die Wahl, langsam zu verhungern, sich rasch zu töten oder sich zu nehmen, was er nötig hat, wo er es findet, auf deutsch, zu stehlen. Und da werden wir uns nicht wundern dürfen, wenn die meisten den Diebstahl dem Hungertode oder dem Selbstmorde vorziehen. Es gibt freilich auch unter den Arbeitern eine Anzahl, die moralisch genug sind, um nicht zu stehlen, selbst wenn sie aufs Äußerste gebracht werden, und diese verhungern oder töten sich. Der Selbstmord, der sonst das beneidenswerte Privilegium der höheren Klassen war, ist in England auch unter den Proletariern Mode geworden, und eine Menge armer Leute töten sich, um dem Elend zu entgehen, aus dem sie sich sonst nicht zu retten wissen.

Aber noch viel demoralisierender als die Armut wirkt auf die englischen Arbeiter die Unsicherheit der Lebensstellung, die Notwendigkeit, vom Lohn aus der Hand in den Mund zu leben, kurz das, was sie zu Proletariern macht, Unsre kleinen Bauern in Deutschland sind großenteils auch arm und leiden oft Mangel, aber sie sind weniger abhängig vom Zufall, sie haben wenigstens etwas Festes. Aber der Proletarier, der gar nichts hat als seine beiden Hände, der heute verzehrt, was er gestern verdiente, der von allen möglichen Zufällen abhängt, der nicht die geringste Garantie für seine Fähigkeit, sich die nötigsten Lebensbedürfnisse zu erwerben, besitzt – jede Krisis, jede Laune seines Meisters kann ihn brotlos machen -, der Proletarier ist in die empörendste, unmenschlichste Lage versetzt, die ein Mensch sich denken kann. Dem Sklaven ist wenigstens seine Existenz durch den Eigennutz seines Herrn gesichert, der Leibeigne hat doch ein Stück Land, wovon er lebt, sie haben wenigstens für das nackte Leben eine Garantie – aber der Proletarier ist allein auf sich selbst angewiesen und doch zugleich außerstande gesetzt, seine Kräfte so anzuwenden, daß er auf sie rechnen kann. Alles, was der Proletarier zur Verbesserung seiner Lage selbst tun kann, verschwindet wie ein Tropfen am Eimer gegen die Fluten von Wechselfällen, denen er ausgesetzt ist und über die er nicht die geringste Macht hat. Er ist das willenlose Objekt aller möglichen Kombinationen von Umständen und kann vom Glück noch sagen, wenn er nur auf kurze Zeit das nackte Leben rettet. Und wie sich das von selbst versteht, richtet sich sein Charakter und seine Lebensweise wieder nach diesen Umständen. Entweder sucht er sich in diesem Strudel oben zu halten, seine Menschheit zu retten, und das kann er wieder nur in der Empörung und dann seinem Schicksal überläßt, die ihn zu zwingen sucht, in dieser, eines Menschen unwürdigen Lage zu bleiben, gegen die Bourgeoisie – oder er gibt den Kampf gegen seine Lage als fruchtlos auf und sucht, soviel er kann, von den günstigen Momenten zu profitieren. Sparen nützt ihm zu nichts, denn er kann sich höchstens soviel sammeln, als er braucht, um sich ein paar Wochen lang zu ernähren – und wird er einmal brotlos, so bleibt es nicht bei ein paar Wochen. Sich auf die Dauer Eigentum erwerben kann er nicht, und könnte er's, so müßte er dann ja aufhören, Arbeiter zu sein, und ein andrer träte an seine Stelle. Was kann er also Besseres tun, wenn er guten Lohn bekommt, als gut davon leben? Der englische Bourgeois wundert und skandalisiert sich aufs höchste über das flotte Leben der Arbeiter während der Zeit, daß der Lohn hoch ist – und doch ist es nicht nur ganz natürlich, sondern sogar ganz vernünftig von den Leuten, daß sie das Leben genießen, wenn sie können, statt Schätze zu sammeln, die ihnen nichts nützen und die am Ende doch wieder die Motten und der Rost, d.h. die Bourgeois fressen. Aber solch ein Leben ist demoralisierend wie kein andres. Was Carlyle von Baumwollspinnern sagt, gilt von allen englischen Industriearbeitern:

"Bei ihnen ist das Geschäft heute blühend, morgen welk – ein fortwährendes Hasardspiel, und so leben sie auch wie Spieler, heute im Luxus, morgen im Hunger. Schwarze meuterische Unzufriedenheit verzehrt sie, das elendeste Gefühl, das in des Menschen Brust wohnen kann. Der englische Handel mit seinen weltweiten Konvulsionen und Schwankungen, mit seinem unermeßlichen Dampfproteus hat alle Pfade für sie unsicher gemacht wie ein Zauberbann; Nüchternheit, Festigkeit, ruhige Dauer, die ersten Segnungen des Menschen sind ihnen fremd ... Diese Welt ist für sie kein heimatlich Haus, sondern ein dumpfiges Gefängnis voll toller, fruchtloser Plage, Rebellion, Groll, Ingrimm gegen sich selbst und alle Menschen. Ist es eine grüne, blumige Weit, gemacht und regiert von einem Gott – oder ist es ein düster-brodelndes Tophet von Vitriolrauch, Baumwollstaub, Schnapslärm, Wut und Arbeitsqual, gemacht und regiert von einem Teufel?" (13)

Und weiter p.40:

"Wenn Ungerechtigkeit, Untreue gegen Wahrheit, Tatsache und Ordnung der Natur das einzige Übel unter der Sonne ist und das Bewußtsein, Unrecht, Ungerechtigkeit zu ertragen, das einzige unerträglich schmerzliche Gefühl, so wäre unsre große Frage wegen der Lage der Arbeiter diese: Ist dies gerecht? Und vor allem: Was halten sie selbst von der Gerechtigkeit der Sache? – Ihre Worte sind Antwort genug, ihre Taten noch mehr ... Empörung, plötzlicher rachelustiger Trieb zur Empörung gegen die höheren Klassen, abnehmende Achtung gegen die Befehle ihrer weltlichen Obern, abnehmender Glaube gegen die Lehren ihrer geistlichen Obern wird mehr und mehr die allgemeine Stimmung der niederen Klassen. Diese Stimmung mag getadelt, mag bestraft werden, aber alle müssen sie als dort wirklich existierend anerkennen, müssen wissen, daß es traurig ist und, wo nicht geändert, unheilbringend sein wird."

Carlyle hat in den Tatsachen ganz recht und nur darin unrecht, daß er die wilde Leidenschaft der Arbeiter gegen die höheren Klassen tadelt. Diese Leidenschaft, dieser Zorn ist vielmehr der Beweis, daß die Arbeiter das Unmenschliche ihrer Lage fühlen, daß sie sich nicht zum Tier herabdrängen lassen wollen und daß sie dereinst sich aus der Knechtschaft der Bourgeoisie befreien werden. Wir sehen es ja an denen, die diesen Zorn nicht teilen – entweder unterwerfen sie sich in Demut dem Geschick, das sie trifft, leben als ehrliche Privatleute, so gut es geht, kümmern sich nicht um den Gang der Welt, helfen der Bourgeoisie die Ketten der Arbeiter fester zu schmieden (1892) ... fester schmieden) und stehen auf dem geistig-toten Standpunkte der vorindustriellen Periode – oder sie lassen sich vom Schicksal werfen und spielen mit ihm, verlieren auch innerlich den festen Halt, den sie schon äußerlich verloren haben, leben in den Tag hinein, trinken Schnaps und laufen den Mädeln nach – in beiden Fällen sind sie Tiere. Diese letzteren tragen denn auch hauptsächlich zu der "schnellen Vermehrung des Lasters" bei, über die die sentimentale Bourgeoisie so entsetzt ist, nachdem sie selbst die Ursachen derselben in Bewegung gesetzt hat.

Eine andre Quelle der Demoralisation unter den Arbeitern ist die Verdammung zur Arbeit. Wenn die freiwillige produktive Tätigkeit der höchste Genuß ist, den wir kennen, so ist die Zwangsarbeit die härteste, entwürdigendste Qual. Nichts ist fürchterlicher, als alle Tage von morgens bis abends etwas tun zu müssen, was einem widerstrebt. Und je menschlicher der Arbeiter fühlt, desto mehr muß ihm seine Arbeit verhaßt sein, weil er den Zwang, die Zwecklosigkeit für ihn selbst fühlt, die in ihr liegen. Weshalb arbeitet er denn? Aus Lust am Schaffen? Aus Naturtrieb? Keineswegs. Er arbeitet um des Geldes, um einer Sache willen, die mit der Arbeit selbst gar nichts zu schaffen hat, er arbeitet, weil er muß, und arbeitet noch dazu so lange und so ununterbrochen einförmig, daß schon aus diesem Grunde allein ihm die Arbeit in den ersten Wochen zur Qual werden muß, wenn er noch irgend menschlich fühlt. Die Teilung der Arbeit hat die vertierenden Wirkungen der Zwangsarbeit überhaupt noch vervielfacht. In den meisten Arbeitszweigen ist die Tätigkeit des Arbeiters auf eine kleinliche, rein mechanische Manipulation beschränkt, die sich Minute für Minute wiederholt und jahraus, jahrein dieselbe bleibt. (14) Wer von Kindesbeinen an jeden Tag zwölf Stunden und drüber Nadelknöpfe gemacht oder Kammräder abgefeilt und außerdem in den Verhältnissen eines englischen Proletariers gelebt hat, wieviel menschliche Gefühle und Fähigkeiten mag der in sein dreißigstes Jahr hinüberretten? Dasselbe ist's mit der Einführung der Dampfkraft und der Maschinen. Die Tätigkeit des Arbeiters wird leicht, die Anstrengung der Muskel wird gespart und die Arbeit selbst unbedeutend, aber eintönig im höchsten Grade. Sie gewährt ihm kein Feld für geistige Tätigkeit und nimmt doch seine Aufmerksamkeit gerade so viel in Anspruch, daß er, um sie gut zu besorgen, an nichts andres denken darf. Und eine Verurteilung zu einer solchen Arbeit – einer Arbeit, die alle disponible Zeit des Arbeiters in Anspruch nimmt, ihm kaum Zeit zum Essen und Schlafen, nicht einmal zu körperlicher Bewegung in freier Luft, zum Genuß der Natur, geschweige zu geistiger Tätigkeit läßt -, eine solche Verurteilung soll den Menschen nicht zum Tier herabwürdigen! Der Arbeiter hat wieder nur die Alternative, sich in sein Schicksal zu ergeben, ein "guter Arbeiter" zu werden, das Interesse des Bourgeois "treulich" wahrzunehmen – und dann vertiert er ganz gewiß – oder sich zu sträuben, für seine Menschheit zu kämpfen, solange es geht, und das kann er nur im Kampf gegen die Bourgeoisie.

Und wenn alle diese Ursachen eine Masse von Demoralisation unter der arbeitenden Klasse erzeugt haben, dann tritt eine neue Ursache hinzu, um diese Demoralisation weiter zu verbreiten und auf den höchsten Gipfel zu treiben – die Zentralisation der Bevölkerung. Die englischen Schriftsteller der Bourgeoisie schreien Zeter über die entsittlichenden Wirkungen der großen Städte – diese umgekehrten Jeremiasse weinen Klagelieder nicht über die Zerstörung, sondern über den Flor derselben. Sheriff Alison schiebt fast alles und Dr. Vaughan, Verfasser eines Buches "The Age of Great Cities", noch viel mehr auf diese Ursache. Natürlich. Bei den übrigen Ursachen, die auf Körper und Geist der Arbeiter zerstörend wirken, kommt das Interesse der besitzenden Klasse zu direkt ins Spiel. Sagten sie: die Armut, die Unsicherheit der Stellung, die Überarbeitung und Zwangsarbeit sei die Hauptursache – so würde jeder, so würden sie sich selbst antworten müssen: Also geben wir den Armen Eigentum, garantieren wir ihnen ihre Existenz, erlassen wir Gesetze gegen Überarbeitung – und das darf die Bourgeoisie nicht zugeben. Aber die großen Städte sind so ganz von selbst herangewachsen, die Leute sind ganz freiwillig hineingezogen, und der Schluß, daß einzig die Industrie und die von ihr profitierende Mittelklasse diese großen Städte geschaffen habe, liegt so fern, daß es der herrschenden Klasse gar zu leicht einfallen muß, alles Unheil auf diese anscheinend unvermeidliche Ursache zu wälzen – wo doch die großen Städte nur dem wenigstens im Keime schon existierenden Unheil eine schnellere und reifere Entwicklung geben können. Allison ist wenigstens noch so human, daß er dies anerkennt – er ist kein vollständig ausgebildeter, industrieller und liberaler, sondern nur ein halbentwickelter, torystischer Bourgeois und hat deshalb hie und da offne Augen, wo die wahren Bourgeois stockblind sind. Ihn wollen wir hier reden lassen:

"Es ist in den großen Städten, daß das Laster seine Versuchungen, die Wollust ihre Netze ausbreiten, daß die Schuld durch die Hoffnung der Straflosigkeit und die Trägheit durch häufiges Beispiel angespornt wird. Hieher zu diesen großen Stapelplätzen menschlicher Verdorbenheit fliehen die Schlechten und Liederlichen von der Einfachheit des Landlebens, hier finden sie Opfer für ihre Schlechtigkeit und Gewinn als Lohn für die Gefahren, in die sie sich begeben. Die Tugend wird in Dunkelheit gehüllt und unterdrückt, die Schuld reift in der Schwierigkeit der Entdeckung, Ausschweifungen werden durch unverzüglichen Genuß belohnt. Wer bei Nacht durch St. Giles, durch die engen gedrängten Gäßchen von Dublin, die ärmeren Viertel von Glasgow geht, wird dies bestätigt finden, wird sich nicht wundern, daß soviel, sondern daß sowenig Verbrechen in der Welt ist ... Die große Ursache der Verderbtheit der großen Städte ist die ansteckende Natur des bösen Beispiels und die Schwierigkeit, der Verführung des Lasters aus dem Wege zu gehen, wenn sie in nahe und tägliche Berührung mit der heranwachsenden Generation gebracht werden. Die Reichen sind eo ipso (selbstverständlich) nicht besser, auch sie können in derselben Lage der Versuchung nicht widerstehen; das besondre Unglück der Armen ist, daß sie überall den verlockenden Gestalten des Lasters und den Verführungen verbotner Genüsse begegnenmüssen ... Die erwiesene Unmöglichkeit, die Reize des Lasters vor dem jüngern Teile der Armen in großen Städten zu verbergen, ist die Ursache der Demoralisation."

Nach einer längeren Sittenschilderung fährt unser Autor fort:

"Alles das kommt nicht von außerordentlicher Depravation des Charakters, sondern von der fast unwiderstehlichen Natur der Versuchungen, denen die Armen ausgesetzt sind. Die Reichen, die das Betragen der Armen tadeln, würden dem Einfluß ähnlicher Ursachen wohl ebenso rasch nachgeben. Es gibt einen Grad des Elends, ein Sich-Aufdrängen der Sünde, denen entgegenzutreten die Tugend selten fähig ist und der besonders die Jugend gewöhnlich nicht widerstehen kann. Der Fortschritt des Lasters in solchen Umständen ist fast so gewiß und oft ebenso rasch wie der der physischen Ansteckung."

Und an einer späteren Stelle:

"Wenn die höheren Klassen die Arbeiter für ihren Vorteil in großen Massen auf einen engen Raum zusammengezogen haben, wird die Ansteckung des Verbrechens reißend schnell und unvermeidlich. Die niederen Klassen, wie sie jetzt in Beziehung auf religiösen und moralischen Unterricht gestellt sind, sind häufig kaum mehr dafür zu tadeln, daß sie den auf sie eindringenden Versuchungen nachgeben, als dafür, daß sie dem Typhus zum Opfer fallen." (16), verrät uns die andre Seite. Er erzählt uns, daß das Leben in großen Städten Kabalen unter den Arbeitern erleichtere und dem Plebs Macht gebe. Wenn hier die Arbeiter nicht erzogen (d.h. zum Gehorsam gegen die Bourgeoisie erzogen) seien, so würden sie die Dinge einseitig, vom Standpunkt einer sinistren Selbstsucht ansehen und sich leicht von schlauen Demagogen verführen lassen – ja, sie seien kapabel, ihren besten Wohltäter, den frugalen und unternehmenden Kapitalisten, mit einem eifersüchtigen und feindseligen Auge anzusehen. Hier könne nur gute Erziehung helfen, sonst müsse Nationalbankerott und andre Schrecken folgen, da eine Revolution der Arbeiter sonst nicht ausbleiben könne. Und unser Bourgeois hat ganz recht mit seinen Befürchtungen. Wenn die Zentralisation der Bevölkerung schon auf die besitzenden Klassen anregend und entwickelnd wirkt, so treibt sie die Entwicklung der Arbeiter noch weit rascher vorwärts. Die Arbeiter fangen an, sich als Klasse in ihrer Gesamtheit zu fühlen, sie werden gewahr, daß sie, obwohl einzeln schwach, doch zusammen eine Macht sind; die Trennung von der Bourgeoisie, die Ausbildung den Arbeitern und ihrer Lebensstellung eigentümlicher Anschauungen und Ideen wird befördert, das Bewußtsein, unterdrückt zu werden, stellt sich ein, und die Arbeiter bekommen soziale und politische Bedeutung. Die großen Städte sind der Herd der Arbeiterbewegung, in ihnen haben die Arbeiter zuerst angefangen, über ihre Lage nachzudenken und gegen sie anzukämpfen, in ihnen kam der Gegensatz zwischen Proletariat und Bourgeoisie zuerst zur Erscheinung, von ihnen sind Arbeiterverbindungen, Chartismus und Sozialismus ausgegangen. Die großen Städte haben die Krankheit des sozialen Körpers, die auf dem Lande in chronischer Form auftritt, in eine akute verwandelt, und dadurch das eigentliche Wesen derselben und zugleich die rechte Art, sie zu heilen, an den Tag gebracht. Ohne die großen Städte und ihren treibenden Einfluß auf die Entwicklung der öffentlichen Intelligenz wären die Arbeiter lange nicht so weit, als sie jetzt sind. Dazu haben sie die letzte Spur des patriarchalischen Verhältnisses zwischen den Arbeitern und den Brotherren zerstört, wozu auch die große Industrie durch Vervielfachung der von einem einzigen Bourgeois abhängigen Arbeiter beitrug. Die Bourgeoisie jammert freilich darüber, und sie hat recht – denn unter diesem Verhältnis war der Bourgeois ziemlich sicher vor einer Auflehnung der Arbeiter. Er konnte sie nach Herzenslust ausbeuten und dominieren und erhielt noch Gehorsam, Dank und Zuneigung in den Kauf von dem dummen Volke, wenn er ihm außer dem Lohn etwas Freundlichkeit, die ihm nichts kostete, und vielleicht einige kleine Vorteile zukommen ließ – alles zusammen anscheinend aus purer überflüssiger, aufopfernder Herzensgüte, und doch noch lange nicht den zehnten Teil seiner Schuldigkeit. Als einzelner Bourgeois, der in Verhältnisse gestellt war, die er selbst nicht geschaffen hatte, tat er allerdings seine Schuldigkeit wenigstens teilweise, aber als Mitglied der regierenden Klasse, die schon dadurch, daß sie regiert, für die Lage der ganzen Nation verantwortlich ist und die Wahrung des allgemeinen Interesses übernimmt, tat er gar nichts von dem, was er mit seiner Stellung übernahm, sondern beutete noch obendrein die ganze Nation zu seinem eignen Privatvorteil aus. In dem patriarchalischen Verhältnis, das die Sklaverei der Arbeiter heuchlerisch verdeckte, mußte der Arbeiter geistig tot, über seine eignen Interessen total unwissend, ein bloßer Privatmensch bleiben. Erst als er seinem Brotherrn entfremdet, als es offenbar wurde, daß er mit diesem nur durch das Privatinteresse, nur durch den Geldgewinn zusammenhänge, als die scheinbare Zuneigung, die nicht die geringste Probe aushielt, gänzlich wegfiel, erst da fing der Arbeiter an, seine Stellung und seine Interessen zu erkennen und sich selbständig zu entwickeln; erst da hörte er auf, auch in seinen Gedanken, Gefühlen und Willensäußerungen der Sklave der Bourgeoisie zu sein. Und dazu hat hauptsächlich die Industrie im großen Maßstabe und die großen Städte gewirkt.

Ein anderes Moment, das von bedeutendem Einfluß auf den Charakter der englischen Arbeiter war, bildet die irische Einwanderung, von der auch schon in diesem Sinn die Rede war. Sie hat allerdings, wie wir sehen ((1892) sahen), einerseits die englischen Arbeiter degradiert, sie der Zivilisation entrissen und ihre Lage verschlimmert – aber auch andrerseits dadurch zur Austiefung der Kluft zwischen Arbeitern und Bourgeoisie und so zur Beschleunigung der herannahenden Krisis beigetragen. Denn der Verlauf der sozialen Krankheit, an der England leidet, ist. derselbe wie der einer physischen Krankheit; sie entwickelt sich nach gewissen Gesetzen und hat ihre Krisen, deren letzte und heftigste über das Schicksal des Kranken entscheidet. Und da die englische Nation bei dieser letzten Krisis doch nicht untergehen kann, sondern erneut und wiedergeboren aus ihr hervorgehen muß, so kann man sich nur über alles freuen, was die Krankheit auf die Spitze treibt. Und dazu trägt die irische Einwanderung außerdem noch bei durch das leidenschaftliche, lebendige irische Wesen, welches sie in England einbürgert und in die englische Arbeiterklasse bringt. Irländer und Engländer verhalten sich in vielen Beziehungen wie Franzosen und Deutsche, und die Mischung des leichteren, erregbaren, heißen irischen Temperaments mit dem ruhigen, ausdauernden, verständigen englischen kann auf die Dauer nur für beide Teile günstig sein. Der schroffe Egoismus der englischen Bourgeoisie würde weit mehr in der Arbeiterklasse sitzen geblieben sein, wenn nicht das bis zur Wegwerfung großmütige, vorwiegend vom Gefühl beherrschte irische Wesen hinzugekommen und einerseits durch Stammverschmelzung, andrerseits durch den gewöhnlichen Verkehr den rein verständigen, kalten englischen Charakter gemildert hätte.

Wir werden uns nach alledem nicht mehr darüber wundern, daß die arbeitende Klasse allmählich ein ganz andres Volk geworden ist als die englische Bourgeoisie. Die Bourgeoisie hat mit allen andern Nationen der Erde mehr Verwandtes als mit den Arbeitern, die dicht neben ihr wohnen. Die Arbeiter sprechen andre Dialekte, haben andre Ideen und Vorstellungen, andre Sitten und Sittenprinzipien, andre Religion und Politik als die Bourgeoisie. Es sind zwei ganz verschiedene Völker, so verschieden, wie sie der Unterschied der Rasse nur machen kann, und von denen wir bisher auf dem Kontinent nur das eine, die Bourgeoisie, gekannt haben. Und doch ist gerade das andre, aus den Proletariern bestehende Volk das für die Zukunft Englands bei weitem wichtigste. Arbeiter wirken. Der Arbeiter ist bei weitem humaner im gewöhnlichen Leben als der Bourgeois. Ich erwähnte schon oben, daß die Bettler fast nur an Arbeiter zu appellieren pflegen und überhaupt mehr von Seiten der Arbeiter für die Erhaltung der Armen getan wird als von seiten der Bourgeoisie. Diese Tatsache – man kann sie übrigens alle Tage bestätigt sehen – bestätigt u, a. auch Herr Parkinson, Kanonikus von Manchester:

"Die Armen geben einander mehr, als die Reichen den Armen geben. Ich kann meine Versicherung durch das Zeugnis eines unserer ältesten, geschicktesten, beobachtendsten und humansten Ärzte, des Dr. Bardsley, bestätigen. Dieser hat öffentlich erklärt, daß die Gesamtsumme, welche die Armen jährlich einander geben, diejenige übertrifft, welche die Reichen in derselben Zeit beisteuern." (18)

Auch sonst tritt die Humanität der Arbeiter überall erfreulich hervor. Sie haben selbst harte Schicksale erfahren und können daher für diejenigen Mitgefühl hegen, denen es schlecht geht; für sie ist jeder Mensch ein Mensch, während der Arbeiter dem Bourgeois weniger als ein Mensch ist; daher sind sie umgänglicher, freundlicher, und obwohl sie das Geld nötiger haben als die Besitzenden, dennoch weniger darauf erpicht, weil ihnen das Geld nur um dessentwillen Wert hat, was sie dafür kaufen, während es für den Bourgeois einen besondern, inhärenten Wert, den Wert eines Gottes hat und den Bourgeois so zum gemeinen, schmutzigen "Geldmenschen" macht. Der Arbeiter, der dies Gefühl der Ehrfurcht vor dem Gelde nicht kennt, ist daher nicht so habgierig wie der Bourgeois, der alles nur tut, um Geld zu verdienen, der seinen Lebenszweck im Anhäufen von Geldsäcken sieht. Darum ist der Arbeiter auch viel unbefangener, hat viel offnere Augen für Tatsachen als der Bourgeois und sieht nicht alles durch die Brille des Eigennutzes an. Vor religiösen Vorurteilen schützt ihn seine mangelhafte Erziehung; er versteht nichts davon und plagt sich nicht damit herum, er kennt den Fanatismus nicht, der die Bourgeoisie befangen hält, und wenn er ja etwas Religion haben sollte, so ist sie nur nominell, nicht einmal theoretisch – praktisch lebt er nur für diese Welt und sucht sich in ihr einzubürgern. Alle Schriftsteller der Bourgeoisie stimmen darin überein, daß die Arbeiter keine Religion haben und die Kirche nicht besuchen. Allenfalls die Irländer sind auszunehmen und einige altere Leute, dann die Halbbourgeois, die Aufseher, Werkmeister und dergleichen. Aber unter der Masse findet man fast überall eine gänzliche Indifferenz gegen die Religion, und wenn es hoch kommt, ein bißchen Deismus, das zu unentwickelt ist, um (1892) ... Deismus, zu unentwickelt, um) zu etwas mehr als zu Redensarten dienen zu können oder etwas mehr als einen vagen Schrecken vor Ausdrücken wie infidel (Ungläubiger) und atheist hervorzurufen. Die Geistlichlichkeit aller Sekten steht sehr schlecht bei den Arbeitern angeschrieben, obwohl sie ihren Einfluß auf diese erst in der letzten Zeit verloren hat; jetzt steht sie aber so, daß der bloße Ruf: he is a parson – er ist ein Pfaff! oft genug imstande ist, einen Geistlichen von der Tribüne öffentlicher Versammlungen zu verjagen. Und wie schon die Lebenslage überhaupt, so trägt auch der Mangel an religiöser und sonstiger Bildung dazu bei, die Arbeiter unbefangener, freier von überkommenen stabilen Grundsätzen und vorgefaßten Meinungen zu halten, als der Bourgeois dies ist. Dieser sitzt in seinen Klassenvorurteilen, in den ihm von Jugend auf eingetrichterten Prinzipien bis über die Ohren eingerammt; mit ihm ist nichts anzufangen, er ist wesentlich, wenn auch in liberaler Form, konservativ, sein Interesse mit dem Bestehenden verwachsen, er ist aller Bewegung abgestorben. Er tritt ab von der Spitze der historischen Entwicklung, die Arbeiter treten erst rechtlich und dereinst auch faktisch an seine Stelle.

Dies und die daraus folgende öffentliche Tätigkeit der Arbeiter, die wir später erledigen werden, sind die günstigen Seiten des Charakters dieser Klasse; die ungünstigen sind ebenso rasch zusammengefaßt und folgen ebenso natürlich aus den angegebenen Ursachen. Trunksucht, Regellosigkeit des geschlechtlichen Verkehrs, Roheit und Mangel an Achtung für das Eigentum sind die Hauptpunkte, die der Bourgeois ihr vorwirft. Daß die Arbeiter stark trinken, ist nicht anders zu erwarten. Sheriff Alison behauptet, daß in Glasgow jeden Sonnabendabend an dreißigtausend Arbeiter berauscht sind, und die Zahl ist gewiß nicht zu gering; daß in dieser Stadt 1830 auf zwölf Häuser und 1840 auf je zehn Häuser eine Branntweinschenke kam, daß in Schottland 1823 für 2 300 000 Gallonen, 1837 für 6 620 000 Gall., und in England 1823 für 1 976 000 Gall., 1837 für 7 875 000 Gall. Branntwein Akziseabgabe bezahlt wurde zwei oder drei Häuser zusammenstehen, so ist ganz gewiß ein Jerry-Shop darunter. Außerdem gibt es noch Hush-Shops, d.h. heimliche Schenken, die nicht konzessioniert sind, in Menge und ebensoviele Branntweinbrennereien, die mitten in den großen Städten, in abgelegenen, von der Polizei selten besuchten Vierteln große Quantitäten dieses Getränks produzieren. Gaskell (a. a. o.) schlägt die Zahl dieser letzteren in Manchester allein auf über hundert und ihre jährliche Produktion auf mindestens 156 000 Gallonen an. In Manchester sind außerdem über tausend Schenken, also im Verhältnis zur Häuserzahl wenigstens ebensoviele als in Glasgow. In allen andern großen Städten sieht es ebenso aus. Und wenn man nun noch außer den gewöhnlichen Folgen der Trunksucht bedenkt, daß Männer und Weiber von jedem Alter, selbst Kinder, oft Mütter mit ihren Kleinen auf dem Arme, hier mit den am tiefsten gesunkenen Opfern des Bourgeoisieregimes, mit Dieben, Betrügern und prostituierten Mädchen zusammenkommen, wenn man bedenkt, daß manche Mutter dem Säugling, den sie auf den Armen trägt, Branntwein zu trinken gibt, so wird man die demoralisierende Wirkung des Besuchs solcher Orte allerdings zugeben. Namentlich Samstagabends, wenn der Lohn ausbezahlt ist und etwas früher als gewöhnlich Feierabend gemacht wird, wenn die ganze arbeitende Klasse aus ihren schlechten Vierteln sich in die Hauptstraßen ergießt, kann man die Trunkenheit in ihrer ganzen Brutalität sehen. Ich bin selten an einem solchen Abend aus Manchester herausgekommen, ohne einer Menge schwankender oder in den Rinnsteinen liegender Betrunkener zu begegnen. Am Sonntagabend pflegt sich dieselbe Szene, nur weniger lärmend, zu wiederholen. Und wenn das Geld aus ist, so gehen die Trinker zum ersten besten Pfandhaus, deren in jeder großen Stadt eine Menge sind – Manchester über sechzig und in einer einzigen Straße von Salford (Chapel-Street) zehn bis zwölf-, und versetzen, was sie noch haben. Möbel, Sonntagskleider, wo sie existieren, Geschirre werden jeden Sonnabendabend in Massen aus den Pfandhäusern abgeholt, um fast immer vor dem nächsten Mittwoch wieder hineinzuwandern, bis zuletzt irgendein Zufall die Einlösung unmöglich macht und ein Stück nach dem andern dem Wucherer verfällt oder bis dieser auf die verschlissene und ausgenutzte Ware keinen Heller mehr vorschießen will. Wenn man die Verbreitung der Trunksucht unter den Arbeitern in England selbst gesehen hat, so glaubt man gern der Behauptung Lord Ashleys welche Zerstörung aller häuslichen Verhältnisse daraus entsteht, kann sich jeder leicht denken. Die Mäßigkeitsvereine haben allerdings viel getan, aber was verschlagen ein paar Tausend "Teetotallers" ("Abstinezler") auf die Millionen Arbeiter? Wenn Father Mathew, der irische Mäßigkeitsapostel, durch die englischen Städte reist, so nehmen oft dreißig- bis sechzigtausend Arbeiter die "pledge" (das Gelübde), aber nach vier Wochen ist das bei den meisten wieder vergessen. Wenn man z.B. die Massen zusammenzählt, die in den letzten drei bis vier Jahren in Manchester das Mäßigkeitsgelübde abgelegt haben, so kommen mehr Laute heraus, als überhaupt in der Stadt wohnen – und doch merkt man nicht, daß der Trunk abnimmt.

Neben der Zügellosigkeit im Genuß geistiger Getränke bildet die Zügellosigkeit des geschlechtlichen Verkehrs eine Hauptuntugend vieler englischer Arbeiter. Auch diese folgt mit eiserner Konsequenz, mit unumgänglicher Notwendigkeit aus der Lage einer Klasse, die sich selbst überlassen wird, ohne die Mittel zu besitzen, von dieser Freiheit geeigneten Gebrauch zu machen. Die Bourgeoisie hat ihr nur diese beiden Genüsse gelassen, während sie ihr eine Menge von Mühen und Leiden auferlegt hat, und die Folge davon ist, daß die Arbeiter, um doch etwas vom Leben zu haben, alle Leidenschaft auf diese beiden Genüsse konzentrieren und sich ihnen im Übermaß und auf die regelloseste Weise ergeben. Wenn man die Leute in eine Lage versetzt, die nur dem Tier zusagen kann, so bleibt ihnen nichts übrig, als sich zu empören oder in der Bestialität unterzugehen. Und wenn obendrein noch die Bourgeoisie selbst ihr redlich Teil zur direkten Hebung der Prostitution beiträgt – wieviele von den 40 000 Freudenmädchen, die jeden Abend die Straßen von London füllen (21), leben von der tugendhaften Bourgeoisie? – wie viele von ihnen haben es der Verführung eines Bourgeois zu danken, daß sie ihren Körper den Vorübergehenden feilbieten müssen, um zu leben? – so hat sie wahrlich am wenigsten das Recht, den Arbeitern ihre sexuale Brutalität vorzuwerfen.

Die Fehler der Arbeiter lassen sich überhaupt alle auf Zügellosigkeit der Genußsucht, Mangel an Vorhersicht und an Fügsamkeit in die soziale Ordnung, überhaupt auf die Unfähigkeit, den augenblicklichen Genuß dem entfernteren Vorteil aufzuopfern, zurückführen. Aber wie ist das zu verwundern? Eine Klasse, die wenig und nur die sinnlichsten Genüsse sich für saure Arbeit erkaufen kann, muß sich die nicht toll und blind auf diese Genüsse werfen? Eine Klasse, um deren Bildung sich niemand kümmert, die allen möglichen Zufällen unterworfen ist, die gar keine Sicherheit der Lebenslage kennt, was für Gründe, was für ein Interesse hat die, Vorhersicht zu üben, ein "solides" Leben zu führen und, statt von der Gunst des Augenblicks zu profitieren, auf einen entfernteren Genuß zu denken, der gerade für sie und ihre ewig schwankende, sich überschlagende Stellung noch sehr ungewiß ist? Eine Klasse, die alle Nachteile der sozialen Ordnung zu tragen hat, ohne ihre Vorteile zu genießen, eine Klasse, der diese soziale Ordnung nur feindselig erscheint, von der verlangt man noch, daß sie diese soziale Ordnung respektieren soll? Das ist wahrlich zuviel. Aber die Arbeiterklasse kann der sozialen Ordnung, solange diese besteht, nicht entrinnen, und wenn der einzelne Arbeiter gegen sie aufsteht, so fällt der größte Schaden auf ihn. So macht die soziale Ordnung dem Arbeiter das Familienleben fast unmöglich; ein unwohnliches, schmutziges Haus, das kaum zum nächtlichen Obdach gut genug, schlecht möbliert und oft nicht regendicht und nicht geheizt ist, eine dumpfige

Atmosphäre im menschengefüllten Zimmer erlaubt keine Häuslichkeit; der Mann arbeitet den ganzen Tag, vielleicht auch die Frau und die älteren Kinder, alle an verschiedenen Orten, sehen sich nur morgens und abends – dazu die stete Versuchung zum Branntweintrinken; wo kann dabei das Familienleben existieren? Dennoch kann der Arbeiter der Familie nicht entrinnen, er muß in der Familie leben, und die Folge davon sind fortwährende Familienzerrüttungen und häusliche Zwiste, die sowohl auf die Eheleute wie namentlich auf ihre Kinder im höchsten Grade demoralisierend wirken. Vernachlässigung aller häuslichen Pflichten, Vernachlässigung besonders der Kinder ist nur zu häufig unter den englischen Arbeitern und wird nur zu sehr durch die bestehenden Einrichtungen der Gesellschaft hervorgebracht. Und Kinder, die auf diese Weise wild, in der demoralisierendsten Umgebung, zu der oft genug die Eltern selbst gehören, heranwachsen, die sollen nachher noch fein moralisch werden? Es ist wirklich zu naiv, welche Forderungen der selbstzufriedene Bourgeois an den Arbeiter stellt.

Die Nichtachtung der sozialen Ordnung tritt am deutlichsten in ihrem Extrem, im Verbrechen auf. Wirken die Ursachen, die den Arbeiter demoralisieren, stärker, konzentrierter als gewöhnlich, so wird er mit derselben Gewißheit Verbrecher, mit der das Wasser bei 80 Grad Réaumur aus dem tropfbaren in den luftförmigen Aggregatzustand übergeht. Der Arbeiter wird durch die brutale und brutalisierende Behandlung der Bourgeoisie gerade ein so willenloses Ding wie das Wasser und ist gerade mit derselben Notwendigkeit den Gesetzen der Natur unterworfen – bei ihm hört auf einem gewissen Punkte alle Freiheit auf. Mit der Ausdehnung des Proletariats hat daher auch das Verbrechen in England zugenommen, und die britische Nation ist die verbrecherischste der Welt geworden. Aus den jährlich veröffentlichten "Kriminal-Tabellen" des Ministeriums des Innern geht hervor, daß in England die Vermehrung des Verbrechens mit unbegreiflicher Schnelligkeit vor sich gegangen ist. Die Anzahl der Verhaftungen für Kriminalverbrechen betrug

im Jahre 1805	4605
im Jahre 1810	5146
im Jahre 1815	7818
im Jahre 1820	13 710

im Jahre 1825	14 437
im Jahre 1830	18 107
im Jahre 1835	20 731
im Jahre 1840	27 187
im Jahre 1841	27 760
im Jahre 1842	31 309

in England und Wales allein; also versiebenfachten sich die Verhaftungen in 37 Jahren. Von diesen Verhaftungen kommen allein auf Lancashire im Jahre 1842 4 497, also über 14 Prozent, und auf Middlesex (einschließlich London) 4 094, also über 13 Prozent. So sehen wir, daß zwei Distrikte, die große Städte mit viel Proletariat einschließen, allein über den vierten Teil des gesamten Verbrechens hervorbringen, obgleich ihre Gesamtbevölkerung lange nicht den vierten Teil der des ganzen Landes ausmacht. Die Kriminaltabellen beweisen auch noch direkt, daß fast alles Verbrechen auf das Proletariat fällt, denn 1842 konnten von jeden 100 Verbrechern durchschnittlich 32,35 nicht lesen und schreiben, 58,32 unvollkommen lesen und schreiben, 6,77 gut lesen und schreiben, 0,22 hatten noch höhere Bildung genossen, und von 2,34 konnte die Bildung nicht angegeben werden. In Schottland hat das Verbrechen noch viel schneller zugenommen. Hier waren 1819 nur 89 und 1837 schon 3176, 1842 sogar 4189 Kriminalverhaftungen vorgekommen. In Lanarkshire, wo Sheriff Alison selbst den offiziellen Bericht abfaßte, hat sich die Bevölkerung in 30 Jahren, das Verbrechen alle 5 1/2 Jahre verdoppelt, also sechsmal rascher als die Bevölkerung zugenommen. Die Verbrechen selbst sind, wie in allen zivilisierten Ländern, bei weitem der Mehrzahl nach Verbrechen gegen das Eigentum, also solche, die in Mangel dieser oder jener Art ihren Grund haben, denn was einer hat, stiehlt er nicht. Das Verhältnis der Verbrechen gegen Eigentum zur Volkszahl, das sich in den Niederlanden 1 : 7140, in Frankreich wie 1:1804 stellt, stand zur Zeit, als Gaskell schrieb, in England wie 1: 799; das der Verbrechen gegen Personen zur Volkszahl in den Niederlanden wie 1 : 28 904, in Frankreich wie 1 : 17 573, in England wie 1 : 23 395; das des Verbrechens überhaupt zur Volkszahl in Ackerbaudistrikten wie 1 : 1 043, in Fabrikdistrikten wie l : 840 (23), und es sind kaum zehn Jahre, seit Gaskells Buch erschien!

Diese Tatsachen sind wahrlich mehr als hinreichend, um jeden, selbst einen Bourgeois, zur Besinnung und zum Nachdenken über die Folgen eines solchen Zustandes zu bringen. Wenn sich die Demoralisation und die Verbrechen noch zwanzig Jahre lang in diesem Maße vermehren – und wenn die englische Industrie in diesen zwanzig Jahren weniger glücklich ist als bisher, so muß die Progression des Verbrechens sich nur noch beschleunigen – was wird dann das Resultat sein? Wir sehen schon jetzt die Gesellschaft in voller Auflösung begriffen, wir können keine Zeitung in die Hand nehmen, ohne in den schlagendsten Tatsachen die Lockerung aller sozialen Bande lesen zu müssen. Ich greife aufs Geratewohl in den Haufen englischer Zeitungen, die vor mir liegen; da ist ein "Manchester Guardian" (30. Oktober 1844), der über drei Tage berichtet; er gibt sich gar nicht mehr die Mühe, über Manchester genaue Nachrichten zu geben und erzählt bloß die interessantesten Fälle, daß in einer Fabrik die Arbeiter, um höheren Lohn zu erlangen, die Arbeit eingestellt hätten und vom Friedensrichter zu ihrer Wiederaufnahme gezwungen seien; daß in Salford ein paar Knaben Diebstähle verübt und ein bankerotter Kaufmann seine Gläubiger habe betrügen wollen. Ausführlicher sind die Nachrichten aus den Nebenorten: in Ashton zwei Diebstähle, ein Einbruch, ein Selbstmord, in Bury ein Diebstahl, in Bolton zwei Diebstähle, ein Akzisebetrug, in Leigh ein Diebstahl, in Oldham Arbeitseinstellung wegen Lohn, ein Diebstahl, eine Schlägerei zwischen Irländerinnen, ein nicht zur Arbeiterverbindung gehörender Hutmacher von den Mitgliedern der Verbindung mißhandelt, eine Mutter von ihrem Sohn geschlagen, in Rochdale eine Reihe Schlägereien, ein Angriff auf die Polizei, ein Kirchenraub, in Stockport Unzufriedenheit der Arbeiter mit dem Lohn, ein Diebstahl, ein Betrug, Schlägerei, ein Mann, der seine Frau mißhandelt, in Warrington ein Diebstahl und eine Schlägerei, in Wigan ein Diebstahl und ein Kirchenraub. Die Berichte der Londoner Zeitungen sind noch viel schlimmer; Betrügereien, Diebstähle, Raubanfälle, Familienzerwürfnisse drängen eins das andere; mir fällt gerade eine "Times" (12. September 1844), die nur die Vorfälle eines Tages berichtet, in die Hand, die von einem Diebstahl, einem Angriff auf die Polizei, einem Alimentationsurteil gegen den Vater eines unehelichen Kindes, der Aussetzung eines Kindes durch seine Eltern und der Vergiftung eines Mannes durch seine Frau erzählt. Ähnliches ist in allen englischen Zeitungen zu finden. In diesem Lande ist der soziale Krieg vollständig ausgebrochen; jeder steht für sich selbst und kämpft für sich selbst gegen alle andern, und ob er allen andern, die seine erklärten Feinde sind, Schaden zufügen soll oder nicht, hängt nur von einer selbstsüchtigen Berechnung über das ab, was ihm am vorteilhaftesten ist. Es fällt keinem mehr ein, sich auf friedlichem Wege mit seinen Nebenmenschen zu verständigen; alle Differenzen werden durch Drohungen, Selbsthülfe oder die Gerichte abgemacht. Kurz, jeder sieht im andern einen Feind, den er aus dem Wege zu räumen, oder höchstens ein Mittel, das er zu seinen Zwecken auszubeuten hat. Und dieser Krieg wird, wie die Kriminaltabellen beweisen, von Jahr zu Jahr heftiger, leidenschaftlicher, unversöhnlicher; die Feindschaft teilt sich allmählich in zwei große Lager, die gegeneinander streiten: die Bourgeoisie hier und das Proletariat dort. Dieser Krieg Aller gegen Alle und des Proletariats gegen die Bourgeoisie darf uns nicht wundern, denn er ist nur die konsequente Durchführung des schon in der freien Konkurrenz enthaltenen Prinzips; aber wohl darf es uns wundern, daß die Bourgeoisie, gegen die sich tagtäglich neue und drohende Gewitterwolken zusammenziehen, bei alledem so ruhig und gelassen bleibt, wie sie diese Sachen täglich in den Zeitungen lesen kann, ohne, wir wollen nicht sagen Indignation über den sozialen Zustand, sondern nur Furcht vor seinen Folgen, vor einem allgemeinen Ausbruch dessen, was im Verbrechen einzeln zutage kommt, zu empfinden. Aber dafür ist sie gerade Bourgeoisie und kann von ihrem Standpunkte aus nicht einmal die Tatsachen, geschweige ihre Konsequenzen, wahrnehmen. Nur das ist staunenswert, daß Klassenvorurteile und eingetrommelte vorgefaßte Meinungen eine ganze Menschenklasse mit einem so hohen, ich möchte sagen so wahnsinnigen Grade von Blindheit schlagen können. Die Entwicklung der Nation geht indes ihren Gang, die Bourgeois mögen Augen für sie haben oder nicht, und wird eines schönen Morgens die besitzende Klasse mit Dingen überraschen, von denen sich ihre Weisheit nichts träumen läßt.

Anmerkungen F. E.:

(1) Wenn ich in dem Sinne wie hier und anderwärts von der Gesellschaft als einer verantwortlichen Gesamtheit spreche, die ihre Rechte und Pflichten hat, so versteht es sich, daß ich damit die Macht der Gesellschaft meine, diejenige Klasse also, die gegenwärtig die politische und soziale Herrschaft besitzt und damit zugleich auch die Verantwortlichkeit für die Lage derer trägt, denen sie keinen Teil an der Herrschaft gibt. Diese herrschende Klasse ist in England wie in allen andern zivilisierten Ländern die Bourgeoisie. Daß aber die Gesellschaft und speziell die Bourgeoisie die Pflicht hat, jedes Gesellschaftsglied mindestens in seinem Leben zu schützen, dafür z.B. zu sorgen, daß niemand verhungert – diesen Satz brauch' ich meinen deutschen Lesern nicht erst zu beweisen. Schrieb' ich für die englische Bourgeoisie, da wäre das freilich anders. – (1887) And so it is now in Germany. Our German capitalists are fully up to the English level, in this respect

at least, in the year of grace, 1886. (Und so ist es jetzt in Deutschland. Unsere deutschen Kapitalisten stehen, zumindest in dieser Beziehung, mit den Engländern auf völlig gleichem Niveau, im gesegneten Jahr 1886.) – (1892) Wie hat sich das alles seit 50 Jahren geändert! Heute gibt es englische Bourgeois, die Verpflichtungen der Gesellschaft gegen die einzelnen Gesellschaftsglieder anerkennen; aber deutsche?!?

(2) Dr. Alison, "Manag(ement) of (the) Poor in Scotland".

(3) Dr. Alison, in einem Artikel, vorgelesen vor der Britsh Association for the Adncement of Science (Englische Gesellschaft zur Förderung der Wissenschaft), York, Oktober 1844.

(4) Dr. Alison, "Manag(ement) of (the) Poor in Scotland".

(5) "(The) Manufacturing Population of England", c. 8.

(6) "Report of Commission of Inquiry into the Employment of Children and Young Persons in Mines and Collieries and in the Trades and Manufactures in which Numbers of them work together, not being included under the Terms of the Factories' Regulation Act." First and Second Reports (Bericht der Untersuchungskommission über die Beschäftigung von Kindern und Jugendlichen in Bergwerken und Kohlengruben und in den Handwerken und Industrien, in denen viele zusammenarbeiten, die nicht unter das Fabrikordnungsgesetz fallen. Erster und zweiter Bericht). Grainger's. Rept., second Rept. Gewöhnlich als "Children's Employment Commission's Rept." zitiert – einer der besten offiziellen Berichte, der eine Unmasse der wertvollsten, aber such der schreckenerregendsten Tatsachen enthält. Der erste Bericht kam 1841, der zweite zwei Jahre später heraus.

(7) "Fifth Annual Report of (the) Reg(istrar) Gen(eral) of Births, Deaths and Marriages (Fünfter Jahresbericht des Generalregistrators über Geburten, Sterbefälle und Eheschließungen).

(8) Vgl, "Report of Commission of Inquiry into the State of large Towns and populous Districts", first Report, 1844, Appendix (Bericht der Untersuchungskommission über den Zustand der großen Städte und dichtbevölkerten Gebiete, erster Bericht, 1844, Anhang).

(9) "Factories Inquiry Commission's Report", 3rd vol. Report of Dr. Hawkins on Lancashire, wo Dr. Roberton, "die Hauptautorität für die Statistik in Manchester", als Gewährsmann angeführt wird.

(10) "Arts and Artizans".

(11) "Prin(ciples) of Popul(ation) vol. II, p. 196, 197. d

(12) Wir werden später sehen, wie die Empörung des Proletariers gegen die Bourgeoisie in England durch das Recht der freien Assoziation gesetzlich legitimiert ist.

(13) "Chartism", p. 34 ff.

(14) Soll ich auch hier Bourgeoisiezeugnisse für mich sprechen lassen? Ich wähle nur eins, das jeder nachlesen kann, in Adam Smiths "Wealth of Nationa" (zitierte Ausg.), vol. 3, book 5, cap. 8, pag. 297.

(15) (The) Princ(iples) of Population", vol. II. p. 76 ff., p. 135.

(16) "Philosophy of Manufactures". London, 1835. – Wir werden von diesem saubern Buche noch mehr zu sprechen haben. Die angeführten Stellen stehen p. 406 ff.

(17) (1892) Dieselbe Auffassung, daß die große Industrie die Engländer in zwei verschiedene Nationen gespalten hat, ist bekanntlich, ungefähr gleichzeitig, auch von Disraeli ausgeführt worden in seinem Roman "Sybil, or the Two Nations" (Sibylle oder die beiden Nationen).

(18) "On the present Condition of the Labouring Poor in Manchester etc." (Über die gegenwärtige Lage der arbeitenden Armen in Manchester usw.), By the Rev, Rd. Parkinson, Canon of Manchester. 3rd edit. London and Manchester, 1841. Pamphlet.

(19) Princ(iples) of Population", passim.

(20) Unterhaussitzung vom 28. Februar 1843.

(21) Sheriff Alison, (The) Princ(iples) of Population", vol. II.

(22) (The) Manuf(acturing) Popu(lation) of Engl(and) chapt. 10.

(23) Die Zahl der überführten Verbrecher (22 733) dividiert in die Volkszahl (ca. 15 Millionen).

(24)

Die einzelnen Arbeitszweige

Die Fabrikarbeiter im engeren Sinne

Wenn wir jetzt auf die einzelnen wichtigeren Zweige des englischen Industrieproletariats näher eingehen sollen, so werden wir, dem oben aufgestellten Prinzip zufolge, mit den Fabrikarbeitern, d.h. denen, die unter dem Fabrikakt stehen, anzufangen haben. Dies Gesetz reguliert die Arbeitszeit der Fabriken, in denen Wolle, Seide, Baumwolle und Flachs mit Hülfe von Wasser- oder Dampfkraft gesponnen oder gewoben wird, und erstreckt sich deshalb auf die bedeutendsten Zweige der englischen Industrie. Die von ihnen lebende Klasse ist die zahlreichste, älteste, intelligenteste und energischste, daher aber auch die unruhigste und der Bourgeoisie am meisten verhaßte von allen englischen Arbeitern; sie steht, und speziell die Baumwollfabrikarbeiter stehen an der Spitze der Arbeiterbewegung, wie ihre Brotherren, die Fabrikanten, namentlich von Lancashire, an der Spitze der Bourgeoisie-Agitation.

Wir sahen schon in der Einleitung, wie die in den genannten Artikeln arbeitende Bevölkerung auch zuerst durch neue Maschinen aus ihren bisherigen Verhältnissen gerissen wurde. Es darf uns daher nicht wundern, wenn der Fortschritt der mechanischen Erfindung auch in späteren Jahren gerade sie am meisten und anhaltendsten berührte. Die Geschichte der Baumwollenfabrikation, wie wir sie bei Ure In einem geordneten sozialen Zustande wären solche Verbesserungen nur erfreulich; im Zustande des Kriegs Aller gegen Alle reißen einzelne den Vorteil an sich und bringen dadurch die meisten um die Mittel der Existenz. Jede Verbesserung der Maschinerie wirft Arbeiter außer Brot, und je bedeutender die Verbesserung, desto zahlreicher die arbeitslos gewordene Klasse; jede bringt demnach auf eine Anzahl Arbeiter die Wirkung einer Handelskrisis hervor, erzeugt Not, Elend und Verbrechen. Nehmen wir einige Beispiele. Da gleich die erste Erfindung, die Jenny (siehe oben), von einem Arbeiter getrieben, wenigstens das Sechsfache von dem lieferte, was das Spinnrad in gleicher Zeit machen konnte, so wurden durch jede neue Jenny fünf Spinner brotlos. Die Throstle, die wiederum bedeutend mehr lieferte, als die Jenny und ebenfalls nur einen Arbeiter brauchte, machte noch mehr brotlos. Die Mule, die wieder weniger Arbeiter im Verhältnis zum Produkt hatte ((1892) machte), hatte dieselbe Wirkung, und jede Verbesserung der Mule, d.h. jede Vermehrung der Spindelzahl an der Mule, verminderte wiederum die Zahl der benötigten Arbeiter. Diese Vermehrung der Spindelzahl an der Mule ist aber so bedeutend, daß dadurch ganze Scharen von Arbeitern brotlos geworden sind; denn wenn früher ein "Spinner" mit ein paar Kindern (piecers) 600 Spindeln in Bewegung setzte, so konnte er nun 1 400 bis 2 000 Spindeln auf zwei Mules beaufsichtigen – zwei erwachsene Spinner und ein Teil der von ihnen beschäftigten Piecer wurden dadurch brotlos. Und seitdem bei einem sehr bedeutenden Teile der Mulespinnereien die self-actors eingeführt sind, fällt die Rolle des Spinners ganz weg und wird von der Maschine getan. Mir liegt ein Buch vor (3), das von dem anerkannten Führer der Chartisten in Manchester, James Leach, herrührt. Der Mann hat in verschiedenen Industriezweigen, in Fabriken und Kohlenbergwerken jahrelang gearbeitet und ist mir persönlich als brav, zuverlässig und tüchtig bekannt. Ihm standen, seiner Parteistellung zufolge, die ausgedehntesten Details über die verschiedenen Fabriken, die von den Arbeitern selbst gesammelt wurden, zu Gebote, und er gibt nun Tabellen, aus denen hervorgeht, daß 1829 in 35 Fabriken 1 083 Mulespinner mehr angestellt waren als 1841, obwohl die Anzahl der Spindeln in diesen 35 Fabriken sich um 99 429 vermehrt hat. Er führt 5 Fabriken auf, in denen gar keine Spinner mehr sind, da diese Fabriken nur self-actors besitzen. Während die Zahl der Spindeln sich um 10 Prozent vermehrte, nahm die der Spinner um mehr als 60 Prozent ab. Und, fügt Leach hinzu, seit 1841 sind soviele Verbesserungen durch Verdopplung der Spindelreihen (double decking) und sonst eingeführt worden, daß in einigen der genannten Fabriken seit 1841 wieder die Hälfte der Spinner entlassen worden sind; in einer Fabrik allein, wo vor kurzem 80 Spinner waren, sind noch 20, die übrigen sind weggeschickt oder müssen Kinderarbeit für Kinderlohn tun. Gleiches berichtet Leach aus Stockport, wo 1835 800 Spinner und 1843 nur 140 Spinner beschäftigt gewesen seien, obwohl die Industrie Stockports in den letzten 8 bis 9 Jahren bedeutend zugenommen hat. In der Kardiermaschinerie sind jetzt ähnliche Verbesserungen gemacht, wodurch die Hälfte der Arbeiter brotlos wird. In einer Fabrik sind verbesserte Doublierstühle aufgesetzt, die von acht Mädchen vier brotlos machten – außerdem setzte der Fabrikant den Lohn der übrigen vier von 8 auf 7 sh. herab. Ähnlich ist es mit der Weberei gegangen. Der mechanische Webstuhl hat einen Zweig der Handweberei nach dem andern in Beschlag genommen, und da er viel mehr produziert als der Handwebstuhl und ein Arbeiter zwei mechanische Stühle beaufsichtigen kann, so sind eine Menge Arbeiter auch hier brotlos geworden. Und in allen Arten der Fabrikation, in der Flachs- und Wollenspinnerei, beim Tramieren der Seide ist es ebenso; selbst der mechanische Webstuhl fängt an, einzelne Zweige der Wollen- und Leinenweberei an sich zu reißen; in Rochdale allein sind mehr mechanische als Handwebstühle bei der Flanell- und sonstigen Wollenweberei beschäftigt. Die Bourgeoisie pflegt hierauf zu antworten, daß Verbesserungen in den Maschinen, indem sie die Produktionskosten verringerten, die fertige Ware zu einem niedrigeren Preise liefern und daß durch diesen niedrigeren Preis eine solche Vermehrung der Konsumtion entsteht, daß die brotlos gewordenen Arbeiter bald wieder an den neuerstehenden Fabriken Beschäftigung vollauf fänden. Gewiß, die Bourgeoisie hat ganz recht darin, daß unter gewissen, für die allgemeine industrielle Entwicklung vorteilhaften Verhältnissen jede Preiserniedrigung einer solchen Ware, bei der das rohe Material wenig kostet, die Konsumtion sehr steigert und neue Fabriken hervorruft; aber sonst ist jedes Wort ihrer Behauptung eine Lüge. Sie schlägt es für nichts an, daß es jahrelang dauert, bis diese Folgen der Preiserniedrigung eingetreten, bis die neuen Fabriken gebaut sind; sie verschweigt uns, daß alle Verbesserungen der Maschinen die eigentliche, anstrengende Arbeit mehr und mehr auf die Maschine werfen und so die Arbeit erwachsener Männer in eine bloße Aufsicht verwandeln, die ein schwaches Weib oder gar ein Kind ebensogut tun kann und auch für halben oder Drittellohn tut; daß also die erwachsenen Männer immer mehr aus der Industrie verdrängt und durch die vermehrte Fabrikation nicht wiederbeschäftigt werden; sie verschweigt uns, daß ganze Arbeitszweige dadurch wegfallen oder so verändert werden, daß sie neu gelernt werden müssen, und hütet sich wohl, hier das zu gestehen, worauf sie sonst pocht, wenn die Arbeit kleiner Kinder verboten werden soll – nämlich daß Fabrikarbeit in der frühesten Jugend und vor dem zehnten Jahre gelernt werden müsse, um sie ordentlich zu lernen (vgl. z.B. Factories Inq. Comm. Rept. an verschiedenen Stellen); sie sagt nicht dabei, daß der Prozeß der Maschinenverbesserung fortwährend vor sich geht und dem Arbeiter, sobald er sich, wenn es einmal wirklich der Fall wäre, in einem neuen Arbeitszweige eingebürgert hat, ihm auch dieser wieder genommen und dadurch der letzte Rest von Sicherheit der Lebensstellung entrissen wird, den er noch hatte. Aber die Bourgeoisie zieht den Vorteil von der Verbesserung der Maschinerie, sie hat während der ersten Jahre, wo noch viele alte Maschinen arbeiten und die Verbesserung noch nicht allgemein durchgeführt ist, die schönste Gelegenheit zum Geldanhäufen, und es wäre zuviel verlangt, wenn sie auch für die Nachteile der verbesserten Maschinen Augen haben sollte.

Daß die verbesserten Maschinen den Lohn herabdrücken, ist ebenfalls von der Bourgeoisie heftig bestritten worden, während die Arbeiter es fort und fort behauptet haben. Die Bourgeoisie besteht darauf, daß, obwohl mit der erleichterten Produktion der Stücklohn gefallen, dennoch der Wochenlohn im ganzen eher gestiegen als gefallen sei und die Lage der Arbeiter sich eher verbessert als verschlimmert habe. Es ist schwer, der Sache auf den Grund zu kommen, da die Arbeiter sich meist auf den Fall des Stücklohns berufen; indessen ist so viel gewiß, daß auch der Wochenlohn in verschiedenen Arbeitszweigen durch die Maschinerie niedriger gestellt worden ist. Die sogenannten Feinspinner (die feines Mule-Garn spinnen) beziehen allerdings hohen Lohn, 30 bis 40 sh. wöchentlich, weil sie eine starke Assoziation zur Aufrechterhaltung des Spinngeldes haben und ihre Arbeit mühsam erlernt werden muß; die Grobspinner aber, welche gegen die für feines Garn nicht anwendbaren selbsttätigen Maschinen (self-actors) zu konkurrieren haben und deren Assoziation durch die Einführung dieser Maschinen entkräftet wurde, haben dagegen sehr niedrigen Lohn. Mir sagte ein Mulespinner, daß er nicht über 14 sh. wöchentlich verdiene, und damit stimmen die Aussagen von Leach, daß in verschiedenen Fabriken die Grobspinner unter 16 1/2 sh. wöchentlich verdienen und daß ein Spinner, der vor drei Jahren 30 sh. verdiente, jetzt kaum 12 1/2 sh. aufbringen könne und im letzten Jahre auch durchschnittlich nicht mehr verdient habe. Der Lohn für Weiber und Kinder mag allerdings weniger gefallen sein, aber auch nur deshalb, weil er von Anfang an nicht hoch gestellt war. Ich kenne mehrere Frauen, die Witwen sind und Kinder haben, und mühsam genug 8 bis 9 sh. wöchentlich verdienen, und daß sie mit Familie davon nicht ordentlich leben können, wird mir jeder zugehen, der die Preise der nötigsten Lebensbedürfnisse in England kennt. Daß aber der Lohn überhaupt durch die verbesserte Maschinerie gedrückt worden sei, ist die einstimmige Aussage aller Arbeiter; daß die Behauptung der fabrizierenden Bourgeoisie, als habe sich die Lage der arbeitenden Klassen durch die Maschinenfabrikation verbessert, von dieser Klasse selbst aufs lauteste Lügen gestraft wird, kann man in jeder Arbeiterversammlung in den Fabrikdistrikten hören. Und selbst wenn es wahr wäre, daß nur der relative Lohn, der Stücklohn gefallen und der absolute, die Summe des wöchentlich zu Erwerbenden stehengeblieben sei, was folgt daraus? Daß die Arbeiter es haben ruhig mit ansehen müssen, wie die Herren Fabrikanten ihre Beutel füllten und von jeder Verbesserung Nutzen zogen, ohne ihnen auch nur den kleinsten Teil davon abzugeben. Die Bourgeoisie vergißt, wenn sie gegen die Arbeiter kämpft, auch die gewöhnlichsten Prinzipien ihrer eignen Nationalökonomie. Sie, die sonst auf Malthus schwört, wirft in ihrer Angst den Arbeitern ein: Woher hätten ohne Maschinerie die vielen Millionen, um die sich Englands Volkszahl vermehrt hat, Arbeit finden wollen (4)? Dummheit, als ob die Bourgeoisie nicht selbst gut genug wüßte, daß ohne die Maschinen und den durch diese hervorgebrachten Industrieaufschwung diese "Millionen" gar nicht erzeugt und herangewachsen wären! Was die Maschinerie den Arbeitern genützt hat, ist einfach das, daß sie ihnen die Notwendigkeit einer sozialen Reform, durch die die Maschinen nicht mehr gegen, sondern für die Arbeiter arbeiten, beigebracht hat. Die weisen Herren Bourgeois mögen einmal die Leute fragen, die in Manchester und anderswo Straßen kehren (das ist freilich jetzt vorbei, da auch hierfür Maschinen erfunden und eingeführt sind) oder Salz, Zündhölzchen, Apfelsinen und Schnürriemen auf den Straßen verkaufen oder betteln gehen müssen, was sie früher gewesen seien – und bei wie vielen wird die Antwort sein: durch Maschinerie brotlos gewordener Fabrikarbeiter. Die Folgen der Maschinenverbesserungen für den Arbeiter sind in den jetzigen sozialen Verhältnissen nur ungünstig und oft im äußersten Grade drückend; jede neue Maschine bringt Brotlosigkeit, Elend und Not hervor – und in einem Lande wie England, wo ohnehin fast immer "überzählige Bevölkerung", ist die Entlassung aus der Arbeit in den meisten Fällen das schlimmste, was den Arbeiter betreffen kann. Und auch abgesehen davon, welch einen erschlaffenden, entnervenden Einfluß muß diese Ungewißheit der Lebensstellung, die aus dem unaufhörlichen Fortschritt der Maschinerie und mit ihr der Brotlosigkeit hervorgeht, auf die ohnehin schon schwankend gestellten Arbeiter ausüben! Um der Verzweiflung zu entgehen, stehen auch hier dem Arbeiter nur zwei Wege offen: die innere und äußere Empörung gegen die Bourgeoisie – oder der Trunk, die Liederlichkeit überhaupt. Und zu beiden pflegen die englischen Arbeiter ihre Zuflucht zu nehmen. Die Geschichte des englischen Proletariats erzählt von Hunderten von Erneuten gegen die Maschinen und die Bourgeoisie überhaupt, und von der Liederlichkeit haben wir schon gesprochen. Diese ist selbst freilich nur eine andere Art der Verzweiflung.

Am gedrücktesten leben diejenigen Arbeiter, die gegen eine sich bahnbrechende Maschine zu konkurrieren haben. Der Preis des von ihnen fabrizierten Artikels richtet sich nach dem des gleichen Maschinenfabrikats, und da die Maschine billiger arbeitet, so hat der mit ihr konkurrierende Arbeiter den schlechtesten Lohn. Dies Verhältnis tritt ein bei jedem Arbeiter, der an einer alten, mit späteren, verbesserten Maschinen konkurrierenden Maschine arbeitet. Natürlich, wer anders sollte den Schaden tragen? Der Fabrikant will seine Maschine nicht fortwerfen, er will auch den Schaden nicht tragen; an die tote Maschine hat er keinen Rekurs, also hält er sich an den lebenden Arbeiter, den allgemeinen Sündenbock der Gesellschaft. Von diesen mit Maschinen konkurrierenden Arbeitern sind die am meisten mißhandelten die Handweber der Baumwollenindustrie. Diese Leute bekommen den geringsten Lohn und sind bei voller Arbeit nicht imstande, sich über 10 sh. wöchentlich zu verdienen. Eine Gattung Weberei nach der andern wird ihnen von dem mechanischen Webstuhl streitig gemacht, und außerdem ist die Handweberei die letzte Zuflucht aller in andern Branchen brotlos gewordenen Arbeiter, so daß sie stets überfüllt ist. Daher kommt es, daß in Durchschnittsperioden der Handweber sich glücklich schätzt, wenn er 6 bis 7 sh. wöchentlich verdienen kann, und selbst um diese Summe zu erringen, muß er 14 bis 18 Stunden täglich hinter seinem Webstuhl sitzen. Die meisten Gewebe erfordern ohnehin ein feuchtes Arbeitslokal, damit der Einschlagsfaden nicht jeden Augenblick reißt, und teils daher, teils wegen der Armut der Arbeiter, die keine bessere Wohnung bezahlen können, sind die Werkstätten der Handweber meist ohne bretternen oder gepflasterten Fußboden. Ich war in vielen Wohnungen von Handwebern – in abgelegenen, schlechten Höfen und Gassen, gewöhnlich in Kellern. Oft wohnten ein halb Dutzend dieser Handweber, von denen einige verheiratet waren, in einer Cottage, die ein oder zwei Arbeitszimmer und ein großes Schlafzimmer für alle hatte, zusammen. Ihre Nahrung besteht fast einzig aus Kartoffeln, vielleicht etwas Haferbrei, selten Milch und fast nie Fleisch; eine große Anzahl von ihnen sind Irländer oder irischer Abkunft. Und diese armen, von jeder Krisis am ersten erreichten und am letzten verlassenen Handweber müssen der Bourgeoisie zur Handhabe dienen, um gegen die Angriffe auf das Fabriksystem standhalten zu können! Seht, ruft die Bourgeoisie triumphierend aus, seht, wie diese armen Weber darben müssen, während es den Fabrikarbeitern gut geht, und dann urteilt über das Fabriksystem (5)! Als ob nicht gerade das Fabriksystem und die dazugehörige Maschinerie die Handweber so schmählich tief herabgedrückt hätte – als ob die Bourgeoisie dies selbst nicht ebensogut wüßte wie wir! Aber die Bourgeoisie ist interessiert, und da kommt es ihr auf ein paar Lügen und Heucheleien nicht an.

Fassen wir die eine Tatsache, daß die Maschinerie die Arbeit des erwachsenen männlichen Arbeiters mehr und mehr verdrängt, etwas näher ins Auge. Die Arbeit an den Maschinen, sowohl beim Spinnen als Weben, besteht hauptsächlich im Zusammenknüpfen gebrochener Fäden, da sonst die Maschine alles tut; diese Arbeit erfordert keine Kraft, aber größere Gelenkigkeit der Finger. Männer sind dazu also nicht nur unnötig, sondern wegen der stärkeren Muskel- und Knochenentwicklung ihrer Hände sogar weniger geeignet als Weiber und Kinder und so natürlicherweise fast ganz von dieser Art Arbeit verdrängt. Je mehr also die Tätigkeit der Arme, die Kraftanstrengung, durch Einführung von Maschinen auf die Wasser- oder Dampfkraft geworfen wird, desto weniger Männer brauchen beschäftigt zu werden – und da Weiber und Kinder ohnehin billiger und, wie gesagt, in diesen Arbeitszweigen besser als Männer arbeiten, so werden sie beschäftigt. In den Spinnereien findet man bei den Throstles nur Weiber und Mädchen, bei den Mules einen Spinner, einen erwachsenen Mann (der bei den self-actors wegfällt) und mehrere Piecer zum Anknüpfen der Fäden, meist Kinder oder Weiber, zuweilen junge Männer von 18 bis 20 Jahren, hie und da einen alten, brotlos gewordenen Spinner beschäftigen die Fabriken eine Anzahl Kinder zum Aufnehmen und Aufsetzen der Spulen (doffers) und einige erwachsene Männer als Aufseher in den Zimmern, einen Mechaniker und einen Maschinisten für die Dampfmaschine, auch wohl Schreiner, Portier etc. Die eigentliche Arbeit aber wird von Weibern und Kindern getan. Die Fabrikanten leugnen auch dies, und haben im vorigen Jahre bedeutende Tabellen veröffentlicht, welche beweisen sollten, daß die Maschinen die Männer nicht verdrängten. Aus diesen Tabellen geht hervor, daß von allen Fabrikarbeitern etwas über die Hälfte (52 Prozent) weiblichen und etwa 48 Prozent männlichen Geschlechts, und daß von diesen Arbeitern mehr als die Hälfte über 18 Jahre alt waren. Soweit ganz gut. Die Herren Fabrikanten hüteten sich aber wohl, uns zu sagen, wie viele der Erwachsenen männlichen und wie viele weiblichen Geschlechts waren. Das ist aber eben der Punkt. Ohnehin haben sie offenbar Mechaniker, Schreiner und alle erwachsenen Männer, die irgendwie mit ihren Fabriken im Zusammhange standen, vielleicht gar Schreiber usw. mitgezählt, und doch haben sie nicht den Mut, den ganzen Tatbestand auszusprechen. Diese Angaben wimmeln überhaupt von Falschheiten und verdrehten, schiefen Auffassungen, Durchschnittsberechnungen, die für den Unkundigen viel, für den Kundigen nichts beweisen, von Verheimlichungen gerade der wichtigsten Punkte und beweisen nur die selbstsüchtige Verblendung und Unredlichkeit dieser Fabrikanten. Wir wollen der Rede, mit der Lord Ashley am 15. März 1844 im Unterhause die Zehnstunden-Motion machte, einige Angaben über das Verhältnis der Alter und Geschlechter entnehmen, die von den Fabrikanten, deren Data sich ohnehin nur auf einen Teil der englischen Fabrikindustrie beziehen, nicht widerlegt worden sind. Von den 419 590 (1845 und1892) irrtümlich 419 560) Fabrikarbeitern des britischen Reichs (1839) waren 192 887, also beinahe die Hälfte, unter 18 Jahren, und 242 296 weiblichen Geschlechts, von denen 112 192 unter 18 Jahren waren. Sonach bleiben 80 695 männliche Arbeiter unter 18 Jahren und 95 599 (1845 und 1892) irrtümlich 95 569) männliche erwachsene Arbeiter oder 23 Prozent, also kein volles Viertel der ganzen Zahl. In den Baumwollfabriken waren 56 1/4, in den Wollenfabriken 69 1/2, Seidenfabriken 70 1/2, Flachsspinnereien 70 1/2 Prozent sämtlicher Arbeiter weiblichen Geschlechts. Diese Zahlen reichen hin, um die Verdrängung männlicher erwachsener Arbeiter nachzuweisen. Man braucht aber auch nur in die erste beste Fabrik zu gehen, um dies bestätigt sehen. Daraus folgt nun notwendig jene Umkehrung der bestehenden sozialen Ordnung, die eben, weil sie eine gezwungene ist, für die Arbeiter die verderblichsten Folgen hat. Die Arbeit der Weiber löst vor allen Dingen die Familie gänzlich auf; denn wenn die Frau den Tag über 12 bis 13 Stunden in der Fabrik zubringt und der Mann ebendaselbst oder an einem andern Orte arbeitet, was soll da aus den Kindern werden? Sie wachsen wild auf wie Unkraut, sie werden zum Verwahren ausgemietet für einen oder anderthalb Shilling die Woche, und welch eine Behandlung ihnen da wird, läßt sich denken. Daher vermehren sich auch in den Fabrikdistrikten die Unglücksfälle, denen kleine Kinder wegen Mangels an Aufsicht zum Opfer fallen, auf eine schreckenerregende Weise. Die Listen der Totenschaubeamten von Manchester hatten (laut Bericht des Fact. Inq. Comm., Rept. of Dr. Hawkins, p. 3) in 9 Monaten 69 durch Verbrennung, 56 durch Ertrinken, 23 durch Fallen, 67 (1845 und 1882) irrtümlich 77) durch andere Unglücksfälle Getötete, also im ganzen 215 (1845 und 1882) irrtümlich 225) Unglücksfälle aufzuweisen (7), während in dem nichtfabrizierenden Liverpool während zwölf Monaten nur 146 tödliche Unglücksfälle vorkamen. Die Unglücksfälle in den Kohlengruben sind bei beiden Städten ausgeschlossen, und es ist zu bedenken, daß der Coroner (Leichenbeschauer (bei gewaltsamen oder plötzlichen Todesfällen)) von Manchester keine Autorität in Salford hat, so daß die Bevölkerung der beiden Distrikte ziemlich gleich ist. Der "Manchester Guardian" berichtet fast in jeder Nummer von einer oder mehreren Verbrennungen. Daß die allgemeine Sterblichkeit kleiner Kinder ebenfalls durch die Arbeit der Mütter gehoben (1892) gesteigert) wird, versteht sich von selbst und ist durch Tatsachen außer allen Zweifel gesetzt. Die Frauen kommen oft schon drei bis vier Tage nach der Niederkunft wieder in die Fabrik und lassen ihren Säugling natürlich zurück; in den Freistunden müssen sie eilig nach Hause laufen, um das Kind zu stillen und nebenbei selbst etwas zu genießen – was das für eine Stillung sein muß, ist klar. Lord Ashley gibt die Aussagen einiger Arbeiterinnen:

"M. H., zwanzig Jahre alt, hat zwei Kinder, das jüngste ein Säugling, das von dem andern, etwas älteren, verwahrt wird – sie geht morgens bald nach fünf Uhr in die Fabrik und kommt um acht Uhr abends zurück; den Tag über fließt die Milch aus ihrer Brust, daß ihr die Kleider triefen. – H. W. hat drei Kinder, geht um fünf Uhr montags von Hause und kommt erst Sonnabend abends um sieben wieder – hat dann so viel für ihre Kinder zu besorgen, daß sie vor drei Uhr morgens nicht zu Bett gehen kann. Oft förmlich bis auf die Haut vom Regen durchnäßt und genötigt, in dieser Lage zu arbeiten. 'Meine Brüste haben mir die schrecklichsten Schmerzen gemacht, und ich bin triefend naß von Milch gewesen.'"

Die Anwendung von narkotischen Arzneien, um die Kinder ruhig zu halten, wird durch dies infame System nur begünstigt und ist wirklich in den Fabrikdistrikten auf einen hohen Grad der Verbreitung gestiegen; Dr. Johns, Oberregistrator des Manchester-Distrikts, ist der Meinung, daß diese Sitte die Hauptursache der häufigen Todesfälle durch Krämpfe sei. Die Beschäftigung der Frau in der Fabrik löst die Familie notwendig gänzlich auf, und diese Auflösung hat in dem heutigen Zustande der Gesellschaft, der auf der Familie beruht, die demoralisierendsten Folgen, sowohl für die Eheleute wie für die Kinder. Eine Mutter, die nicht die Zeit hat, sich um ihr Kind zu bekümmern, ihm während der ersten Jahre die gewöhnlichsten Liebesdienste zu erweisen, eine Mutter, die ihr Kind kaum zu sehen bekommt, kann diesem Kinde keine Mutter sein, sie muß notwendig gleichgültig dagegen werden, es ohne Liebe, ohne Fürsorge behandeln wie ein ganz fremdes Kind; und Kinder, die in solchen Verhältnissen aufgewachsen, sind später für die Familie gänzlich verdorben, können nie in der Familie, die sie selber stiften, sich heimisch fühlen, weil sie nur ein isoliertes Leben kennengelernt haben, und müssen deshalb zur ohnehin schon allgemeinen Untergrabung der Familie bei den Arbeitern beitragen. Eine ähnliche Auflösung der Familie wird durch die Arbeit der Kinder herbeigeführt. Wenn diese so weit sind, daß sie mehr verdienen, als ihren Eltern die Beköstigung zu stehen kommt, so fangen sie an, den Eltern ein Gewisses für Kost und Logis zu gehen und den Rest für sich selbst zu verbrauchen. Dies geschieht oft schon mit dem vierzehnten und fünfzehnten Jahr. (Power, Rept. on Leeds, passim, Tufnell, Rept. on Manchester p. 17 etc. im Fabrikbericht.) Mit einem Wort, die Kinder emanzipieren sich und betrachten das elterliche Haus als ein Kosthaus, das sie auch oft genug, wenn es ihnen nicht gefällt, mit einem andern vertauschen.

In vielen Fällen wird die Familie durch das Arbeiten der Frau nicht ganz aufgelöst, sondern auf den Kopf gestellt. Die Frau ernährt die Familie, der Mann sitzt zu Hause, verwahrt die Kinder, kehrt die Stuben und kocht. Dieser Fall kommt sehr, sehr häufig vor; in Manchester allein ließe sich manches Hundert solcher Männer, die zu häuslichen Arbeiten verdammt sind, zusammenbringen. Man kann sich denken, welche gerechte Entrüstung diese tatsächliche Kastration bei den Arbeitern hervorruft und welche Umkehrung aller Verhältnisse der Familie, während doch die übrigen gesellschaftlichen Verhältnisse dieselben bleiben, dadurch entsteht. Mir liegt ein Brief eines englischen Arbeiters, Robert Pounder, Baron's Buildings, Woodhouse Moor-Side, in Leeds (die Bourgeoisie mag ihn da aufsuchen, um ihretwillen geb' ich die genaue Adresse), vor, den dieser an Oastler richtete, und dessen Naivität ich nur halb wiedergeben kann; die Orthographie läßt sich allenfalls, der Yorkshirer Dialekt aber gar nicht im Deutschen nachmachen. Er erzählt darin, wie ein anderer Arbeiter seiner Bekanntschaft einmal auf einer Wanderung, um Arbeit zu suchen, in St. Helens in Lancashire einen alten Freund getroffen habe.

"Nun, Herr, er fand ihn, und als er zu seiner Baracke kam, was war es, denkt Ihr, nun ein feuchter niedriger Keller, die Beschreibung, die er von den Möbeln gab, war wie folgt – zwei alte Stühle, ein runder 3Beiniger tisch eine Kiste Kein bett aber ein Hauffen Altes Stro in einem Eck mit ein paar schmuttzige bet Tücher oben drauf un 2 stücke Holtz an das Kamien Und als mein Arme freund herein ging da sas der Arme jack Am feuer auff das Holz und Was taht Er denckt Ir? Er sas und Stoppfte seiner frau Ire strümfe mit der Stopf Natel und sobalt Er Sein alten Freund an den Tür-Posten Sahe, Versugte Er es zu Verberrgen Aber Joe so Heist Mein bekanter Hatte es Dog geseeen und Sachte jack Zum Teuffel was Magst Du doch wo Ist deine frau waß ist Daß deine Arbeid der Arme jack Schämde sig Und Sagde nein Ig weis daß Ist nig Mein arbbeid abber mein arme FFrau Is in der fabrikk sie mus Um 1/2 6 ur gen Und Arbeid biß 8 ur Abentz und Sieh ist so Ab Das Sie Nigtz Duhn Can Wen sie nag Hauße Komd so Mus ig alLes Führ Ir Duhn Waß ich Can Den ig hab Kein arBeid und Kein Gehapd Zeid Meer alz 3 Jar Und Ig krich Mein leeben Kein meer, und Dan Weinette Er ein Dike trehne nein Joe Sagte er Es ist arbeid Gnucht vor weibsLeute Und kindern Hir Inn der Gegent Aber Kein vor mannsLeut du Kanst eer Hunderd Fundt Auff der strase Finden Altz arbeid aber Ig Hette nig Geglaubed Das du Oderr Sonst jemandt mir Geseeen Hette Das ig Meiner frau Ire strümffe Stopde, Den es ist Schlegte arbeid Aber Sieh Can beiNa nig Meer auff Ire füse Steeen ig Bin Bange Sie wirt Gans Kranck Und Dan weis Ig nig Was sol Auß unz Werden Den sieh Ist schoon lange Der man Im hauß Geweßen. Und ig Die frau es Ist Schlime Arbeid joe Und weinde Biterlig Und Sagte es Ist nigt Imer soo Gewessen Nein Jack Sagte Joe Und Wen du Hast Kein arbeid Gehabt al Die zeid Wie hast du dir Am leben Erhalden ig wil dir Sagen Joe So gud alz Es gink Aber Es gink schlegt Gnucht du Weist alz Ig Heiratete Da Hate ig arbeid Gnucht Und du Weist ig Wahr Nicht Faul nein Daß warest du Nigt. -.und Wihr Haten ein Gutes Meblirtes Hauß Und Mary Braugte nicht zu arbeidn ig Konte Vor untz beiden Arbeidn aber Jetzd ist Die verKehrte weld Mary Muß arbeidn Und ig Mus Hirbleibben Die kinder ferwaren Und Keren und Waaschen Baken Und fliken Den wen Die arme frau Nag hauße Komd am abent Dan Ist Sieh müde Und Kapput du Weist joe Daß Ist Hard vor einem Der Anders Gewond wahr joe Sagte. Ja junge Et is Hard Und Dan fienk Jack Wider ahn Zu weinen Und Er Wolde er Hete ni GeHeirad Und were Ni GeBoren aber Er hete nig Gedagd Altz er Die Mary Heiratten Das es Ihm So Ergeen werde. ig Hab offt Gnugt Drüber GeHeult Sagde Der jack nun herr Altz Joe Daß Hörete Sagde Er Mich Das Er Hätte Verflugd Und verDamd Die fabriken Und die Fabrikkandn und Die Regirung Mit allen flügen Die Er von jugent Auff in Der fabrikk Gelernd Hate,"

Kann man sich einen verrückteren, unsinnigeren Zustand denken, als den in diesem Brief geschilderten? Und doch ist dieser Zustand, der den Mann entmannt und dem Weibe seine Weiblichkeit nimmt, ohne imstande zu sein, dem Manne wirkliche Weiblichkeit und dem Weibe wirkliche Männlichkeit zu geben, dieser, beide Geschlechter und in ihnen die Menschheit aufs schändlichste entwürdigende Zustand die letzte Folge unserer hochgelobten Zivilisation, das letzte Resultat aller der Anstrengungen, die Hunderte von Generationen zur Verbesserung ihrer eignen Lage und der ihrer Nachkommen gemacht haben! Wir müssen entweder an der Menschheit und ihrem Wollen und Laufen geradezu verzweifeln, wenn wir alle unsre Mühe und Arbeit in den Resultaten selbst so zum Kinderspott gemacht sehen, oder wir müssen zugeben, daß die menschliche Gesellschaft ihr Glück bisher auf einem falschen Wege gesucht hat; wir müssen zugeben, daß eine so totale Umkehrung der Stellung der Geschlechter nur daher kommen kann, daß die Geschlechter von Anfang an falsch gegeneinandergestellt worden sind. Ist die Herrschaft der Frau über den Mann, wie sie durch das Fabriksystem notwendig hervorgerufen wird, unmenschlich, so muß auch die ursprüngliche Herrschaft des Mannes über die Frau unmenschlich sein. Kann jetzt die Frau, wie früher der Mann, seine Herrschaft darauf basieren, daß sie das meiste, ja alles in die Gütergemeinschaft der Familie legt, so folgt notwendig, daß diese Gütergemeinschaft keine wahre, vernünftige ist, weil ein Familienglied noch auf den größeren Betrag der Einlage pocht. Wird die Familie der jetzigen Gesellschaft aufgelöst, so zeigt sich eben in dieser Auflösung, daß im Grunde nicht die Familienliebe, sondern das in der verkehrten Gütergemeinschaft notwendig konservierte Privatinteresse das haltende Band der Familie war (8). Dasselbe Verhältnis findet auch wohl bei den Kindern statt, die ihre arbeitslosen Eltern unterhalten, wenn sie nicht, wie oben erwähnt, den Eltern Kostgeld geben. Dr. Hawkins bezeugt im Fabrikbericht, daß dies Verhältnis oft genug vorkommt, und es ist in Manchester überhaupt notorisch. Wie die Frau, so sind in diesem Fall die Kinder die Herren im Haus, wovon Lord Ashley in seiner Rede (Unterhaussitzung vom 15. März 1844) ein Beispiel gibt. Ein Mann schalt seine beiden Töchter aus, weil sie in einem Wirtshaus gewesen waren, und diese erklärten, sie seien das Regiertwerden leid: Damn you, we have you to keep (Zum Teufel mit die, wir müssen dich erhalten), und wollten dann auch etwas von ihrer Arbeit haben; sie zogen aus dem elterlichen Hause und überließen Vater und Mutter ihrem Schicksal.

Die unverheirateten Frauenzimmer, die in Fabriken aufwachsen, sind nicht besser dran als die verheirateten. Es versteht sich ganz von selbst, daß ein Mädchen, das seit dem neunten Jahre in der Fabrik gearbeitet hat, nicht imstande war, sich mit häuslichen Arbeiten bekannt zu machen, und daher kommt es, daß alle

Fabrikarbeiterinnen darin gänzlich unerfahren und durchaus nicht zu Hausfrauen geeignet sind. Sie können nicht nähen und stricken, kochen oder waschen, sie sind mit den gewöhnlichsten Verrichtungen einer Hausfrau unbekannt, und wie sie mit kleinen Kindern umzugehen haben, davon wissen sie vollends gar nichts. Der Bericht der Fact. Inq. Comm. gibt Dutzende von Beispielen für diese Tatsache, und Dr. Hawkins, der Kommissär für Lancashire, spricht seine Ansicht folgendermaßen aus (p. 4 des Berichts):

"Die Mädchen heiraten früh und unüberlegt, sie haben weder die Mittel noch die Zeit, noch die Gelegenheit, die gewöhnlichen Pflichten des häuslichen Lebens zu lernen, und wenn sie alles das hätten, so wurden sie in der Ehe keine Zeit zur Ausübung dieser Pflichten haben. Die Mutter ist von ihrem Kinde über zwölf Stunden täglich abwesend; das Kind wird von einem Mädchen oder einer alten Frau, der es vermietet wird, verwahrt; dazu ist nur zu oft die Wohnung der Fabrikleute kein heimatlich Haus (home), oft ein Keller, der kein Koch- oder Waschgerät, nichts zum Nähen und Ausbessern enthält, dem alles fehlt, was das Leben angenehm und zivilisiert und den heimischen Herd anziehend machen könnte. Ich kann nach diesen und andern Gründen, besonders um der größeren Lebenschancen für kleine Kinder willen, nur wünschen und hoffen, daß eine Zeit kommen möge, in der die verheirateten Frauen von den Fabriken ausgeschlossen sind."

Einzelne Beispiele und Aussagen vgl. Fact. Inq. Comm. Report, Cowell, evid. p. 37, 38, 39, 72, 77, 50. Tufnell, evid. p. 9, 15, 45, 54 etc.

Das ist alles aber noch das wenigste. Die moralischen Folgen der Arbeit von Weibern in Fabriken sind noch viel schlimmer. Die Vereinigung beider Geschlechter und aller Alter in einem Arbeitssaale, die unvermeidliche Annäherung zwischen ihnen, die Anhäufung von Leuten, denen weder intellektuelle noch sittliche Bildung gegeben worden ist, auf einem engen Raume ist eben nicht geeignet, von günstigen Folgen für die Entwicklung des weiblichen Charakters zu sein. Der Fabrikant kann, selbst wenn er darauf sieht, nur dann einschreiten, wenn wirklich einmal etwas Skandalöses passiert; die dauernde, weniger auffallende Einwirkung lockerer Charaktere auf die moralischeren und namentlich die jüngeren kann er nicht erfahren, also auch nicht verhüten. Diese Einwirkung ist aber gerade die schädlichste. Die Sprache, die in den Fabriken geführt wird, ist den Fabrikkommissären von 1833 von vielen Seiten als "unanständig", "schlecht", "schmutzig" usw. geschildert worden (Cowell, evid. p. 35, 37, und an vielen andern Stellen). Die Sache ist dieselbe im kleinen, wie wir sie in den großen Städten im großen sahen. Die Zentralisation der Bevölkerung hat dieselben Wirkungen auf dieselben Leute, ob sie nun auf diese in einer großen Stadt oder in einer kleineren Fabrik wirken. Ist die Fabrik kleiner, so ist die Annäherung größer und der Umgang unvermeidlicher. Die Folgen davon bleiben nicht aus. Ein Zeuge in Leicester sagt: Er würde seine Tochter lieber betteln als in die Fabrik gehen lassen- das seien wahre Höllenlöcher, die meisten Freudenmädchen in der Stadt hätten es den Fabriken zu verdanken (Power, evid. p. 8), ein andrer in Manchester "hat keinen Anstand, zu behaupten, daß drei Viertel der jungen Fabrikarbeiterinnen von 14 bis 20 Jahren unkeusch seien" (Cowell, evid. p. 57). Kommissär Cowell spricht sich überhaupt dahin aus, daß die Sittlichkeit der Fabrikarbeiter etwas unter dem Durchschnitt der arbeitenden Klasse stehe (p. 82), und Dr. Hawkins sagt (Rept. p. 4):

"Eine Abschätzung der sexualen Sittlichkeit läßt sich nicht gut in Zahlen reduzieren, aber wenn ich meinen eignen Beobachtungen und der allgemeinen Ansicht derer, mit denen ich sprach, sowie der ganzen Haltung der mir abgelegten Zeugnisse trauen darf, so bietet sich eine höchst niederschlagende Ansicht von dem Einfluß des Fabriklebens auf die Sittlichkeit der weiblichen Jugend dar."

Es versteht sich übrigens, daß die Fabrikdienstbarkeit wie jede andre, und noch mehr, dem Brotherrn das Jus primae noctis (Recht der ersten Nacht) erteilt. Der Fabrikant ist auch in dieser Beziehung Herr über den Leib und die Reize seiner Arbeiterinnen. Die Entlassung ist Strafe genug, um in neun Fällen aus zehnen, wo nicht in neunundneunzig aus hundert, alles Widerstreben bei Mädchen, die ohnehin keine große Veranlassung zur Keuschheit haben, niederzuschlagen. Ist der Fabrikant gemein genug – und der Kommissionsbericht erzählt von mehreren Fällen – so ist seine Fabrik zugleich sein Harem; und daß nicht alle Fabrikanten Gebrauch von ihrem Rechte machen, verändert die Sache in Beziehung auf die Mädchen durchaus nicht. Im Anfange der Fabrikindustrie, wo die meisten Fabrikanten Emporkömmlinge ohne Bildung und ohne Rücksicht auf die gesellschaftliche Heuchelei waren, ließen sie sich auch durch nichts in der Ausübung ihres "wohlerworbnen" Rechtes stören.

Um die Folgen der Fabrikarbeit auf den physischen Zustand des weiblichen Geschlechts richtig zu beurteilen, wird es nötig sein, vorher die Arbeit der Kinder und die Art der Arbeit selbst in Betracht zu ziehen. Von Anfang der neuen Industrie an wurden Kinder in den Fabriken beschäftigt; anfangs wegen der Kleinheit der – später vergrößerten – Maschinen fast ausschließlich, und zwar nahm man die Kinder aus den Armenhäusern, die scharenweise als "Lehrlinge" bei den Fabrikanten auf längere Jahre vermietet wurden. Sie wurden gemeinschaftlich logiert und bekleidet und waren natürlich die vollständigen Sklaven ihrer Brotherrn, von denen sie mit der größten Rücksichtslosigkeit und Barbarei behandelt wurden. Schon 1796 sprach sich der öffentliche Unwille über dies empörende System durch Dr. Percival und Sir R. Peel (Vater des jetzigen Ministers und selbst Baumwollfabrikant) so energisch aus, daß das Parlament 1802 eine Apprentice-bill (Lehrlingsgesetz) passierte, wodurch die schreiendsten Mißbräuche abgestellt wurden. Allmählich trat die Konkurrenz freier Arbeiter ein und verdrängte das ganze Lehrlingssystem. Die Fabriken wurden allmählich mehr in den Städten errichtet, die Maschinen vergrößert und die Lokale luftiger und gesunder angelegt; allmählich fand sich auch mehr Arbeit für Erwachsene und junge Leute, und so nahm die relative Zahl der arbeitenden Kinder etwas ab, und das Alter, in dem die Arbeit angefangen wurde, stieg etwas. Man beschäftigte wenig Kinder unter 8 bis 9 Jahren mehr. Später trat, wie wir sehen werden, die gesetzgebende Gewalt noch mehrere Male zum Schutz der Kinder gegen die Geldwut der Bourgeoisie auf.

Die große Sterblichkeit unter den Kindern der Arbeiter und speziell der Fabrikarbeiter ist Beweis genug von der Ungesundheit der Lage, in der sie ihre ersten Jahre verbringen. Diese Ursachen wirken auch auf diejenigen Kinder, welche am Leben bleiben, nur natürlich nicht ganz so stark wie auf die, welche ihnen zum Opfer fallen. Die Wirkung derselben ist also im gelindesten Fall eine Krankheitsanlage oder eine gehemmte Entwicklung und daher eine geringere Körperstärke als die normale. Das neunjährige Kind eines Fabrikarbeiters, das unter Mangel, Entbehrung und wechselnden Verhältnissen, in Nässe, Kälte und ungenügender Kleidung und Wohnung aufgewachsen ist, hat bei weitem nicht die Arbeitsfähigkeit des in gesunderer Lebenslage erzogenen Kindes. Mit dem neunten Jahre wird es in die Fabrik geschickt, arbeitet täglich 6 1/2 Stunden (früher 8, noch früher 12 bis 14, ja 16 Stunden) bis zum dreizehnten Jahre, von da an bis zum achtzehnten Jahre 12Stunden. Die schwächenden Ursachen dauern fort, und die Arbeit tritt noch hinzu. Es ist allerdings nicht zu leugnen, daß ein neunjähriges Kind, allenfalls auch das eines Arbeiters, eine tägliche Arbeit von 6 1/2 Stunden aushalten könne, ohne daß sittlicher und offenbar hierauf zu reduzierender Schaden an seiner Entwicklung geschehe; aber keinenfalls trägt der Aufenthalt in der dumpfigen, feuchten, oft feuchtheißen Fabrikatmosphäre zu seiner Gesundheit bei. Unverantwortlich aber bleibt es unter allen Umständen, die Zeit von Kindern, die rein der körperlichen und geistigen Entwicklung gewidmet sein sollte, der Habgier einer gefühllosen Bourgeoisie zu opfern, die Kinder der Schule und der freien Luft zu entziehen, um sie zum Vorteil der Herren Fabrikanten auszubeuten. Allerdings sagt die Bourgeoisie: Wenn wir die Kinder nicht in den Fabriken beschäftigen, so bleiben sie in Verhältnissen, die ihrer Entwicklung nicht günstig sind –

und das ist im ganzen richtig -, aber was heißt das, auf seinen wahren Wert reduziert, als: Erst setzt die Bourgeoisie die Arbeiterkinder in schlechte Verhältnisse und beutet dann diese schlechten Verhältnisse noch zu ihrem Vorteil aus – sie beruft sich auf etwas, was ebensowohl ihre Schuld ist wie das Fabriksystem, sie entschuldigt die Sünde, die sie heute tut durch die, welche sie gestern getan hat. Und wenn das Fabrikgesetz nicht wenigstens einigermaßen ihnen die Hände fesselte, wie würden diese "wohlwollendenden", "humanen" Bourgeois, die ihre Fabriken eigentlich nur zum Wohl der Arbeiter errichtet haben, die Interessen dieser Arbeiter wahrnehmen! Hören wir, wie sie es getrieben haben, ehe ihnen der Fabrikinspektor auf den Fersen saß; ihr eignes anerkanntes Zeugnis, der Bericht der Fabrikkommission von 1833, soll sie schlagen.

Der Bericht der Zentralkommission erzählt, daß die Fabrikanten Kinder selten mit fünf, häufig mit sechs, sehr oft mit sieben, meist mit acht bis neun Jahren zu beschäftigen anfingen, daß die Arbeitszeit oft 14 bis 16 Stunden (außer Freistunden zu Mahlzeiten) täglich daure, daß die Fabrikanten es zuließen, daß die Aufseher die Kinder schlugen und mißhandelten, ja oft selbst tätige Hand anlegten; ein Fall wird sogar erzählt, wo ein schottischer Fabrikant einem entlaufenen sechzehnjährigen Arbeiter nachritt, ihn zwang, so rasch, wie das Pferd trabte, vor ihm her zurückzulaufen, und fortwährend mit einer langen Peitsche auf ihn loshieb! (Stuart, evid. p. 35.) In den großen Städten, wo die Arbeiter sich mehr widersetzten, fiel dergleichen allerdings weniger vor. Aber selbst diese lange Arbeitszeit genügte der Habsucht der Kapitalisten nicht. Es galt, das in Gebäuden und Maschinen steckende Kapital mit allen möglichen Mitteln rentbar zu machen, es so stark wie möglich arbeiten zu lassen. Die Fabrikanten führten daher das schändliche System des Nachtarbeitens ein; bei einigen waren zwei stehende Klassen von Arbeitern, jede so stark, um die ganze Fabrik besetzen zu können, und die eine Klasse arbeitete die zwölf Tages-, die andre die zwölf Nachtstunden. Man kann sich leicht denken, welche Folgen eine solche dauernde Beraubung der Nachtruhe, die durch keinen Tagesschlaf zu ersetzen ist, auf die körperliche Lage namentlich kleiner und größerer Kinder und selbst Erwachsener, haben mußte. Aufreizung des ganzen Nervensystems, verbunden mit allgemeiner Schwächung und Erschlaffung des ganzen Körpers, waren die notwendigen Resultate. Dazu die Beförderung und Aufreizung der Trunksucht, des regellosen Geschlechtsverkehrs: ein Fabrikant bezeugt (Tufnell, evid. p. 91), daß während zwei Jahren, wo in seiner Fabrik nachts gearbeitet wurde, die doppelte Zahl unehelicher Kinder geboren und überhaupt eine solche Demoralisation produziert wurde, daß er das Nachtarbeiten habe aufgeben müssen. Andre Fabrikanten verfuhren noch barbarischer, ließen viele Arbeiter 30 bis 40 Stunden durcharbeiten, und das wöchentlich mehrere Male, indem ihre Ersatzmannschaft nicht vollzählig war, sondern nur den Zweck hatte, immer einen Teil der Arbeiter zu ersetzen und ihm ein paar Stunden Schlaf zu erlauben. Die Berichte der Kommission über diese Barbarei und ihre Folge übertreffen alles, was mir sonst in diesem Fach bekannt ist. Solche Scheußlichkeiten, wie hier erzählt werden, finden sich nirgends wieder und wir werden sehen, daß die Bourgeoisie das Zeugnis der Kommission fortwährend als zu ihren Gunsten in Anspruch nimmt. Die Folgen hiervon traten bald genug hervor: Die Kommissäre erzählen von einer Menge Krüppel, die ihnen vorgekommen seien und die entschieden der langen Arbeitszeit ihre Verkrüppelung zu verdanken hätten. Diese Verkrüppelung besteht gewöhnlich aus Verkrümmung des Rückgrats und der Beine und wird von Francis Sharp M. R. C. S. (Mitglied des königlichen Kollegiums der Wundärzte) in Leeds folgendermaßen beschrieben:

"Ich sah die eigentümliche Verdrehung der untern Enden des Schenkelknochen nie, bevor ich nach Leeds kam. Anfangs glaubte ich, es sei Rachitis. aber die Menge der sich im Spital präsentierenden Patienten und das Vorkommen der Krankheit in einem Alter (8 bis 14 Jahre), in welchem Kinder gewöhnlich nicht mehr der Rachitis unterworfen sind, sowie der Umstand, daß das Übel erst angefangen hatte, seitdem die Kinder in der Fabrik arbeiteten, bewogen mich bald, meine Meinung zu ändern. Ich habe bis jetzt ungefähr hundert solcher Fälle gesehen und kann aufs entschiedenste aussprechen, daß sie die Folge von Überarbeitung sind; soviel ich weiß, waren es alles Fabrikkinder, und sie selbst schreiben das Übel jener Ursache zu. – Die Anzahl der mir vorgekommenen Fälle von verkrümmtem Rückgrat, offenbar die Folge von zu langem Aufrechtstehen, wird nicht geringer als dreihundert sein" (Dr. Loudon, evid. p. 12, 13).

Ebenso Dr. Hey in Leeds, 18 Jahre lang Arzt am Krankenhause:

"Verbildungen des Rückgrats sehr häufig unter den Fabrikleuten. Einige die Folgen bloßer Überarbeitung, andere die Wirkung von langer Arbeit auf eine ursprünglich schwache oder durch schlechte Nahrung geschwächte Konstitution." "Verkrüppelungen schienen häufiger zu sein als diese Krankheiten; die Knie waren nach innen gebeugt, die Bänder der Knöchel sehr häufig aufgelockert und erschlafft und die langen Knochen der Beine gebogen. Besonders waren die dicken Enden dieser langen Knochen verdreht und übermäßig entwickelt, und diese Patienten kamen von den Fabriken, in welchen häufig sehr lange gearbeitet wurde" (Dr. Loudon, evid. p. 16).

Dasselbe sagen die Wundärzte Beaumont und Sharp von Bradford aus. Die Berichte der Kommissäre Drinkwater, Power und Dr. Loudon enthalten eine Menge, die von Tufnell und Dr. Sir David Barry, die sich weniger auf diesen Punkt richten, einzelne Beispiele solcher Verkrümmungen (Drinkwater, evid. p. 69 zwei Brüder, p. 72, 80, 146, 148, 150 zwei Brüder, 155 und viele andere; Power, evid. p. 63, 66, 67 zweimal, 68 dreimal, 69 zweimal; in Leeds p. 29, 31, 40, 43, 53 ff.; Dr. Loudon, evid. p. 4, 7 viermal, 8 mehrere Male etc.; Sir D. Barry, p. 6, 8, 13, 21, 22, 44, 55 dreimal etc.; Tufnell, p. S, 16 etc.). Die Kommissäre für Lancashire, Cowell, Tufnell und Dr. Hawkins, haben diese Seite der medizinischen Resultate des Fabriksystems fast ganz vernachlässigt, obwohl dieser Distrikt vollkommen mit Yorkshire in der Anzahl von Krüppeln wetteifern kann. Ich bin selten durch Manchester gegangen, ohne drei bis vier Krüppeln zu begegnen, die gerade an denselben Verkrümmungen des Rückgrats und der Beine litten wie die beschriebenen, und ich habe oft genug gerade hierauf geachtet und achten können. Ich kenne selbst einen Krüppel, der genau der obigen Beschreibung von Dr. Hey entspricht und der sich seinen Zustand in der Fabrik des Herrn Douglas in Pendleton, die überhaupt bei den Arbeitern wegen der früheren langen, Nächte hindurch fortgesetzten Arbeitszeit noch im schönsten Rufe steht, geholt hat. Man sieht es auch dieser Art von Krüppeln gleich an, woher ihre Verbildung kommt, sie sehen alle ganz gleich aus, die Knie sind einwärts und rückwärts, die Füße einwärts gebogen, die Gelenke mißgestaltet und dick und oft das Rückgrat vorwärts oder seitwärts gekrümmt. Am ärgsten aber scheinen es die menschenfreundlichen Fabrikanten im Seidendistrikt von Macclesfield getrieben zu haben, was mit daher kommt, daß in diesen Fabriken sehr junge Kinder, von fünf und sechs Jahren, arbeiteten. In den nachträglichen Zeugnissen des Kommissärs Tufnell finden wir die Aussagen eines Fabrikdirigenten Wright (p. 26), dessen beide Schwestern aufs schändlichste verkrüppelt wurden und der einmal die Anzahl von Krüppeln in mehreren Straßen, einige darunter die reinlichsten und nettesten von Macclesfield, gezählt hatte; er fand in Townley Street zehn, George Street fünf, Charlotte Street vier, Watercots fünfzehn, Bank Top drei, Lord Street sieben, Mill Lane zwölf, Great George Street zwei, im Armenhause zwei, Park Green einen, Pickford Street zwei Krüppel, deren Familien alle einstimmig erklärten, daß diese durch übermäßige Arbeit in den Seidentramierfabriken verwachsen seien. P. 27 wird ein Knabe vorgeführt, der so verwachsen war, daß er keine Treppe hinaufkommen konnte, und Beispiele von Mädchen erwähnt, die in Rücken und Hüften verkrüppelt seien.

Andere Verbildungen sind ebenfalls aus dieser Überarbeitung hervorgegangen, besonders Plattfüßigkeit, die dem Sir D. Barry häufig vorkam (z.B. p. 21 zweimal ff.) und ebenfalls von den Ärzten und Wundärzten in Leeds (Loudon, p. 13,

16 etc.) als häufig vorkommend angegeben wird. In den Fällen, wo eine stärkere Konstitution, eine bessere Nahrung und sonstige Umstände den jungen Arbeiter befähigten, diesen Einwirkungen einer barbarischen Ausbeutung zu widerstehen, finden wir wenigstens Schmerzen in Rücken, Hüften und Beinen, geschwollene Knöchel, varikose Adern oder große, hartnäckige Geschwüre an den Schenkeln und Waden. Diese Übel sind fast allgemein bei den Arbeitern gefunden worden; die Berichte Stuarts, Mackintoshs, Sir D. Barrys enthalten Hunderte von Beispielen, ja sie wissen fast von keinem, der nicht an irgendeinem dieser Übel litte; und in den übrigen Berichten wird das Vorkommen derselben Folgen wenigstens von vielen Ärzten bezeugt. Die Berichte über Schottland stellen es außer Zweifel durch zahllose Beispiele, daß dreizehnstündige Arbeit noch bei achtzehnbis zweiundzwanzigjährigen männlichen und weiblichen Arbeitern wenigstens diese Folgen hervorbringt, und zwar sowohl in den Flachsspinnereien von Dundee und Dunfermline wie in den Baumwollfabriken von Glasgow und Lanark.

Alle diese Übel erklären sich leicht aus der Natur der Fabrikarbeit, die allerdings, wie die Fabrikanten sagen, sehr "leicht" ist, aber eben wegen ihrer Leichtigkeit erschlaffender als irgendeine andere. Die Arbeiter haben wenig zu tun, müssen aber die ganze Zeit stehen, ohne sich setzen zu können. Wer sich etwa auf eine Fensterbank oder einen Korb setzt, wird gestraft; und diese dauernde aufrechte Stellung, dieser fortwährende mechanische Druck des Oberkörpers auf Rückgrat, Hüften und Beine bringt ganz notwendig die erwähnten Folgen hervor. Dies Stehen ist allerdings nicht notwendig zur Arbeit, wie denn auch in Nottingham in den Dublierzimmern wenigstens Sitze eingeführt sind (die Folge davon war die Abwesenheit jener Übel und folglich die Willigkeit der Arbeiterinnen, lange Arbeitszeit mitzumachen), aber in einer Fabrik, wo der Arbeiter nur für den Bourgeois arbeitet und wenig Interesse daran hat, seine Arbeit gut zu tun, würde er allerdings wahrscheinlich mehr Gebrauch davon machen, als dem Fabrikanten angenehm und vorteilhaft wäre – und damit dem Bourgeois etwas weniger rohes Material verdorben wird, müssen die Arbeiter die Gesundheit ihrer Glieder opfern (9). Diese lang anhaltende aufrechte Stellung bringt aber außerdem noch in Verbindung mit der meist schlechten Atmosphäre der Fabriken eine bedeutende Erschlaffung aller Körperkräfte und in deren Gefolge allerlei andere weniger lokale als generelle Übel hervor. Die Atmosphäre der Fabriken ist gewöhnlich zu gleicher Zeit feucht und warm, meist wärmer als nötig ist, und bei nicht sehr guter Ventilation sehr unrein, dumpfig und von geringem Sauerstoffgehalt, angefüllt mit Staub und dem Dunst des Maschinenöls, das fast überall denn Boden beschmutzt, in ihn hereinzieht und ranzig wird; die Arbeiter selbst sind schon wegen der Wärme nicht zu dicht bekleidet und würden sich daher bei Ungleichmäßigkeit der Temperatur im Zimmer notwendig erkälten; der Luftzug ist ihnen in der Wärme unangenehm, die allmähliche Erschlaffung, die über alle körperlichen Funktionen schleicht, verringert die animalische Wärme, die von außenher aufrechterhalten werden muß, und so ist dem Arbeiter selbst nichts lieber, als wenn er bei gänzlich geschlossenen Fenstern in seiner warmen Fabrikluft bleiben kann. Hierzu tritt dann noch die Wirkung häufigen plötzlichen Temperaturwechsels beim Herausgehen aus der heißen Fabrikatmosphäre in die frostkalte oder naßkalte freie Luft, die Unfähigkeit der Arbeiter, sich genügend gegen Regen zu schützen oder die nassen Kleider mit trocknen zu vertauschen, alles Umstände, die fortwährend Erkältungen produzieren. Und wenn man bedenkt, daß bei alledem fast kein einziger Muskel des Körpers wirklich angestrengt, wirklich in Tätigkeit gesetzt wird, außer etwa denen der Beine, daß der erschlaffenden, abspannenden Wirkung der genannten Umstände gar nichts entgegentritt, sondern daß alle Übung fehlt, die den Muskeln Kraft, den Fibern Elastizität und Konsistenz geben könnte, daß von Jugend auf den Arbeitern alle Zeit zur Bewegung in freier Luft abgeht, so wird man sich nicht mehr über die fast einstimmige Aussage der Mediziner im Fabrikbericht wundern, daß sie bei Fabrikarbeitern ganz besonders eine große Widerstandslosigkeit gegen Krankheitsanfälle, eine allgemeine Depression aller Lebenstätigkeiten, eine fortwährende Abspannung aller geistigen und körperlichen Kräfte gefunden hätten. Hören wir zuerst Sir D. Barry:

"Die ungünstigen Einflüsse der Fabrikarbeit auf die Arbeiter sind folgende: 1. die umgängliche Notwendigkeit, ihre körperlichen und geistigen Anstrengungen zu einem gleichen Schritt mit den Bewegungen einer durch gleichmäßige und unaufhörliche Kraft bewegten Maschinerie zu zwingen; 2. die Ausdauer in einer aufrechten Stellung während unnatürlich langer und zu schnell aufeinanderfolgender Zeiträume; 3. Die Beraubung des Schlafs (durch lange Arbeitszeit, Schmerzen in den Beinen und allgemeineres körperliches Unwohlsein). Hierzu kommen oft noch niedrige, gedrängte, staubige oder feuchte Arbeitszimmer, unreine Luft, erhitzte Atmosphäre, fortwährender Schweiß. Daher verlieren besonders Knaben, mit sehr wenigen Ausnahmen, sehr bald die rosige Frische der Kindheit und werden blässer und dünner als andere Knaben. Selbst der Schuljunge des Handwebers, der mit nackten Füßen auf dem Lehmfußboden seiner Webstube steht, behält ein besseres Aussehen, weil er zuweilen etwas an die freie Luft geht. Aber das Fabrikkind hat keinen Augenblick frei, außer zum Essen, und kommt nie in die freie Luft, außer wenn es essen geht. Alle erwachsenen männlichen Spinner sind blaß und dünn, sie leiden an kapriziösem Appetit und Unverdaulichkeit, und da sie alle von Jugend auf in der Fabrik erzogen und wenig oder gar keine hochgewachsenen, athletischen Männer unter ihnen sind, so ist der Schluß gerechtfertigt, daß ihre Beschäftigung sehr ungünstig für die Entwicklung der männlichen Konstitution ist. Weiber ertragen die Arbeit weit besser" (ganz natürlich, wir werden aber sehen, daß auch sie ihre Krankheiten haben). (General Report by Sir D. Barry.)

Ebenso Power:

"Ich kann geradezu sagen, daß das Fabriksystem in Bradford eine sehr große Menge Knüppel erzeugt hat ... und daß die Wirkung langanhaltender Arbeit auf den Körper nicht allein als wirkliche Verkrüppelung, sondern auch viel allgemeiner noch als unentwickeltes Wachstum, Erschlaffung der Muskeln und zarte Körperbildung hervortritt" (Power, Rept. p. 74).

Ferner der schon zitierte Wundarzt (10) F. Sharp in Leeds:

"Als ich von Scarborough nach Leeds hinüberzog, fiel es mir gleich auf, daß das allgemeine Aussehen der Kinder hier viel bleicher und die Fiber derselben weit weniger straff war als in Scarborough und der Umgegend. Ich fand ebenfalls, daß viele Kinder für ihr Alter ausnehmend klein waren ... Mir sind zahllose Fälle von Skrofeln, Lungenkrankheiten, mesenterischen Affektionen und Unverdaulichkeit vorgekommen, bei denen ich als Mediziner nicht den geringsten Zweifel habe, daß sie durch Arbeiten in den Fabriken entstanden sind. Ich bin der Ansicht, daß die nervöse Energie des Körpers durch die lange Arbeit geschwächt und der Grund vieler Krankheiten gelegt wird; wenn nicht fortwährend Leute vom Lande hereinzögen, so würde die Rasse der Fabrikarbeiter bald ganz ausarten."

Desgleichen Beaumont, Wundarzt in Bradford:

"Meiner Ansicht nach bringt das System, nach dem hier in den Fabriken gearbeitet wird, eine eigentümliche Schlaffheit des ganzen Organismus hervor und macht dadurch Kinder im höchsten Grade für Epidemien sowohl wie für zufällige Krankheiten empfänglich ... Ich halte die Abwesenheit aller geeigneten Vorschriften wegen Ventilation und Reinlichkeit in Fabriken ganz entschieden für eine Hauptursache jener eigentümlichen Tendenz oder Empfänglichkeit für krankhafte Affektionen, die ich in meiner Praxis sooft gefunden habe."

Ebenso William Sharp junior ((1845) irrtümlich Dr. Hay (siehe Factories Inquiry Commission", Second Report, 1833, C. 3, p. 23)) bezeugt:

"l. daß ich Gelegenheit gehabt habe, die Wirkungen des Fabriksystems auf die Gesundheit von Kindern unter den vorteilhaftesten Umständen" (in der Fabrik von Wood in Bradford, der besteingerichteten des Orts, wo er Fabrikarzt war) "zu beobachten; 2. daß diese Wirkung ganz entschieden und in sehr ausgedehntem Maße selbst unter diesen günstigen Verhältnissen schädlich ist; 3. daß im Jahre 1832 drei Fünftel sämtlicher in Woods Fabrik beschäftigten Kinder von mir medizinisch behandelt wurden; 4. daß die schädlichste Wirkung nicht das Vorherrschen verkrüppelter, sondern geschwächter und krankhafter Konstitutionen ist; 5. daß sich das alles sehr gebessert hat, seit die Arbeitszeit der Kinder von Wood auf zehn Stunden herabgesetzt wurde."

Der Kommissär Dr. Loudon selbst, der diese Zeugnisse anführt, sagt:

"Ich denke, es ist klar genug bewiesen worden, daß Kinder unvernünftig und unbarmherzig lange haben arbeiten und selbst Erwachsene ein Quantum Arbeit übernehmen müssen, das kaum irgendein menschliches Wesen aushalten kann. Die Folge davon ist, daß viele vor der Zeit gestorben, andere lebenslänglich mit einer fehlerhaften Konstitution behaftet worden sind, und die Befürchtung einer durch die erschütterten Konstitutionen der Überlebenden geschwächten Nachkommenschaft ist, physiologisch gesprochen, nur zu gegründet."

Und endlich Dr. Hawkins über Manchester:

"Ich glaube, den meisten Reisenden fällt die Kleinheit und Zartheit der Statur und die Blässe auf, die man so allgemein in Manchester und vor allen bei den Fabrikarbeitern findet. Ich bin nie in irgendeiner Stadt Großbritanniens oder Europas gewesen, worin die Ausartung der Gestalt und Farbe vom nationalen Normalmaßstabe so augenscheinlich war. Den verheirateten Weibern fehlen ganz auffallend alle charakteristischen Eigentümlichkeiten der englischen Frau usw. ... Ich muß gestehen, daß die mir vorgeführten Knaben und Mädchen aus den Fabriken von Manchester allgemein ein gedrücktes Aussehen und eine bleiche Farbe hatten; in dem Ausdruck ihrer Gesichter lag nichts von der gewöhnlichen Beweglichkeit, Lebhaftigkeit und Heiterkeit der Jugend. Viele erklärten mir, daß sie gar keinen Zug verspürten, Sonnabend abends und sonntags im Freien sich herumzutummeln, sondern daß sie vorzögen, ruhig zu Hause zu bleiben."

Fügen wir hier gleich eine andre Stelle aus Hawkins' Bericht ein, die zwar nur halb hieher gehört, aber eben deshalb ebensogut hier als anderswo stehen kann:

"Unmäßigkeit, Ausschweifungen und Mangel an Vorsorge für die Zukunft sind die Hauptuntugenden der Fabrikbevölkerung, und diese Übelstände lassen sich leicht auf Sitten zurückführen, die unter dem heutigen System gebildet werden und beinahe unvermeidlich daraus entspringen. Es ist allgemein zugegeben, daß Unverdaulichkeit, Hypochondrie und generelle Schwäche diese Klasse in sehr großer Ausdehnung affizieren, nach zwölf Stunden monotoner Arbeit ist es nur zu natürlich, sich nach einem Reizmittel dieser oder jener Art umzusehen, aber wenn vollends die obigen Krankheitszustände hinzukommen, so wird man rasch und immer von neuem Zuflucht zu geistigen Getränken nehmen."

Für alle diese Aussagen der Ärzte und Kommissäre bietet der Bericht selbst Hunderte von Beweisfällen. Daß der Wuchs der jungen Arbeiter durch die Arbeit gehemmt wird, bezeugen Hunderte von Angaben desselben; unter andern gibt Cowell die Gewichte von 46 Knaben, alle 17 Jahre alt und aus einer Sonntagsschule, an, von denen 26 in Fabriken beschäftigte durchschnittlich 104,5 englische Pfund und 20 nicht in Fabriken arbeitende, aber der Arbeiterklasse angehörige durchschnittlich 117,7 englische Pfund wogen. Einer der bedeutendsten Fabrikanten von Manchester und Anführer der Opposition von seiten der Fabrikanten gegen die Arbeiter - ich glaube Robert Hyde Greg – sagt selbst einmal, wenn das so fortginge, so würden ist die Fabrikleute von Lancashire bald ein Geschlecht von Pygmäen werden (11). Ein Rekrutierungslieutenant (Tufnell, p. 59) sagt aus, daß die Fabrikarbeiter sich wenig für den Militärdienst eignen; sie sähen dünn und schwächlich aus und würden oft von den Ärzten als untauglich zurückgewiesen. In Manchester könne er kaum Leute von 5 Fuß 8 Zoll bekommen, die Leute hätten fast alle nur 6 bis 7 Zoll, während in den Ackerbaudistrikten die meisten Rekruten 8 Zoll hätten (der Unterschied des englischen Maßes gegen das preußische beträgt auf 5 Fuß etwa 2 Zoll, um die das englische kleiner ist).

Die Männer sind infolge dieser Einflüsse sehr bald aufgerieben. Die meisten sind mit vierzig Jahren arbeitsunfähig, einige wenige halten sich bis zum fünfundvierzigsten, fast gar keine bis zum fünfzigsten Jahre. Dies wird, außer durch allgemeine Körperschwäche, zum Teil auch noch durch eine Schwächung des Gesichts hervorgebracht, welche die Folge des Mulespinnens ist, wobei der Arbeiter seine Augen auf eine lange Reihe feiner, parallellaufender Fäden heften und sie dadurch sehr anstrengen muß. Aus 1 600 Arbeitern, die in mehreren Fabriken in Harpur und Lanark beschäftigt wurden, waren nur 10 über 45 Jahren; aus 22 094 Arbeitern in verschiedenen Fabriken in Stockport und Manchester nur 143 über 45 Jahren. Von diesen 143 wurden 16 aus besonderer Gunst noch beibehalten, und einer tat Kinderarbeit. Eine Liste von 131 Spinnern enthielt nur sieben über 45 Jahren, und doch waren alle 131 wegen "zu hohen Alters" von den Fabrikanten, bei welchen sie um Arbeit anhielten, abgewiesen. Von 50 ausrangierten Spinnern in Bolton waren nur zwei über 50, und der Rest im Durchschnitt noch nicht 40 Jahre alt – und alle waren wegen zu hohen Alters brotlos! Herr Ashworth, ein bedeutender Fabrikant, gibt in einem Briefe an Lord Ashley selbst zu, daß gegen das 40. Lebensjahr die Spinner nicht mehr die gehörige Quantität Garn aufzubringen vermögen und deshalb "zuweilen" entlassen werden; er nennt die vierzigjährigen Arbeiter "alte Leute" (12)! Ebenso spricht der Kommissär Mackintosh im Bericht von 1833:

"Obgleich ich durch die Art, wie Kinder beschäftigt werden, schon vorbereitet war, so wurde es mir doch schwer, den ältern Arbeitern ihre Angaben wegen ihres Alters zu glauben, so sehr früh altern diese Leute."

Wundarzt Smellie in Glasgow, der hauptsächlich Fabrikarbeiter behandelt, sagt ebenfalls, daß bei ihnen vierzig Jahre schon ein hohes Alter (1892) schon hohes Alter) (old age) seien (Stuart, evid. p. 101). Gleichlautende Zeugnisse finden sich Tufnell. evid. p. 3, 9, 15, Hawkins, Rept. p. 4; evid. p. 14 etc. etc. In Manchester ist dies frühe Altern der Arbeiter so allgemein, daß man fast jeden Vierziger für zehn bis fünfzehn Jahre älter ansieht, während die wohlhabenden Klassen, sowohl Männer als Frauen, ihr Aussehen sehr gut konservieren, wenn sie nicht zuviel trinken.

Die Wirkung der Fabrikarbeit auf den weiblichen Körper ist ebenfalls ganz eigner Art. Die Verbildungen, die die Folge langer Arbeitszeit sind, werden beim Weibe noch viel ernsthafter; Verbildungen des Beckens, teils durch unrichtige Lage und Entwicklung der Beckenknochen selbst, teils durch Verkrümmung des unteren Teils der Wirbelsäule werden häufig durch diese Ursache hervorgebracht.

"Obgleich", sagt Dr. Loudon in seinem Bericht, "kein Beispiel von einem verbildeten Becken und einigen andern Übeln mir vorkam, so sind doch diese Dinge derart, daß jeder Mediziner sie als wahrscheinliche Folge einer solchen Arbeitszeit bei Kindern hinstellen muß, und außerdem verbürgt von Männern von der höchsten medizinischen Glaubwürdigkeit."

Daß Fabrikarbeiterinnen schwerer gebären als andere Frauen, wird von mehreren Hebammen und Geburtshelfern bezeugt, ebenso, daß sie häufiger abortieren, z.B. Dr. Hawkins, evid. p. 11 et 13. Dazu kommt noch, daß die Weiber an der allen Fabrikarbeitern gemeinsamen allgemeinen Schwäche leiden und, wenn sie schwanger sind, bis zur Stunde der Entbindung in den Fabriken arbeiten – natürlich, wenn sie zu früh aufhören, so müssen sie fürchten, daß ihre Stellen besetzt und sie selbst entlassen werden – auch verlieren sie den Lohn. Es kommt sehr häufig vor, daß Frauen, die den Abend noch arbeiteten, den nächsten Morgen entbunden sind, ja es ist nicht allzu selten, daß sie in den Fabriken selbst, zwischen den Maschinen niederkommen. Und wenn auch die Herren Bourgeois darin nichts Besondres finden, so werden mir doch ihre Frauen vielleicht zugeben, daß es eine Grausamkeit, eine infame Barbarei ist, ein schwangeres Weib indirekt zu zwingen, bis zum Tage ihrer Niederkunft täglich zwölf bis dreizehn (früher noch mehr) Stunden arbeitend, in stehender Positur, bei häufigem Bücken, zuzubringen. Das ist aber noch nicht alles. Wenn die Frauen nach der Niederkunft vierzehn Tage nicht zu arbeiten brauchen, so sind sie froh und halten es für lange. Manche kommen schon nach acht, ja nach drei bis vier Tagen wieder in die Fabrik, um die volle Arbeitszeit durchzumachen – ich hörte einmal, wie ein Fabrikant einen Aufseher frug: Ist die und die noch nicht wieder hier? – Nein. – Wie lang ist sie entbunden? – Acht Tage. – Die hätte doch wahrhaftig längst wiederkommen können. Jene da pflegt nur drei Tage zu Hause zu bleiben. – Natürlich; die Furcht, entlassen zu werden, die Furcht vor der Brotlosigkeit treibt sie, trotz ihrer Schwäche, trotz ihrer Schmerzen in die Fabrik; das Interesse des Fabrikanten leidet es nicht, daß seine Arbeiter krankheitswegen zu Hause bleiben, sie dürfen nicht krank werden, sie dürfen sich nicht unterstehen, ins Wochenbett zu kommen – sonst müßte er ja seine Maschinen stillsetzen oder seinen allerhöchsten Kopf mit der Einrichtung einer temporären Abänderung plagen; und ehe er das tut, entläßt er seine Leute, wenn sie sich unterfangen, unwohl zu sein. Hört (Cowell, evid. p. 77):

"Ein Mädchen fühlt sich sehr krank, kann kaum ihre Arbeit tun. – Warum sie nicht um Erlaubnis frage, nach Hause zu gehen? – Ach, Herr, der "Herr" ist sehr eigen darin, wenn wir einen Vierteltag abwesend sind, so riskieren wir, weggeschickt zu werden."

Oder (Sir D. Barry, evid. p. 44): Thomas MacDurt, Arbeiter, hat gelindes Fieber,

"kann nicht zu Hause bleiben, wenigstens nicht länger als vier Tage, weil er sonst fürchten muß, seine Arbeit zu verlieren."

Und so geht es in fast allen Fabriken. Die Arbeit junger Mädchen bringt in der Entwicklungsperiode derselben noch eine Menge sonstiger Unregel- mäßigkeiten hervor. Bei einigen, besonders den bessergenährten, treibt die Hitze der Fabriken die Entwicklung rascher voran als gewöhnlich, so daß einzelne Mädchen von 12 bis 14 Jahren vollkommen ausgebildet sind; Roberton, der schon erwähnte, wie der Fabrikbericht sagt, "eminente" Geburtshelfer in Manchester, erzählt im

"North of England Medical and Surgical Journal", daß ihm ein elfjähriges Mädchen vorgekommen, die nicht nur ein vollkommen ausgebildetes Weib, sondern sogar schwanger gewesen sei und daß es gar nichts Seltnes in Manchester sei, wenn Frauenzimmer von 15 Jahren niederkämen. In solchen Fällen wirkt die Wärme der Fabriken gerade wie die Hitze tropischer Klimate, und wie in solchen Klimaten rächt sich die übermäßig frühe Entwicklung auch durch früh eintretendes Alter und Erschlaffung. Oft jedoch findet sich eine zurückgehaltene sexuale Entwicklung des weiblichen Körpers; die Brüste bilden sich spät oder gar nicht aus, wovon Cowell, p. 35, Beispiele gibt, die Menstruation tritt in vielen Fällen erst mit dem siebzehnten oder achtzehnten, zuweilen erst mit dem zwanzigsten Jahre ein und bleibt oft ganz aus (Dr. Hawkins, evid. p. 11, Dr. Loudon, p. 14 etc., Sir D. Barry, p. 5 etc.). Unregelmäßige Menstruation, mit vielen Schmerzen und Übeln verbunden, namentlich Bleichsucht ist sehr häufig, worüber die medizinischen Berichte einstimmig sind.

Die von solchen Frauen, besonders wenn sie während der Schwangerschaft arbeiten müssen, gebornen Kinder können nicht stark sein. Im Gegenteil, namentlich von Manchester aus werden sie im Bericht als sehr schwächlich geschildert, und nur Barry behauptet, daß sie gesund seien sagt aber auch, daß in Schottland, wo er inspizierte, fast gar keine verheirateten Frauen arbeiteten; dazu liegen die meisten Fabriken dort, mit Ausnahme von Glasgow, auf dem Lande, und das trägt sehr viel zur Stärkung der Kinder bei. Die Arbeiterkinder in der nächsten Umgebung von Manchester sind fast alle blühend und frisch, während sie in der Stadt bleich und skrofulös aussehen; aber mit dem neunten Jahre verliert sich die Farbe plötzlich, weil sie dann in die Fabrik geschickt werden, und bald kann man sie nicht mehr von Stadtkindern unterscheiden.

Außerdem aber gibt es noch einige Zweige in der Fabrikarbeit, die besonders nachteilige Folgen haben. In vielen Zimmern der Baumwoll- und Flachsspinnereien fliegt eine Menge faseriger Staub umher, der namentlich in den Kardier- und Hechelzimmern Brustbeschwerden. erzeugt. Einige Konstitutionen können ihn ertragen, andere nicht. Aber der Arbeiter hat keine Wahl, er muß das Zimmer nehmen, wo er Arbeit findet, seine Brust mag gut sein oder nicht. Die gewöhnlichsten Folgen dieses eingeatmeten Staubes sind Blutspeien, schwerer, pfeifender Atem, Schmerzen in der Brust, Husten, Schlaflosigkeit, kurz alle Symptome von Asthma, die im schlimmsten Falle in der Auszehrung endigen (vergl. Stuart, p. 13, 70, 101, Mackintosh, p. 24 etc., Power Rept. on Nottingham, on Leeds, Cowell, p. 33 etc., Barry, p.12 {fünf in einer Fabrik}, p. 17, 44, 52, 60 etc.; ebenso in dessen Bericht; Loudon, p. 13 etc. etc.). Besonders ungesund ist aber das Naßspinnen des

Leinengarns, das von jungen Mädchen und Kindern getan wird. Das Wasser spritzt ihnen von den Spindeln auf den Leib, so daß die vordere Seite ihrer Kleider fortwährend bis auf die Haut durchnäßt ist und fortwährend Wasser auf dem Boden steht. In geringerem Maße findet das auch in den Dublierzimmern der Baumwollfabriken statt, und die Folge davon sind fortwährende Erkältungen und Affektionen der Brust. Eine heisere, rauhe Sprache ist allen Fabrikarbeitern gemein, vor allen aber den Naßspinnern und Dublierern. Stuart, Mackintosh und Sir D. Barry sprechen sich in den stärksten Ausdrücken über die Ungesundheit dieser Arbeit und die geringe Rücksicht der meisten Fabrikanten für die Gesundheit der diese Arbeit verrichtenden Mädchen aus. Eine andre Wirkung des Flachsspinnens sind eigentümliche Verdrehungen der Schulter, namentlich Vorspringen des rechten Schulterblatts, die aus der Natur der Arbeit folgen. Diese Art zu spinnen sowie das Throstlespinnen der Baumwolle bringen oft auch Krankheiten der Kniescheibe hervor, die zum Aufhalten der Spindel während der Anheftung zerrissener Fäden angewandt wird. Das häufige Bücken bei diesen beiden Arbeitszweigen und die Niedrigkeit der Maschinen haben überhaupt einen mangelhaften Wuchs zur Folge. In dem Throstlezimmer der Baumwollfabrik zu Manchester, in welcher ich beschäftigt war, erinnere ich mich nicht, ein einziges gut und schlank gewachsenes Mädchen gesehen zu haben; sie waren alle klein, schlecht gewachsen und eigentümlich gedrängten Baus, entschieden häßlich in ihrer ganzen Körperbildung. Außer allen diesen Krankheiten und Verkrüppelungen haben die Arbeiter aber noch auf eine andere Weise an ihren Gliedern Schaden zu leiden. Die Arbeit zwischen den Maschinen veranlaßt eine Menge Unglücksfälle, die mehr oder weniger ernster Natur sind und für den Arbeiter noch dazu die Folge haben, daß sie ihn teilweise oder ganz zu seiner Arbeit unfähig machen. Am häufigsten kommt es vor, daß ein einzelnes Glied von einem Finger abgequetscht wird, seltner schon, daß ganze Finger, eine halbe oder ganze Hand, ein Arm usw. von den Rädern ergriffen und zermalmt wird. Sehr häufig tritt nach diesen, selbst den geringeren Unfällen Maulsperre ein und zieht den Tod nach sich. Man sieht in Manchester außer den vielen Krüppeln auch eine große Anzahl Verstümmelter umhergehen; dem einen fehlt der ganze oder halbe Arm, dem andern der Fuß, dem dritten das halbe Bein; man glaubt unter einer Armee zu leben, die eben aus dem Feldzuge zurückkommt. Die gefährlichsten Stellen der Maschinerie sind aber die Riemen, welche die Triebkraft vom Schaft auf die einzelnen Maschinen leiten, besonders wenn sie Schnallen haben, die man indes selten mehr findet. Wer von diesen Riemen ergriffen wird, den reißt die treibende Kraft pfeilschnell mit sich herum, schlägt ihn oben gegen die Decke und unten gegen den Fußboden mit solcher Gewalt, daß selten ein Knochen am Körper ganz bleibt und augenblicklicher Tod erfolgt. Zwischen dem 12. Juni und 3. August 1844 (1845) und (1892) irrtümlich: 1843) berichtet der "Manchester Guardian" über folgende ernstliche Unglücksfälle – die leichtern erwähnt er gar nicht: 12. Juni, ein Knabe starb in Manchester an der Mundklemme infolge einer zwischen Rädern zerquetschten Hand. – 15. Juni (1845) und (1892) irrtümlich: 16. Juni), ein Junge in Saddleworth, von einem Rade ergriffen und mitgerissen, starb, ganz zerschmettert. – 29. Juni, ein junger Mann in Greenacres Moor bei Manchester, der in einer Maschinenfabrik arbeitete, geriet unter einen Schleifstein, der ihm zwei Rippen zerbrach und ihn sehr zerfleischte. – 24. Juli, ein Mädchen in Oldham starb, von einem Riemen fünfzigmal mit herumgerissen, kein Knochen blieb ganz. – 27. Juli, in Manchester geriet ein Mädchen in den Blower (die erste Maschine, welche die rohe Baumwolle aufnimmt) und starb an den erlittenen Verstümmelungen. – 3. August, ein Spulendrechsler starb, von einem Riemen fortgerissen, in Dukinfield – alle Rippen waren zerbrochen. – Das Krankenhaus von Manchester hatte im Jahre 1843 allein 962 Verwundungen und Verstümmelungen durch Maschinerie zu heilen, während die Anzahl aller übrigen Unglücksfälle im Bereich des Krankenhauses auf 2 426 sich beliefen, so daß auf fünf Unglücksfälle aus allen andern Ursachen zwei durch Maschinerie kamen. Die in Salford vorgekommenen Unfälle sind hier nicht eingeschlossen, ebensowenig die, welche von Privatärzten geheilt wurden. Die Fabrikanten bezahlen bei solchen Unglücken, sie mögen arbeitsunfähig machen oder nicht, höchstens den Arzt und, wenn es sehr hoch kommt, den Lohn während der Dauer der Kur – wohin der Arbeiter später gerät, wenn er nicht arbeiten kann, ist ihnen gleichgültig.

Der Fabrikbericht sagt über diesen Gegenstand: In allen Fällen müsse der Fabrikant verantwortlich gemacht werden: denn Kinder könnten sich nicht in acht nehmen und Erwachsene würden sich in ihrem eignen Interesse schon in acht nehmen. Aber es sind Bourgeois, die den Bericht schreiben, und daher müssen sie sich widersprechen und nachher allerlei Salbaderei über "sündliche Verwegenheit" (culpable temerity) der Arbeiter vorführen. Einerlei. Die Sache ist diese: Wenn Kinder sich nicht in acht nehmen können, so muß die Arbeit von Kindern verboten werden. Wenn Erwachsene sich nicht gehörig in acht nehmen, so müssen sie entweder Kinder sein, auf einer Bildungsstufe stehen, die ihnen nicht erlaubt die Gefahr in ihrer ganzen Größe zu erkennen – und wer ist daran schuld als die Bourgeoisie, die sie in einer Lage erhält, in der sie sich nicht bilden können? – oder die Maschinen sind schlecht arrangiert und müssen mit Brustwehren oder Verschlägen umgeben werden, was auch dem Bourgeois zur Last fällt – oder der Arbeiter hat Motive, die die drohende Gefahr überwiegen, er muß rasch arbeiten, um Geld zu verdienen, und hat keine Zeit, sich in acht zu nehmen etc.

auch daran ist der Bourgeois schuld. Viele Unglücksfälle kommen z.B. vor, wenn die Arbeiter Maschinen reinigen wollen, während diese in Bewegung sind. Weshalb? Weil der Bourgeois die Arbeiter zwingt, während der Freistunden, wenn sie stillstehen, die Maschinen zu putzen, und der Arbeiter natürlich keine Lust hat, sich von seiner freien Zeit etwas abnagen zu lassen. So viel ist dem Arbeiter jede freie Stunde wert, daß er sich oft lieber zweimal wöchentlich in Lebensgefahr begibt, als sie dem Bourgeois opfert. Laßt die Fabrikanten die zum Putzen der Maschinen nötige Zeit von der Arbeitszeit nehmen, und es wird keinem Arbeiter mehr einfallen, laufende Maschinerie zu putzen. Kurz, in allen Fällen fällt die letzte Schuld auf den Fabrikanten, von dem im gelindesten Falle die lebenslängliche Unterstützung des arbeitsunfähig gewordenen Arbeiters oder bei Todesfällen seiner Familie zu verlangen wäre. In den ersten Zeiten der Industrie waren die Unfälle verhältnismäßig viel zahlreicher als jetzt, weil die Maschinen schlechter, kleiner, gedrängter und fast gar nicht verschlagen waren. Wie aber obige Angaben beweisen, ist ihre Zahl noch immer groß genug, um ernste Bedenken über einen Zustand rege zu machen, der erlaubt, daß so viele Verstümmelungen und Verwundungen zum Besten einer einzigen Klasse vorkommen und so mancher fleißige Arbeiter durch ein Unglück, das er im Dienst und durch Verschulden der Bourgeoisie erlitt, der Not und dem Hunger preisgegeben wird.

Eine schöne Reihe Krankheiten, bloß durch die scheußliche Geldgier der Bourgeoisie erzeugt! Weiber zum Gebären unfähig gemacht, Kinder verkrüppelt, Männer geschwächt, Glieder zerquetscht, ganze Generationen verdorben, mit Schwäche und Siechtum infiziert, bloß um der Bourgeoisie die Beutel zu füllen! Und wenn man erst die Barbarei der einzelnen Fälle liest, wie die Kinder von den Aufsehern nackt aus dem Bette geholt, mit den Kleidern auf dem Arm unter Schlägen und Tritten in die Fabriken gejagt (z. B. Stuart p. 39 und sonst) wurden, wie ihnen der Schlaf mit Schlägen vertrieben, wie sie trotzdem über der Arbeit eingeschlafen, wie ein armes Kind noch im Schlaf, und nachdem die Maschine stillgesetzt war, auf den Zuruf des Aufsehers aufsprang und mit geschlossenen Augen die Handgriffe seiner Arbeit durchmachte, wenn man liest, wie die Kinder, zu müde, nach Hause zu gehen, sich im Trockenzimmer unter der Wolle verbargen, um dort zu schlafen, und nur mit dem Riemen aus der Fabrik getrieben werden konnten, wie viele Hunderte jeden Abend so müde nach Hause kamen, daß sie vor Schläfrigkeit und Mangel an Appetit ihr Abendbrot nicht verzehren konnten, daß ihre Eltern sie kniend vor dem Bette fanden, wo sie während des Gebets eingeschlafen waren; wenn man das alles und noch hundert andere Infamien und Schändlichkeiten in diesem einen Berichte liest, alle auf den Eid bezeugt, durch mehrere Zeugen bestätigt, von Männern ausgesagt, die die Kommissäre selbst für glaubwürdig erklären, wenn man bedenkt, daß es ein "liberaler" Bericht ist, ein Bourgeoisiebericht, um den früheren der Tories umzustoßen und die Herzensreinheit der Fabrikanten herzustellen, daß die Kommissäre selbst auf seiten der Bourgeoisie sind und alles das wider Willen berichten – so soll man nicht entrüstet, nicht ingrimmig werden über diese Klasse, die sich mit Menschenfreundlichkeit und Aufopferung brüstet, während es ihr einzig auf die Füllung ihrer Börsen à tout prix (um jeden Preis) ankommt? Hören wir indes die Bourgeoisie, wie sie durch den Mund ihres auserwählten Knechts, des Doktor Ure, spricht:

Man habe, erzählt dieser in seiner "Philosophy of Manufactures", p. 277 u. folg., den Arbeitern vorgesagt, ihr Lohn stehe in keinem Verhältnis zu ihren Opfern und habe dadurch das gute Vernehmen zwischen Herren und Arbeitern gestört. Statt dessen hätten die Arbeiter sich durch Fleiß und Aufmerksamkeit empfehlen und über den Nutzen ihrer Herren freuen sollen, dann wären sie auch Aufseher, Geschäftsführer und endlich Associés geworden und hätten dadurch (o Weisheit, du sprichst wie eine Taube!) "zugleich die Nachfrage nach Arbeit im Markte vermehrt"! – "Wenn die Arbeiter nicht so unruhig wären, so würde das Fabriksystem sich noch viel wohltätiger entwickelt haben." Darauf folgt denn eine lange Jeremiade über die vielen Widersetzlichkeiten der Arbeiter und bei Gelegenheit einer Arbeitseinstellung der bestbezahlten Arbeiter, der Feinspinner, folgender naive Ausspruch:

"Ja, es war ihr hoher Lohn, der es ihnen möglich machte, ein besoldetes Komitee zu halten und sich in nervöse Hypertrophie durch eine Diät hineinzumästen, die für ihre Arbeit viel zu kräftig und aufregend war!" (p. 298.)

Hören wir, wie der Bourgeois die Arbeit der Kinder schildert:

"Ich habe manche Fabrik besucht, in Manchester und der Umgegend, und nie Kinder mißhandelt, körperlich gezüchtigt oder nur übel gelaunt gesehen. Sie schienen alle heiter (cheerful) und alert, an dem leichten Spiel ihrer Muskel sich erfreuend (taking pleasure), die ihrem Alter natürliche Beweglichkeit in vollem Maße genießend. Die Szene der Industrie, weit entfernt, traurige Emotionen in meinem Gemüt hervorzubringen, war mir stets aufheiternd. Es war entzückend (delightful), die Hurtigkeit zu beobachten, mit der sie die zerrissenen Fäden wieder vereinigten, sowie der Mule-Wagen zurückging, und sie in Muße zu sehen, wie sie, nachdem ihre zarten Fingerchen ein paar Sekunden in Tätigkeit gewesen waren, sich in allen erdenklichen Stellungen amüsierten, bis das Ausziehen und Aufwinden wieder fertig war. Die Arbeit dieser flüchtigen (lively) Elfen schien einem Spiel zu gleichen, worin ihnen ihre Übung eine gefällige Gewandtheit gab.

Ihrer Geschicklichkeit sich bewußt, freuten sie sich, sie vor jedem Fremden zu zeigen. Von Erschöpfung keine Spur, denn wenn sie aus der Fabrik kamen, fingen sie auf dem nächsten Spielplatz sogleich an, sich herumzutummeln mit derselben Lebhaftigkeit wie Jungen, die eben aus der Schule kommen." (p. 301.)

(Natürlich, als ob nicht die Bewegung aller Muskeln ein unmittelbares Bedürfnis für den steif und zugleich schlaff gewordenen Körper wäre! Aber Ure hätte warten sollen, ob nicht diese augenblickliche Aufregung nach ein paar Minuten verschwunden sei. Und ohnehin konnte Ure dies doch nur mittags, nach fünf- bis sechsstündiger Arbeit, aber nichtabends sehen!) Was die Gesundheit der Arbeiter betrifft, so hat der Bourgeois die grenzenlose Frechheit, den eben an tausend Stellen zitierten und exzerpierten Bericht von 1833 als Zeugnis für die ausgezeichnete Gesundheit dieser Leute anzuführen, durch einzelne herausgerissene Zitate beweisen zu wollen, daß sich bei ihnen keine Spur von Skrofeln finde und, was ganz richtig ist, das Fabriksystem sie von allen akuten Krankheiten befreie (daß sie dafür alle chronischen an den Hals bekommen, verschweigt er natürlich). Man muß wissen, daß der Bericht aus drei dicken Foliobänden besteht, die durchzustudieren einem englischen wohlgenährten Bourgeois nicht einfällt, um die Frechheit begreifen zu können, mit der unser Freund Ure dem englischen Publikum die gröbsten Lügen aufheftet. Hören wir noch, wie er sich über das Fabrikgesetz von 1833 (Bei Engels hier und im Folgenden (S.393, 394) irrtümlich: 1834) ausspricht, das von der liberalen Bourgeoisie gegeben wurde und dem Fabrikanten nur die notdürftigsten Beschränkungen auflegt, wie wir sehen werden. Dies Gesetz, namentlich der Schulzwang, sei eine absurde und despotische Maßregel gegen die Fabrikanten. Alle Kinder unter zwölf Jahren seien dadurch arbeitslos geworden, und was sei die Folge? Die Kinder, so von ihrer leichten und nützlichen Arbeit entlassen, bekämen nun gar keine Erziehung; aus dem warmen Spinnsaal in die kalte Welt hinausgestoßen, existierten sie nur durch Betteln und Stehlen – ein Leben, traurig kontrastierend mit ihrer stets sich verbessernden Lage in der Fabrik und ihrer Sonntagsschule! Dies Gesetz erschwere unter der Maske Philanthropie die Leiden der Armen und werde den gewissenhaften Fabrikanten in seiner nützlichen Arbeit äußerst hemmen, wo nicht ganz aufhalten (p. 405, 406 ff.).

Die zerstörenden Wirkungen des Fabriksystems fingen schon früh an, allgemeine Aufmerksamkeit auf sich zu ziehen. Von dem Lehrlingsgesetz von 1802 sprachen wir schon. Später, gegen 1817, fing der nachherige Stifter des englischen Sozialismus, damals Fabrikant in Neu-Lanark (Schottland), Robert Owen, an, durch Petitionen und Denkschriften der vollziehenden Gewalt die Notwendigkeit gesetzlicher Garantien für die Gesundheit der Arbeiter, besonders der Kinder, vorzuhalten. Der verstorbene Sir R. Peel sowie andere Philanthropen schlossen sich ihm an und erwirkten nacheinander die Fabrikgesetze von 1819 (Bei Engels irrtümlich: 1818), 1825 und 1831, von denen die beiden ersten gar nicht, das letzte nur hier und da befolgt wurden. Dies Gesetz von 831, auf den Antrag von Sir J. C. Hobhouse basiert, setzte fest, daß in keiner Baumwollenfabrik Leute unter 21 Jahren nachts, d.h. zwischen halb acht und morgens halb sechs Uhr, arbeiten, und in allen Fabriken junge Leute unter 18 Jahren höchstens 12 Stunden täglich und 9 Stunden sonnabends arbeiten sollten. Da aber die Arbeiter nicht gegen ihre Brotherren zeugen durften, ohne entlassen zu werden, so half dies Gesetz wenig. In großen Städten, wo die Arbeiter unruhiger waren, kam allenfalls eine Übereinkunft der bedeutenderen Fabrikanten zustande, sich dem Gesetz fügen zu wollen, aber selbst hier gab es viele, die sich, wie die Fabrikanten auf dem Lande, gar nicht um das Gesetz kümmerten. Unterdes war unter den Arbeitern das Verlangen nach einer Zehnstundenbill rege geworden, d.h. einem Gesetz, das allen jungen Leuten unter dem achtzehnten Jahre verböte, länger als zehn Stunden zu arbeiten; die Arbeiterassoziationen erhoben diesen Wunsch durch Agitation zum allgemeinen der Fabrikbevölkerung, die humane Sektion der Torypartei, damals von Michael Sadler angeführt, griff diesen Plan auf und brachte ihn vor das Parlament. Sadler erhielt ein Parlamentskomitee zur Untersuchung des Fabriksystems bewilligt, und dies gab in der Session von 1832 seinen Bericht ab. Dieser Bericht war entschieden parteiisch, von lauter Feinden des Fabriksystems und zu einem Parteizweck verfaßt. Sadler ließ sich durch seine edle Leidenschaft zu den schiefsten und unrichtigsten Behauptungen verleiten, er lockte schon durch die Art seiner Fragen den Zeugen Antworten ab, die zwar Wahres, aber in verkehrter, schiefer Form enthielten. Die Fabrikanten, über einen Bericht entsetzt, der sie als Ungeheuer schilderte, baten nun selbst um eine offizielle Untersuchung; sie wußten, daß ein genauer Bericht ihnen jetztnur nützen könne, sie wußten, daß Whigs, echte Bourgeois am Staatsruder saßen, mit denen sie sich gut standen, deren Prinzipien einer Beschränkung der Industrie entgegen waren; sie erhielten richtig eine Kommission von lauter liberalen Bourgeois, deren Bericht derselbe war, den ich bisher so häufig zitierte. Der Bericht kommt der Wahrheit etwas näher als der des Sadlerschen Komitees, seine Abweichungen von ihr sind aber auf der entgegengesetzten Seite. Er zeigt auf jeder Seite Sympathie für die Fabrikanten, Mißtrauen gegen den Sadlerschen Bericht, Abneigung gegen die selbsttätigen Arbeiter und die Unterstützer der Zehnstundenbill; er erkennt nirgends das Recht der Arbeiter zu einer menschlichen Existenz, zu eigner Tätigkeit und eignen Meinungen an; er macht es ihnen zum Vorwurf, daß sie bei der Zehnstundenbill nicht nur an die Kinder, sondern auch an sich selbst dächten, er nennt die agitierenden Arbeiter Demagogen, Böswillige, Übelgesinnte usw., kurz, er steht auf seiten der Bourgeoisie – und doch kann er die Fabrikanten nicht weißwaschen, und doch bleibt eine solche Menge von Schändlichkeiten nach seinem eignen Geständnis auf den Schultern der Fabrikanten lasten, daß selbst nach diesem Bericht die Zehnstundenbill-Agitation, der Haß der Arbeiter gegen die Fabrikanten und die härtesten Bezeichnungen des Komitees gegen die letzteren vollständig gerechtfertigt sind. Nur mit dem Unterschiede, daß, während der Sadlersche Bericht den Fabrikanten offne, unverhüllte Brutalität vorwirft, es sich jetzt zeigte, daß diese Brutalität meist unter der Maske der Zivilisation und Menschlichkeit betrieben wurde. Erklärt sich doch Dr. Hawkins, der medizinische Kommissär für Lancashire, selbst entschieden für die Zehnstundenbill, gleich in der ersten Zeile seines Berichts! Und der Kommissär Mackintosh erklärt selbst, daß sein Bericht nicht die volle Wahrheit enthalte, da die Arbeiter nur sehr schwer dahin zu bringen seien, gegen ihre Brotherren zu zeugen, und die Fabrikanten – ohnehin schon durch die Aufregung unter den Arbeitern zu größerer Nachgiebigkeit gegen diese gezwungen – oft genug sich auf den Besuch der Kommission (1845) irrtümlich: Besuch der Fabrikanten) präpariert, die Fabriken gefegt, die Schnelligkeit der Maschinenbewegung verringert hätten etc. Namentlich in Lancashire brauchten sie den Kniff, der Kommission die Aufseher der Arbeitssäle als "Arbeiter" vorzuführen, um diese für die Humanität der Fabrikanten, die gesunde Wirkung der Arbeit und die Gleichgültigkeit, ja Abneigung der Arbeiter gegen die Zehnstundenbill zeugen zu lassen. Aber diese Aufseher sind keine echten Arbeiter mehr, sie sind Deserteure ihrer Klasse, die sich für höheren Lohn in den Dienst der Bourgeoisie begeben haben und im Interesse der Kapitalisten gegen die Arbeiter kämpfen. Ihr Interesse ist das der Bourgeoisie, und daher sind sie den Arbeitern fast mehr verhaßt wie die Fabrikanten selbst. Und dennoch ist der Bericht vollkommen genügend, um die schändlichste Rücksichtslosigkeit der fabrizierenden Bourgeoisie gegen ihre Arbeiter, die ganze Infamie des industriellen Ausbeutungssystems in ihrer vollen Unmenschlichkeit zu zeigen. Nichts ist empörender, als hier in diesem Bericht auf der einen Seite die langen Register von Krankheiten und Verkrüppelungen durch Überarbeitung der kalten, berechnenden Nationalökonomie des Fabrikanten auf der andern gegenübergestellt zu sehen, wo dieser mit Zahlen zu beweisen sucht, daß er und ganz England mit ihm zugrunde gehen müßte, wenn man ihm nicht mehr erlaube, jährlich soundso viele Kinder zu Krüppeln zu machen – nur die schamlose Sprache des Herrn Ure, die ich eben angeführt habe, würde noch empörender sein, wenn sie nicht zu lächerlich wäre.

Die Folge dieses Berichts war das Fabrikgesetz von 1833, das die Arbeit von Kindern unter neun Jahren verbot (mit Ausnahme der Seidenfabriken), die Arbeitszeit der Kinder zwischen 9 und 13 Jahren auf 48 Stunden wöchentlich oder höchstens 9 an einem Tage, die von jungen Leuten zwischen dem 14. und 18. Lebensjahre auf 69 wöchentlich oder 12 höchstens an einem Tage beschränkte, ein Minimum von 1 1/2 Stunden Zwischenzeit für Mahlzeiten festsetzte und das Nachtarbeiten für alle unter 18 Jahren nochmals verbot. Zugleich wurde ein täglich zweistündiger zwangsmäßiger Schulbesuch für alle Kinder unter 14 Jahren eingeführt und der Fabrikant für straffällig erklärt, wenn er Kinder ohne Alterszertifikat vom Fabrikarzte oder ohne Schulbesuchszertifikat vom Lehrer beschäftige. Dafür durfte er wöchentlich einen Penny für den Lehrer vom Lohne des Kindes zurückbehalten. Außerdem wurden Fabrikärzte und Inspektoren ernannt, die zu jeder Zeit in die Fabrik gehen, die Arbeiter eidlich verhören durften und auf die Beachtung des Gesetzes durch Klage beim Friedensgericht zu halten hatten Das ist das Gesetz, worüber Dr. Ure so grenzenlos schimpft!

Die Folge des Gesetzes und namentlich der Ernennung von Inspektoren war, daß die Arbeitszeit durchschnittlich auf zwölf bis dreizehn Stunden herabgesetzt und die Kinder so gut ersetzt wurden, als es ging. Damit verschwanden einige der schreiendsten Übel fast gänzlich; Verkrüppelungen kamen nur noch bei sehr schwachen Konstitutionen vor die Wirkungen der Arbeit traten weniger eklatant ans Tageslicht. Indes haben wir im Fabrikbericht Zeugnisse genug, daß die gelinderen Übel, Anschwellung der Fußgelenke, Schwache und Schmerzen in Beinen, Hüften und Rückgrat, varikose Adern, Geschwüre an den unteren Extremitäten, allgemeine Schwäche, besonders Schwächung des Unterleibe, Neigung zum Erbrechen, Mangel an Appetit abwechselnd mit Heißhunger, schlechte Verdauung, Hypochondrie, dann die Brustübel infolge des Staubes und der schlechten Atmosphäre der Fabriken usw. usw., alle auch in den Fabriken und bei denjenigen Individuen vorkamen, die nach den Vorschriften von Sir J. C. Hobhouses Gesetz – also zwölf bis höchstens dreizehn Stunden arbeiteten. Die Berichte aus Glasgow und Manchester sind hier namentlich zu vergleichen. Diese Übel sind auch nach dem Gesetz von 1833 geblieben und fahren bis auf den heutigen Tag fort, die Gesundheit der arbeitenden Klasse zu untergraben. Man hat dafür gesorgt, daß die brutale Gewinnsucht der Bourgeoisie eine heuchlerische, zivilisierte Form annahm, daß die Fabrikanten, durch den Arm des Gesetzes von allzu krassen Niederträchtigkeiten abgehalten, desto mehr scheinbaren Grund haben, ihre erlogene Humanität selbstgefällig auszukramen – das ist alles. Wenn heute eine neue Fabrikkommission ausginge, sie würde das meiste beim alten finden. Was den extemporierten Schulzwang betrifft, so blieb dieser ganz wirkungslos, da die Regierung nicht zu gleicher Zeit für gute Schulen sorgte. Die Fabrikanten stellten ausgediente Arbeiter an, zu denen sie die Kinder zwei Stunden täglich schickten und so dem Buchstaben des Gesetzes genügten – die Kinder lernten nichts. Und selbst die Berichte der Fabrikinspektoren, die sich nur auf das beschränken, was ihres Amts ist, nämlich die Befolgung des Fabrikgesetzes, geben Material genug, um daraus das notwendige Fortbestehen der erwähnten Übel schließen zu können. Inspektoren Horner und Saunders, in ihren Berichten vom Oktober und Dezember 1843, erzählen, daß eine Menge Fabrikanten in denjenigen Arbeitszweigen, wo die Arbeit von Kindern entbehrt oder durch sonst brotlos gewordene Erwachsene ersetzt werden kann, 14 bis 16 Stunden und drüber arbeiten lassen. Darunter seien namentlich viele junge Leute, die eben dem Gesetz entwachsen seien. Andere verletzen das Gesetz geradezu, verkürzen die Freistunden, lassen Kinder länger arbeiten, als erlaubt ist, und lassen es auf eine Anklage ankommen, da die etwaige Strafe doch sehr gering ist gegen den Nutzen, den sie von der Übertretung haben. Namentlich jetzt, wo das Geschäft besonders gut geht, haben die Fabrikanten große Versuchung dazu.

Unter den Arbeitern hörte indes die Zehnstunden-Agitation nicht auf; 1839 war sie wieder in vollem Zuge, und an des verstorbenen Sadlers Stelle trat im Unterhause Lord Ashley und außer demselben Richard Oastler, beide Tories. Oastler namentlich, der fortwährend in den Arbeiterdistrikten agiterte und schon zu Sadlers Zeiten agitiert hatte, ward der spezielle Günstling der Arbeiter. Sie nannten ihn nur ihren "guten alten König", den "König der Fabrikkinder", und in den ganzen Fabrikdistrikten ist kein Kind, das ihn nicht kennt und verehrt, das ihm nicht, wenn er in die Stadt kommt, mit den andern in Prozession entgegenzieht. Oastler opponierte auch sehr energisch gegen das neue Armengesetz und wurde deshalb von einem Herrn Thornhill, einem Whig, auf dessen Gut er Verwalter war und dem er eine Summe schuldete, wegen Schulden gefangengesetzt. Die Whigs boten ihm mehrmals an, seine Schuld zu bezahlen, ihn sonst zu begünstigen, wenn er seine Opposition gegen das Armengesetz aufgeben wolle. Vergebens. Er blieb im Gefängnis und schickte von da aus seine "Fleet papers" gegen das Fabriksystem und das Armengesetz.

Die Tory-Regierung von 1841 wandte wieder ihre Aufmerksamkeit auf die Fabrikgesetze. Der Minister des Innern, Sir James Graham, schlug 1843 eine Bill vor, wodurch die Arbeitszeit der Kinder auf 6 1/2 Stunden beschränkt und der Schulzwang verschärft wurde; die Hauptsache dabei war aber die Errichtung besserer

Schulen. Diese Bill scheiterte indes an der Eifersucht der Dissenters (Andersdenkenden (der nicht zur anglikanischen Staatskirche gehörenden Protestanten)); obwohl der Zwang für Dissenterkinder nicht auf den Religionsunterricht ausgedehnt wurde, so war doch die Schule überhaupt unter die Aufsicht der Staatskirche gestellt, und da die Bibel das allgemeine Lesebuch bilden, die Religion also dem ganzen Unterricht zugrunde liegen sollte, so fanden sich die Dissenter bedroht. Die Fabrikanten und überhaupt die Liberalen schlugen sich zu ihnen, die Arbeiter waren wegen der kirchlichen Frage geteilt und deshalb untätig, die Opposition gegen die Bill brachte, obwohl sie in den großen Fabrikstädten, z.B. Salford und Stockport, geschlagen wurde und in andern, wie Manchester, nur einige Punkte der Bill aus Furcht vor den Arbeitern angreifen konnte, dennoch an zwei Millionen Unterschriften für ihre Petitionen zusammen, und Graham ließ sich so weit einschüchtern, daß er die ganze Bill zurücknahm. Im nächsten Jahre ließ er die Bestimmungen wegen der Schulen weg und schlug bloß vor, statt der bisherigen Vorschriften die Arbeit von Kindern zwischen acht und dreizehn Jahren auf 6 1/2 Stunden täglich und zwar so, daß sie entweder den Vormittag oder den Nachmittag ganz frei hätten, die von jungen Leuten zwischen dreizehn und achtzehn Jahren und die aller Weiber auf zwölf Stunden festzustellen und außerdem einige Beschränkungen der bisher häufigen Umgehung des Gesetzes einzuführen. Kaum war er damit aufgetreten, so begann die Zehnstunden-Agitation heftiger als je. Oastler wurde frei, eine Anzahl seiner Freunde und eine Kollekte unter den Arbeitern hatten seine Schuld bezahlt – und mit voller Kraft warf er sich in die Bewegung. Die Vertreter der Zehnstundenbill im Unterhause hatten zugenommen, die Massen von Petitionen, die von allen Seiten für die Zehnstundenbill einkamen, führten ihnen neue Unterstützer zu – am 19. März 1844 setzte Lord Ashley durch eine Majorität von 179 gegen 170 den Beschluß durch, daß der Ausdruck "Nacht" in der Fabrikbill die Zeit zwischen sechs Uhr abends und sechs Uhr morgens ausdrücken solle, wodurch also bei dem Verbot der Nachtarbeit die Arbeitszeit inklusive Freistunden auf 12 und der Sache nach exklusive Freistunden auf 10 gesetzt wurde. Aber das Ministerium war damit nicht einverstanden. Sir James Graham begann mit einem Rücktritt des Kabinetts zu drohen – und bei der nächsten Abstimmung über einen Paragraphen der Bill verwarf das Haus mit kleinen Majoritäten sowohl zehn als zwölf Stunden! Graham und Peel erklärten nun, daß sie eine neue Bill einbringen würden, und wenn diese nicht passierte, so würden sie abtreten; die neue Bill war genau die alte Zwölfstundenbill, nur mit Abänderungen der Form – und dasselbe Unterhaus, das im März diese Bill in ihren Hauptpunkten verworfen, nahm sie jetzt im Mai mit Haut und Haaren an! Die Ursache davon war, daß die meisten Unterstützer der Zehnstundenbill Tories waren, die lieber die Bill als das Ministerium fallen ließen; aber mögen die Motive gewesen sein, welche sie wollen, das Unterhaus hat sich durch diese Abstimmungen, deren eine die andere umwirft, bei allen Arbeitern in die größte Verachtung gebracht und die von den Chartisten behauptete Notwendigkeit seiner Reform selbst aufs glänzendste bewiesen. Drei Mitglieder, die früher gegen das Ministerium gestimmt hatten, stimmten später dafür und retteten es dadurch. Bei allen Abstimmungen stimmte die Masse der Opposition für und die Masse der Ministeriellen gegen das Kabinett indes keinem Zweifel, daß in sehr kurzer Zeit die Zehnstundenbill wirklich durchgehen wird. Die Fabrikanten sind natürlich fast alle dagegen, es gibt vielleicht keine zehn, die dafür sind; sie haben alle ehrlichen und unehrlichen Mittel gegen diesen ihnen verhaßten Vorschlag aufgeboten, aber das hilft ihnen zu nichts, als daß sie sich den Haß der Arbeiter immer mehr und mehr zuziehen. Die Bill geht doch durch, was die Arbeiter wollen, das können sie, und daß sie die Zehnstundenbill wollen, haben sie im vorigen Frühjahr bewiesen. Die nationalökonomischen Argumente der Fabrikanten, daß eine Zehnstundenbill die Produktionskosten steigere, daß sie dadurch die englische Industrie unfähig mache, gegen auswärtige Konkurrenz zu kämpfen, daß der Arbeitslohn notwendig fallen müsse usw., sind allerdings halb wahr, aber sie beweisen nichts, als daß die industrielle Größe Englands nur durch barbarische Behandlung der Arbeiter, nur durch Zerstörung der Gesundheit, durch soziale, physische und geistige Vernachlässigung ganzer Generationen aufrechterhalten werden kann. Natürlich, wäre die Zehnstundenbill eine definitive Maßregel, so würde England dabei ruiniert; weil sie aber notwendig andere Maßregeln nach sich zieht, die England auf eine ganz andere als die bisher befolgte Bahn lenken müssen, deshalb wird sie ein Fort schritt sein.

Wenden wir uns nun zu einer andern Seite des Fabriksystems, die weniger als die daraus folgenden Krankheiten durch gesetzliche Vorschriften zu beseitigen ist. Wir sprachen schon im allgemeinen von der Art der Arbeit, und wir sprachen ausführlich genug, um aus dem Gegebenen weitere Schlüsse ziehen zu können. Die Beaufsichtigung von Maschinen, das Anknüpfen zerrissener Fäden ist keine Tätigkeit, die das Denken des Arbeiters in Anspruch nimmt, und auf der andern Seite wieder derart, daß sie den Arbeiter hindert, seinen Geist mit andern Dingen zu beschäftigen. Zu gleicher Zeit sahen wir, daß diese Arbeit ebenfalls den Muskeln, der körperlichen Tätigkeit keinen Spielraum bietet. Auf diese Weise ist es eigentlich keine Arbeit, sondern die reine Langeweile, das ertötendste, abmattendste, was es gibt – der Fabrikarbeiter ist dazu verurteilt, seine körperlichen und geistigen Kräfte gänzlich in dieser Langeweile verkommen zu lassen, er hat den Beruf, sich von seinem achten Jahre an den ganzen Tag zu langweilen. Dazu kann er keinen Augenblick abkommen – die Dampfmaschine geht den ganzen Tag, die Räder, Riemen und Spindeln schnurren und rasseln ihm in einem fort in die Ohren, und wenn er nur einen Augenblick ruhen will, so hat er gleich den Aufseher mit dem Strafenbuch hinter sich. Diese Verdammung zum Lebendigbegrabenwerden in der Fabrik, zum steten Achtgeben auf die unermüdliche Maschine wird von den Arbeitern als die härteste Tortur empfunden. Sie wirkt aber auch im höchsten Grade abstumpfend, wie auf den Körper so auch auf den Geist des Arbeiters. Man kann wirklich keine bessere Methode zur Verdummung erfinden als die Fabrikarbeit, und wenn dennoch die Fabrikarbeiter nicht nur ihren Verstand gerettet, sondern auch mehr als andere ausgebildet und geschärft haben, so war dies wieder nur durch die Empörung gegen ihr Schicksal und gegen die Bourgeoisie möglich – das einzige, was sie allenfalls noch bei der Arbeit denken und fühlen konnten. Und wenn diese Indignation gegen die Bourgeoisie nicht zum vorherrschenden Gefühl beim Arbeiter wird, so ist die notwendige Folge der Trunk und überhaupt alles das, was man gewöhnlich Demoralisation nennt. Schon die körperliche Abspannung und die infolge des Fabriksystems allgemein gewordenen Krankheiten waren dem offiziellen Kommissar Hawkins hinreichend, um aus ihnen die Notwendigkeit dieser Demoralisation abzuleiten – wieviel mehr noch, wenn auch die geistige Abspannung noch hinzutritt und die schon erwähnten Umstände, die jeden Arbeiter zur Demoralisation verlocken, hier auch ihre Einflüsse fühlbar machen! Wir dürfen uns daher auch gar nicht darüber wundern, daß namentlich in den Fabrikstädten die Trunksucht und die geschlechtliche Ausschweifung die Höhe erreicht hat, die ich früher schon geschildert habe bis das Frühstück vorüber ist, und verliert einen Vierteltag am Lohn (obgleich er nur 2 1/2 Stunden von 12 nicht arbeitet). Er muß auf Kommando essen, trinken und schlafen. Er hat zur Befriedigung der allerdringendsten Bedürfnisse die allergeringste Zeit, die zu ihrer Abmachung nötig ist. Ob seine Wohnung von der Fabrik eine halbe oder ganze Stunde weit abliegt, kümmert den Fabrikanten nicht. Die despotische Glocke ruft ihn aus dem Bette, ruft ihn vom Frühstück und Mittagstisch.

Und wie geht es ihm gar erst in der Fabrik! Hier ist der Fabrikant absoluter Gesetzgeber. Er erläßt Fabrikregulationen, wie er Lust hat; er ändert und macht Zusätze an seinem Kodex, wie es ihm beliebt; und wenn er das tollste Zeug hineinsetzt, so sagen doch die Gerichte dem Arbeiter:

"Ihr wart ja Euer eigner Herr, Ihr brauchtet ja einen solchen Kontrakt nicht einzugehen, wenn Ihr nicht Lust hattet; jetzt aber, da Ihr unter diesen Kontrakt Euch freiwillig begeben habt, jetzt müßt Ihr ihn auch befolgen."

Und so hat der Arbeiter noch den Spott des Friedensrichters, der selbst ein Bourgeois ist, und des Gesetzes, das von der Bourgeoisie gegeben wurde, in den Kauf. Solche Entscheidungen sind oft genug gegeben worden. Im Oktober 1844 stellten die Arbeiter des Fabrikanten Kennedy in Manchester die Arbeit ein. Kennedy verklagte sie auf Grund einer in der Fabrik angeschlagenen Vorschrift: daß aus jedem Zimmer nie mehr als zwei Arbeiter auf einmal kündigen dürften! Und das Gericht gab ihm recht und den Arbeitern die obige Antwort. ("Manchester Guardian", 30. Oktober.) Und wie sind diese Regeln gewöhnlich! Hört: 1. Die Fabriktüre wird 10 Minuten nach dem Anfange der Arbeit geschlossen und niemand bis zum Frühstück hereingelassen. Wer während dieser Zeit abwesend ist, verwirkt für jeden Webstuhl 3 d. Strafe. 2. Jeder (Maschinenstuhl-)Weber, der während einer andern Zeit, während die Maschine in Bewegung ist, abwesend gefunden wird, verwirkt für jede Stunde und jeden Webstuhl, den er zu beaufsichtigen hat, 3 d. Wer während der Arbeitszeit ohne Erlaubnis des Aufsehers das Zimmer verläßt, wird ebenfalls 3 d. gestraft. 3. Weber, die keine Schere bei sich haben, verwirken für jeden Tag 1 d. 4. Alle Weberschiffchen, Bürsten, Ölkannen, Räder, Fenster etc., die zerbrochen werden, müssen von dem Weber bezahlt werden. 5. Kein Weber darf ohne Aufkündigung, die eine Woche vorher geschehen muß, aus dem Dienst treten. Der Fabrikant kann jeden Arbeiter ohne Kündigung für schlechte Arbeit oder unziemliches Betragen entlassen. 6. Jeder Arbeiter, der mit einem andern sprechend, der singend oder pfeifendbetroffen wird, entrichtet 6 d. Strafe. Wer während der Arbeit von seinem Platze geht, ebenfalls 6 d. Fabrikreglement vor, nach welchem jedem, der drei Minuten zu spät kommt, eine Viertelstunde, und jedem, der zwanzig Minuten zu spät kommt, ein Vierteltag am Lohn abgehalten wird. Wer vor dem Frühstück ganz weg bleibt, 1 sh. am Montag und 6 d. an jedem andern Tage etc. etc. Dies letztere ist das Reglement der Phoenix Works, in Jersey Street, Manchester. – Man wird mir sagen, solche Regeln seien notwendig, um in einer großen, geordneten Fabrik das nötige Ineinandergreifen der verschiedenen Manipulationen zu sichern; man wird sagen, eine solche strenge Disziplin sei hier ebenso notwendig wie bei der Armee – gut, es mag sein, aber was ist das für eine soziale Ordnung, die ohne solche schändliche Tyrannei nicht bestehen kann? Entweder heiligt der Zweck das Mittel, oder der Schluß von der Schlechtigkeit des Mittels auf die Schlechtigkeit des Zwecks ist ganz gerechtfertigt. Und wer Soldat gewesen ist, weiß, was es heißt, auch nur für kurze Zeit unter militärischer Disziplin zu stehen; diese Arbeiter sind aber dazu verdammt, vom neunten Jahre an bis zu ihrem Tode unter der geistigen und körperlichen Fuchtel zu leben, sie sind ärgere Sklaven als die Schwarzen in Amerika, weil sie schärfer beaufsichtigt werden – und dabei wird noch verlangt, daß sie menschlich leben, menschlich denken und fühlen sollen! Wahrlich, sie können es wieder nur im glühendsten Haß gegen ihre Unterdrücker und gegen die Ordnung der Dinge, die sie in eine solche Lage versetzt, die sie zu Maschinen herabwürdigt! Es ist aber noch viel schändlicher, daß es nach der allgemeinen Aussage der Arbeiter eine Menge Fabrikanten gibt, die die den Arbeitern auferlegten Geldstrafen mit der herzlosesten Strenge eintreiben, um aus den den besitzlosen Proletariern geraubten Pfennigen ihren Gewinn zu vergrößern. Auch Leach behauptet, daß die Arbeiter oft morgens die Uhr der Fabrik um eine Viertelstunde vorgerückt und infolgedessen bei ihrer Ankunft die Tür verschlossen finden, während der Schreiber mit dem Strafbuch drinnen durch die Zimmer geht und die große Menge der Fehlenden aufschreibt. Leach will selbst einmal 95 solcher ausgeschlossenen Arbeiter gezählt haben vor einer Fabrik, deren Uhr abends eine Viertelstunde hinter und morgens eine Viertelstunde vor den öffentlichen Uhren der Stadt ging. Der Fabrikbericht erzählt ähnliche Dinge. In einer Fabrik wurde die Uhr während der Arbeitszeit zurückgesetzt, so daß länger gearbeitet wurde als die richtige Zeit und der Arbeiter doch nicht mehr Lohn bekam; in einer andern wurde geradezu eine Viertelstunde länger gearbeitet, in einer dritten war eine gewöhnliche Uhr und eine Maschinenuhr, welche die Anzahl der Umdrehungen des Hauptschafts anzeigte; ging die Maschinerie langsam, so wurde nach der Maschinenuhr gearbeitet, bis die für 12 Stunden berechnete Anzahl Umdrehungen voll war; ging die Arbeit gut, so daß diese Zahl vor der rechten Zeit voll war, so mußten die Arbeiter dennoch bis zum Ende der zwölften Stunde fortarbeiten. Der Zeuge fügt hinzu, er habe einige Mädchen gekannt, die in guter Arbeit waren und Extrastunden arbeiteten, die aber doch lieber sich der Prostitution in die Arme geworfen, als daß sie sich diese Tyrannei hätten gefallen lassen (DrinkW(ater) evid. p. 80). Leach erzählt, um auf die Geldstrafen zurückzukommen, er habe zu wiederholten Malen gesehen, wie hochschwangere Frauen, die sich einen Augenblick bei ihrer Arbeit gesetzt hatten, um auszuruhen, für dies Vergehen um 6 d. gestraft wurden. Die Strafen wegen schlechter Arbeit werden vollends willkürlich auferlegt; die Ware wird im Lager nachgesehen, und hier schreibt der nachsehende Lagermeister die Strafen auf eine Liste, ohne den Arbeiter auch nur herbeizurufen; dieser erfährt erst, daß er gestraft worden ist, wenn ihm der Aufseher den Lohn ausbezahlt und die Ware vielleicht schon verkauft und jedenfalls auf die Seite gebracht ist. Leach besitzt eine solche Strafliste, die zusammengeheftet zehn Fuß lang ist und sich auf Pfd. St. 35-17-10 d. beläuft. Er erzählt, daß in der Fabrik, wo diese Liste aufgesetzt, ein neuer Lagermeister entlassen worden sei, weil er zu wenig strafe und so dem Fabrikanten fünf Pfund (34 Taler) wöchentlich zu wenig einbringe ("Stubborn Facts", p. 13-17). Und ich wiederhole nochmals, daß ich Leach als einen durchaus zuverlässigen und einer Lüge unfähigen Mann kenne.

Aber auch außerdem ist der Arbeiter der Sklave seines Brotherrn. Wenn dem reichen Herrn die Frau oder Tochter des Arbeiters gefällt – so hat er nur zu verfügen, nur zu winken, und sie muß ihm ihre Reize opfern. Wenn der Fabrikant eine Petition zum Schutz der Bourgeoisie-Interessen mit Unterschriften zu bedecken wünscht – er braucht sie nur in seine Fabrik zu schicken. Will er eine Parlamentswahl durchsetzen – er schickt seine stimmfähigen Arbeiter in Reih und Glied an die Stimmbuden, und sie müssen wohl für den Bourgeois stimmen, sie mögen wollen oder nicht. Will er in einer öffentlichen Versammlung eine Majorität haben – er entläßt sie eine halbe Stunde früher als gewöhnlich und besorgt ihnen Plätze dicht an der Tribüne, wo er sie gehörig überwachen kann.

Dazu kommen aber noch zwei Einrichtungen, die ganz besonders dazu beitragen. den Arbeiter in die Botmäßigkeit des Fabrikanten zu zwingen – das Trucksystem und das Cottagesystem. Truck heißt bei den Arbeitern das Bezahlen des Lohns in Waren, und dieser Zahlmodus war früher ganz allgemein in England. Der Fabrikant errichtete, "zur Bequemlichkeit der Arbeiter und um sie vor den hohen Preisen der Krämer zu schützen", einen Laden, in dem für seine Rechnung Waren aller Art verkauft wurden; und damit der Arbeiter nicht etwa in andere Läden gehe, wo er die Waren billiger haben konnte – die Truckwaren des "Tommy-Shop" pflegten 25 bis 30 Prozent teurer zu sein als anderswo -, gab man ihm auch wohl eine Anweisung auf den Laden für den Betrag seines Lohns anstatt des Geldes. Der allgemeine Unwille über dies infame System veranlaßte 1831 den Truck-Akt, wodurch die Bezahlung in Waren (1845) irrtümlich: Lohn) für die meisten Arbeiter für ungültig und ungesetzlich erklärt und mit Strafen belegt wurde; indes hat dies Gesetz, wie die meisten englischen Gesetze, nur hier und da faktische Kraft erhalten. In den Städten freilich ist es ziemlich genau durchgeführt, auf dem Lande aber ist das direkte und indirekte Trucksystem noch in voller Blüte. Auch in der Stadt Leicester kommt es sehr häufig vor. Mir liegen ungefähr ein Dutzend Fälle von Verurteilungen wegen dieses Vergehens vor, die von November 1843 bis Juni 1844 vorkamen und teils im "Manchester Guardian", teils im "Northern Star" berichtet werden. Natürlich wird dies System jetzt nicht mehr so offen getrieben; der Arbeiter bekommt sein Geld meistens ausbezahlt, aber der Fabrikant hat Mittel genug, ihn zu zwingen, daß er seine Waren in dem Truckladen und nirgends anderswo kauft. Daher ist den Truckfabrikanten selten beizukommen, denn jetzt können sie ihr Unwesen unter dem Schutze des Gesetzes treiben, sobald sie nur dem Arbeiter das Geld wirklich in die Hände geben. Der

"Northern Star" vom 27. April 1844 gibt einen Brief eines Arbeiters in Holmfirth bei Huddersfield in Yorkshire, dessen Orthographie ich wiedergeben will, soviel es möglich ist, und der sich auf einen Fabrikanten Bowers bezieht:

"Es ist vast Befremdent Zu dencken, Daß Daß verflugte Truk Sistim Besteehn Solde in Solger ausDenung Alz Eß tbut zu Holmfirth Und niemannt gevunden Werden Der Die Kurrase Had Den Vabrickanden 1 stok Dafor zu Steken. hier Leyden 1 groose mengge erliger hand Weeber Durg Dißem Vervlugden Siststem Hier ist 1 probe auß fielen Der EdelMütigen Vrey Handelsklike 14 täge auf eine kete Wardten Aber nemen Sie Die 20 Shi. Und Die waren So ist imer 1 Kete vor sie Zu haben. Das Ist vreyer Handel. lord Brohom (Brougham) sagd wir Solden Edwas zu Rüklegen in unseren Junge Täge Auff Das wir Nigt die armen Casse bedürven wen wir Ald sein sollen wir Die vaule waren zu Rüklegen. wen dis Nigt keme von einen Lordso solte Mann sagen Das sein geHirn Eben So vaul were Als Die waren wo mit wir unsere arbeid bezald krigen. alS die Ungestempelden Zeitungen Aufkamen taten Da war Ein Menge so dis Der polizei anzeigden in Holmfirth Da waren die Blyths, die Eatwoods Und s. w. etcet. Aber wo sein Sie jetz aber Es ist etwas Anderes unser trukVabrikand gehörd zu die Vromme Vreihandels Leute Er get 2 mal in Die kirge Jeden sondag Und sagd Dem pfaven Andegtig Nag wir Haben unter Laßen Die Dinge so wir Haten tun solen Und wir Haben getan Die dinge so Wir heten unter Lasen solen und in Uns ist kein gut Aber schohne unser guter Gott" (Worte der anglikanischen Litanei) "ja schohne unser biß Morgen so bezalen wir wider Unsern Webern in vaule Waren."

Das Cottagesystem sieht viel unschuldiger aus und ist auch auf eine viel unschuldigere Weise entstanden, obwohl es dieselben knechtenden Wirkungen für den Arbeiter hat. In der Nähe der Fabriken auf dem Lande fehlt es oft an Wohnungen für die Arbeiter; der Fabrikant ist oft genötigt, solche Wohnungen zu bauen, und tut es gern, da sie ihm reichlichen Nutzen auf sein ausgelegtes Kapital einbringen. Wenn die Eigentümer von Arbeitertcottages etwa 6 Prozent jährlich von ihrem Kapital bekommen, so kann man rechnen, daß die Cottages dem Fabrikanten das Doppelte eintragen, da er, solange seine Fabrik nicht gänzlich stillsteht, immer Mieter hat, und zwar solche Mieter, die stets bezahlen. Er ist also von den beiden Hauptnachteilen frei, die die übrigen Hausbesitzer treffen: Er hat nie Cottages leer stehen und läuft kein Risiko. Die Miete einer Cottage ist aber darnach berechnet, daß sie diese Nachteile deckt, und wenn der Fabrikant also dieselbe Miete nimmt wie die übrigen, so macht er mit 12 bis 14 Prozent ein brillantes Geschäft auf Unkosten der Arbeiter. Denn es ist offenbar unrecht, daß er, wenn er im Häuservermieten Geschäfte macht, einen größeren, ja den doppelten

Nutzen bezieht wie seine Konkurrenten und zu gleicher Zeit ihnen alle Möglichkeit nimmt, mit ihm zu konkurrieren. Doppeltes Unrecht aber ist es, daß er diesen Nutzen aus der Tasche der besitzlosen Klasse bezieht, die über jeden Pfennig haushalten muß – doch das ist er ja gewohnt, dessen ganzer Reichtum auf Unkosten seiner Arbeiter erworben ist. Aber das Unrecht wird zur Infamie, wenn der Fabrikant, wie es oft genug geschieht, die Arbeiter, die bei Strafe der Entlassung in seinen Häusern wohnen müssen, zur Bezahlung einer höheren als der gewöhnlichen Miete oder gar dazu zwingt, Miete für ein Haus zu bezahlen, das sie gar nicht bewohnen! Der "Halifax Guardian", zitiert im liberalen"Sun", behauptet, daß Hunderte von Arbeitern in Ashton-under-Lyne, Oldham und Rochdale usw. von ihren Brotherren genötigt seien, Miete für Häuser zu bezahlen, gleichviel ob sie diese Häuser bewohnten oder nicht (18). Das Cottagesystem ist allgemein in den ländlichen Fabrikdistrikten; es hat ganze Ortschaften hervorgerufen, und meistens hat der Fabrikant wenig oder gar keine Konkurrenz mit seinen Häusern, so daß er seine Miete gar nicht nach den Forderungen andrer einzurichten braucht, sondern sie ansetzen kann, wie er will. Und welche Macht gibt das Cottagesystem erst dem Fabrikanten bei Zerwürfnissen mit den Arbeitern! Stellen diese die Arbeit ein, so hat er ihnen nur die Miete zu kündigen, und die Kündigungsfrist ist nur eine Woche; nach Verlauf derselben sind die Arbeiter nicht nur brotlos, sondern auch obdachlos, Vagabunden, dem Gesetz verfallen, das sie ohne Gnade einen Monat auf die Tretmühle schickt.

Das ist das Fabriksystem, so ausführlich geschildert, wie es mein Raum erlaubt, und so unparteiisch, wie es die Heldentaten der Bourgeoisie gegen wehrlose Arbeiter, Taten, bei denen man unmöglich gleichgültig bleiben kann, bei denen Gleichgültigkeit ein Verbrechen wäre, erlauben. Vergleichen wir doch einmal die Lage des freien Engländers von 1845 mit der des leibeignen Sachsen unter der Geißel des normännischen Barons von 1145. Der Leibeigne war glebae adscriptus, an die Scholle gefesselt; der freie Arbeiter ist es auch – durch das Cottagesystem; der Leibeigne schuldete dem Brotherrn das jus primae noctis, das Recht der ersten Nacht – der freie Arbeiter schuldet seinem Herrn nicht nur das, sondern sogar das Recht jeder Nacht. Der Leibeigne konnte kein Eigentum erwerben, alles, was er erwarb, durfte ihm der Grundherr nehmen – der freie Arbeiter hat ebenfalls kein Eigentum, kann keins erwerben durch den Druck der Konkurrenz, und was selbst der Normanne nicht tat, das tut der Fabrikant: durch das Trucksystem maßt er sich täglich die Verwaltung dessen an, wovon der Arbeiter seinen unmittelbaren Lebensunterhalt hat. Das Verhältnis des Leibeignen zum Grundherrn war durch Gesetze geregelt, die befolgt wurden, weil sie den Sitten entsprachen, sowie auch durch die Sitten selbst; des freien Arbeiters Verhältnis zu seinem

Herrn ist durch Gesetze geregelt, die nicht befolgt werden, weil sie weder den Sitten noch dem Interesse des Herrn entsprechen. Der Grundherr konnte den Leibeignen nicht von der Scholle losreißen, ihn nicht ohne sie, und da fast alles Majorat und nirgends Kapital war, ihn überhaupt nicht verkaufen; die moderne Bourgeoisie zwingt den Arbeiter, sich selbst zu verkaufen. Der Leibeigne war Sklave des Grundstücks, auf dem er geboren war; der Arbeiter ist Sklave der notwendigsten Lebensbedürfnisse und des Geldes, mit dem er sie zu kaufen hat – beide sind Sklaven der Sache. Der Leibeigne hat eine Garantie für seine Existenz an der feudalen Gesellschaftsordnung, in der jeder seine Stelle hat; der freie Arbeiter hat gar keine Garantie, weil er nur dann eine Stelle in der Gesellschaft hat, wenn die Bourgeoisie ihn braucht – sonst wird er ignoriert, als gar nicht vorhanden betrachtet. Der Leibeigne opfert sich seinem Herrn im Kriege – der Fabrikarbeiter im Frieden. Der Herr des Leibeignen war ein Barbar, er betrachtete seinen Knecht wie ein Stück Vieh; der Herr des Arbeiters ist zivilisiert, er betrachtet diesen wie eine Maschine. Kurz, die beiden stehen sich in allem so ziemlich gleich, und wenn auf einer Seite Nachteil ist, so ist es auf der des freien Arbeiters. Sklaven sind sie beide, nur daß die Knechtschaft des einen ungeheuchelt, offen, ehrlich ist und die des andern heuchlerisch, hinterlistig verheimlicht vor ihm selbst und allen andern, eine theologische Leibeigenschaft, die schlimmer ist als die alte. Die humanen Tories hatten recht, als sie den Fabrikarbeitern den Namen: white Slaves, weiße Sklaven, gaben. Aber die heuchlerische, sich versteckende Knechtschaft erkennt wenigstens das Recht auf Freiheit dem Scheine nach an; sie beugt sich der freiheitliebenden öffentlichen Meinung, und darin liegt der historische Fortschritt gegen die alte Sklaverei, daß wenigstens das Prinzip der Freiheit durchgesetzt ist – und die Unterdrückten werden schon dafür sorgen, daß dies Prinzip auch durchgeführt werde.

Zum Schluß ein paar Strophen eines Gedichts, das die Ansicht der Arbeiter selbst über das Fabriksystem ausspricht. Es ist von Edward P. Mead in Birmingham und der richtige Ausdruck der unter den Arbeitern herrschenden Gesinnung.

Ein König lebt, ein zorniger Fürst,
Nicht des Dichters geträumtes Königsbild,
Ein Tyrann, den der weiße Sklave kennt,
Und der Dampf ist der König wild.

Er hat einen Arm, einen eisernen Arm,
Und obgleich er nur einen trägt;

In dem Arme schafft eine Zauberkraft,
Die Millionen schlägt.

Wie der Moloch grimm, sein Ahn, der einst
Im Tale Himmon saß,
Ist Feuersglut sein Eingeweid',
Und Kinder sind sein Fraß.

Seine Priesterschar, der Menschheit bar,
Voll Blutdurst, Stolz und Wut,
Sie lenken – o Schand'! – seine Riesenhand
Und zaubern Gold aus Blut.

Sie treten in Staub das Menschenrecht
Für das schnöde Gold, ihren Gott,
Des Weibes Schmerz ist ihnen Scherz,
Des Mannes Trän' ihr Spott.

Musik ist ihrem Ohr das Schrei'n
Des Armen im Todeskampf;
Skelette von Jungfrau'n und Knaben füll'n
Die Hüllen des König Dampf.

Die Höll'n auf Erd'! sie verbreiten Tod,
Seit der Dampf herrscht, rings im Reich,
Denn des Menschen Leib und Seele wird
Gemordet d'rin zugleich.

Drum nieder den Dampf, den Moloch wild,
Arbeitende Tausende, all',
Bind't ihm die Rand, oder unser Land
Bringt er über Nacht zu Fall!

Und seine Vögte grimm, die Mill-Lords stolz,
Goldstrotzend und blutigrot,
Stürzen muß sie des Volkes Zorn,
Wie das Scheusal, ihren Gott! (19)

Anmerkungen F. E.:

(1) "The Cotton Manufacture of Great Britain" (Die Baumwollmanufaktur Großbritanniens). By Dr. A. Ure. 1836.

(2) "History of the Cotton Manufacture in Great Britain" (Geschichte der Baumwollmanufaktur in Großbritannien). By E. Baines, Esq.

(3) "Stubborn Facts from the Factories", by a Manchester Operative. Published and dedicated to the working Classes (Unumstößliche Tatsachen aus den Fabriken, von einem Fabrikarbeiter aus Manchester. Herausgegeben und den arbeitenden Klassen gewidmet), by Wm. Rashleigh, M. P. London, Ollivier, 1844, p. 28 ff.

(4) So fragt z.B. Herr Symons in "Arts and Artizans".

(5) Z.B. Dr. Ure in der Philos(ophy) of Manuf(actures)".

(6) "Der Stand der Dinge in Beziehung auf Arbeitslohn ist augenblicklich sehr verdreht in einigen Zweigen der Baumwollfabrikation in Lancashire; es gibt Hunderte von jungen Männern, zwischen 20 und 30 Jahren, die als Piecer und sonst beschäftigt sind und nicht mehr als 8 oder 9 Shilling wöchentlich erhalten, während unter demselben Dach Kinder von 13 Jahren 5 sh. und junge Mädchen zwischen 16 und 20 Jahren 10 bis 12 sh. wöchentlich verdienen." Bericht des Fabrikinsp. L. Horner, Oktober 1844.

(7) 1843 waren unter den Unglücksfällen, die dem Krankenhause in Manchester zugeführt wurden, 189, sage hundertneunundachtzig Verbrennungen. Wie viele tödlich, wird nicht gesagt.

(8) Wie zahlreich die in Fabriken arbeitenden verheirateten Frauen sind, geht aus einer von den Fabrikanten selbst gemachten Angabe hervor: In 412 Fabriken in Lancashire arbeiteten ihrer 10 721; von ihren Männern hatten nur 5 314 gleichfalls in Fabriken Arbeit, 3 927 waren sonst beschäftigt, 821 arbeitslos und über 659 fehlten die Notizen. Also auf jede Fabrik durchschnittlich zwei, wo nicht gar drei Männer, die von ihrer Frauen Arbeit leben.

(9) Auch im Spinnsaal einer Fabrik in Leeds waren Sitze eingeführt, Drinkwater evid. p. 85.

(10) Die sogenannten Wundärzte (surgeons) sind studierte Mediziner, geradesogut wie die promovierten Ärzte (physicians), und haben deshalb auch allgemein sowohl ärztliche wie wundärztliche Praxis. Sie werden im allgemeinen aus verschiedenen Gründen sogar den physicians vorgezogen.

(11) Diese Aussage ist nicht dem Fabrikbericht entnommen.

(12) Alles der Rede von Lord Ashley (Unterhaussitzung vom 15. März 1844) entnommen.

(13) Bekanntlich blamierte sich das Unterhaus in derselben Session noch einmal auf diese Weise in der Zuckerfrage, wo es zuerst gegen, später, nach Anwendung der "Regierungspeitsche", für die Minister entschied.

(14) Hören wir noch einen kompetenten Richter: "Wenn das Beispiel der Irländer in Verbindung mit der unablässigen Arbeit der ganzen baumwollfabrizierenden Klasse betrachtet wird, so werden wir uns über ihre schreckliche Demoralisation weniger wundern. Anhaltende und erschöpfende Arbeit Tag für Tag, Jahr für Jahr fortgesetzt, ist nicht berechnet, die intellektuellen und moralischen Fähigkeiten des Menschen zu entwickeln. Der trübselige Schlendrian einer endlosen Arbeitsqual (drudgery), worin derselbe mechanische Prozeß immer wieder durchgemacht wird, gleicht der Qual des Sisyphus; die Last der Arbeit, gleich dem Felsen, fällt immer wieder auf den abgematteten Arbeiter zurück. Der Geist erlangt weder Kenntnisse noch Denktätigkeit durch die ewige Arbeit derselben Muskeln; der Verstand schlummert ein in stumpfer Trägheit, aber der gröbere Teil unserer Natur erhält eine üppige Entwicklung. Den Menschen zu solcher Arbeit zu verdammen heißt die tierischen Anlagen in ihm kultivieren. Er wird gleichgültig, er verschmäht die seine Gattung auszeichnenden Triebe und Sitten. Er vernachlässigt die Bequemlichkeiten und feineren Freuden das Lebens, er lebt in schmutzigem Elend, bei magerer Nahrung und vergeudet den Rest seines Erwerbs in Ausschweifungen. – Dr. J. P. Kay,a.a.O.

(15) "Stubborn Facts", p. 9 ff.

(16) Die Anhänger der Anti-Korngesetz-Ligue.

(17) Der "Leeds Mercury" – bourgeois-radikales Blatt.

(18) "Sun" (Londoner Tageblatt) von Ende November 1844.

(19) Ich habe weder Zeit noch Raum, mich weitläufig auf die Entgegnungen der Fabrikanten auf die gegen sie seit zwölf Jahren gerichteten Anklagen einzulassen. Die Leute sind nun einmal nicht zu belehren, weil ihr vermeintliches Interesse sie blendet. Da ohnehin in obigem manche ihrer Einwände schon gelegentlich beseitigt sind, so bleibt mir nur folgendes zu sagen:

Ihr kommt nach Manchester, ihr wollt die englischen Zustände kennenlernen. Ihr habt gute Empfehlungen an "respektable" Leute, natürlich. Ihr laßt einige Äußerungen über die Lage der Arbeiter fallen. Man macht euch mit ein paar der ersten liberalen Fabrikanten bekannt, etwa Robert Hyde Greg, Edmund Ashworth, Thomas Ashton, oder so. Ihr erzählt ihm von euren (1845): Man erzählt ihnen von seinen ...) Absichten. Der Fabrikant versteht euch, er weiß, was er zu tun hat. Er fährt mit euch auf seine Fabrik auf dem Lande – Herr Greg nach Quarry-Bank in Cheshire, Herr Ashworth nach Turton bei Bolton, Herr Ashton nach Hyde. Er führt euch durch ein prächtiges, wohleingerichtetes, vielleicht mit Ventilatoren versehenes Gebäude, er macht euch auf die hoben, luftigen Räume, die schönen Maschinen, hier und da auf gesundaussehende Arbeiter aufmerksam. Er gibt euch ein gutes Frühstück und schlägt euch vor, die Wohnungen der Arbeiter zu besuchen – er führt euch an die Cottages, die neu, reinlich und nett aussehen, und geht mit euch in diese und jene selbst hinein. Natürlich nur zu den Aufsehern, Mechanikern usw., damit ihr "Familien seht, die ganz von der Fabrik leben". Bei den andern dürftet ihr ja finden, daß nur Frau und Kinder arbeiten und der Mann Strümpfe stopft. Die Gegenwart des Fabrikanten hindert euch, indiskrete Fragen zu tun; ihr findet die Leute alle gut bezahlt, komfortabel, von wegen der Landluft verhältnismäßig gesund, ihr fangt an, euch von euren überspannten Ideen von Elend und Hungersnot zu bekehren. Daß aber das Cottagesystem die Arbeiter zu Sklaven macht, daß vielleicht ein Truckladen in der Nähe ist, das erfahrt ihr nicht, daß die Leute den Fabrikanten hassen, das zeigen sie euch nicht, weil er dabei ist. Er hat wohl gar auch Schule, Kirche, Lesezimmer etc. errichtet. Daß er die Schule dazu gebraucht, die Kinder an die Subordination zu gewöhnen, daß er im Lesezimmer nur solche Sachen duldet, in denen das Interesse der Bourgeoisie vertreten wird, daß er seine Leute wegschickt, wenn sie chartistische und sozialistische Blätter und Bücher lesen – das ist euch all verborgen. Ihr seht ein behagliches, patriarchalisches Verhältnis, ihr seht das Leben der Aufseher, ihr seht was die Bourgeoisie den Arbeitern verspricht, wenn sie auch geistig ihre Sklaven werden wollen. Diese "ländliche Fabrikation" ist von jeher das Steckenpferd der Fabrikanten gewesen, weil hier die Nachteile des Fabriksystems, besonders die sanitären, teilweise durch die freie Luft und Umgebung aufgehoben werden und weil hier die patriarchalischeKnechtschaft der Arbeiter sich am längsten erhält. Dr. Ure singt einen Dithyrambus darauf. Aber wehe, wenn die Arbeiter sich einfallen lassen, selbst zu denken und Chartisten zu werden – da hört die väterliche Zuneigung des Fabrikanten mit einem Male auf. Übrigens, wollt ihr etwa durch die Arbeiterviertel von Manchester geführt werden, wollt ihr die Ausbildung des Fabriksystems in einer Fabrik stadt sehen ja, da könnt ihr lange warten, bis euch diese reichen Bourgeois dabei behülflich sind! Die Herren wissen nicht, was ihre Arbeiter wollen und in welcher Lage sie sind, und sie wollen, sie dürfen es nicht wissen, weil sie immer fürchten müssen, Dinge zu erfahren, bei denen sie unruhig werden oder gar ihrem Interesse zuwiderhandeln müßten. Ist auch höchst gleichgültig – was die Arbeiter durchzuführen haben, setzen sie schon allein durch.

Die übrigen Arbeitszweige

Wenn wir bei der Schilderung des Fabriksystems uns länger aufzuhalten hatten, weil es eine ganz neue Schöpfung der industriellen Zeit ist, so werden wir uns bei den übrigen Arbeitern desto kürzer fassen können, indem hier entweder das, was von den industriellen Proletariern überhaupt, oder was vom Fabriksystem im besondern gesagt ist, ganz oder teilweise seine Anwendung findet. Wir werden also nur zu berichten haben, inwiefern namentlich das Fabriksystem bei den einzelnen Arbeitszweigen sich einzudrängen gewußt hat und was sich sonst Eigentümliches bei ihnen vorfindet.

Die vier Arbeitszweige, auf die sich das Fabrikgesetz erstreckt, bezwecken die Anfertigung von Stoffen zur Kleidung. Wir werden am besten tun, hier gleich diejenigen Arbeiter folgen zu lassen, welche ihr Material aus diesen Fabriken erhalten, und zwar zuerst die Strumpfwirker von Nottingham, Derby und Leicester. Über diese Arbeiter berichtet der Child. Empl. Rept., daß die lange Arbeitszeit (die durch niedrigen Lohn erzwungen wird) vereint mit der sitzenden Lebensart und der Anstrengung der Augen, welche aus der Natur der Arbeit selbst hervorgeht, gewöhnlich den Körper im allgemeinen kränklich und besonders die Augen schwach macht. Ohne sehr starkes Licht kann bei Abend nicht gearbeitet werden, und so wenden die Weber gewöhnlich Glaskugeln an, um das Licht zu konzentrieren, was die Augen sehr angreift. Im vierzigsten Jahre müssen fast alle eine Brille gebrauchen. Die Kinder, welche dabei mit Spulen und Nähen (Säumen) beschäftigt werden, leiden gewöhnlich an ihrer Gesundheit und Konstitution bedeutenden Schaden. Sie arbeiten vom sechsten, siebenten oder achten Jahre an in kleinen, dumpfigen Zimmern zehn bis zwölf Stunden. Viele werden bei der Arbeit ohnmächtig, zu schwach für die gewöhnlichste Hausarbeit und so kurzsichtig, daß sie schon während der Kindheit Brillen tragen müssen. Viele wurden von den Kommissären mit allen Symptomen skrofulöser Konstitution gefunden, und die Fabrikanten weigern sich meistens wegen der Schwäche der Mädchen, die so gearbeitet haben, sie in der Fabrik zu beschäftigen. Der Zustand dieser Kinder wird als ",ein Schandfleck für ein christliches Land" bezeichnet und der Wunsch nach gesetzlichem Schutz ausgesprochen (Grainger, Rept. App. Pt. 1, p. F. 16, ss. 132-142). Der Fabrikbericht setzt hinzu, daß die Strumpfwirker die am schlechtesten bezahlten Arbeiter in Leicester seien – sie verdienten 6 sh. und bei großer Anstrengung 7 sh. wöchentlich durch täglich sechzehn- bis achtzehnstündige Arbeit. Früher verdienten sie 20 bis 21 sh., aber die Einführung der vergrößerten Stühle habe ihr Geschäft verdorben, die große Majorität arbeite noch auf den älteren, einfachen Stühlen und konkurriere mühselig gegen den Fortschritt der Maschinerie. Also auch hier jeder Fortschritt ein Rückschritt für den Arbeiter! Aber trotz alledem, erzählt Kommissär Power, seien die Strumpfwirker stolz darauf, daß sie frei seien und keine Fabrikglocke hätten, die ihnen die Zeit zum Essen, Schlafen und Arbeiten zumesse. Die Lage dieser Arbeiterklasse ist in Beziehung auf den Lohn noch nicht besser als 1833, wo die Fabrikkommission die obigen Angaben machte – die Konkurrenz der sächsischen Strumpfwirker, die selbst kaum etwas zu beißen haben, sorgt dafür. Sie schlägt die Engländer auf fast allen fremden und in den geringen Qualitäten sogar im englischen Markt – muß es nicht eine Freude für den deutschen patriotischen Strumpfwirker sein, durch seinen Hunger die englischen Strumpfwirker auch brotlos zu machen, und wird er nicht zum größeren Ruhme der deutschen Industrie stolz und freudig forthungern, da doch Deutschlands Ehre es fordert, daß seine Schüssel nur halb voll sei? o, es ist eine schöne Sache um die Konkurrenz und den "Wettlauf der Nationen"! Im "Morning Chronicle" – wieder ein liberales Blatt, das Blatt der Bourgeoisie par excellence – finden sich im Dezember 1843 einige Briefe von einem Strumpfwirker in Hinckley über die Lage seiner Arbeitsgenossen. Er berichtet unter andern von 50 Familien, zusammen 321 Personen, die von 109 Webstühlen lebten; jeder Webstuhl trug durchschnittlich 5 1/6 sh. ein, jede Familie verdiente durchschnittlich wöchentlich 11 sh. 4 Pence. Davon gingen ab für Hausmiete, Strumpfstuhlmiete, Kohlen, Licht, Seife, Nadeln zusammen 5 sh. 10 Pence, so daß für Nahrung auf jeden Kopf täglich 1 1/2 Pence – 15 Pfennige preußisch – übrigblieben, und für Kleidung gar nichts.

"Kein Auge", sagt der Strumpfwirker, "hat gesehen, kein Ohr gehört und kein Herz fassen können die Hälfte der Leiden, die diese armen Leute erdulden."

Betten fehlten ganz oder zur Hälfte, die Kinder liefen zerlumpt und barfuß umher; die Männer sagten mit Tränen in den Augen: "Wir haben lange, lange kein Fleisch gehabt, wir haben fast vergessen, wie es schmeckt" – und zuletzt arbeiteten einige des Sonntags, obwohl die öffentliche Meinung alles eher verzeiht als das und obwohl der rasselnde Lärm des Webstuhls in der ganzen Nachbarschaft gehört wird.

"Aber", sagte einer, "seht doch meine Kinder an und laßt das Fragen. Meine Armut zwingt mich dazu; ich kann und will meine Kinder nicht ewig um Brot schreien hören, ohne das letzte Mittel zu versuchen, durch das ich mir ehrlich Brot erwerben kann. Vorigen Montag stand ich um zwei Uhr auf und arbeitete bis beinahe Mitternacht, die übrigen Tage von sechs Uhr morgens bis zwischen elf und zwölf in der Nacht. Ich bin es leid, ich will mich nicht ins Grab bringen. Jetzt höre ich jeden Abend um zehn Uhr auf und hole die verlorne Zeit sonntags nach."

Der Lohn ist weder in Leicester noch in Derby und Nottingham gestiegen gegen 1833, und was das schlimmste ist, in Leicester herrscht das Trucksystem, wie schon früher gesagt, in großer Ausdehnung. Es ist daher auch nicht zu verwundern, daß die Wirker dieser Gegend an allen Arbeiterbewegungen sehr lebhaften Anteil genommen haben, und um so tätiger und wirksamer, da die Stühle selbst meistens von Männern in Bewegung gesetzt werden.

In derselben Gegend, wo die Strumpfwirker leben, ist auch der Hauptsitz der Spitzenfabrikation. In den genannten drei Grafschaften sind im ganzen 2 760 Spitzenmaschinen im Gange, während im übrigen Teile von England nur 786 existieren. Die Spitzenfabrikation ist durch eine streng durchgeführte Teilung der Arbeit sehr verwickelt geworden und hat eine Menge Zweige. Zuerst muß das Garn gespult werden, was von Mädchen von vierzehn Jahren aufwärts geschieht (winders); dann werden die Spulen von Knaben (threaders) vom achten Jahre aufwärts auf die Maschine gesetzt und der Faden durch feine Öffnungen, deren jede Maschine durchschnittlich 1 800 hat, eingefädelt und seiner Bestimmung entgegengeleitet; dann macht der Arbeiter die Spitzen, die wie ein breites Tuch aus der Maschine kommen und von ganz kleinen Kindern durch Herausziehen der verbindenden Fäden in ihre einzelnen Stücke zerlegt werden – dies heißt running oder drawing lace, und die Kinder selbst lace-runners. Dann werden die Spitzen zum Verkauf fertiggemacht. – Die winders wie die threaders haben keine bestimmte Arbeitszeit, da sie in Anspruch genommen werden, sobald die Spulen einer Maschine abgelaufen sind; und da die Arbeiter auch nachts weben, so können sie zu jeder Zeit in die Fabrik oder Arbeitsstube des Webers gerufen werden. Diese Unregelmäßigkeit der Beschäftigung, das häufige Nachtarbeiten, die unordentliche Lebensart, die daraus folgt, erzeugt eine Menge physischer und moralischer Übel, besonders regellosen und frühen geschlechtlichen Verkehr, worüber alle Zeugen einig sind. Die Arbeit selbst ist dem Auge sehr nachteilig; obwohl ein dauernder Nachteil bei den threaders nicht allgemein ausgemacht ist, so erzeugt sie doch Augenentzündungen und während des Einfädelns selbst Schmerzen, Tränenfluß, momentane Unklarheit des Gesichts etc. Bei den winders ist es aber ausgemacht, daß ihre Arbeit die Augen ernstlich angreift und außer den häufigen Entzündungen der Hornhaut auch den grauen und schwarzen Star nicht selten hervorbringt. Die Arbeit der Wirker selbst ist sehr schwer, da die Maschinen mit der Zeit immer breiter gemacht worden sind, so daß es jetzt fast nur solch gibt, die von drei Männern bearbeitet werden, von denen jeder nach vier Stunden den andern ablöst, so daß sie zusammen alle vierundzwanzig Stunden und jeder acht Stunden täglich arbeiten. Hieraus wird klar, weshalb die winders und threaders so oft nachts an die Arbeit müssen, damit die Maschine nicht zu lange stillstehe. Das Einfädeln der Spulen in 1 800 Öffnungen nimmt ohnehin drei Kindern zwei Stunden Zeit weg. Manche Maschinen werden auch durch Dampfkraft getrieben und dadurch die Arbeit der Männer verdrängt, und da der Ch. E. Rept. immer nur von "Spitzenfabriken" spricht, wohin die Kinder gerufen würden, so scheint hieraus zu folgen, daß neuerdings entweder die Arbeit der Wirker in große Fabriksäle verlegt oder die Anwendung der Dampfwirkerei ziemlich allgemein geworden ist. In beiden Fällen Fortschritt des Fabriksystems. Am ungesundesten ist aber die Arbeit der runners, die meist Kinder von sieben, ja fünf oder vier Jahren sind. Kommissär Grainger fand sogar ein Kind von zwei Jahren mit dieser Arbeit beschäftigt. Das Verfolgen eines und desselben Fadens, der aus einem künstlich verschlungenen Gewebe mit der Nadel herausgenommen wird ist dem Auge sehr schädlich, besonders wenn die Arbeit, wie dies gewöhnlich, vierzehn bis sechzehn Stunden fortgesetzt wird. Im gelindesten Fall tritt Kurzsichtigkeit in sehr hohem Grade, im schlimmsten, der oft genug vorkommt, unheilbare Erblindung durch den schwarzen Star ein. Außerdem aber werden die Kinder durch das fortwährende Krummsitzen schwächlich, engbrüstig und infolge schlechter Verdauung skrofulös; Störungen der Funktionen des Uterus bei Mädchen sind fast allgemein, und ebenso die Verkrümmung des Rückgrats, so daß "man die runners alle an ihrem Gange kennen kann". Dieselben Folgen hat sowohl für die Augen wie für die ganze Konstitution das Sticken der Spitzen. Die medizinischen Zeugen sind alle darüber einig, daß die Gesundheit aller beim Spitzenmachen beschäftigten Kinder bedeutend leidet, daß diese Kinder blaß, zart, schwach, zu klein für ihr Alter und weit seltener als andre fähig sind, einer Krankheit zu widerstehen. Ihre gewöhnlichen Übel sind: allgemeine Schwäche, häufige Ohnmachten, Schmerzen im Kopf, Seiten, Rücken und Hüften, Herzklopfen, Übelkeit, Erbrechen und Mangel an Appetit, Verkrümmung des Rückgrats, Skrofeln und Auszehrung. Besonders wird die Gesundheit des weiblichen Körpers fortwährend und tief untergraben; über Bleichsucht, schwere Geburten und Abortion wurde allgemein geklagt (Grainger, Report, durchgängig). Dazu berichtet derselbe Unterbeamte der Child. Empl. Comm., daß die Kinder sehr häufig schlecht und zerlumpt gekleidet seien und ungenügende Nahrung, meist nur Brot und Tee, oft monatelang kein Fleisch bekämen. Was den sittlichen Zustand derselben betrifft, so berichtet er:

"Alle Einwohner von Nottingham, Polizei, Geistlichkeit, Fabrikanten, Arbeiter und die Eltern der Kinder selbst sind der einhelligen Überzeugung, daß das gegenwärtige System der Arbeit eine höchst fruchtbare Quelle der Immoralität ist. Die threaders, meist Knaben, und die winders, meist Mädchen, werden zu gleicher Zeit in der Fabrik verlangt – oft mitten in der Nacht, und da ihre Eltern nicht wissen können, wie lange sie dort gebraucht werden, so haben sie die schönste Gelegenheit, ungehörige Verbindungen zu schließen und sich nach der Arbeit zusammen herumzutreiben. Das hat in keinem geringen Grade zu der Immoralität beigetragen, welche in Nottingham, laut der öffentlichen Stimme, in einer schrecklichen Ausdehnung existiert. Ohnehin wird die häusliche Ruhe und Bequemlichkeit der Familien, zu denen die Kinder und jungen Leute gehören, diesem höchst unnatürlichen Stand der Dinge gänzlich geopfert."

Ein anderer Zweig der Spitzenfabrikation, das Spitzenklöppeln, wird in den sonst ackerbauenden Grafschaften Northampton, Oxford, Bedford und Buckingham betrieben, und zwar meist von Kindern und jungen Leuten, die allgemein über schlechte Nahrung klagen und selten Fleisch zu essen bekommen. Die Arbeit selbst ist höchst ungesund. Die Kinder arbeiten in kleinen, schlecht ventilierten und dumpfigen Zimmern, stets sitzend und krumm gebeugt über das Klöppelkissen. Um den Körper in dieser anstrengenden Stellung zu unterstützen, tragen die Mädchen eine Schnürbrust mit hölzernem Blankscheit, das bei dem zarten Alter der meisten, in dem die Knochen noch sehr weich sind, und bei der gebückten Stellung das Brustbein und die Rippen gänzlich verrückt und allgemein Engbrüstigkeit veranlaßt. Die meisten sterben daher, nachdem sie infolge der sitzenden Arbeit und schlechten Atmosphäre eine Zeitlang an den schmerzlichsten (severest) Wirkungen schlechter Verdauung gelitten haben, an der Schwindsucht. Sie genießen fast gar keine Bildung, am wenigsten sittliche, lieben den Putz, und infolge von beidem ist ihr sittlicher Zustand sehr beklagenswert und Prostitution unter ihnen fast epidemisch (Ch. Empl. Comm., Burns, Report).

Das ist der Preis, um den die Gesellschaft den schönen Damen der Bourgeoisie das Vergnügen erkauft, Spitzen zu tragen – und ist es nicht ein sehr billiger Preis? Nur ein paar Tausend blinde Arbeiter, nur einige schwindsüchtige Proletariertöchter, nur eine sieche Generation der pöbelhaften Masse, die ihr Siechtum auf ihre gleich pöbelhaften Kinder und Kindeskinder vererben wird – was ist das alles? Nichts, gar nichts, unsere englische Bourgeoisie wird den Bericht der Regierungskommission gleichgültig beiseite legen und ihre Frauen und Töchter nach wie vor mit Spitzen schmücken. Es ist doch eine schöne Sache um die Gemütsruhe eines englischen Bourgeois!

Eine große Anzahl Arbeiter werden in Lancashire, Derbyshire und dem Westen von Schottland in den Kattundruckereien beschäftigt. In keiner Branche der englischen Industrie hat die Mechanik so glänzende Resultate hervorgebracht, aber auch in keiner hat sie den Arbeiter so gedrückt wie in dieser. Die Anwendung von dampfgetriebenen gravierten Zylindern, die Erfindung, mit solchen Zylindern vier bis sechs Farben zu gleicher Zeit zu drucken, hat die Handarbeit so vollkommen verdrängt, wie die Maschinen beim Spinnen und Weben der Baumwolle dies taten, und diese neuen Einrichtungen haben in den Druckereien noch viel mehr Arbeiter verdrängt, dies beim Anfertigen der Stoffe geschah. Ein Mann, von einem Kinde unterstützt, tut mit der Maschine die Arbeit, die früher von 200 Arbeitern mit der Hand getan werden mußte; eine einzige Maschine liefert jede Minute 28 Yards (80 Fuß) bedrucktes Tuch. Infolgedessen sind die Kattundrucker in einer sehr schlimmen Lage; die Grafschaften Lancaster, Derby und Chester lieferten (laut Petition der Drucker ans Unterhaus) im Jahre 1842 elf Millionen Stück gedruckten Kattun; von diesen wurden 100 000 durch Handarbeit allein, 900 000 teilweise durch Maschinen mit Nachhülfe von Handdruck und 10 Millionen allein durch Maschinerie mit von einer bis zu sechs Farben bedruckt. Da die Maschinen meist neueren Datums sind und noch stets verbessert werden, so ist die Zahl der Handdrucker viel zu groß für das disponible Arbeitsquantum, und natürlich sind viele – in der Petition wird gesagt, ein Viertel der ganzen Zahl – ganz brotlos, während die übrigen durchschnittlich nur einen oder zwei, höchstens drei Tage in der Woche beschäftigt sind und schlecht bezahlt werden. Leach behauptet von einer Druckerei (Deeply Dale, bei Bury in Lancashire), daß die Handdrucker dort durchschnittlich nicht mehr als 5 sh. verdienten (Stubb. Facts, p, 47), während er allerdings wohl weiß, daß die an den Maschinen Arbei- tenden ziemlich gut bezahlt werden. Die Druckereien sind also dem Fabriksystem vollständig beigetreten, aber ohne unter den diesem auferlegten gesetzlichen Beschränkungen zu stehen. Sie fabrizieren einen Modeartikel und haben daher keine regelmäßige Arbeitszeit. Haben sie wenig Aufträge, so arbeiten sie die halbe Zeit; tun sie mit einem Muster einen guten Treffer und geht das Geschäft flott, so wird bis zehn, zwölf Uhr, ja die ganze Nacht durch gearbeitet. In der Nähe meiner Wohnung bei Manchester war eine Druckerei, die manches Mal bis tief in der Nacht, wenn ich nach Hause kam, noch erleuchtet war, und ich habe oft gehört, daß dort die Kinder zuweilen so lange zu arbeiten hätten, daß sie auf den steinernen Treppen und im Vorhause in den Winkeln ein paar Augenblicke Ruhe und Schlaf zu erhaschen suchten. Ich weiß nicht juristisch gewiß, ob es wahr ist, sonst würde ich die Firma nennen. Der Bericht der Ch. E. Comm. ist hier sehr flüchtig, er berichtet bloß, daß in England wenigstens die Kinder meist ziemlich gut gekleidet und genährt sind (dies ist relativ, je nachdem ihre Eltern viel verdienen oder nicht), daß sie gar keine Bildung haben und moralisch wenig taugen. Wir brauchen bloß zu bedenken, daß diese Kinder unter dem Fabriksystem stehen, und können dann, auf das hierüber Gesagte weisend, weitergehen.

Von den übrigen, mit der Fabrikation von Kleiderstoffen beschäftigten Arbeitern bleibt uns wenig zu sagen; die Bleicherhaben eine sehr ungesunde Arbeit, bei der sie fortwährend Chlor, einen der für die Lunge nachteiligsten Stoffe, einzuatmen haben; die Arbeit der Färber ist schon gesunder, in vielen Fällen sehr gesund, da sie Anstrengung des ganzen Körpers erfordert; wie diese Klassen bezahlt werden, darüber hört man wenig, und das ist Ursache genug zu dem Schluß, daß sie nicht unter dem Durchschnittslohn bekommen, weil sie sich sonst schon beschweren würden. DieSamtscherer, die bei dem großen Verbrauch von Baumwollensamt ziemlich zahlreich sind und sich auf 3 000 bis 4 000 belaufen, haben indirekt sehr hart durch den Einfluß des Fabriksystems gelitten. Die Ware, die früher mit Handwebstühlen gemacht wurde, war nicht ganz egal gewebt und erforderte eine geübte Hand im Aufschneiden der einzelnen Fadenreihen; seitdem sie mit mechanischen Stühlen gemacht, laufen die Reihen ganz egal, jeder Einschlagsfaden ist genau dem vorhergehenden parallel, und das Aufschneiden ist keine große Kunst mehr. Die durch Maschinerie brotlos gewordenen Arbeiter werfen sich auf das Samtscheren und drücken den Lohn durch ihre Konkurrenz; die Fabrikanten entdeckten, daß sie Weiber und Kinder zum Samtscheren gebrauchen konnten – und der Lohn sank auf den von Weibern und Kindern, während Hunderte von Männern verdrängt wurden, die Fabrikanten entdeckten, daß sie die Arbeit in ihrem Fabriklokal billiger tun lassen konnten als in der Werkstatt des Arbeiters, für die sie doch die Miete indirekt bezahlten; seitdem stehen die zu Scherzimmern eingerichteten niedrigen Oberstockwerke vieler Cottages leer oder werden als Wohnungen vermietet, während der Samtscherer die Freiheit der Wahl seiner Arbeitsstunden verloren hat und unter die Botmäßigkeit der Fabrikglocke gebracht ist. Mir ein sagt Samtscherer, der 45 Jahre alt sein mochte, er könne sich der Zeit erinnern, wo er für dieselbe Arbeit, die er jetzt für 1 d. die Yard tun müsse, 8 d. erhalten habe; allerdings könne er das egalere Gewebe rascher scheren als das frühere, aber er könne in der Stunde lange nicht das Doppelte von dem tun, was er früher in derselben Zeit getan – so daß sein Wochenlohn auf weniger als 1/4 seines früheren gesunken ist. Leach gibt (Stubb. F. p. 35) eine Liste der Löhne, die 1827 und 1843 für verschiedene Stoffe bezahlt wurden, woraus hervorgeht, daß die Artikel, welche 1827 4 d., 2 1/2 d., 2 3/4 d., 1 d. per Yard bezahlt wurden, im Jahre 1843 nur 1 1/2 d., 3/4 d., 1 d. und 3/8 d. per Yard Scherlohn erhielten. Das Verhältnis des durchschnittlichen wöchentlichen Verdienstes stellt sich nach Leach so: 1827 Pfd. St. 1-6-6 d., Pfd. St. 1-2-6 d., Pfd. St. 1~-~-, Pfd. St. 1-6-6 d., und für gleiche Waren 1843 Pfd. St. ~-10-6 d., Pfd. St. ~-7-6 d., Pfd. St. ~-6-8 d., Pfd. St. ~-10-~, und es gibt Hunderte von Arbeitern, die zu diesen letzten Lohnsätzen nicht einmal ankommen können. – Von denHandwebern der Baumwollenindustrie haben wir schon gesprochen; die übrigen Webestoffe werden fast ausschließlich durch Handweber verfertigt, die meist auf dieselbe Weise wie die Samtscherer durch Eindringen der durch Maschinen verdrängten Arbeiter gelitten haben, und außerdem, wie die Fabrikarbeiter, unter einem strengen Strafgesetz wegen schlechter Arbeit stehen. Nehmen wir die Seidenweber. Der Seidenfabrikant Brocklehurst, einer der bedeutendsten von ganz England, hat einem Parlamentskomitee Listen aus seinen Büchern vorgelegt, aus denen hervorgeht, daß er für dieselben Artikel, für die er 1821 30 sh., 14 sh., 3 1/2 sh., 3/4 sh., 1 1/12 sh., lo sh. Lohn bezahlte, 1831 nur 9 sh., 7 1/2 sh., 2 1/4 sh., 1/3 sh., 1/2 sh., 6 1/4 sh. bezahlt, während doch hier keine Verbesserungen der Maschinerie eingetreten waren. Was H(er)r Brocklehurst aber tut, kann wohl als Norm für ganz England angenommen werden. Aus denselben Listen geht hervor, daß der Durchschnittsverdienst seiner Weber nach allen Abzügen 1821 wöchentlich 16 1/2 sh. und 1831 nur 6 sh. betrug. Seitdem ist der Lohn noch mehr gefallen – die Gewebe, die 1831 1/3sh. oder 4 Pence Weblohn per Yard brachten, bezahlen 1843 nur 2 1/2 Pence (es sind die single sarsnets (einfachen Taftgewebe)) – und eine große Anzahl von Webern auf dem Lande können sich nur Arbeit verschaffen, wenn sie diese Gewebe für 1 1/2 bis 2 Pence annehmen. Dazu kommt die willkürliche (1892) willkürlichste) Lohnverkürzung. Jeder Weber, der eine Kette holt, bekommt eine Karte dazu, worauf gewöhnlich steht: daß zu diesen oder jenen Tagesstunden die Arbeit angenommen wird, daß ein Weber, der krankheitshalber nicht arbeiten kann, dies innerhalb drei Tagen am Kontor muß anzeigen lassen, sonst gilt Krankheit für keine Entschuldigung; daß es nicht als genügende Entschuldigung angenommen wird, wenn der Weber sagt, er habe auf Garn für den Einschlag warten müssen, daß für gewisse Versehen an der Arbeit (wenn z.B. auf eine gewisse Lange des Stoffs mehr Einschlagsfäden kommen, als vorgeschrieben etc.) nicht weniger als der halbe Lohn abgezogen werden soll und daß, wenn der Stoff nicht in der bestimmten Zeit fertig ist, für jede Yard des aufgegebenen Stücks ein Penny deduziert wird. Die Lohnverkürzungen infolge dieser Karten sind so bedeutend, daß z.B. ein Mann, der zweimal wöchentlich nach Leigh in Lancashire kommt, um die Gewebe anzunehmen (1892) abzunehmen), seinem Fabrikanten mindestens fünfzehn Pfund (100 Taler preußisch) an Strafgeldern jedes Mal mitbringt. So sagt er selbst – und er gilt für einen der Tolerantesten. Früher wurden dergleichen Sachen durch Schiedsrichter entschieden, aber da die Arbeiter meist entlassen wurden, wenn sie darauf drangen, so ist dies jetzt ganz abgekommen, und der Fabrikant verfährt ganz willkürlich, ist Ankläger, Zeuge, Richter, Gesetzgeber und Vollstrecker, alles in einer Person. Und geht der Arbeiter zum Friedensrichter, so heißt es: Dadurch, daß Ihr die Karte annahmt, seid Ihr einen Kontrakt eingegangen, und den müßt Ihr jetzt erfüllen. Gerade wie bei den Fabrikarbeitern. Ohnehin läßt der Fabrikant den Arbeiter jedesmal ein Dokument unterzeichnen, worin dieser erklärt, er "willige in die gemachten Abzüge". Und sperrt er sich, so wissen gleich alle Fabrikanten der Stadt, daß er ein Mann ist, der, wie Leach sagt, der

"durch Karten verbrieften Ordnung und Gesetzlichkeit widerstrebt und die Frechheit hat, an der Weisheit derer zu zweifeln, die, wie er wissen müßte, doch seine Vorgesetzten in der Gesellschaft sind (Stubb. Facts, p. 37-40)

Natürlich, die Weber sind vollkommen frei, der Fabrikant zwingt sie ja nicht, seine Ketten und Karten zu nehmen, aber er sagt ihnen, wie Leach es in gutes Englisch übersetzt:

"Wollt ihr nicht in meiner Schmorpfanne gebraten werden, so könnt ihr auch geradezu ins Feuer spazieren" (if you don't like to be frizzled in my frying-pan, you can take a walk into the fire).

Die Seidenweber von London, in Spitalfields namentlich, haben seit geraumer Zeit periodisch im größten Elend gelebt, und daß sie auch jetzt noch mit ihrer Lege keine Ursache haben zufrieden zu sein, folgt daraus, daß sie einen höchst tätigen Anteil an allen englischen und namentlich Londoner Arbeiterbewegungen nehmen. Die unter ihnen herrschende Not war die Ursache des Fiebers, das im östlichen Teile von London ausbrach und die Kommission zur Untersuchung der sanitärischen Verhältnisse der Arbeiterklasse veranlaßte. Wie sehen aber aus dem jüngsten Bericht des Londoner Fieberhospitals daß dies Fieber noch immer fortwütet.

Nach den Kleiderstoffen sind vor allen andern die Metallwaren die wichtigste Klasse der durch die englische Industrie produzierten Artikel. Diese Fabrikation hat ihre Hauptsitze in Birmingham, wo feinere Metallwaren aller Art, in Sheffield,wo sämtliche Messerwaren, und Staffordshire, namentlich Wolverhampton, wo die gröberen Artikel, Schlösser, Nägel etc., gemacht werden. Fangen wir bei Schilderung der Lage der in diesen Industriezweigen beschäftigten Arbeiter mit Birmingham an. Die Einrichtung der Arbeit hat in Birmingham, wie überhaupt in den meisten Orten, wo Metalle verarbeitet werden, etwas von dem alten handwerksmäßigen Charakter behalten; die kleinen Meister bestehen noch fort und arbeiten mit ihren Lehrlingen entweder in der Werkstatt zu Hause oder, wo sie Dampfkraft gebrauchen, in großen Fabrikgebäuden, die in kleine, einzeln an die Meister vermietete Werkstätten eingeteilt und in allen Zimmern mit einem durch die Dampfmaschine bewegten Schaft versehen sind, durch den sich wiederum andere Maschinerie treiben läßt. Léon Faucher (Verfasser einer Reihe Artikel über englische Arbeiterverhältnisse in der "Revue des deux Mondes", die wenigstens Studium verraten und jedenfalls besser sind, als was bis jetzt sowohl Engländer wie Deutsche darüber geschrieben haben) bezeichnet dies Verhältnis im Gegensatz zu der großen Fabrikation von Lancashire und Yorkshire mit dem Namen der Démocratie industrielle und bemerkt, daß dies keine sehr günstigen Resultate auf die Lage der Meister wie der Gesellen habe. Diese Bemerkung ist ganz richtig, denn die vielen kleinen Meister, auf die sich der von der Konkurrenz geregelte, sonst von einem einzigen großen Fabrikanten absorbierte Gewinn verteilt, können nicht gut dabei bestehen. Die zentralisierende Tendenz des Kapitals hält sie niedergedrückt, für einen, der sich bereichert, werden zehn ruiniert und hundert durch den Druck des einen Reichen, der billiger verkaufen kann als sie, schlechter gestellt als vorher. Und in den Fällen, wo sie von vornherein gegen große Kapitalisten zu konkurrieren haben, versteht es sich von selbst, daß sie gegen diese Konkurrenz nur mühsam ankommen können. Die Lehrlinge haben es, wie wir sehen werden, bei den kleinen Meistern wenigstens ebenso schlecht als bei den Fabrikanten, nur mit dem Unterschiede, daß sie später selbst Meister werden und so eine gewisse Selbständigkeit erhalten – d. h., sie werden von der Bourgeoisie weniger direkt als in den Fabriken ausgebeutet. So sind diese kleinen Meister weder rechte Proletarier – da sie teilweise von der Arbeit der Lehrlinge leben und nicht die Arbeit selbst, sondern das fertige Produkt verkaufen – noch rechte Bourgeois, da es der Hauptsache nach immer ihre eigne Arbeit ist, die sie erhält. Diese eigentümliche, vermittelnde Stellung der Arbeiter von Birmingham ist schuld daran, daß sie sich sehr selten der englischen Arbeiterbewegung ganz und unverhohlen angeschlossen haben. Birmingham ist eine politisch-radikale, aber keine entschieden chartistische Stadt. Indes bestehen auch eine Menge größerer Fabriken für Rechnung von Kapitalisten, und in diesen herrscht das Fabriksystem vollkommen – die Teilung der Arbeit, die hier bis ins allereinzelnste (z.B. in der Nadelfabrikation) durchgeführt ist, sowie die Dampfkraft erlaubt die Beschäftigung einer großen Menge Weiber und Kinder, und wir finden hier (im Ch. E. Rept.) ganz dieselben Züge wieder, die uns der Fabrikbericht gab – Arbeit der Frauen bis zur Stunde der Niederkunft, Unfähigkeit, der Haushaltung vorzustehen, Vernachlässigung des Hauswesens und der Kinder, Gleichgültigkeit, ja Abneigung gegen das Familienleben, und Demoralisation – ferner Verdrängung der Männer von der Arbeit, fortwährende Maschinenverbesserung, frühe Emanzipation der Kinder, Männer, die von den Frauen und Kindern ernährt werden etc. etc. Die Kinder werden als halbverhungert und zerlumpt geschildert – die Hälfte soll nicht wissen,was satt werden heißt, viele leben den ganzen Tag von so viel Brot, als sie für einen Penny (10 Pf. preußisch) bekommen, oder erhalten vor dem Mittagessen keine Nahrung; ja, es kamen Beispiele vor, daß Kinder von 8 Uhr morgens bis 7 Uhr abends nichts zu essen bekamen. Die Kleidung sehr häufig kaum hinreichend, ihre Blöße zu bedecken; viele selbst im Winter barfuß. Daher sind sie alle klein und schwach für ihr Alter und entwickeln sich selten irgendwie kräftig; und wenn man bedenkt, daß bei diesen wenigen Mitteln zur Reproduktion der physischen Kräfte noch harte, lang anhaltende Arbeit in geschlossenen Räumen kommt, so wird man sich nicht darüber wundern, daß sich wenig erwachsene Leute in Birmingham finden, die für den Militärdienst passen.

"Die Arbeiter", sagt ein Rekrutierungsarzt, "sind klein, schmächtig und von sehr geringer Körperstärke – viele obendrein in Brust oder Rückgrat verwachsen."

Nach der Angabe eines rekrutierenden Unteroffiziers sind die Leute in Birmingham kleiner als irgendwo anders, meist 5 Fuß 4 bis 5 Zoll groß, und aus 613 angeworbenen Rekruten wurden nur 238 tauglich befunden. Was die Bildung betrifft, so wurde schon oben eine Reihe von Aussagen und Beispielen hierüber aus den Metallbezirken gegeben, auf die ich hier verweise; übrigens geht aus dem Ch. E. Rept. hervor, daß in Birmingham über die Hälfte der Kinder zwischen 5 und 15 Jahren keine Schule irgendeiner Art besuchen, daß die schulbesuchenden Kinder oft wechseln, so daß ihnen unmöglich irgendeine nachhaltige Bildung gegeben werden kann, und daß die Kinder alle sehr früh aus der Schule weggenommen und an die Arbeit gesetzt werden. Was für Lehrer dabei angewandt werden, geht ebenfalls aus diesem Bericht hervor; eine Lehrerin antwortete auf die Frage, ob sie auch Unterricht in der Moral gebe: Nein, für 3 Pence wöchentlich Schulgeld sei das nicht zu verlangen; mehrere andere verstanden selbst diese Frage nicht, und andere hielten dies durchaus nicht für einen Teil ihrer Pflicht. Eine Lehrerin sagte, Moral lehre sie nicht, aber sie bemühe sich, den Kindern gute Prinzipien beizubringen, und dabei machte sie einen derben Sprachschnitzer. In den Schulen selbst fand der Kommissär fortwährenden Lärm und Unordnung. Daher ist der sittliche Zustand der Kinder selbst im höchsten Grade beklagenswert; die Hälfte aller Verbrecher ist unter 15 Jahre alt, und in einem Jahre wurden allein 90 zehnjährige Verbrecher, unter denen 44 Kriminalfälle, verurteilt. Ungeregelter Geschlechtsverkehr scheint nach der Ansicht der Kommissäre fast allgemein und zwar schon in sehr jugendlichem Alter vorzukommen. (Grainger, Rept. et evid.)

In dem Eisendistrikt von Staffordshire sieht es noch schlimmer aus. Bei den groben Eisenwaren, die hier gemacht werden, ist weder viel Teilung der Arbeit (mit gewissen Ausnahmen) noch Dampfkraft und Maschinerie anzuwenden. Hier – in Wolverhampton, Willenhall, Bilston, Sedgeley, Wednesfield, Darlaston, Dudley, Walsall, Wednesbury etc. – gibt es daher weniger Fabriken, aber desto mehr kleine Schmieden, in denen die kleinen Meister einzeln mit einem oder mehreren Lehrlingen, die ihnen bis zum einundzwanzigsten Jahre dienstbar sind, arbeiten. Die kleinen Meister sind ungefähr in derselben Lage wie die von Birmingham, aber die Lehrlinge haben es meist weit schlechter. Sie bekommen fast nur das Fleisch von kranken, gefallenen Tieren oder faules Fleisch und faule Fische zu essen, desgleichen zu früh geworfene Kälber und auf der Eisenbahn erstickte Schweine. Und dies tun nicht nur kleine Meister, sondern auch größere

Fabrikanten, die 30 bis 40 Lehrlinge haben. Dies scheint in Wolverhampton wirklich allgemein zu sein. Die natürliche Folge davon sind häufige Unterleibs- und andere Krankheiten. Dazu bekommen die Kinder meist nicht satt zu essen und haben selten andere Kleider als ihr Arbeitszeug, so daß sie schon deshalb nicht in die Sonntagsschule gehen. Die Wohnungen sind schlecht und schmutzig, oft in so hohem Grade, daß Krankheiten daraus entstehen, und trotz der sonst meistens gesunden Arbeit sind die Kinder deshalb klein, schlecht gewachsen, schwach und in vielen Fällen arg verkrüppelt. In Willenhall z.B. sind unzählige Leute, die von dem ewigen Feilen am Schraubstock einen Buckel und einkrummes Bein – das Hinterbein, hind-leg, wie sie's nennen – haben, so daß die Beine die Form eines K haben; dazu soll mindestens der dritte Teil der dortigen Arbeiter einen Bruch haben. Hier sowohl wie in Wolverhampton fanden sich zahllose Beispiele zurückgehaltener Pubertät sowohl bei Mädchen – auch diese arbeiten in den Schmieden! – als Knaben selbst bis zum neunzehnten Jahr. In Sedgeley und der Umgegend, wo fast nur Nägel geschmiedet werden, wohnen und arbeiten die Leute in erbärmlichen stallähnlichen Hütten, die an Schmutz ihresgleichen suchen. Mädchen und Knaben führen vom zehnten oder zwölften Jahre an den Hammer und gelten erst dann für voll ausgebildete Arbeiter, wenn sie tausend Nägel jeden Tag liefern. Für 1 200 Nägel ist der Lohn 5 3/4 Pence oder nicht ganz 5 Silbergroschen. Jeder Nagel bekommt 12 Schläge, und da der Hammer 1 1/4 Pfd. wiegt, so muß der Arbeiter l8 000 Pfd. heben, bis er diesen elenden Lohn verdient hat. Bei dieser schweren Arbeit und der ungenügenden Nahrung müssen die Kinder einen schlecht ausgebildeten, kleinen, schwachen Körper bekommen, wie dies auch durch die Angaben der Kommissäre bestätigt wird. Über den Stand der Bildung auch in diesem Distrikte sind oben schon Data gegeben worden. Die Bildung steht in diesem Bezirk wirklich unglaublich niedrig, die Hälfte aller Kinder besucht nicht einmal eine Sonntagsschule, und die andre Hälfte tut dies auch nur sehr unregelmäßig; sehr wenige im Vergleich mit andern Distrikten können lesen, und mit dem Schreiben ist's noch viel schlechter bestellt. Natürlich, denn zwischen dem siebenten und zehnten Jahre werden die Kinder an die Arbeit gestellt, gerade wenn sie eben fähig werden, eine Schule mit Nutzen zu besuchen, und die Sonntagsschullehrer – Schmiede oder Grubenleute – können oft kaum lesen und nicht einmal ihren Namen schreiben. Der moralische Zustand ist diesen Erziehungsmitteln entsprechend. In Willenhall, behauptet Kommissär Horne – und liefert reichliche Belege dazu -, existiert durchaus kein sittliches Gefühl unter den Arbeitern. Überhaupt fand er, daß die Kinder weder Pflichten gegen ihre Eltern kannten, noch Zuneigung für sie fühlten. Sie waren so wenig fähig zu überlegen, was sie sagten, so abgestumpft, so tierisch dumm, daß sie oft behaupteten, sie würden gut behandelt, es ginge ihnen vortrefflich, wenn sie zwölf bis vierzehn Stunden arbeiten mußten, in Lumpen gingen, nicht satt zu essen bekamen und geschlagen wurden, daß sie es einige Tage nachher noch fühlten. Sie wußten von keiner andern Lebensweise, als von morgens bis abends sich abzuplagen, bis man ihnen erlaubte aufzuhören, und verstanden nicht einmal die ihnen unerhörte Frage: ob sie müde seien (Horne, Rept. and evid.).

In Sheffield ist der Lohn besser und daher mit ihm auch die äußere Lage der Arbeiter. Dagegen sind hier einige Arbeitszweige wegen ihrer außerordentlich nachteiligen Wirkung auf die Gesundheit zu bemerken. Gewisse Operationen bedingen den fortwährenden Druck von Werkzeugen gegen die Brust und erzeugen häufig die Schwindsucht, andere, z.B. Feilenhauen, hindern die allgemeine Entwicklung des Körpers und bringen Unterleibsbeschwerden hervor; das Knochenschneiden (zu Messerheften) zieht Kopfschmerzen, Gallenübel und bei Mädchen, deren viele dabei beschäftigt sind, Bleichsucht nach sich. Bei weitem die ungesundeste Arbeit ist aber das Schleifen der Klingen und Gabeln, das, besonders wenn es auf trocknen Steinen geschieht, unfehlbar einen frühen Tod nach sich zieht. Die Ungesundheit dieser Arbeit liegt teils in der gebückten Stellung, bei der die Brust und der Magen gedrückt wird, besonders aber in der Menge scharfkantigen, metallischen Staubes, der beim Schleifen abspringt, die Atmosphäre füllt und notwendig eingeatmet wird. Die Trockenschleifer werden durchschnittlich kaum 35, die Naßschleifer selten über 45 Jahre alt. Dr. Knight in Sheffield sagt:

"Ich kann die Schädlichkeit dieser Beschäftigung nur dadurch einigermaßen deutlich machen, daß ich die stärksten Trinker unter den Schleifern für die langlebigsten unter ihnen erkläre, weil sie am meisten von ihrer Arbeit abwesend sind. Im ganzen sind etwa 2 500 Schleifer in Sheffield. Ungefähr 150 (30 Männer und 70 Knaben) sind Gabelschleifer – diese sterben zwischen dem 28. und 32. Lebensjahre: die Rasiermesserschleifer, die sowohl naß als trocken schleifen, sterben zwischen 40 und 45 Jahren, und die Tischmesserschleifer, die naß schleifen, sterben zwischen 40 und 50 Jahren."

Derselbe Arzt gibt folgende Schilderung des Verlaufs ihrer Krankheit, des sogenannten Schleifer-Asthma:

"Sie fangen ihre Arbeit gewöhnlich mit dem vierzehnten Jahre an, und wenn sie gute Konstitution haben, so spüren sie vor dem zwanzigsten Jahre selten viel Beschwerden. Dann fangen die Symptome ihrer eigentümlichen Krankheit an, sich zu zeigen; der Atem geht ihnen bei der geringsten Anstrengung, beim Treppen- oder Bergsteigen, gleich aus, sie halten die Schultern hoch, um die beständige und zunehmende Atemnot zu erleichtern, sie beugen sich nach vorn und scheinen überhaupt sich in der gedrückten Stellung, in der sie arbeiten, am behaglichsten zu fühlen; ihre Gesichtsfarbe wird schmutziggelb, ihre Gesichtszüge drücken Angst aus, sie klagen über Beklommenheit auf der Brust; ihre Stimme wird rauh und heiser, sie husten laut, wie wenn die Luft durch eine hölzerne Röhre getrieben würde. Von Zeit zu Zeit expektorieren sie bedeutende Quantitäten Staub, entweder mit Schleim vermengt oder in kugel- oder zylinderförmigen Massen mit einem dünnen Überzuge von Schleim. Blutspeien, Unfähigkeit zu liegen. Nachtschweiß, kolliquative Diarrhöe, ungewöhnliche Abmagerung mit allen gewöhnlichen Symptomen der Lungenschwindsucht raffen sie endlich hin, nachdem sie monate-, ja oft jahrelang gesiecht haben, unfähig, sich und die Ihrigen durch Arbeit zu ernähren (1845) irrtümlich: erniedrigen). Ich muß hinzufügen, daß alle Versuche, die bis jetzt gemacht wurden, das Schleifer-Asthma zu verhindern oder zu heilen, gänzlich fehlgeschlagen sind."

Dies schrieb Knight vor zehn Jahren; seitdem hat sich die Zahl der Schleifer und die Wut der Krankheit vermehrt, man hat aber auch Versuche gemacht, durch verdeckte Schleifsteine und Ableitung des Staubes durch Zug der Krankheit zuvorzukommen. Diese sind wenigstens teilweise gelungen, aber die Schleifer selbst wollen ihre Anwendung nicht und haben sie sogar hier und da zerschlagen – weil sie glauben, daß dadurch mehr Arbeiter in ihr Geschäft kommen und ihren Lohn drücken wurden; sie sind für "ein kurzes Leben, aber ein lustiges". Dr. Knight hat oft Schleifern, die mit den ersten Symptomen des Asthma zu ihm kamen, gesagt: Ihr holt euch den Tod, wenn ihr wieder zurück zum Schleifstein geht. Aber es hat nie geholfen; wer einmal Schleifer war, der war auch verzweifelt, als ob er sich dem Teufel verkauft hätte. Die Bildung ist in Sheffield auf einer sehr niedrigen Stufe; ein Geistlicher, der sich viel mit der Statistik der Erziehung beschäftigt hatte, war der Ansicht, daß aus 16 500 Kindern der arbeitenden Klasse, die imstande seien, eine Schule zu besuchen, kaum 6 500 lesen könnten; dies kommt daher, daß die Kinder schon mit dem siebenten und allerspätestens mit dem zwölften Jahre aus der Schule genommen werden und daß die Schulmeister nichts taugen (einer von ihnen war ein überführter Dieb, der nach seiner Entlassung aus dem Gefängnis kein anderes Mittel fand, sich zu ernähren, als – die Schulmeisterei!). Die Immoralität scheint in Sheffield unter der Jugend größer zu sein als irgendwo anders (man weiß freilich kaum, welcher Stadt man den Preis zuerkennen soll, und wenn man die Berichte liest, so glaubt man von jeder, sie verdiene ihn). Die jungen Leute liegen sonntags den ganzen Tag auf der Straße, werfen Geld auf oder hetzen Hunde aufeinander, gehen fleißig in die Branntweinschenken und sitzen dort mit ihren Schätzchen zusammen, bis sie spät abends paarweise einsame Promenaden machen. In einer Kneipe, die der Kommissar besuchte, saßen 40 bis 50 junge Leute beiderlei Geschlechts, fast alle unter 17 Jahren, jeder Junge bei seinem Mädel. Hier und da wurde Karten gespielt, in andern gesungen oder getanzt, überall getrunken. Dazwischen saßen erklärte Freudenmädchen von Profession. Kein Wunder also, daß, wie alle Zeugen aussagen, der frühe regellose Geschlechtsverkehr, jugendliche Prostitution, schon bei Individuen von 14 und 15 Jahren außerordentlich häufig in Sheffield ist. Verbrechen, und zwar von sehr wilder, verzweifelter Art, sind gang und gäbe; ein Jahr vor Ankunft des Kommissars wurde eine Bande, meist junger Leute, gefangengenommen, als sie eben im Begriff war, die Stadt in Brand zu stecken; sie waren mit Lanzen und Brennstoffen vollkommen equipiert. Wir werden später sehen, daß die Arbeiterbewegung in Sheffield denselben wilden Charakter hat (Symons, Rept. and evid.).

Außer diesen Hauptstapelplätzen der Metallverarbeitung gibt es noch Stecknadelfabriken in Warrington (Lancashire), wo ebenfalls unter den Arbeitern, besonders den Kindern, viel Elend, Immoralität und Unwissenheit herrscht, und eine Anzahl Nagelschmieden in der Gegend von Wigan (Lancashire) und im Osten von Schottland; die Berichte aus diesen letzteren Distrikten stimmen fast ganz mit denen aus Staffordshire überein. Es bleibt uns nun noch ein einziger Zweig dieser Industrie – die Maschinenfabrikation, die namentlich in den Fabrikdistrikten, besonders in Lancashire betrieben wird und bei der das Eigentümliche die Verfertigung von Maschinen durch Maschinen ist, wodurch den sonst verdrängten Arbeitern die letzte Zufluchtsstätte, die Beschäftigung bei der Fabrikation der Maschinen, durch welche sie brotlos wurden, wieder genommen wurde. Maschinen zum Hobeln und Bohren, Maschinen, die Schrauben, Räder, Schraubenmuttern usw. schneiden, mechanische Drehbänke haben auch hier eine Menge Arbeiter, die früher zu gutem Lohn regelmäßig beschäftigt waren, brotlos gemacht, und wer Lust hat, kann deren in Manchester eine Menge sehen.

Nördlich von dem Eisendistrikt von Staffordshire liegt ein industrieller Bezirk, zu dem wir uns jetzt wenden wollen: dieTöpfereien (potteries), deren Hauptsitz die Gemeinde (borough) Stoke ist, welche die Ortschaften Henley, Burslem, Lane End, Lane Delph, Etruria, Coleridge, Langport, Tunstall, Golden Hill mit zusammen 60 000 Einwohnern umfaßt. Der Ch. E. Rept. berichtet hierüber: In einigen Zweigen dieser Fabrikation – von Steingut – haben die Kinder eine leichte Beschäftigung in warmen, luftigen Sälen; in andern dagegen wird von ihnen eine harte, anstrengende Arbeit verlangt, während sie weder hinreichende Nahrung noch gute Kleidung erhalten. Viele Kinder klagen: "Habe nicht genug zu essen, bekomme meist Kartoffeln und Salz, nie Fleisch, nie Brot, geh' nicht in die Schule, hab' keine Kleider nicht." – "Habe heute gar nichts zu Mittag gehabt, zu Hause haben sie nie ein Mittagessen, bekomme meist Kartoffeln und Salz, zuweilen Brot." – "Dies sind alle Kleider, die ich habe, kein Sonntagszeug zu Hause." Unter den Kindern, deren Arbeit besonders nachteilig ist, sind die mould-runners zu bemerken, die die fertig geformte Ware mit der Form in die Trockenstube zu tragen haben und nachher, wenn die erstere gehörig getrocknet ist, die leere Form zurückbringen. Sie müssen so den ganzen Tag unter einem für ihr Alter schweren Gewicht ab und zu gehen, und die hohe Temperatur, in der sie dies zu tun haben, vermehrt ihre Abmattung noch bedeutend. Diese Kinder sind, mit kaum einer einzigen Ausnahme, mager, blaß, schwächlich, klein und schlecht gewachsen; sie leiden fast alle an Magenübeln, Erbrechen, Mangel an Appetit, und viele von ihnen sterben an der Auszehrung. Fast ebenso schwächlich sind die Knaben, die mit dem Namen jiggers bezeichnet werden, nach dem Rad (jigger), das sie zu drehen haben. Am schädlichsten aber ist bei weitem die Arbeit derer, die die fertige Ware in eine Flüssigkeit, welche große Quantitäten Blei und häufig auch viel Arsenik enthält, eintauchen oder die frischeingetauchte Ware in die Hände zu nehmen haben. Die Hände und Kleider dieser Arbeiter – Männer und Kinder – sind immer naß von dieser Flüssigkeit, die Haut wird weich und löst sich bei dem fort währenden Anfassen rauher Gegenstände ab, so daß die Finger oft bluten und fortwährend in einem Zustande sind, der die Absorption dieser gefährlichen Stoffe im höchsten Grade begünstigt. Die Folgen davon sind heftige Schmerzen und ernstliche Krankheiten des Magens und der Eingeweide, hartnäckige Konstipation, Kolik, zuweilen Auszehrung undam allerhäufigsten Epilepsie bei Kindern. Bei Männern tritt gewöhnlich teilweise Lähmung der Handmuskeln, colica pictorum und Lähmung ganzer Glieder ein. Ein Zeuge erzählt, daß zwei Knaben, die mit ihm arbeiteten, bei der Arbeit in Krämpfen gestorben seien; ein anderer, der zwei Jahre als Knabe beim Eintauchen geholfen, erzählt, er habe anfangs heftige Unterleibsbeschwerden gehabt, dann einen Krampf, infolgedessen er zwei Monate bettlägerig war, seitdem Krämpfe immer häufiger, jetzt alle Tage, oft zehn bis zwanzig epileptische Anfälle an einem Tage. Seine rechte Seite sei gelähmt, und wie die Ärzte ihm sagten, werde er nie den Gebrauch seiner Glieder wiedererhalten. In einer Fabrik im Eintauchhause vier Männer, alle epileptisch und an heftiger Kolik leidend, und elf Knaben, von denen auch schon einige epileptisch. Kurz, diese fürchterliche Krankheit tritt infolge dieser Beschäftigung ganz allgemein ein, und auch das zum größeren Geldgewinn der Bourgeoisie! In den Zimmern, in denen das Steingut gescheuert wird, ist die Atmosphäre mit fein pulverisiertem Kieselstaub angefüllt, dessen Einatmung ebenso schädlich wirkt wie die des Stahlstaubes bei den Sheffielder Schleifern. Den Arbeitern geht der Atem aus, sie können nicht ruhig liegen, leiden an wunder Kehle, heftigem Husten und bekommen eine so leise Stimme, daß man sie kaum hören kann. Sie sterben auch alle an der Schwindsucht. In den potteries sollen verhältnismäßig viele Schulen sein, die den Kindern Gelegenheit zum Unterricht bieten, aber da sie so früh in die Fabriken geschickt werden und solange arbeiten müssen (meist zwölf und oft mehr Stunden); so sind sie nicht imstande, die Schulen zu benutzen, und daher konnten drei Viertel der vom Kommissär geprüften Kinder weder lesen noch schreiben, und der ganze Distrikt war in der tiefsten Unwissenheit. Kinder, die jahrelang Sonntagsschulen besucht haben, waren nicht imstande, einen Buchstaben vom andern zu unterscheiden, und im ganzen Distrikt steht außer der intellektuellen auch die sittliche und religiöse Bildung auf einer sehr niedrigen Stufe (Scriven, Rept. and evid.).

Auch in der Glasfabrikation kommen Arbeiten vor, die zwar Männern wenig zu schaden scheinen, aber dennoch von Kindern nicht ertragen werden können. Die harte Arbeit, die Unregelmäßigkeit der Arbeitszeit, das häufige Nachtarbeiten und besonders die große Hitze der Arbeitslokale (100 bis 130° Fahrenheit ((1845) und (1892) irrtümlich: 300 bis 330° Fahrenheit)) erzeugen bei Kindern allgemeine Schwäche und Krankheit, schlechten Wuchs, und besonders Augenübel, Unterleibskrankheiten und bronchitische und rheumatische Affektionen. Viele Kinder sind blaß, haben rote, oft wochenlang erblindete Augen, leiden an heftiger Übelkeit, Erbrechen, Husten, Erkältungen und Rheumatismus. Bei dem Herausnehmen der Ware aus den Öfen müssen die Kinder häufig in eine solche Hitze hineingehen, daß ihnen die Bretter, auf denen sie stehen, unter den Füßen in Brand geraten. Die Glasbläser sterben meist früh an Schwäche und Brustleiden. (Leifchild, Rept. App.Pt. II, p. L2, ss. II, 12; Franks, Rept.App.Pt. II, K 7, s. 48; Tancred, Evid. App. Pt. II, p. i 76 etc., alle im Ch. E. Rept.).

Im allgemeinen bezeugt derselbe Bericht in allen Zweigen der Industrie das allmähliche, aber sichere Eindringen des Fabriksystems, das sich besonders durch die Beschäftigung von Weibern und Kindern zu erkennen gibt. Ich habe es nicht für nötig gehalten, überall die Fortschritte der Maschinerie und die Verdrängung der erwachsenen Männer weiterzuverfolgen. Wer mit dem Industriewesen einigermaßen bekannt ist, wird sich dies leicht selbst ergänzen können, während mir hier der Raum mangelt, diese bei Gelegenheit des Fabriksystems in ihren Resultaten entwickelte Seite des jetzigen Produktionssystems in ihren Einzelheiten zu verfolgen. Überall wendet man Maschinen an und vernichtet dadurch die letzte Spur der Unabhängigkeit des Arbeiters. Überall löst sich durch die Arbeit der Frau und der Kinder die Familie auf oder wird gar durch die Brotlosigkeit des Mannes auf den Kopf gestellt; überall liefert die Unvermeidlichkeit der Maschinerie dem großen Kapitalisten das Geschäft und mit ihm die Arbeiter in die Hände. Die Zentralisation des Besitzes schreitet unaufhaltsam vorwärts, die Trennung der Gesellschaft in große Kapitalisten und besitzlose Arbeiter wird täglich schärfer, die industrielle Entwicklung der Nation rückt mit Riesenschritten auf eine unausbleibliche Krisis los.

Ich erwähnte schon oben, daß in den Handwerken die Macht des Kapitals und mitunter auch die Teilung der Arbeit dasselbe Resultat herbeigeführt, die kleine Bourgeoisie verdrängt und an ihre Stelle große Kapitalisten und besitzlose Arbeiter gesetzt haben. Über diese Handwerker ist im Grunde wenig zu sagen, da alles, was auf sie Bezug hat, bereits da seine Stelle gefunden hat, wo von dem industriellen Proletariat im allgemeinen die Rede war; auch hat sich hier in der Art der Arbeit und ihrem Einflusse auf die Gesundheit seit dem Eintritt der industriellen Bewegung wenig verändert. Aber die Berührung mit den eigentlichen Industriearbeitern, der Druck der großen Kapitalisten, der viel fühlbarer wurde als der der kleinen Meister, zu denen der Geselle doch noch in einem persönlichen Verhältnisse stand, die Einflüsse großstädtischen Lebens und der fallende Lohn haben fast alle Handwerker zu tätigen Teilnehmern der Arbeiterbewegungen gemacht. Wir werden hierüber sogleich zu reden haben und wenden uns inzwischen zu einer Klasse der arbeitenden Bevölkerung von London, die wegen der außerordentlichen Barbarei, mit welcher sie von der Geldgier der Bourgeoisie ausgebeutet wird, besondere Beachtung verdient. Ich meine die Putzmacherinnen und Nähterinnen.

Es ist eigentümlich, daß gerade die Verfertigung derjenigen Artikel, welche zum Schmuck der Damen von der Bourgeoisie dienen, mit den traurigsten Folgen für die Gesundheit der dabei beschäftigten Arbeiter verknüpft ist. Wir sahen dies schon oben bei der Spitzenfabrikation und haben jetzt wieder die Putzmacherläden von London zum Beweise für diese Angabe. Diese Etablissements beschäftigen eine Menge junger Mädchen – es sollen ihrer im ganzen 15 000 sein -, welche im Hause wohnen und essen, meist vom Lande herkommen und so die vollständigen Sklaven der Brotherrschaft sind. Während der fashionablen Saison, die etwa vier Monate im Jahre dauert, sind selbst in den besten Etablissements die

Arbeitsstunden täglich fünfzehn und, wenn dringende Geschäfte vorkommen, achtzehn; in den meisten Läden indes wird während dieser Zeit ohne alle feste Zeitbestimmung gearbeitet, so daß die Mädchen nie mehr als sechs, oft nur drei oder vier, ja zuweilen nur zwei Stunden in vierundzwanzig zur Ruhe und zum Schlaf frei haben und neunzehn bis zweiundzwanzig Stunden gearbeitet wird, wenn sie nicht, was oft genug vorkommt, die ganze Nacht durcharbeiten müssen! Die einzige Grenze, die ihrer Arbeit gesetzt wird, ist die positive physische Unfähigkeit, die Nadel auch nur eine Minute länger zu führen. Es kommen Fälle vor, wo diese hülflosen Geschöpfe neun Tage lang hintereinander nicht aus den Kleidern kamen und nur gelegentlich dann und wann ein paar Augenblicke auf einer Matratze ausruhen konnten, wo man ihnen das Essen kleingeschnitten vorsetzte, damit sie es in der kürzestmöglichen Zeit verschlucken könnten; kurz, diese unglücklichen Mädchen werden durch die moralische Sklavenpeitsche – die Drohung der Entlassung – in einer so anhaltenden und unablässigen Arbeit erhalten, wie sie kein starker Mann, geschweige denn zarte Mädchen von 14 bis 20 Jahren ertragen können. Dazu die dumpfige Luft der Arbeitszimmer und ebenfalls der Schlafsäle, die gebückte Stellung, die schlechte, schwerverdauliche Kost – alles das, aber vor allem die lange Arbeit und Absperrung von der freien Luft, erzeugt die traurigsten Resultate für die Gesundheit der Mädchen. Mattigkeit und Erschlaffung, Schwäche, Verlust des Appetits, Schmerzen in den Schultern, dem Rücken und den Hüften, besonders aber Kopfschmerzen treten sehr bald ein; dann Verkrümmung des Rückgrats, hohe, verwachsene Schultern, Abmagerung, geschwollene, fließende und schmerzhafte Augen, die bald kurzsichtig werden, Husten, Engbrüstigkeit und kurzer Atem sowie alle weiblichen Entwicklungskrankheiten. Die Augen leiden in vielen Fällen so stark, daß unheilbare Blindheit, gänzliche Desorganisation des Auges eintritt, und wenn das Gesicht gut genug bleibt, um eine Fortsetzung der Arbeit möglich zu machen, so endigt gewöhnlich die Schwindsucht das kurze, traurige Leben dieser Putzmacherinnen. Selbst bei denjenigen, die diese Arbeit früh genug verlassen, bleibt die körperliche Gesundheit für immer zerstört, die Kraft der Konstitution gebrochen; sie sind fortwährend, besonders in der Ehe, siech und schwächlich und bringen kränkliche Kinder zur Welt. Alle Ärzte, die von dem Kommissär (der Ch. Empl. Comm.) befragt wurden, äußerten sich einstimmig dahin, daß keine Lebensweise erfunden werden könne, die mehr als diese dahin ziele, die Gesundheit zu vernichten und einen frühen Tod herbeizuführen.

Mit derselben Grausamkeit, nur etwas mehr indirekt, werden die Näherinnen überhaupt in London ausgebeutet. Die Mädchen, welche sich mit der Anfertigung von Schnürleibchen beschäftigen, haben eine harte, mühsame, das Auge anstrengende Arbeit, und was ist der Lohn, den sie bekommen? Ich weiß es nicht, aber das weiß ich, daß der Unternehmer, der Bürgschaft für das ihm überlieferte Material geben muß und die Arbeit an die einzelnen Nähterinnen verteilt, 1 1/2 Penny, 15 Pfennig preußisch, für das Stück erhält. Davon geht sein Nutzen noch ab, und der ist mindestens 1/2 Penny – höch- stens also 1 Penny geht in die Tasche des armen Mädchens. Die Mädchen, welche Halsbinden nähen, müssen sich zu sechzehnstündiger Arbeit verpflichten und erhalten wöchentlich 4 1/2 sh., 1 1/2 Taler preußisch, wofür sie etwa soviel kaufen können wie für 20 Silbergroschen in der teuersten Stadt Deutschlands (1). Am schlimmsten aber ergeht es denen, die Hemden nähen. Sie bekommen für ein gewöhnliches Hemd 1 2/2 Pence – früher bekamen sie 2 bis 3 Pence, aber seitdem das Armenhaus von St. Pancras, das von einer bourgeoisie-radikalen (1892) bourgeois-radikalen) Behörde verwaltet wird, anfing zu 1 1/2 Pence Arbeit zu übernehmen, mußten die armen Frauenzimmer es auch tun. Für feine, verzierte Hemden, die bei achtzehnstündiger Arbeit in einem Tage fertiggemacht werden können, wird 6 Pence, 5 Silbergroschen, bezahlt. Der Lohn dieser Nähterinnen beträgt hiernach und nach vielseitigen Aussagen von Arbeiterinnen und Übernehmern (1892) Unternehmers (offenbar Druckfehler)), bei sehr angestrengter, tief in die Nacht hinein fortgesetzter Arbeit wöchentlich 2 1/2 bis 3 Shilling! Und was dieser schändlichen Barbarei die Krone aufsetzt, ist, daß die Nähterinnen den Betrag der ihnen anvertrauten Materialien teilweise deponieren müssen, was sie natürlich nicht anders können, als wenn sie – wie dies auch die Eigentümer wissen – einen Teil derselben verpfänden und entweder mit Verlust einlösen, oder, wenn sie die Stoffe nicht auslösen können, vor das Friedensgericht wandern müssen, wie dies einer Nähterin im November 1843 geschah. Ein armes Mädchen, das in diesem Falle war und nicht wußte, was es anfangen sollte, ertränkte sich im August 1844 in einem Kanal. Diese Nähterinnen leben gewöhnlich in kleinen Dachstübchen im größten Elende, wo sich ihrer so viele in einem Zimmer zusammendrängen, als der Raum nur eben erlaubt, und wo im Winter meist die animalische Wärme der Anwesenden das einzige Heizungsmittel ist. Dort sitzen sie über ihre Arbeit gebückt und nähen von morgens vier oder fünf bis Mitternacht, verwüsten ihre Gesundheit in ein paar Jahren und bringen sich in ein frühes Grab, ohne sich auch nur die allerdringendsten Bedürfnisse verschaffen zu können Das ist die Lage des englischen industriellen Proletariats. Überall, wohin wir uns wenden, finden wir dauerndes oder temporäres Elend, Krankheiten, die aus der Lage oder der Arbeit entstehen, Demoralisation; überall Vernichtung, langsame, aber sichere Untergrabung der menschlichen Natur in körperlicher wie geistiger Beziehung. Ist das ein Zustand, der dauern kann?

Dieser Zustand kann und wird nicht dauern. Die Arbeiter, die große Majorität des Volks, wollen es nicht. Sehen wir zu, was sie von diesem Zustande sagen.

Anmerkungen F. E.:

(1) Vgl. "Weekly Dispatch", 17. März 1844.

(2) Thomas Hood, der talentvollste aller jetzigen englischen Humoristen und, wie alle Humoristen, voll menschlichen Gefühle, aber ohne alle geistige Energie, veröffentlichte im Anfange des Jahres 1844, als das Elend der Nähterinnen alle Zeitungen füllte, ein schönes Gedicht: "The Song of the Shirt", das Lied vom Hemde, das manche mitleidige, aber nutzlose Träne den Augen der Bourgeoisietöchter entlockte. Ich habe nicht Raum genug, um es hier wiedergeben zu können; es stand ursprünglich im "Punch" und machte dann die Runde durch die Zeitungen. Da die Lage der Nähterinnen damals in allen Zeitungen besprochen wurde, sind spezielle Zitate überflüssig.

Das Bergwerksproletariat

Die Beschaffung der rohen und Brennmaterialien für eine so kolossale Industrie wie die englische nimmt ebenfalls eine bedeutende Zahl von Arbeitern in Anspruch. Von den der Industrie notwendigen Stoffen liefert aber England selbst – außer der Wolle, die auf Rechnung der Ackerbaubezirke kommt – nur die Mineralien, die Metalle und die Steinkohlen. Während in Cornwall ergiebige Kupfer-, Zinn-, Zink- und Bleibergwerke sind, liefern Staffordshire, Nord-Wales und andere Bezirke große Mengen von Eisen und fast ganz Nord- und Westengland, Mittelschottland und einige Distrikte von Irland einen Überfluß an Steinkohlen In den Bergwerken selbst arbeiten fast nur Männer und Knaben von zwölf Jahren aufwärts. Die materielle Stellung dieser Arbeiter scheint nach dem Ch. E. Rept. ziemlich erträglich zu sein, und die Engländer prunken oft genug mit ihren kräftigen und kühnen cornischen Bergknappen, die den Erzadern selbst bis unter den Grund des Meeres nachspüren. Aber der Ch. E. Rept. urteilt doch anders in Beziehung auf die Kräftigkeit dieser Leute. Er weist in dem intelligenten Bericht des Dr. Barham nach, daß die Einatmung einer wenig sauerstoffhaltigen, mit Staub und dem Rauch des beim Sprengen gebrauchten Pulvers vermischten Atmosphäre, wie sie sich auf dem Grund der Bergwerke findet, die Lunge ernstlich affiziert, die Tätigkeit des Herzens gestört und die Verdauungsorgane erschlafft; daß die anstrengende Arbeit, und besonders das Auf- und Absteigen auf Leitern, das bei einigen Bergwerken selbst jungen kräftigen Männern über eine Stunde

Zeit wegnimmt und täglich vor und nach der Arbeit geschieht, sehr zur Entwicklung dieser Übel beiträgt, und daß infolge davon die Männer, welche früh in die Bergwerke gehen, lange nicht die körperliche Ausbildung erhalten, welche man bei den auf der Oberfläche arbeitenden Weibern findet; daß viele jung an der galoppierenden und die meisten in den besten Jahren an der langsamen Schwindsucht sterben; daß sie früh altern und zwischen dem 35. und 45. Lebensjahr arbeitsunfähig werden, und daß sehr viele durch den raschen Übergang aus der warmen Luft des Schachts, nachdem sie unter heftigem Schweiß die Leitern mühsam heraufgeklettert sind in die kalte Luft der Oberfläche, sich akute Entzündungen der ohnehin krankhaften Respirationsorgane zuziehen, welche sehr häufig tödlich wirken. Die Arbeit auf der Oberfläche, das Zerschlagen und Sortieren der Erze, wird von Mädchen und Kindern betrieben und als sehr gesund geschildert, da es in freier Luft getan wird.

Im Norden von England, an der Grenze der Grafschaften Northumberland und Durham, sind die bedeutenden Bleibergwerke von Alston Moor. Die Berichte aus dieser Gegend – ebenfalls im Ch. E. Rept., Bericht des Kommissärs Mitchell – stimmen fast ganz mit denen aus Cornwall überein. Auch hier wird über Mangel an Sauerstoff, Überfluß an Staub, Pulverrauch, Kohlensäure und schwefligen Gasen in der Atmosphäre der Stollen geklagt. Infolgedessen sind die Bergleute, wie in Cornwall, klein von Statur und leiden vom 30. Jahre an aufwärts fast alle an Brustbeschwerden, die endlich, besonders wenn die Arbeit, wie fast immer, fortgesetzt wird, in vollständige Schwindsucht übergehen und so das durchschnittliche Lebensalter dieser Leute wesentlich verkürzen. Wenn die Bergknappen dieser Gegend etwas länger leben als die cornischen, so kommt dies daher, daß sie erst mit dem 19. Jahre anfangen, den Schacht zu befahren, während in Cornwall, wie wir sahen, diese Arbeit schon mit dem 12. Jahre begonnen wird. Indes stirbt auch hier die Majorität nach ärztlichen Aussagen zwischen dem 40. und 50. Lebensjahr. Aus 79 Bergleuten, deren Tod im öffentlichen Register des Distrikts eingeschrieben war und die durchschnittlich 45 Jahre alt geworden waren, waren 37 an der Schwindsucht und 6 an Asthma gestorben. In den umliegenden Ortschaften Allendale, Stanhope und Middleton war die Lebensdauer resp. 49, 48 und 47 Jahre durchschnittlich, und die Todesfälle infolge von Brustbeschwerden machten resp. 48, 54 und 56 Prozent der ganzen Zahl aus. Es ist zu bedenken, daß sämtliche Angaben sich nur auf solche Bergleute beziehen, die ihre Arbeit nicht vor dem 19. Jahre antraten, Vergleichen wir hiermit die sogenannten schwedischen Tabellen – ausführliche Mortalitätstabellen (Sterblichkeitstabellen) über alle Einwohner von Schweden – die in England für den bis jetzt richtigsten Maßstab der durchschnittlichen Lebensdauer der britischen Arbeiterklasse gelten. Nach ihnen erreichen männliche Individuen, die das 19. Lebensjahr zurückgelegt haben, ein Alter von durchschnittlich 57 1/2 Jahren, und sonach wird das Leben der nordenglischen Bergleute um durchschnittlich 10 Jahre durch ihre Arbeit verkürzt. Die schwedischen Tabellen gelten aber für den Maßstab der Lebensdauer der Arbeiter und bieten somit eine Darstellung der Lebenschancen in den ohnehin schon ungünstigen Verhältnissen des Proletariats, geben also schon eine geringere als die normale Lebensdauer an. – In dieser Gegend finden wir auch die Logierhäuser und Schlafstellen wieder, die wir schon in den großen Städten kennenlernten, und mindestens in derselben schmutzigen, ekelhaften und gedrängten Gestalt wie dort. Mitchell war in einem solchen Zimmer, das 18 Fuß lang und 15 Fuß breit und zur Aufnahme von 42 Männern und 14 Knaben, zusammen also 56 Personen in 14 Betten – von denen die Hälfte wie in einem Schiff über den andern angebracht – eingerichtet war. Keine Öffnung war da, um die schlechte Luft hinauszulassen; obwohl in drei Nächten niemand dort geschlafen hatte, so war der Geruch und die Atmosphäre doch so, daß Mitchell sie keinen Augenblick ertragen konnte. Wie mag sie erst in einer heißen Sommernacht unter 56 Schlafgästen sein! Und das ist nicht das Zwischendeck eines amerikanischen Sklavenschiffs, es ist die Wohnung "freigeborner Briten".

Gehen wir jetzt zu den wichtigsten Zweigen des englischen Bergbaues, den Eisenbergwerken und Kohlengruben über, die der Ch. E. Rept. zusammen abhandelt, und zwar mit der ganzen Ausführlichkeit, die die Wichtigkeit des Gegenstandes erfordert. Fast der ganze erste Teil dieses Berichts beschäftigt sich mit der Lage der in diesen Bergwerken beschäftigten Arbeiter. Nach der detaillierten Schilderung indes, die ich von der Lage der industriellen Arbeiter gegeben habe, wird es mir hier möglich sein, mich so kurz fassen, wie die Rücksicht auf die dem Umfang dieser Schrift zu setzenden Schranken es erfordert.

In den Kohlen- und Eisenbergwerken, die ungefähr auf gleiche Weise ausgebeutet werden, arbeiten Kinder von 4, 5, 7 Jahren; die meisten sind indes über 8 Jahre alt. Sie werden gebraucht, um das losgebrochene Material von der Bruchstelle nach dem Pferdeweg oder dem Hauptschacht zu transportieren und um die Zugtüren, welche die verschiedenen Abteilungen des Bergwerks trennen, bei der Passage von Arbeitern und Material zu öffnen und wieder zu schließen. Zur Beaufsichtigung dieser Türen werden meist die kleinsten Kinder gebraucht, die auf diese Weise 12 Stunden täglich im Dunkeln einsam in einem engen, meist feuchten Gange sitzen müssen, ohne selbst auch nur so viel Arbeit zu haben, als nötig wäre, sie vor der verdummenden, vertierenden Langeweile des Nichtstuns zu schützen. Der Transport der Kohlen und des Eisensteins dagegen ist eine sehr harte Arbeit, da dies Material in ziemlich großen Kufen ohne Räder über den holprigen Boden der Stollen fortgeschleift werden muß, oft über feuchten Lehm oder durch Wasser, oft steile Abhänge hinauf, und durch Gänge, die zuweilen so eng sind, daß die Arbeiter auf Händen und Füßen kriechen müssen. Zu dieser anstrengenden Arbeit werden daher ältere Kinder und heranwachsende Mädchen genommen. Je nach den Umständen kommt entweder ein Arbeiter auf die Kufe oder zwei jüngere, von denen einer zieht und der andere schiebt. Das Loshauen, das von erwachsenen Männern oder starken jungen Burschen von 16 Jahren und drüber geschieht, ist ebenfalls eine sehr ermüdende Arbeit. – Die gewöhnliche Arbeitszeit ist 11 bis 12 Stunden, oft länger, in Schottland bis zu 14 Stunden, und sehr häufig wird doppelte Zeit gearbeitet, so daß sämtliche Arbeiter 24, ja nicht selten 36 Stunden hintereinander unter der Erde und in Tätigkeit sind. Feste Stunden für Mahlzeiten sind meist unbekannt, so daß die Leute essen, wenn sie Hunger und Zeit haben.

Die äußere Lage der Grubenarbeiter wird im allgemeinen als ziemlich gut und ihr Lohn als hoch im Vergleich zu dem der sie umgebenden Ackerbautaglöhner (die freilich verhungern) geschildert, mit Ausnahme einiger Teile von Schottland und dem irischen Kohlenbezirk, wo großes Elend herrscht. Wir werden Gelegenheit haben, später auf diese, ohnehin relative, im Hinblick auf die ärmste Klasse von ganz England gemachte Angabe zurückzukommen. Einstweilen wollen wir die Übel, die aus dem jetzigen Betrieb der Grubenarbeit folgen, betrachten, und die Leser mögen dann entscheiden, ob irgendein Geldlohn imstande ist, den Arbeiter für solche Leiden zu entschädigen.

Die Kinder und jungen Leute, welche mit dem Schleppen der Kohlen und des Eisensteins beschäftigt sind, klagen allgemein über große Müdigkeit. Selbst in den am rücksichtslosesten betriebenen industriellen Etablissements finden wir eine so allgemeine und so sehr aufs äußerste getriebene Abspannung nicht. Der ganze Bericht liefert dazu auf jeder Seite eine Reihe von Beispielen. Es kommt jeden Augenblick vor, daß die Kinder, sowie sie nach Hause kommen, sich auf den steinernen Fußboden vor dem Herde werfen und sogleich einschlafen, daß sie keinen Bissen Nahrung mehr zu sich nehmen können und im Schlaf von den Eltern gewaschen und zu Bette gebracht werden müssen, ja daß sie unterwegs sich vor Müdigkeit hinwerfen und tief in der Nacht von ihren Eltern dort aufgesucht und schlafend gefunden werden. Allgemein scheint es zu sein, daß diese Kinder den größten Teil des Sonntags im Bette zubringen, um sich einigermaßen von der Anstrengung der Woche zu erholen; Kirche und Schule werden nur von wenigen besucht, und bei diesen klagen die Lehrer über große Schläfrigkeit und Abstumpfung bei aller Lernbegierde. Bei den älteren Mädchen und Frauen findet dasselbe statt. Sie werden auf die brutalste Weise überarbeitet. – Diese Müdigkeit, die fast immer bis zu einem höchst schmerzhaften Grade gesteigert wird, verfehlt ihre Wirkungen auf die Konstitution nicht. Die nächste Folge einer solchen übermäßigen Anstrengung ist, daß alle Lebenskraft zur einseitigen Ausbildung der Muskeln verbraucht wird, so daß besonders die Muskeln der Arme und Beine, des Rückens, der Schultern und der Brust, die bei dem Schleppen und Schieben hauptsächlich in Tätigkeit gesetzt werden, eine außerordentlich üppige Entwicklung erhalten, während der ganze übrige Körper Mangel an Nahrung leidet und verkrüppelt. Vor allen Dingen bleibt der Wuchs klein und zurückgehalten; fast alle Grubenarbeiter sind kurz von Körperbau, mit Ausnahme derer von Warwickshire und Leicestershire, die unter besonders günstigen Verhältnissen arbeiten. Dann wird die Pubertät sowohl bei Knaben wie Mädchen zurückgehalten, bei ersteren oft bis zum 18. Jahre; dem Kommissär Symons kam sogar ein neunzehnjähriger Knabe vor, der, mit Ausnahme der Zähne, in keinem Teile weiterentwickelt war als ein Knabe von 11 bis 12 Jahren. Diese Verlängerung der Kindheitsepoche ist im Grunde auch weiter nichts als ein Beweis gehemmter Entwicklung und verfehlt nicht, im späteren Alter ihre Früchte zu tragen. Verkrümmung der Beine, eingebogene Knie und auswärts gebogene Füße, Verkrümmung des Rückgrats und andere Mißbildungen stellen sich unter diesen Umständen und bei so geschwächten Konstitutionen infolge der fast immer gezwungenen Körperstellung bei der Arbeit um so leichter ein und sind so häufig, daß sowohl in Yorkshire und Lancashire wie in Northumberland und Durham von vielen, selbst Ärzten behauptet wird, man könne einen Grubenarbeiter unter hundert andern Leuten schon an seiner Körperbildung kennen. Besonders die Weiber scheinen sehr von der Arbeit zu leiden und sind selten, wenn überhaupt jemals, so gerade wie andere Weiber. Daß Mißbildungen des Beckens und infolgedessen schwere, ja tödliche Geburten ebenfalls aus der Arbeit der Weiber in den Gruben entstehen, wird auch hier bezeugt. Außer diesen lokalen Verkrüppelungen haben die Grubenarbeiter aber noch an einer Reihe von speziellen Krankheiten zu leiden, die ziemlich mit denen der übrigen Bergleute zusammenfallen und leicht aus der Art der Arbeit zu erklären sind. Der Unterleib leidet vor allem; der Appetit verliert sich, Magenschmerzen, Übelkeit und Erbrechen treten in den meisten Fällen ein, dazu heftiger Durst, der nur mit dem schmutzigen, oft lauen Wasser des Bergwerks gelöscht werden kann; die Verdauungstätigkeit wird gehemmt und dadurch die übrigen Krankheiten gefördert. Krankheiten des Herzens, besonders Hypertrophie, Entzündung des Herzens und des Pericardium, Kontraktion der Aurikuloventrikular-Kommunikationen und des Eingangs der Aorta, werden ebenfalls von mehreren Seiten als häufige Übel der Grubenarbeiter angegeben und leicht durch Überarbeitung erklärt. Desgleichen die fast allgemeinen Bruchschäden, die ebenfalls die direkte Folge von übermäßiger Muskelanstrengung sind. Teils aus derselben Ursache, teils aus der – hier so leicht zu vermeidenden – schlechten, mit Kohlensäure und Kohlenwasserstoffgas gemischten, staubgefüllten Atmosphäre der Gruben entstehen eine Menge schmerzhafter und gefährlicher Lungenkrankheiten, besonders Asthma, das in einigen Distrikten mit dem 40., in andern schon mit dem 30. Lebensjahre bei den meisten Grubenarbeitern zum Vorschein kommt und sie in kurzer Zeit arbeitsunfähig macht. Bei denjenigen, die in nassen Stollen zu arbeiten haben, tritt die Beklemmung auf der Brust natürlich schon viel früher ein; in einigen Gegenden Schottlands zwischen dem 20. und 30. Jahre, während welcher Zeit die angegriffenen Lungen außerdem für Entzündungen und fieberhafte Affektionen sehr empfänglich sind. Eine eigentümliche Krankheit dieser Art Arbeiter ist das Schwarzspeien (black spittle), das aus einer Durchdringung der ganzen Lunge mit feiner Kohle entsteht und sich in allgemeiner Schwäche, Kopfschmerzen, Brustbeklemmung und schwarzer, dickschleimiger Expektoration äußert. In einigen Gegenden erscheint dies Übel in milder Form, in andern dagegen erscheint es ganz unheilbar, besonders in Schottland; hier zeigt sich außer einer Steigerung der erwähnten Symptome ein sehr kurzer, pfeifender Atem, schneller Puls (über 100 in einer Minute), abgebrochener Husten; die Abmagerung und Schwäche nimmt zu und macht den Patienten bald arbeitsunfähig. In allen Fällen führt dies Übel hier den Tod nach sich. Dr. MacKellar in Pencaithland, East Lothian, sagt aus, daß in allen den Gruben, welche gut ventiliert seien, diese Krankheit gar nicht vorkomme, während oft genug Arbeiter, die aus gut ventilierten in schlecht ventilierte Gruben übergingen, von ihr ergriffen würden. Die Gewinnsucht der Grubenbesitzer, die die Anlegung von Ventilationsschachten unterläßt, ist also schuld daran, daß diese Krankheit überhaupt existiert. Rheumatismus ist ebenfalls, mit Ausnahme von Warwickshire und Leicestershire, ein allgemeines Übel der Grubenarbeiter, das besonders aus den häufigen nassen Arbeitslokalen entsteht. – Das Resultat aller dieser Krankheiten ist, daß in allen Distrikten ohne Ausnahme die Grubenarbeiter früh altern und nach dem 40. Jahre bald – es ist verschieden nach den verschiedenen Distrikten – arbeitsunfähig werden; Daß ein Grubenarbeiter nach dem 45. oder gar 50. Lebensjahre seine Beschäftigung noch verfolgen kann, kommt äußerst selten vor. Mit 40 Jahren, wird allgemein angegeben, fängt ein solcher Arbeiter an, in sein Greisenalter zu treten. Dies gilt von denen, die die Kohlen loshauen; die Auflader, die fortwährend schwere Blöcke Kohlen in die Kufen zu heben haben, altern schon mit dem 28. oder 30. Jahre, so daß es ein Sprüchwort in den Kohlendistrikten gibt: Die Auflader werden alte Männer, ehe sie junge sind. Daß dies frühe Altern der Grubenarbeiter auch einen frühen Tod herbeiführt, versteht sich von selbst, und so ist denn auch ein Sechziger eine große Seltenheit unter ihnen; ja selbst in Süd-Staffordshire, wo die Gruben verhältnismäßig gesund sind, erreichen nur wenige das 51. Jahr. – Bei diesem frühen Altern der Arbeiter finden wir denn auch ganz natürlich, wie bei den Fabriken, häufige Arbeitslosigkeit der Eltern, die von ihren oft noch sehr jungen Kindern ernährt werden. – Fassen wir nun die Resultate der Arbeit in Kohlengruben nochmals kurz zusammen, so finden wir, um mit Dr. Southwood Smith, einem der Kommissäre, zu reden – daß einerseits durch Verlängerung der Kindheitsperiode, andererseits durch frühes Altern diejenige Lebensepoche, in der der Mensch im vollen Besitze seiner Kräfte ist, das Mannesalter, um ein bedeutendes verkürzt und die Lebensdauer überhaupt durch einen frühen Tod verringert wird. Auch das ins Debet der Bourgeoisie!

Alles das ist nur der Durchschnitt der englischen Gruben. Es gibt ihrer aber viele, in denen es noch weit schlimmer aussieht, nämlich diejenigen, in welchen dünne Kohlenflöze ausgebeutet werden. Die Kohlen würden zu teuer kommen, wollte man außer dem Kohlenlager auch noch einen Teil der anstoßenden Sand- und Lehmschichten wegräumen; daher lassen die Besitzer nur jene ausgraben, und dadurch werden die Gänge, die sonst vier, fünf und mehr Fuß hoch sind, so niedrig, daß an aufrechtes Stehen nicht zu denken ist. Der Arbeiter liegt auf der Seite und bricht mit seiner Hacke die Kohlen los, indem er den Ellenbogen als Angelpunkt aufstützt – daraus entsteht Entzündung des Gelenks und in den Fällen, wo er knien muß, dasselbe Übel am Kniegelenk. Die Weiber und Kinder, die die Kohlen zu schleppen haben, kriechen auf Händen und Füßen, mit einem Geschirr und einer Kette, die in vielen Fällen zwischen den Beinen durchgeht, an die Kufe gespannt, durch die niedrigen Stollen, während ein anderer von hinten mit Kopf und Händen nachschiebt. Das Drücken mit dem Kopf erzeugt lokale Irritation, schmerzhafte Anschwellungen und Geschwüre. In vielen Fällen sind die Stollen auch naß, so daß diese Arbeiter durch schmutziges oder salziges, ebenfalls Irritation der Haut erzeugendes Wasser von mehreren Zollen tief zu kriechen haben. Man kann sich leicht vorstellen, wie sehr die den Grubenarbeitern ohnehin eigentümlichen Krankheiten durch eine so scheußliche Sklavenarbeit begünstigt werden.

Das sind noch nicht alle Übel, die auf das Haupt des Grubenarbeiters fallen. Im ganzen britischen Reich gibt es keine Arbeit, bei der man auf so vielerlei Weise ums Leben kommen kann, wie gerade diese. Die Kohlengrube ist der Schauplatz einer Menge der schreckenerregendsten Unfälle, und gerade diese kommen direkt auf Rechnung des Bourgeoisie-Eigennutzes. Das Kohlenwasserstoffgas, das sich so häufig in ihnen entwickelt, bildet durch seine Vermischung mit atmosphärischer Luft eine explosible (1892) explosive) Luftart, die sich durch die Berührung mit einer Flamme entzündet und jeden tötet, der sich in ihrem Bereich befindet. Solche Explosionen fallen fast alle Tage hier oder dort vor; am 28. September 1844 war eine in Haswell Colliery (Durham), welche 96 Menschen tötete. Das kohlensaure Gas, das sich ebenfalls in Menge entwickelt, lagert an den tiefern Stellen der Gruben oft über Mannshöhe und erstickt jeden, der hineingerät. Die Türen, die die einzelnen Teile der Gruben trennen, sollen die Fortpflanzung der Explosionen und die Bewegung der Gase hindern, aber da man sie kleinen Kindern zur Bewachung übergibt, die oft einschlafen oder sie vernachlässigen, so ist diese Vorsichtsmaßregel illusorisch. Durch eine gute Ventilation der Gruben vermittelst Luftschachten wäre die nachteilige Wirkung beider Gase gänzlich zu vermeiden, aber dazu gibt der Bourgeois sein Geld nicht her und befiehlt lieber den Arbeitern, nur von der Davyschen Lampe Gebrauch zu machen, die ihm wegen ihres düstern Scheins oft ganz nutzlos ist und die er deshalb lieber mit der einfachen Kerze vertauscht. Kommt dann eine Explosion, so war es Nachlässigkeit der Arbeiter, wo doch der Bourgeois durch gute Ventilation jede Explosion hätte fast unmöglich machen können. Ferner fällt alle Augenblicke ein Stollen ganz oder teilweise ein und begräbt die Arbeiter oder zerquetscht sie; es ist das Interesse des Bourgeois, daß die Flöze soviel irgend möglich ausgegraben werden, und daher auch diese Art Unglücksfälle. Dann sind die Seile, an denen die Arbeiter in den Schacht fahren, oft schlecht und reißen, so daß die Unglücklichen herunterfallen und zerschmettert werden. Alle diese Unglücksfälle – ich habe keinen Raum für einzelne Beispiele – raffen jährlich, nach dem "Mining Journal", etwa 1400 Menschenleben dahin. Der "Manchester Guardian" berichtet allein aus Lancashire mindestens zwei bis drei in jeder Woche. Fast in allen Bezirken sind die Totenschau-Juries in allen Fällen von den Grubenbesitzern abhängig, und wo dies nicht der Fall ist, da sorgt der Schlendrian der Gewohnheit dafür, daß das Verdikt auf "Tod durch Zufall" lautet. Ohnehin kümmert sich die Jury wenig um den Zustand der Grube, weil sie nichts davon versteht. Aber der Ch. E. Rept. nimmt keinen Anstand, die Besitzer der Gruben geradezu für die große Mehrzahl dieser Fälle verantwortlich zu machen.

In Beziehung auf die Bildung und Sittlichkeit der bergbauenden Bevölkerung, so soll diese nach dem Ch. E. Rept. in Cornwall ziemlich und in Alston Moor sogar vortrefflich sein; dagegen steht sie in den Kohlendistrikten allgemein sehr niedrig. Die Leute leben auf dem Lande, in vernachlässigten Gegenden, und wenn sie ihre saure Arbeit tun, so kümmert sich außer der Polizei kein Mensch um sie. Daher kommt es und von dem zarten Alter, in welchem die Kinder an die Arbeit gestellt werden, daß ihre geistige Bildung durchaus vernachlässigt ist. Die Wochenschulen stehen ihnen nicht offen, die Abend- und Sonntagsschulen sind illusorisch, die Lehrer taugen nichts. Daher können nur wenige lesen und noch weniger schreiben. Das einzige, wofür ihre Augen noch offengeblieben, war nach der Aussage der Kommissäre, daß ihr Lohn viel zu gering für ihre saure und gefährliche Arbeit sei. – In die Kirche gehen sie nie oder selten; alle Geistlichen klagen über eine Irreligiosität ohnegleichen. In der Tat finden wir unter ihnen eine Unwissenheit über religiöse und weltliche Dinge, gegen welche die oben in Beispielen dargelegte vieler Industriearbeiter noch gering ist. Die religiösen Kategorien sind ihnen nur aus den Fluchworten bekannt. Ihre Moralität wird schon durch die Arbeit zerstört. Daß die Überarbeitung aller Grubenarbeiter den Trunk notwendig erzeugen muß, liegt auf der Hand. Was das Geschlechtsverhältnis betrifft, so arbeiten in den Gruben wegen der dort herrschenden Wärme Männer, Weiber und Kinder in vielen Fällen ganz und in den meisten beinahe nackt, und was die Folgen davon in der finstern, einsamen Grube sind, mag sich jeder selbst denken. Die Zahl der unehelichen Kinder, die hier unverhältnismäßig groß ist, spricht für das, was unter der halbwilden Bevölkerung dort unten vorgeht, beweist aber auch, daß der illegitime Verkehr der Geschlechter hier noch nicht, wie in den Städten, bis zur Prostitution gesunken ist. Die Arbeit der Weiber hat dieselben Folgen wie in den Fabriken, sie löst die Familie auf und macht die Mütter durchaus unfähig zur Verrichtung ihrer häuslichen Beschäftigungen.

Als der Ch. E. Rept. dem Parlament vorgelegt wurde, beeilte sich Lord Ashley, eine Bill vorzuschlagen, worin die Arbeit der Weiber in Bergwerken ganz verboten und die der Kinder sehr beschränkt wurde. Die Bill ging durch, ist aber in den meisten Gegenden ein toter Buchstabe geblieben, da nicht auch Bergwerksinspektoren ernannt wurden, um nach ihrer Ausführung zu sehen. Die Umgehung ist in den ländlichen Distrikten, wo die Bergwerke liegen, ohnehin schon sehr erleichtert, und da darf es uns nicht wundern, wenn voriges Jahr dem Minister des Innern die offizielle Anzeige von seiten der Verbindung der Grubenarbeiter gemacht wurde, daß in den Gruben des Herzogs von Hamilton in Schottland über 60 Frauenzimmer arbeiten, oder wenn der "Manchester Guardian" einmal berichtete, daß, wenn ich nicht irre, bei Wigan ein Mädchen durch eine Explosion in der Grube umgekommen sei und kein Mensch sich weiter darum kümmerte, daß auf diese Weise eine Ungesetzlichkeit an den Tag kam. In einzelnen Fällen mag es abgestellt worden sein, aber im allgemeinen besteht das alte Verhältnis unverändert fort.

Das sind aber noch nicht alle Beschwerden, die auf die Grubenleute fallen. Die Bourgeoisie, nicht zufrieden damit, die Gesundheit dieser Leute zu ruinieren, ihr Leben stündlich in Gefahr zu bringen, ihnen alle Gelegenheit zur Bildung zu nehmen, beutet sie auch sonst noch auf die unverschämteste Weise aus. Das Trucksystem ist hier nicht Ausnahme, sondern Regel und wird auf die unverhohlenste, direkteste Weise betrieben. Das Cottagesystem ist ebenfalls allgemein und hier meist Notwendigkeit, wird aber auch hier zur besseren Ausbeutung der Arbeiter angewandt. Dazu noch allerlei sonstige Betrügereien. Während die Kohlen nach dem Gewicht verkauft werden, wird dem Arbeiter meist der Lohn nach dem Maß berechnet, und wenn er seine Kufe nicht ganz voll hatte, so bekommt er gar keinen Lohn, wahrend er keinen Heller für Übermaß bezahlt erhält. Ist in der Kufe mehr als ein gewisses Quantum Grieß, was doch weniger vom Arbeiter als von der Beschaffenheit der Kohlenflöze abhängt, so ist nicht nur der ganze Lohn, sondern auch noch eine Strafe verwirkt. Das Strafgeldersystem ist in den Gruben überhaupt so vollkommen ausgebildet, daß zuweilen ein armer Teufel, der die ganze Woche gearbeitet hat und kommt, seinen Lohn zu holen, vom Aufseher – denn der straft ganz nach Belieben und ohne den Arbeiter herbeizuholen – erfährt, daß er nicht nur keinen Lohn zu erwarten, sondern noch soundsoviel an Strafen nachzuzahlen hat! Der Aufseher hat überhaupt absolute Macht über den Lohn, er notiert die gelieferte Arbeit und kann dem Arbeiter, der ihm glauben muß, bezahlen, was er will. In einigen Gruben, wo nach dem Gewicht bezahlt wird, werden falsche Dezimalwaagen gebraucht, deren Gewichte nicht durch die öffentliche Autorität geeicht zu werden brauchen: in einer war sogar eine Regel, daß jeder Arbeiter, der wegen Unrichtigkeit der Waage klagen wollte, dies dem Aufseher drei Wochen vorher anzeigen mußte! In vielen Gegenden, besonders in Nordengland, ist es Sitte, daß die Arbeiter auf ein Jahr engagiert werden; sie verpflichten sich, während der Zeit für keinen andern zu arbeiten, aber der Besitzer verpflichtet sich durchaus nicht, ihnen Arbeit zu geben, so daß sie oft monatelang arbeitslos sind und, wenn sie woanders Arbeit suchen, wegen Dienstvernachlässigung sechs Wochen auf die Tretmühle geschickt werden. In andern Verträgen wird den Leuten Arbeit bis zu 26 Shilling jede 14 Tage gesichert, aber nicht gegeben; in andern Distrikten leihen die Besitzer den Arbeitern kleine, nachher abzuverdienende Summen und fesseln sie dadurch an sich. Im Norden ist es allgemeine Sitte, stets den Lohn einer Woche zurückzuhalten, um dadurch die Leute zu fesseln. Und um die Sklaverei dieser geknechteten Arbeiter zu vollenden, sind fast alle Friedensrichter der Kohlendistrikte selbst Grubenbesitzer oder Verwandte und Freunde von solchen und haben in diesen unzivilisierten, armen Gegenden, wo es wenig Zeitungen – und auch diese im Dienst der herrschenden

Klasse – und wenig politische Agitation gibt, eine fast unumschränkte Macht. Man kann sich kaum eine Vorstellung davon machen, wie diese armen Grubenarbeiter von den in eigner Sache urteilenden Friedensrichtern ausgesogen und tyrannisiert worden sind.

Eine lange Zeit ging das so voran. Die Arbeiter wußten nicht besser, als daß sie dazu da seien, bis aufs Blut geschunden zu werden. Allmählich aber fand sich auch unter ihnen, namentlich in den Fabrikdistrikten, wo die Berührung mit den intelligenteren Fabrikarbeitern ihren Einfluß nicht verfehlte, ein oppositioneller Geist gegen die schamlose Unterdrückung der "Kohlenkönige". Sie fingen an, Assoziationen zu bilden und von Zeit zu Zeit die Arbeit einzustellen. In den zivilisierteren Teilen schlossen sie sich sogar mit Leib und Seele den Chartisten an. Der große Kohlendistrikt des Nordens von England, der allem industriellen Verkehr abgeschlossen war, blieb indes immer noch zurück, bis endlich, nach vielen Versuchen und Anstrengungen, teils der Chartisten, teils der intelligenteren Grubenleute selbst, im Jahre 1843 ein allgemeiner Geist des Widerstands auch hier erwachte. Eine solche Bewegung ergriff die Arbeiter von Northumberland und Durham, daß sie sich in die Spitze einer allgemeinen Verbindung der Grubenleute des ganzen Reichs stellten und einen Chartisten, den Advokaten W P. Roberts aus Bristol, der sich schon bei den früheren Chartistenprozessen ausgezeichnet hatte, zu ihrem "Generalprokurator" ernannten. Die "Union" verbreitete sich bald über die große Mehrzahl der Distrikte; überall wurden Agenten ernannt, die Versammlungen hielten und Mitglieder anwarben; bei der ersten Konferenz von Deputierten in Manchester im Januar 1844 waren über 60 000, bei der zweiten in Glasgow, ein halbes Jahr später, schon über 100 000 Mitglieder. Alle Angelegenheiten der Grubenleute wurden hier beraten und über die größeren Arbeitseinstellungen Beschlüsse gefaßt. Mehrere Journale, besonders die Monatsschrift "The Miner's Advocate" zu Newcastle-upon-Tyne, wurden gegründet und die Rechte der Grubenleute darin vertreten.

Am 31. März 1844 liefen die Dienstverträge aller Grubenleute in Northumberland und Durham ab. Sie ließen sich von Roberts einen neuen Vertrag aufsetzen, worin sie verlangten: 1. Bezahlung nach dem Gewicht statt nach dem Maß; 2. Ermittlung des Gewichts durch gewöhnliche, von den öffentlichen Inspektoren revidierte Waagschalen und Gewichte; 3. halbjährliche Dienstzeit; 4. Abschaffung des Strafensystems und Bezahlung der wirklich gelieferten Arbeit; 5. Verpflichtung der Besitzer, den in ihrem ausschließlichen Dienst befindlichen Arbeitern wenigstens vier Tage in der Woche Arbeit oder den Lohn für vier Tage zu garantieren. Der Vertrag wurde den Kohlenkönigen übersandt und eine Deputation ernannt, um mit ihnen zu unterhandeln; diese aber antworteten, die "Union" existiere nicht für sie, sie hätten nur mit den einzelnen Arbeitern zu tun und würden die Verbindung nie anerkennen. Auch legten sie einen andern Vertrag vor, der von allen den obigen Punkten nichts wissen wollte und natürlich von den Arbeitern verweigert wurde. Somit war der Krieg erklärt. Am 31. März 1844 legten 40 000 Grubenleute ihre Hacken nieder, und sämtliche Gruben in den beiden Grafschaften standen leer. Die Fonds der Assoziation waren so bedeutend, daß auf mehrere Monate jeder Familie eine Unterstützung von 2 1/2 sh. wöchentlich zugesichert werden konnte. Während so die Arbeiter die Geduld ihrer Brotherrn auf die Probe stellten, organisierte Roberts mit einer Unermüdlichkeit ohnegleichen den Turnout und die Agitation, ließ Versammlungen halten, durchreiste England in die Kreuz und Quer, sammelte Unterstützungen für die Feiernden, predigte Ruhe und Gesetzlichkeit und führte zugleich einen Feldzug gegen die despotischen Friedensrichter und Truckmeister aus, wie er noch nie in England vorgekommen war. Schon im Anfange des Jahres hatte er diesen begonnen. Wo irgendein Grubenarbeiter von den Friedensgerichten verurteilt war, verschaffte er sich beim Hofe der Queen's Bench ein Habeas Corpus, brachte seinen Klienten vor den Hof nach London und erhielt ihn immer freigesprochen. So sprach Richter Williams von der Queen's Bench am 13. Januar drei von den Friedensrichtern zu Bilston (Süd-Staffordshire) verurteilte Grubenleute los; das Verbrechen dieser Leute war, daß sie sich weigerten, an einer Stelle zu arbeiten, welcher Einsturz drohte und wirklich, ehe sie zurückkamen, eingestürzt war! Bei einer früheren Gelegenheit hatte Richter Patteson sechs Arbeiter losgesprochen, so daß der Name Roberts allmählich anfing, den grubenbesitzenden Friedensrichtern fürchterlich zu werden. In Preston saßen ebenfalls vier seiner Klienten; er machte sich in der ersten Woche des Februar auf, um die Sache an Ort und Stelle zu untersuchen, fand aber, als er ankam, die Verurteilten vor Ablauf der Strafzeit schon entlassen. In Manchester saßen sieben; Roberts erhielt Habeas Corpus und vom Richter Wightman vollständige Freisprechung. In Prescot saßen neun Grubenarbeiter, die wegen angeblicher Ruhestörung in St. Helens (Süd-Lancashire) schuldig erklärt und auf ihr Urteil warteten; als Roberts hinkam, wurden sie sogleich freigelassen. Alles das geschah in der ersten Hälfte des Februar. Im April befreite Roberts auf dieselbe Weise einen Grubenarbeiter aus dem Gefängnis zu Derby, vier aus dem zu Wakefield (Yorkshire) und vier aus dem zu Leicester. So ging es eine Zeitlang fort, bis die "Dogberries", wie diese Friedensrichter nach dem bekannten Charakter in Shakespeares "Viel Lärmen um nicht" genannt werden, etwas Respekt bekamen. Ebenso ging es mit dem Trucksystem. Einen nach dem andern von diesen ehrlosen Grubenbesitzern schleppte Roberts vor Gericht und erzwang von den widerwilligen Friedensrichtern Urteile gegen sie; solch eine Furcht verbreitete sich unter ihnen vor diesem windschnellen Generalprokurator, der überall zu gleicher Zeit zu sein schien, daß z.B. in Belper bei Derby eine Truckfirma bei seiner Ankunft folgendes Plakat anschlagen ließ:

"Bekanntmachung. Pentrich-Kohlenzeche."

"Die Herren Haslam halten es für nötig (um jedem Irrtum zuvorzukommen), anzuzeigen, daß alle in ihrer Zeche beschäftigten Leute ihren Lohn ganz in Geld ausbezahlt erhalten werden und ihn ausgeben können, wo und wie es ihnen beliebt. Wenn sie im Laden der Herren Haslam ihre Waren kaufen, so werden sie dieselben, wie bisher, zu Engrospreisen erhalten, jedoch wird nicht erwartet, daß sie sie dort kaufen, und es wird ihnen dieselbe Arbeit und derselbe Lohn gegeben werden, sie mögen in diesem oder irgendeinem andern Laden kaufen."

Diese Triumphe erregten den lautesten Jubel unter der ganzen englischen Arbeiterklasse und führten der "Union" eine Menge neuer Mitglieder zu. Inzwischen ging das Feiern im Norden voran. Keine Hand wurde gerührt, und Newcastle, der Hauptexporthafen für Kohlen, war so entblößt davon, daß man von der schottischen Küste Kohlen dorthin bringen mußte, obwohl im Englischen to carry coals to Newcastle (Kohlen nach Newcastle tragen) so viel heißt, wie bei den Griechen Eulen nach Athen tragen, d.h. etwas ganz Überflüssiges tun. Anfangs, solange die Fonds der "Union" vorhielten, ging alles gut, aber gegen den Sommer wurde den Arbeitern der Kampf sehr erschwert. Die höchste Not herrschte unter ihnen; sie hatten kein Geld, denn die Beiträge der Arbeiter aller Industriezweige in ganz England machten doch auf die große Anzahl der Feiernden wenig aus; sie mußten bei den Krämern mit Schaden borgen; die ganze Presse, mit Ausnahme weniger proletarischen Journale, war gegen sie; die Bourgeoisie, selbst die wenigen unter ihr, die Gerechtigkeitssinn genug habt hätten, sie zu unterstützen, erfuhren aus den feilen liberalen und konservativen Blättern nur Lügen über die Sache; eine Deputation von zwölf Grubenleuten, die nach London ging, brachte bei dem dortigen Proletariat eine Summe auf, die aber auch bei der Menge der Unterstützungsbedürftigen wenig half; trotz alledem blieben die Grubenleute fest und, was noch mehr sagen will, bei allen Feindseligkeiten und Herausforderungen der Grubenbesitzer und ihrer getreuen Diener ruhig und friedlich. Kein Akt der Rache wurde geübt, kein einzelner Abtrünniger mißhandelt, kein einziger Diebstahl verübt. So hatte das Feiern schon an vier Monate gedauert, und noch immer hatten die Besitzer keine Aussicht, die Oberhand zu bekommen. Ein Weg stand ihnen noch offen. Sie erinnerten sich des Cottagesystems; es fiel ihnen ein, daß die Häuser der Widerspenstigen ihr Eigentum seien. Im Juli wurde den

Arbeitern die Miete gekündigt, und in einer Woche alle vierzigtausend vor die Türe gesetzt. Diese Maßregel wurde mit einer empörenden Barbarei durchgeführt. Kranke und Schwache, Greise und Säuglinge, selbst gebärende Frauen wurden schonungslos aus den Betten gerissen und in den Chausseegraben geworfen. Ein Agent machte sich sogar den Genuß, ein hochschwangeres Weib mit eigner Hand bei den Haaren aus dem Bette und auf die Straße zu schleifen. Militär und Polizei stand in Masse dabei, bereit, auf das erste Zeichen von Widerstand und auf den ersten Wink der Friedensrichter, die die ganze brutale Prozedur leiteten, einzuhauen. Auch das überstanden die Arbeiter, ohne sich zu rühren. Man hatte gehofft, sie würden Gewalt brauchen, man reizte sie mit aller Macht zur Widersetzlichkeit, um nur einen Vorwand zu haben, dem Feiern durch Militär ein Ende zu machen; die obdachlosen Grubenleute, eingedenk der Ermahnungen ihres Prokurators, blieben unbeweglich, setzten schweigend ihre Möbel auf die Moorflächen oder abgeernteten Felder und hielten aus. Einige, die keinen andern Platz wußten, kampierten in den Chausseegräben, andere auf andrer Leute Grundstücken, wo sie dann verklagt und, weil sie "Schaden zum Betrage eines Halfpenny" getan hätten, in ein Pfund Kosten verurteilt wurden, die sie natürlich nicht bezahlen konnten und auf der Tretmühle abbüßten. So haben sie acht und mehr Wochen in dem nassen Spätsommer des vorigen Jahres (1844) unter freiem Himmel mit ihren Familien gewohnt, ohne anderes Obdach für sich und ihre Kleinen als die kattunenen Vorhänge ihrer Betten, ohne andere Hülfsmittel als die geringen Unterstützungen der "Union" und den abnehmenden Kredit der Krämer. Darauf ließ Lord Londonderry, der in Durham bedeutende Gruben besitzt, den Krämern "seiner Stadt" Seaham mit seinem allerhöchsten Zorn drohen, wenn sie fortführen, "seinen" widerspenstigen Arbeitern Kredit zu geben. Dieser "edle" Lord war überhaupt der Harlekin des ganzen Turnouts durch die lächerlichen und schwülstigen, schlecht stilisierten "Ukase" an die Arbeiter, die er von Zeit zu Zeit, aber immer ohne andere Wirkung als die Heiterkeit der Nation, erließ (2). Als alles nicht mehr fruchten wollte, ließen die Besitzer mit großen Unkosten aus Irland und den entfernteren Teilen von Wales, wo es noch keine Arbeiterbewegungen gibt, Leute kommen, um in ihren Gruben zu arbeiten, und als so die Konkurrenz der Arbeiter unter sich wiederhergestellt war, brach die Macht der Feiernden zusammen. Die Besitzer zwangen sie, sich von der "Union" loszusagen, Roberts zu verlassen und die von ihnen diktierten Bedingungen anzunehmen. So endigte anfangs September der große fünfmonatliche Kampf der Grubenleute gegen die Besitzer – ein Kampf, der von der Seite der Unterdrückten mit einer Ausdauer, einem Mut, einer Intelligenz und Besonnenheit geführt wurde, die uns die höchste Bewunderung abnötigen. Welch einen Grad von wahrhaft menschlicher

Bildung, von Begeisterung und Charakterstärke setzt ein solcher Kampf bei einer Masse von vierzigtausend Männern voraus, die, wie wir sahen, im Ch. E. Rept. noch 1840 als durchaus roh und sittenlos geschildert werden! Wie hart muß aber auch der Druck gewesen sein, der diese vierzigtausend dahin brachte, sich wie ein Mann zu erheben und wie eine nicht nur disziplinierte, sondern auch begeisterte Armee, die nur einen Willen hat, den Kampf mit der größten Kaltblütigkeit und Ruhe bis zu dem Punkte fortzusetzen, wo fernerer Widerstand Unsinn wäre! Und welch einen Kampf – nicht gegen sichtbare, tödliche Feinde, sondern gegen Hunger und Not, Elend und Obdachlosigkeit, gegen die eignen, durch die Brutalität des Reichtums bis zum Wahnsinn herausgeforderten Leidenschaften – hätten sie sich gewaltsam empört, so wären sie, die Waffenlosen, zusammengeschossen worden, und ein paar Tage hätten den Sieg der Besitzer entschieden. Diese Gesetzlichkeit war nicht die Furcht vor dem Konstablerstocke, sie war reine Überlegung, sie war der beste Beweis von der Intelligenz und Selbstbeherrschung der Arbeiter.

So unterlagen auch diesmal die Arbeiter, trotz ihrer beispiellosen Ausdauer, der Macht der Kapitalisten. Aber es war nicht fruchtlos. Vor allen Dingen hat dieser neunzehn Wochen lange Turnout die Grubenleute Nordenglands für immer dem geistigen Tod entrissen, in dem sie bisher lagen; sie haben aufgehört zu schlafen, sind wach für ihre Interessen und haben sich der Bewegung der Zivilisation, besonders aber der Arbeiterbewegung angeschlossen. Der Turnout, der erst die ganze Barbarei der Besitzer gegen sie zum Vorschein brachte, hat die Arbeiteropposition hier für immer etabliert und mindestens drei Viertel der ganzen Zahl zu Chartisten gemacht – und die Akquisition von dreißigtausend so energischen, so bewährten Leuten ist den Chartisten wahrlich viel wert. Dann aber hat die Ausdauer und Gesetzlichkeit des ganzen Turnouts, vereinigt mit der tätigen Agitation, die ihn begleitete, doch die öffentliche Aufmerksamkeit auf die Grubenarbeiter gelenkt. Bei Gelegenheit der Debatte über den Ausfuhrzoll auf Kohlen brachte Thomas Duncombe, das einzige entschieden chartistische Unterhausmitglied, die Lage der Grubenarbeiter im Parlament zur Sprache, ließ ihre Petition am Tisch des Hauses verlesen und zwang durch einen Vortrag auch die Journale der Bourgeoisie, wenigstens in den Parlamentsverhandlungen einmal eine richtige Darstellung der Sache aufzunehmen. Gleich nach dem Turnout fiel die Explosion zu Haswell vor; Roberts reiste nach London, erlangte eine Audienz bei Peel, drang als Repräsentant der Grubenarbeiter auf gründliche Untersuchung des Falls und setzte es durch, daß die ersten geologischen und chemischen Notabilitäten Englands, die Professoren Lyell und Faraday, beauftragt wurden, sich an Ort und Stelle zu verfügen. Da bald darauf noch mehrere Explosionen folgten und die Akten von Roberts wiederum dem Premierminister vorgelegt wurden, so versprach dieser, in der nächsten Parlamentssession (der jetzigen von 1845) wo möglich die nötigen Maßregeln zum Schutz der Arbeiter vorzuschlagen. Alles das wäre nicht erfolgt, hätten sich die Leute nicht durch den Turnout als freiheitsliebende, achtunggebietende Männer bewährt und hätten sie Roberts nicht engagiert.

Kaum war es bekannt, daß die Grubenleute des Nordens gezwungen seien, die "Union" aufzugeben und Roberts zu entlassen, so traten die Grubenleute von Lancashire in einer Union von etwa zehntausend Arbeitern zusammen und garantierten ihrem Generalprokurator sein Gehalt von 1 200 Pfund jährlich. Sie brachten im Herbst vorigen Jahres monatlich über 700 Pfund zusammen, von denen etwas über 200 Pfund für Gehalte, Gerichtskosten etc. und der Rest meistens als Unterstützung feiernder Arbeiter, die teils brotlos waren, teils die Arbeit wegen Zwistigkeiten mit den Besitzern niedergelegt hatten, verwendet wurde. So sehen die Arbeiter immer mehr ein, daß sie vereinigt auch eine respektable Macht sind und im höchsten Notfall allerdings der Macht der Bourgeoisie trotzen können. Und diese Einsicht, der Gewinn aller Arbeiterbewegungen ist den sämtlichen Grubenleuten Englands durch die "Union" und den Turnout von 1844 zuteil geworden. In sehr kurzer Zeit wird der Unterschied der Intelligenz und Energie, der jetzt noch zugunsten der Industriearbeiter besteht, verschwunden sein, und die Bergleute des Reichs werden sich ihnen in jeder Beziehung an die Seite stellen können. So wird ein Stück Terrain nach dem andern unter den Füßen der Bourgeoisie unterwühlt, und wie lange wird es dauern, so stürzt ihr ganzes Staats- und Gesellschaftsgebäude samt der Basis, auf der es steht, zusammen.

Aber sie läßt sich nicht warnen. Die Auflehnung der Grubenarbeiter erbitterte sie nur noch mehr; statt in ihr einen Fortschritt der Bewegung unter den Arbeitern im allgemeinen zu sehen, statt sich dadurch zur Besinnung bringen zu lassen, fand die besitzende Klasse in ihr nur Veranlassung zum Zorn gegen eine Klasse von Menschen, die närrisch genug war, mit der bisherigen Behandlungsweise sich nicht mehr einverstanden zu erklären. Sie sah in den gerechten Forderungen der Besitzlosen nur unverschämte Unzufriedenheit, wahnsinnige Auflehnung gegen "göttliche und menschliche Ordnung" und im günstigsten Falle einen mit aller Macht wieder zu unterdrückenden Erfolg "übelgesinnter Demagogen, die von der Agitation leben und zu faul sind zum Arbeiten". Sie suchte – natürlich erfolglos – den Arbeitern Leute wie Roberts und die Agenten der Assoziation, die ganz natürlich von dieser unterhalten wurden, als pfiffige Betrüger darzustellen, die ihnen, den armen Arbeitern, den letzten Heller aus der Tasche lockten. –

Wenn eine solche Verrücktheit bei der besitzenden Klasse existiert, wenn sie durch ihren augenblicklichen Vorteil so geblendet wird, daß sie selbst für die deutlichsten Zeichen der Zeit keine Augen mehr hat, so muß man wahrlich alle Hoffnungen auf eine friedliche Lösung der sozialen Frage für England aufgeben. Die einzig mögliche Auskunft bleibt eine gewaltsame Revolution, die ganz gewiß nicht ausbleiben wird.

Anmerkungen F. E.:

(1) Nach dem Zensus von 1841 beträgt die Anzahl der im Bergbau beschäftigten Arbeiter in Großbritannien (außer Irland):

	Männer		Weiber		
	über 20 Jahr	unter 20 Jahr	über 20 Jahr	unter 20 Jahr	Zusammen
Kohlengruben	83 408	32 475	1 185	1 165	118 233
Kupferbergwerke	9 866	3 428	913	1 200	15 407
Bleibergwerke	9 427	1 932	40	20	11 407
Eisenbergwerke	7 773	2 679	424	73	10 949
Zinnbergwerke	4 602	1349	68	82	6 101
Diverse, und bei denen das Mineral nicht angegeben	24 162	6 591	472	491	31 716
Zusammen:	139 238	48 454	3 102	3 031	193 825

Da die Kohlen- und Eisenwerke meist von denselben Leuten bearbeitet werden, so ist ein Teil der als Kohlenarbeiter angegebenen Leute und ferner noch ein sehr bedeutender Teil der in der letzten Rubrik angegebenen Arbeiter den Eisenwerken zuzuschreiben.

(2) (1892) Nichts Neues unter der Sonne, wenigstens nicht in Deutschland. Unsre "König Stumm" sind eben auch nur Abklatsche längst vergangner, heute in ihrer Heimat unmöglicher englischer Urbilder.

Das Ackerbauproletariat

Schon in der Einleitung sahen wir, wie gleichzeitig mit der kleinen Bourgeoisie und dem Wohlstande der bisherigen Arbeiter auch die kleine Bauernschaft ruiniert wurde, indem die bisherige Vereinigung der industriellen mit der ackerbauenden Arbeit sich auflöste, die vakant gewordenen Felder in große Pachten zusammengeworfen und die kleinen Bauern durch die überwiegende Konkurrenz der großen Wirtschaften aus dem Felde geschlagen wurden. Statt, wie bisher, selbst Grundbesitzer oder Pächter zu sein, wurden sie gezwungen, ihre Wirtschaft aufzugeben und sich als Ackerknechte bei den großen Pächtern und Gutsbesitzern zu verdingen. Eine Zeitlang war dieser Zustand, wenn auch gegen ihren früheren verschlechtert, doch erträglich. Die Ausdehnung der Industrie hielt der vermehrten Bevölkerung die Waagschale, bis endlich der industrielle Fortschritt etwas langsamer zu werden anfing und die stets neuen Vervollkommnungen der Maschinerie die Industrie außerstand setzten, den ganzen Überschuß der arbeitenden Bevölkerung aus den Ackerbaubezirken zu absorbieren. Von diesem Zeitpunkte an zeigte sich das Elend, das bisher in den Fabrikdistrikten allein und auch da nur zeitweise existiert hatte, auch in den Ackerbaubezirken. Dazu kam, daß ungefähr um dieselbe Zeit der fünfundzwanzigjährige Krieg mit Frankreich aufhörte; die verminderte Produktion auf den Kriegsschauplätzen, die Sperrung der Zufuhren und die Notwendigkeit, die britischen Armeen in Spanien zu versorgen, hatten dem britischen Ackerbau einen künstlichen Aufschwung gegeben und zudem eine Menge von Arbeitskräften der Arbeit entzogen. Diese Stockung der Zufuhr, die Notwendigkeit des Exports und der Mangel an Arbeitern hörten nun mit einem Male auf, und die notwendige Folge war, wie die Engländer es nennen, agricultural distress, Ackerbau-Elend. Die Pächter mußten ihr Korn niedrig verkaufen und konnten daher nur niedrigen Lohn bezahlen. Um die Kornpreise hoch zu halten, wurden 1815 die Korngesetze passiert, die die Einfuhr von Korn solange prohibierten, als der Preis des Weizens unter 80 Shilling für das Quarter war. Später wurden diese natürlich fruchtlosen Gesetze noch mehrere Male verändert, ohne indes das Elend der Ackerbaudistrikte mildern zu können. Alles, was sie taten, war das, daß sie die Krankheit, die bei freier Konkurrenz des Auslandes akut geworden wäre und ihre Krisen gehabt hätte, in eine chronische verwandelten, die einen gleichmäßigen, aber immer noch harten Druck auf die Lage der ackerbauenden Arbeiter ausübte.

In der ersten Zeit nach der Entstehung des Ackerbauproletariats entwickelte sich hier das patriarchalische Verhältnis, das gleichzeitig für die Industrie zerstört wurde – dasselbe Verhältnis des Bauern zu seinen Ackerknechten, wie es in Deutschland fast überall jetzt noch besteht. Solange dies bestand, trat die Not unter den Arbeitern weniger und seltner hervor, die Knechte teilten das Schicksal der Pächter und wurden nur im schlimmsten Notfalle entlassen. Jetzt ist das aber anders. Die Leute sind fast alle Tagelöhner, die von den Pächtern beschäftigt werden, wenn diese ihrer bedürfen, und daher oft wochenlang, besonders aber winters, gar keine Arbeit haben. Bei dem patriarchalischen Verhältnis, wo die Knechte und ihre Familien auf dem Hofe des Pächters wohnten und ihre Kinder dort heranwuchsen, wo also natürlich der Pächter die heranwachsende Generation auf seinem Hofe zu beschäftigen suchte und die Taglöhner die Ausnahme, nicht die Regel ausmachten, fand sich auf jedem Gute eine größere Zahl Arbeiter als, streng genommen, nötig war. Daher lag es auch im Interesse der Pächter, dies Verhältnis aufzulösen, den Ackerknecht vom Hof zu treiben und ihn in einen Taglöhner zu verwandeln. Dies geschah ziemlich allgemein gegen das Ende der zwanziger Jahre dieses Jahrhunderts, und die Folge davon war, daß jetzt die bisher, um den Ausdruck der Physik zu gebrauchen, latente Überflußbevölkerung entbunden, der Lohn gedrückt und die Armensteuern enorm gesteigert wurden. Von dieser Zeit an wurden die Ackerbaudistrikte die Hauptsitze des permanenten, wie die Fabrikdistrikte die des wechselnden Pauperismus, und die Umgestaltung der Armengesetze war die erste Maßregel, welche die öffentliche Macht gegen die täglich wachsende Verarmung der Landgemeinden ergreifen mußte. Dazu kam aber noch, daß, bei fortwährender Ausbreitung des Systems der Bewirtschaftung im großen, die Einführung von Dresch- und andern Maschinen in den Ackerbau und die vielfach eingeführte Arbeit von Weibern und Kindern in den Feldern, die so allgemein ist, daß ihre Folgen neulich durch eine besondre, offizielle Kommission untersucht wurden, auch hier eine große Zahl von Arbeitern brotlos machen. Wir sehen also, wie auch hier das System der industriellen Produktion sich durch große Wirtschaft, Aufhebung des patriarchalischen Verhältnisses – die gerade hier von der größten Bedeutung ist – und Einführung von Maschinerie, Dampfkraft und Arbeit von Weibern und Kindern Eingang verschafft und die letzte, stabilste Seite der arbeitenden Menschheit in die revolutionäre Bewegung hineingerissen hat. Je länger aber der Ackerbau seine Stabilität bewährt hatte, um so schwerer fiel die Last nun auf den Arbeiter, um so gewaltsamer äußerte sich hier die Desorganisation des alten sozialen Zusammenhangs. Die "Überbevölkerung" trat mit einem Male ans Tageslicht und war nicht, wie in den Industriebezirken, durch vermehrte Produktion zu beseitigen. Neue Fabriken konnten immer angelegt werden, wenn Abnehmer für ihre Produkte da waren, aber neues Land konnte nicht geschafft werden. Die Kultur der unbebauten Gemeindeländereien war eine zu riskante Spekulation, als daß sich seit dem Frieden viel Kapital hierauf geworfen hätte. Die notwendige Folge von war, daß die Konkurrenz der Arbeiter unter sich auf den höchsten Punkt gesteigert wurde und der Lohn auf sein Minimum fiel. Solange das alte Armengesetz existierte, wurde den Arbeitern aus der Armenkasse zugesetzt; natürlich fiel der Lohn hierdurch noch mehr, indem jetzt die Pächter einen möglichst großen Teil desselben der Armenkasse zuzuschieben suchten. Die schon durch die überflüssige Bevölkerung nötig gewordene Steigerung der Armensteuer wurde hierdurch nur vermehrt und so das neue Armengesetz, wovon wir noch sprechen werden, nötig gemacht. Dies machte die Sache indes nicht besser. Der Arbeitslohn stieg nicht, die überflüssige Bevölkerung war nicht wegzuschaffen, und die Grausamkeit des neuen Gesetzes diente nur dazu, das Volk aufs höchste zu erbittern. Selbst die Armensteuer, die anfangs abnahm, erreichte nach wenigen Jahren dieselbe Höhe, die sie früher hatte. Die einzige Frucht war die, daß wenn früher drei bis vier Millionen Halbpaupers bestanden hatten, jetzt eine Million ganzer Paupers zum Vorschein kam und die übrigen darum auch halbe Paupers, nur ohne Unterstützung blieben Das Elend der Ackerbaubezirke hat mit jedem Jahre zugenommen. Die Leute leben in der größten Not, ganze Familien müssen sich mit 6, 7 oder 8 Shilling wöchentlich durchschlagen und haben zeitweise gar nichts. Hören wir eine Schilderung, die ein liberales Parlamentsglied (1892) Parlamentsmitglied) von dem Zustande dieser Bevölkerung schon 1830 entwarf:

"Ein englischer Bauer (d.h. Ackerbautaglöhner) "und ein englischer Pauper – die Worte sind synonym. Sein Vater war ein Pauper und seiner Mutter Milch war ohne nährende Kraft; von Kind auf hat er schlechte Nahrung und immer nur halbsatt bekommen, und jetzt noch fühlt er die Qual unbefriedigten Hungers fast immer, wenn er nicht schläft. Er ist halbbekleidet, ohne mehr Feuerung, als grade ausreicht, seine magern Mahlzeiten zu kochen, und so kehren Kälte und Nässe stets mit dem Wetter bei ihm ein und verlassen ihn nur mit dem Wetter. Er ist verheiratet, aber er kennt nicht die Freuden des Gatten und Vaters. Sein Weib und seine Kleinen, hungrig, selten warm, oft krank und hülflos, stets sorgenvoll und hoffnungslos wie er, sind natürlich gierig, selbstsüchtig und quälerisch, und so, um seine eignen Worte zu gebrauchen, haßt er ihren Anblick (hates the sight of them) und geht nur zu seiner Baracke zurück, weil sie ihm immer noch etwas mehr Schutz gegen Regen und Wind gewährt als eine Hecke. Er muß seine Familie erhalten, wo er es doch nicht kann; das gibt Bettelei, heimliche Anschläge aller

Art und endigt in ausgebildeter Verschlagenheit. Wenn er auch Lust hätte, so fehlte ihm doch der Mut, um, wie andre, energischere Leute seiner Klasse, ein Wilddieb oder Schmuggler im großen zu werden; aber er stibitzt gelegentlich und lehrt seine Kinder lügen und stehlen. Sein unterwürfiges und sklavisches Betragen gegen seine reichen Nachbarn zeigt, daß sie ihn rauh und mit Verdacht behandeln; daher fürchtet und haßt er sie, aber er wird ihnen nie auf gewaltsame Weise Leid antun. Er ist durch und durch depraviert, zu sehr herabgedrückt, um die Kraft der Verzweiflung noch zu haben. Sein elendes Leben ist kurz, Rheumatismus und Asthma bringen ihn ins Arbeitshaus, wo er seinen letzten Atemzug ohne eine einzige angenehme Rückerinnerung tun und für einen andern Unglücklichen Platz machen wird, der ebenso leben und sterben mag wie er."

Unser Autor fügt hinzu, daß es außer dieser Klasse der Ackerbautaglöhner noch eine zweite gebe, die etwas energischer und physisch, intellektuell und moralisch besser begabt sei; diejenigen nämlich, die zwar ebenso elend lebten, aber nicht in dieser Lage geboren seien. Diese seien bessere Familienmitglieder, aber Schmuggler und Wilddiebe, die oft blutige Konflikte mit den Wildhütern und Douaniers der Küste hätten, oft durch die Gefängnisse, die häufig ihr Aufenthalt würden, sich noch mehr gegen die Gesellschaft erbittern lernten und in ihrem Haß gegen die Besitzenden so der ersten Klasse ganz gleich ständen.

"Und", schließt er, "aus Höflichkeit (by courtesy) wird diese ganze Klasse die ‚kühne Bauerschaft von England' (bold Peasantry of England, nach Shakespeare) genannt ein. In einigen Gegenden war der Lohn nicht höher als sechs Shilling wöchentlich, also nicht höher als in vielen Gegenden Deutschlands, während die Preise aller Lebensbedürfnisse in England doch wenigstens doppelt so hoch sind als hier. Wie das Leben beschaffen ist, das diese Leute führen, läßt sich denken. Ihre Nahrung schlecht und knapp, ihre Kleidung zerlumpt und ihre Wohnungen eng und erbärmlich – eine kleine elende Hütte ohne alle Komforts, und für junge Leute Logierhäuser, wo Männer und Frauen fast gar nicht getrennt sind und die zu illegitimem Verkehr herausfordern. Ein paar unbeschäftigte Tage im Monat müssen solche Leute notwendig in das tiefste Elend stürzen. Dazu können sie sich nicht assoziieren, um den Lohn hoch zu halten, weil sie zerstreut wohnen, und weigert einer, zu niedrigem Lohn zu arbeiten, so sind Dutzende von Brotlosen und Armenhausgenossen, die sich freuen, wenn ihnen das Geringste geboten wird, während dem Weigernden als einem faulen, liederlichen Taugenichts von der Armenverwaltung jede andre Unterstützung als die verhaßte des Armenhauses abgeschlagen wird; denn in der Verwaltung sitzen ja grade die Pächter, von denen oder deren Nachbarn und Standesgenossen er allein Arbeit erhalten kann. Und nicht nur aus einem oder dem andern der ackerbauenden Distrikte Englands erhalten wir solche Berichte; im Gegenteil, die Not ist gleich groß im Süden und Osten, im Norden und Westen; die Lage der Arbeiter in Suffolk und Norfolk stimmt genau mit der von Devonshire, Hampshire und Sussex; der Lohn ist in Dorsetshire und Oxfordshire so niedrig wie in Kent und Surrey, Buckinghamshire und Cambridgeshire.

Eine besonders hervorzuhebende Barbarei gegen das Ackerbauproletariat sind die Jagdgesetze, die in England so streng sind wie nirgends, während zu gleicher Zeit der Wildstand über alle Begriffe zahlreich ist. Der englische Bauer, der nach alter Sitte und Gewohnheit in der Wilddieberei nur eine ganz natürliche, noble Äußerung des Mutes und der Verwegenheit sieht, wird durch den Gegensatz zwischen seinem eignen Elend und dem car tel est notre plaisir (denn das ist unser Vergnügen) des Lords, der Tausende von Hasen und jagdbaren Vögeln zu seinem Privatvergnügen hegt, noch mehr dazu gereizt. Er legt Schlingen, schießt auch wohl einmal ein Stück Wild – es schadet ja dem Lord im Grunde nichts, der hat ja doch Überfluß daran, und ihm bringt es einen Braten übers Feuer für seine hungernde Familie. Wird er entdeckt, so wandert er ins Gefängnis, beim Wiederholungsfalle wird er mindestens sieben Jahre transportiert. Aus der Strenge dieser Strafen entstehen die häufigen blutigen Konflikte mit den Wildhütern, die jedes Jahr eine Reihe von Morden herbeiführen. Das Gewerbe eines Wildhüters wird dadurch nicht nur gefährlich, sondern auch verrufen und geächtet. Im vorigen Jahre kamen zwei Fälle vor, daß Wildhüter sich lieber eine Kugel durch den Kopf jagten als bei ihrem Handwerk blieben. Das ist der wohlfeile Preis, um den sich die grundbesitzende Aristokratie das edle Vergnügen der Jagd erkauft – aber was verschlägt das den edlen "lords of the soil (deutsch etwa: "Herren von Ar und Halm"")"? Ob ein paar Überflüssige mehr oder minder am Leben sind, ist ja doch höchst gleichgültig, und wenn die Hälfte der "Überflüssigen" erst infolge der Jagdgesetze auf die Seite geschafft wären, so würde es der übrigbleibenden Hälfte desto besser gehen – so räsoniert die Philanthropie der englischen Besitzenden.

Aber obwohl die ländlichen Verhältnisse, die isolierten Wohnungen, die Stabilität der Umgebung, der Beschäftigung und also auch der Ideen aller Entwicklung entschieden ungünstig sind, so trägt die Armut und Not auch hier ihre Früchte. Die Industrie- und Bergwerksarbeiter kamen bald über die erste Stufe der Opposition gegen den sozialen Zustand, über die unmittelbare Auflehnung des Vereinzelten durch Verbrechen, hinaus; die Bauern stecken noch bis auf den heutigen Tag in dieser ersten Stufe. Ihre beliebte Weise des sozialen Krieges ist die Brandstiftung. In dem Winter, der auf die Julirevolution folgte, im Winter

1830/31 wurden diese Brandstiftungen zum ersten Mal allgemein, nachdem schon anfangs Oktober in Sussex und den anstoßenden Grafschaften Unruhen wegen verstärkter Küstenpolizei (wodurch das Schmuggeln erschwert und die Küste, nach dem Ausdruck eines Pächters, ruiniert wurde), wegen Neuerungen in der Armenverwaltung, niedrigen Lohns und Maschineneinführung stattgefunden und die ganze Gegend in Aufregung versetzt hatten. Im Winter also wurden den Pächtern die Korn- und Heuschober auf den Feldern, ja die Scheunen und Ställe unter ihren Fenstern angezündet. Fast jede Nacht flammten ein paar solcher Feuer und verbreiteten Entsetzen unter den Pächtern und Grundeigentümern. Die Täter wurden nie oder sehr selten entdeckt, und das Volk übertrug diese Brandstiftungen auf eine mythische Person, die es Swing nannte. Man zerbrach sich die Köpfe darüber, wer dieser Swing sein möge, woher diese Wut unter den Armen der Landdistrikte entstehe; an die große bewegende Kraft; die Not, die Unterdrückung dachten die wenigsten – in den Ackerbaudistrikten selbst gewiß niemand. Seit jenem Jahre haben sich die Brandstiftungen mit jedem Winter, mit der für die Taglöhner brotlosen Jahreszeit, wiederholt. Im Winter 1843/44 waren sie wieder einmal außerordentlich häufig. Mir liegen eine Reihe Nummern des "Northern Star" aus jener Zeit vor, deren jede mehrere Berichte von Brandstiftungen mit Angabe der Quelle enthält. Die fehlenden Nummern dieses wöchentlichen Blattes in der folgenden Liste liegen mir nicht vor, enthalten aber jedenfalls noch eine Menge Fälle. Ohnehin kann ein solches Blatt nicht alle Fälle geben. "N(orthern) S(tarl", 25. November 1843: zwei Fälle, von mehreren früheren wird gesprochen. – 16. Dezember: In Bedfordshire seit 14 Tagen allgemeine Aufregung wegen häufiger Brandstiftungen, deren jede Nacht mehrere vorkommen. In den letzten Tagen zwei große Pachthöfe niedergebrannt. In Cambridgeshire vier große Pachthöfe, Hertfordshire einer und außerdem noch fünfzehn Brandstiftungen in verschiedenen Gegenden. 30. Dezember in Norfolk eine, Suffolk zwei, Essex zwei, Herts drei, Cheshire eine, Lancashire eine, in Derby, Lincoln und dem Süden zwölf Brandstiftungen. – 6. Januar 1844: im ganzen zehn, 13. Januar: sieben, 20. Januar: vierBrandstiftungen. Von jetzt an werden wöchentlich im Durchschnitt drei bis vier Brände gemeldet, und zwar nicht nur wie früher bis ins Frühjahr, sondern bis in den Juli und August hinein, und daß mit dem Herannahen der strengen Jahreszeit 1844/45 diese Art Verbrechen einen neuen Aufschwung nahm, beweisen die mir seitdem zukommenden englischen Zeitungen und die Berichte in deutschen Blättern.

Was sagen meine Leser zu einem solchen Zustande der stillen, idyllischen Landdistrikte von England? Ist das sozialer Krieg oder nicht? Ist das ein natürlicher, ein der Dauer fähiger Zustand? Und doch sind hier die Pächter und Grundbesitzer ebenso dumm und verstockt, ebenso blind gegen alles, was ihnen nicht bares Geld in die Tasche schafft, wie in den Industriebezirken die Fabrikanten und Bourgeois überhaupt. Wenn diese ihren Arbeitern alles Heil von derAbschaffung der Korngesetze versprechen, so versprechen die Grundbesitzer und ein großer Teil der Pächter den ihrigen den Himmel von der Beibehaltung derselben. Aber in beiden Fällen gelingt es den Besitzenden nicht, die Arbeiter für ihre Lieblingsmarotte zu gewinnen. Wie die Fabrikarbeiter, so sind auch die Ackerbautaglöhner gegen die Abschaffung oder Beibehaltung der Korngesetze durchaus gleichgültig. Dennoch ist die Frage für beide wichtig. Durch die Abschaffung der Korngesetze wird nämlich die freie Konkurrenz, die jetzige soziale Wirtschaft auf die Spitze getrieben; alle weitere Entwicklung innerhalb der bestehenden Verhältnisse hört dann auf, und der einzige mögliche Fortschritt ist dann die radikale Umwälzung des sozialen Zustandes. Den Ackerbautaglöhnern hat die Sache noch folgende Bedeutung. Die Freigebung der Korneinfuhr bedingt – wie, kann ich hier nicht entwickeln – die Emanzipation der Pächter von den Grundbesitzern, mit andern Worten die Verwandlung der torystischen Pächter in liberale. Dazu hat die Antikorngesetzligue – und das ist ihr einziges Verdienst – schon tüchtig vorgearbeitet. Werden aber die Pächter liberal, d.h. bewußte Bourgeois, so werden die Taglöhner notwendig Chartisten und Sozialisten, d.h. bewußte Proletarier. Das eine zieht das andre nach sich. Und daß schon jetzt unter den Ackerbauproletariern eine neue Bewegung anfängt sich geltend zu machen, zeigt eine Versammlung, welche Graf Radnor, ein liberaler Grundbesitzer, im Oktober 1844 bei Highworth, wo seine Güter liegen, abhalten ließ, um Beschlüsse gegen die Korngesetze zu passieren, und wo die Arbeiter. durchaus apathisch gegen diese Gesetze, ganz andre Dinge, nämlich kleine Pachtungen zu billiger Pacht für sich forderten und dem Grafen Radnor allerlei bittere Wahrheiten ins Gesicht sagten. – So dringt die Bewegung der arbeitenden Klasse auch in die abgelegnen, stabilen, geistig toten Ackerbaubezirke und wird hier bei der herrschenden Not sehr bald ebenso sicher begründet und lebendig sein wie in den Fabrikdistrikten.

Was die religiöse Stufe der Ackerbautaglöhner betrifft, so haben sie allerdings mehr Religion als die industriellen Arbeiter, aber sie sind doch sehr mit der Kirche – denn in diesen Bezirken gibt es fast nur Anhänger der Hochkirche – zerfallen. Ein Korrespondent des "Morning Chronicle", der mit der Unterschrift: Einer, der hinter dem Pfluge gepfiffen hat(Pseudonym Alexander Somervilles), Berichte über die von ihm bereisten Ackerbaubezirke gibt, erzählt unter anderm folgende Unterhaltung mit einigen Taglöhnern nach der Kirche:

"Ich frug einen dieser Leute, ob der heutige Prediger ihr eigner Geistlicher sei – yes, blast him (Ja, hol ihn der Teufel), ja, wohl ist er unser eigner Pfaff, er bettelt in einem fort, er hat immer gebettelt, solange ich ihn kenne." (Es war nämlich eine Predigt für die Heidenmission gehalten worden.) – "Und seit ich ihn kenne, auch, setzte ein anderer hinzu, und ich hab' nie einen Pfaffen gekannt, der nicht immer für dies oder das gebettelt hätte. – Ja, sagte eine Frau, die eben aus der Kirche kam, und seht, wie der Lohn heruntergeht, und seht mal die reichen Vagabunden an, wo die Pfaffen mit essen und trinken und auf die Jagd gehen. So helf' mir Gott, wir sind eher reif, ins Arbeitshaus zu gehen und zu verhungern, als für Pfaffen zu bezahlen, die unter die Heiden gehen. – Und warum, sagte eine andre, warum schicken sie nicht die Pfaffen hin, die alle Tage im Dome zu Salisbury plärren, und das für niemand als für die nackten Steine? Warum gehen die nicht unter die Heiden? – Die gehen nicht, sagte der Alte, den ich zuerst gefragt, weil sie reich sind, sie haben mehr Land, als sie brauchen, sie wollen Geld haben, um sich die armen Pfaffen vom Halse zu schaffen; ich weiß, was sie wollen, dafür kenn' ich sie zu lange. – Aber, gute Freunde, frug ich, ihr kommt doch nicht immer mit solchen bittern Gefühlen gegen den Prediger aus der Kirche? Weshalb geht ihr denn sonst überhaupt hin? – Weshalb gehen wir hin, sagte die Frau, wir müssen wohl, wenn wir nicht alles verlieren wollen, Arbeit und alles, wir müssen wohl. – Ich sah später, daß sie einige kleine Vor- rechte wegen Feuerung und etwas Kartoffelland, das sie bezahlen mußten, erhielten, wenn sie in die Kirche gingen!"

Nach einer Schilderung ihrer Armut und Unwissenheit schließt unser Korrespondent:

"Und nun versichre ich kühn, daß die Lage dieser Leute, ihre Armut, ihr Haß gegen die Kirche, ihre äußerliche Fügsamkeit und ihre innerliche Bitterkeit gegen die kirchlichen Würdenträger die Regel ist durch die Landgemeinden vonEngland und das Gegenteil nur die Ausnahme."

Wenn uns die Bauernschaft des eigentlichen Englands die Folgen zeigt, die ein zahlreiches Ackerbauproletariat bei großen Gütern auf den Zustand der Landgemeinden hat, so sehen wir in Wales das Vorkommen der kleinen Pächter. Wenn die englischen Landgemeinden den Gegensatz von Proletariern und großen Kapitalisten reproduzieren, so entspricht der Zustand der welschen (so bei Engels für walisisch) Bauern dem fortschreitenden Ruin der kleinen Bourgeoisie in den Städten. In Wales existieren meist nur kleine Pächter, die nicht imstande sind, ihre Ackerbauprodukte mit gleichem Vorteil ebenso billig zu verkaufen wie die großen, begünstigteren englischen Pächter, mit denen sie in demselben

Markte konkurrieren. Dazu läßt die Beschaffenheit des Landes an vielen Stellen nur die Viehzucht zu, die wenig profitabel ist, und dann sind diese Welschen schon wegen ihrer aparten Nationalität, an der sie festhalten, noch viel stabiler als die englischen Pächter. Vor allem aber die Konkurrenz unter sich und mit ihren englischen Nachbarn und die daraus folgende Steigerung des Grundzinses hat sie so heruntergebracht, daß sie kaum leben können, und weil sie die wahre Ursache ihrer schlimmen Lage nicht einsehen, so suchen sie diese in allerlei Kleinigkeiten, hohen Weggeldern usw., die zwar die Ausbildung der Agrikultur und den Verkehr hemmen, aber doch von jedem, der eine Pachtung übernimmt, als bestehende Lasten in Anschlag gebracht und also eigentlich doch vom Grundeigentümer bezahlt werden. Dazu hat hier das neue Armengesetz, da die Pächter selbst stets in Gefahr schweben, ihm zu verfallen, auch unter ihnen sich gründlich verhaßt gemacht. Im Februar 1843 brach die Unzufriedenheit der welschen Bauern in den bekannten Rebekka-Unruhen aus; die Männer zogen Weiberkleider an, schwärzten ihre Gesichter und fielen in zahlreichen bewaffneten Scharen über die Tore, die in England die Stelle der Schlagbäume vertreten, her, zerschlugen sie unter Jubelgeschrei und Schießen, demolierten auch die Häuschen der Weggeldempfänger, schrieben Drohbriefe im Namen der fingierten "Rebekka" und stürmten sogar einmal das Arbeitshaus in Caermarthen. Als später Truppen einberufen und die Polizei verstärkt wurde, führten sie diese mit außerordentlicher Geschicklichkeit auf Abwege, zerstörten Tore hier, während das Militär, dem die Signalhörner von allen Bergen her voraustönten, in der entgegengesetzten Richtung marschierte, und gingen endlich, als die Truppen zu sehr verstärkt wurden, zu einzelnen Brandstiftungen und selbst Mordversuchen über. Wie immer, waren diese größeren Verbrechen das Ende der Bewegung. Viele sagten sich aus Unwillen, andere aus Furcht los, und die Ruhe trat von selbst wieder ein. Die Regierung schickte eine Kommission zur Untersuchung der Geschichte und ihrer Ursachen, und damit war alles am Ende. Die Armut der Bauern währt indes fort und wird, da sie bei den bestehenden Verhältnissen in der Gesellschaft nur größer, aber nicht geringer werden kann, gelegentlich einmal ernsthaftere Sachen produzieren als diese humoristischen Rebekka-Maskeraden.

Wenn in England das System der großen Bewirtschaftung und in Wales das der kleineren Pachtung in seinen Resultaten uns vorgeführt wird, so haben , wir in Irland die Folgen der Parzellierung des Bodens vor Augen. Die große Masse der Bevölkerung von Irland besteht aus kleinen Pächtern, welche eine erbärmliche Lehmhütte ohne innere Abteilung und ein Kartoffelstück gepachtet haben, das gerade groß genug ist, um ihnen für den Winter die notdürftigste Nahrung zu verschaffen. Bei der großen Konkurrenz, die zwischen diesen kleinen Pächtern herrscht, ist der Grundzins auf eine unerhörte Höhe, auf das Doppelte, Drei- und Vierfache des englischen gestiegen. Denn jeder Ackerbautaglöhner sucht Pächter zu werden, und obwohl die Teilung der Ländereien schon so hoch gestiegen ist, so bleiben dennoch eine große Menge sich um Pachtungen bewerbender Taglöhner übrig. Obgleich in Großbritannien 32 Millionen englische Morgen und in Irland nur 14 Millionen Morgen bebaut sind, obgleich Großbritannien jährlich für 150 Millionen Pfund Sterling und Irland nur für 36 Millionen Pfund Sterling Ackerbauprodukte erzeugt, so sind in Irland doch 75 000 Ackerbautaglöhner mehr als in der Nachbarinsel (2). Wie groß die Konkurrenz um den Boden also in Irland sein muß, geht aus diesem außerordentlichen Mißverhältnis hervor, besonders wenn man bedenkt, daß schon die britischen Taglöhner in der äußersten Not leben. Die Folge dieser Konkurrenz ist natürlich ein so hoher Grundzins, daß es den Pächtern nicht möglich wird, viel besser zu leben als die Taglöhner. Auf diese Weise wird das irische Volk in einer erdrückenden Armut gehalten, aus der es sich bei den jetzigen sozialen Verhältnissen nicht herausreißen kann. Die Leute leben in den elendesten Lehmhütten, die kaum zu Viehställen geeignet sind, haben den Winter über knappe Nahrung – oder wie der zitierte Bericht es ausdrückt, sie haben 30 Wochen im Jahr Kartoffeln genug, um sich halbsatt zu essen, und für die übrigen 22 Wochen gar nichts. Kommt dann im Frühjahr die Zeit, wo der Vorrat zu Ende geht oder wegen der auswachsenden Keime ungenießbar wird, so geht die Frau mit ihren Kindern betteln und durchstreicht, den Teekessel in der Hand, die ganze Gegend, während der Mann nach bestellter Aussaat entweder im Lande selbst oder in England Arbeit sucht und zur Kartoffelernte sich wieder bei seiner Familie einfindet. In diesem Zustande leben neun Zehntel des irischen Landvolks. Sie sind arm wie die Kirchenmäuse, tragen die elendesten Lumpen und stehen auf der tiefsten Bildungsstufe, die in einem halbzivilisierten Lande möglich ist. Nach dem zitierten Bericht leben unter einer Bevölkerung von 8 1/2 Millionen 585 000 Familienhäupter in totaler Armut (destitution), und nach andern, von Sheriff Alison (3) angeführten, Quellen sind in Irland 2 300 000 Menschen, die ohne öffentliche oder Privatunterstützung nicht leben können; also sind 27 Prozent der Bevölkerung Paupers!

Die Ursache dieser Armut sind die bestehenden sozialen Verhältnisse, namentlich die Konkurrenz, nur hier in einer andern Form, in der der Parzellierung des Bodens. Man hat sich abgemüht, andere Ursachen aufzufinden; man behauptet, die Stellung des Pächters zum Grundbesitzer, der seine Ländereien in großen Stücken an Pächter verdingt, die wieder ihre Unterpächter und Unter-Unterpächter haben, so daß oft zehn Zwischendränger zwischen dem Grundbesitzer und dem eigentlichen Bebauer sind – man hat behauptet, das allerdings schändliche

Gesetz, das dem Grundbesitzer das Recht gibt, wenn sein nächster Pächter nicht bezahlt, den wirklichen Bebauer wegzutreiben, selbst wenn dieser an seinen Oberpächter seinen Zins bezahlt hat, das sei Schuld an der Armut. Aber dies bedingt ja nur dieForm, in der das Elend zur Erscheinung kommt. Macht die kleinen Pächter selbst zu Grundbesitzern, was wird die Folge sein? Die Mehrzahl wird selbst dann, wenn sie keine Pacht mehr zu bezahlen hat, nicht von ihrem Felde leben können, und was sich etwa bessert, wird durch den fortwährenden raschen Zuwachs der Bevölkerung in wenig Jahren wieder ausgeglichen. Denen, die dadurch in bessere Verhältnisse kommen, wachsen dann die Kinder heran, die jetzt infolge der Not und des Mangels in den ersten Jahren sterben. Von andern Seiten ist behauptet worden, die schamlose Unterdrückung des Volks durch die Engländer sei schuld daran. Allerdings daran, daß die Armut etwas früher eintrat, aber nicht daran, daß sie überhaupt eintrat. Oder die protestantische Staatskirche, die der katholischen Nation aufgedrängt wurde – verteilt auf die Irländer das, was sie nimmt. und es kommen noch keine zwei Taler auf den Kopf. Ohnehin sind die Zehnten ja eine Steuer auf den Grundbesitz, nicht auf den Pächter, obwohl dieser sie auszahlte; jetzt – nach der Kommutationsbill (1892) Kommutationsakte) von 1838 – bezahlt der Grundbesitzer sie direkt und rechnet dafür soviel mehr Pacht, so daß der Pächter darum nicht besser dran ist. Und so werden noch hundert andere Ursachen angeführt, die ebensowenig beweisen. Die Armut ist eine notwendige Folge der gegenwärtigen sozialen Einrichtungen, und außer diesen kann nur für die Art und Weise, in der die Armut auftritt, nicht aber für die Armut selbst eine Ursache gesucht werden. Daß aber die Armut in Irland so und nicht anders auftritt, daran ist der nationale Charakter des Volks und seine geschichtliche Entwicklung schuld. Die Irländer sind ein seinem (1892) dem) ganzen Charakter nach mit den romanischen Nationen, den Franzosen und besonders den Italienern, verwandtes Volk. Die schlechten Seiten ihrer Nationalität haben wir oben schon von Carlyle entwickelt gesehen; hören wir nun einen Irländer, der wenigstens etwas mehr recht hat als der für das germanische Wesen eingenommene Carlyle:

"Sie sind unruhig und doch träg (indolent); aufgeweckt und indiskret, stürmisch, ungeduldig und ohne Voraussicht; tapfer aus Instinkt, großmütig, ohne viel zu überlegen; rasch bei der Hand, um Beleidigungen zu rächen und zu vergeben, Freundschaften zu schließen und aufzujagen; verschwenderisch begabt mit Genie, sparsam mit Urteilskraft." (4)

Bei den Irländern herrscht das Gefühl, die Leidenschaft durchaus vor, der Verstand muß sich ihnen fügen. Ihr sinnliches, erregbares Wesen läßt die Überlegung und ruhige, anhaltende Tätigkeit nicht zur Entwicklung kommen – ein solches Volk taugt zur Industrie, wie sie jetzt betrieben wird, durchaus nicht. Daher blieben sie beim Ackerbau, und selbst hier auf der niedrigsten Stufe. Bei den kleinen Parzellen, die hier nicht, wie in Frankreich und am Rhein, künstlich aus der Zersplitterung großer Güter entstanden dieselbe, noch gar nicht so hohe Stufe der Produktivität zu bringen, welche der englische Boden erhalten hat. Die englische Einwanderung, welche die Kulturstufe des irischen Volks hätte heben können, hat sich mit der brutalsten Ausbeutung desselben begnügt, und während die Irländer durch ihre Einwanderung der englischen Nation einen Gärungsstoff mitgeteilt haben, der in der Zukunft seine Früchte tragen wird, so hat Irland doch der englischen Einwanderung wenig zu verdanken. Die Versuche der irischen Nation, sich aus der bestehenden Verkommenheit zu retten, sind einerseits Verbrechen, die hier in den Landdistrikten an der Tagesordnung sind und fast alle in Mordtaten gegen die nächsten Feinde – die Agenten der Grundbesitzer oder deren gehorsame Diener, die protestantischen Eindringlinge, die großen Pächter, deren Gut aus den Kartoffelfeldern von hundert vertriebenen Familien zusammengesetzt usw. – bestehen und namentlich im Süden und Westen häufig vorkommen; andererseits in der Repeal-Agitation. Nach dem oben Gesagten ist es klar, daß die ungebildeten Irländer in den Engländern ihre nächsten Feinde sehen müssen und der nächste Fortschritt für sie in der Erringung nationaler Selbständigkeit liegt. Ebenso klar ist aber auch, daß die Armut durch keine Repeal mit abgeschafft, sondern daß durch sie nur bewiesen werden kann, wie die Ursache des irischen Elends, die jetzt noch auswärts zu liegen scheint, zu Hause zu suchen ist. Ob indes die wirkliche Durchführung der Repeal nötig ist, um den Irländern zu dieser Einsicht zu verhelfen, will ich dahingestellt sein lassen. Bis jetzt haben weder der Chartismus noch der Sozialismus besondern Erfolg in Irland gehabt.

Ich schließe meine Bemerkungen über Irland hiermit um so eher, als die Repeal-Agitation von 1843 und der O'Connellsche Prozeß die Veranlassung waren, daß das irische Elend in Deutschland mehr und mehr bekannt wurde. So haben wir denn das Proletariat der britischen Inseln durch alle Zweige seiner Tätigkeit verfolgt und überall Elend und Not, überall durchaus unmenschliche Lebensverhältnisse gefunden. Wir haben mit dem Proletariat die Unzufriedenheit entstehen, wachsen, sich ausbilden und organisieren, wir haben offne, blutige und unblutige Kämpfe des Proletariats gegen die Bourgeoisie gesehen. Wir haben die

Prinzipien untersucht, nach denen das Schicksal, die Hoffnungen und Befürchtungen der Proletarier sich bestimmen, und gefunden, daß keine Aussicht auf Besserung ihrer Lage da ist. Wir haben Gelegenheit gehabt, hier und da die Bourgeoisie in ihrem Benehmen gegen das Proletariat zu beobachten, und gefunden, daß sie nur sich im Auge hatte, nur ihren eignen Vorteil verfolgte. Um indes nicht ungerecht zu sein, wollen wir ihre Handlungsweise etwas näher untersuchen.

Anmerkungen F. E.:

(1) E.C. Wakefield, M. P., "Swing unmasked, or the Causes of Rural Incendiarism" (Der entlarvte Swing (siehe hierzu S. 478/79), oder die Ursachen der ländlichen Brandstiftungen), London 1831. – Pamphlet. Die obigen Zitate stehen p. 9 – 13, und sind die Stellen, welche sich im Original auf das damals noch bestehende alte Armengesetz beziehen, in der Übersetzung weggelassen.

(2) Bericht der Armengesetz-Kommision über Irland. Parlamentssession von 1837.

(3) Principles of Population", II. vol.

(4) "The State of Ireland" (Der Zustand Irlands). London 1807; 2nd edition 1821. – Pamphlet.

(5) (1892) Irrtum. Der kleine Ackerbau war seit dem Mittelalter herrschende Betriebsform geblieben. Die kleinen Bauernhöfe bestanden also schon vor der Revolution. Was diese änderte, war nur das Eigentum daran; sie nahm es den Feudalherren und übertrug es, direkt oder indirekt, an die Bauern.

Die Stellung der Bourgeoisie zum Proletariat

Wenn ich hier von der Bourgeoisie spreche, so schließe ich gleich die sogenannte Aristokratie mit ein, denn diese ist nur Aristokratie, nur privilegiert gegenüber der Bourgeoisie, aber nicht gegenüber dem Proletariat. Der Proletarier sieht in ihnen beiden nur den Besitzenden, d.h. den Bourgeois. Vor dem Privilegium des Besitzes verschwinden alle andern Privilegien. Der Unterschied ist nur der, daß der eigentliche Bourgeois dem industriellen und teilweise dem Bergwerksproletarier, als Pächter auch dem Ackerbautaglöhner gegenübersteht, während der sogenannte Aristokrat nur mit einem Teil der bergbauenden und mit den ackerbauenden Proletariern in Berührung kommt.

Mir ist nie eine so tief demoralisierte, eine so unheilbar durch den Eigennutz verderbte, innerlich zerfressene und für allen Fortschritt unfähig gemachte Klasse vorgekommen wie die englische Bourgeoisie – und hier meine ich vor allem die eigentliche Bourgeoisie, besonders die liberale, Korngesetzabschaffende. Für sie existiert nichts in der Welt, was nicht nur um des Geldes willen da wäre, sie selbst nicht ausgenommen, denn sie lebt für nichts, als um Geld zu verdienen, sie kennt keine Seligkeit als die des schnellen Erwerbs, keinen Schmerz außer dem Geldverlieren Deutschen, sie mäkeln und dingen nicht soviel wie unsere Krämerseelen, aber was hilft das alles? In letzter Instanz ist doch das eigne Interesse und speziell der Gelderwerb das einzig entscheidende Moment. Ich ging einmal mit einem solchen Bourgeois nach Manchester hinein und sprach mit ihm von der schlechten, ungesunden Bauart, von dem scheußlichen Zustande der Arbeiterviertel und erklärte, nie eine so schlecht gebaute Stadt gesehen zu haben. Der Mann hörte das alles ruhig an, und an der Ecke, wo er mich verließ, sagte er: And yet, there is a great deal of money made here – und doch wird hier enorm viel Geld verdient – guten Morgen, Herr! Es ist dem englischen Bourgeois durchaus gleichgültig, oh seine Arbeiter verhungern oder nicht, wenn er nur Geld verdient. Alle Lebensverhältnisse werden nach dem Gelderwerb gemessen, und was kein Geld abwirft, das ist dummes Zeug, unpraktisch, idealistisch. Darum ist auch die Nationalökonomie, die Wissenschaft des Gelderwerbs, die Lieblingswissenschaft dieser Schacherjuden. Jeder ist Nationalökonom. Das Verhältnis des Fabrikanten zum Arbeiter ist kein menschliches, sondern ein rein ökonomisches. Der Fabrikant ist das "Kapital", der Arbeiter ist die "Arbeit". Und wenn der Arbeiter sich nicht in diese Abstraktion hineinzwängen lassen will, wenn er behauptet, daß er nicht "die Arbeit", sondern ein Mensch ist, der allerdings unter anderem auch die Eigenschaft des Arbeitens hat, wenn er sich einfallen läßt zu glauben, er brauche sich nicht als "die Arbeit", als Ware im Markte kaufen und verkaufen zu lassen, so steht dem Bourgeois der Verstand still. Er kann nicht begreifen, daß er mit den Arbeitern noch in einem andern Verhältnis steht als in dem des Kaufs und Verkaufs, er sieht in ihnen keine Menschen, sondern "Hände" (hands), wie er sie fortwährend ins Gesicht tituliert, er erkennt keine andere Verbindung, wie Carlyle sagt, zwischen Mensch und Mensch an, als bare Zahlung. Selbst das Band zwischen ihm und seiner Frau ist in neunundneunzig Fällen aus hundert nur "bare Zahlung". Die elende Sklaverei, in der das Geld den Bourgeois hält, ist durch die Bourgeoisieherrschaft selbst der Sprache aufgedrückt. Das Geld macht den Wert des Mannes aus; dieser Mann ist zehntausend Pfund wert – he is worth ten thousand pounds, d.h. er besitzt sie. Wer Geld hat, ist "respectable", gehört zur "besseren Sorte von Leuten" (the better sort of people), ist "einflußreich" (influential), und was er tut, macht Epoche in seinem Kreise. Der Schachergeist geht durch die ganze Sprache, alle Verhältnisse werden in Handelsausdrücken dargestellt, in ökonomischen Kategorien erklärt. Nachfrage und Zufuhr, Begehr und

Angebot, supply and demand, das sind die Formeln, nach denen die Logik des Engländers das ganze menschliche Leben beurteilt. Daher die freie Konkurrenz in jeder Beziehung, daher das Regime des laissez-faire und laissez-aller in der Verwaltung, in der Medizin, in der Erziehung und bald wohl auch in der Religion, wo die Herrschaft der Staatskirche mehr und mehr zusammenbricht. Die freie Konkurrenz will keine Beschränkung, keine Staatsaufsicht, der ganze Staat ist ihr zur Last, sie wäre am vollkommensten in einem ganz staatlosen Zustande, wo jeder den andern nach Herzenslust ausbeuten kann, wie z.B. in Freund Stirners "Verein". Da die Bourgeoisie aber den Staat, schon um das ihr ebenso nötige Proletariat im Zaum zu halten, nicht entbehren kann, so wendet sie ihn gegen dies und sucht ihn sich soweit wie möglich entfernt zu halten.

Man glaube aber ja nicht, daß der "gebildete" Engländer diese Selbstsucht so offen zur Schau trage. Im Gegenteil, er verdeckt sie mit der schnödesten Heuchelei. – Wie, die englischen Reichen sollten nicht an die Armen denken, sie, die wohltätige Anstalten errichtet haben, wie kein anderes Land sie aufweisen kann? Jawohl, wohltätige Anstalten! Als ob dem Proletarier damit gedient wäre, daß ihr ihn erst bis aufs Blut aussaugt, um nachher eure selbstgefälligen, pharisäischen Wohltätigkeitskitzel an ihm üben zu können und vor der Welt als gewaltige Wohltäter der Menschheit dazustehen, wenn ihr dem Ausgesogenen den hundertsten Teil dessen wiedergebt, was ihm zukommt! Wohltätigkeit, die den, der sie gibt, noch mehr entmenscht als den, der sie nimmt, Wohltätigkeit, die den Zertretenen noch tiefer in den Staub tritt, die da verlangt, der entmenschte, aus der Gesellschaft ausgestoßene Paria soll erst auf sein Letztes, auf seinen Anspruch an die Menschheit verzichten, soll erst um ihre Gnade betteln, ehe sie die Gnade hat, ihm durch ein Almosen den Stempel der Entmenschung auf die Stirne zu drücken! Doch was soll das alles. Hören wir die englische Bourgeoisie selbst. Es ist noch kein Jahr, da las ich im "Manchester Guardian" folgenden Brief an den Redakteur, der ohne alle weitere Bemerkung als eine ganz natürliche, vernünftige Sache abgedruckt war:

Herr Redakteur!

Seit einiger Zeit begegnet man auf den Hauptstraßen unserer Stadt einer Menge von Bettlern, die teils durch ihre zerlumpte Kleidung und ihr krankes Aussehen, teils durch ekelhafte, offne Wunden und Verstümmelungen das Mitleid der Vorübergehenden auf eine häufig sehr unverschämte und molestierende Weise rege zu machen suchen. Ich sollte meinen, wenn man nicht nur seine Armensteuer bezahlt, sondern auch reichlich zu den wohltätigen Anstalten beiträgt, so hätte man doch genug getan, um das Recht zu haben, vor solchen unangenehmen und unverschämten Behelligungen sichergestellt zu werden, und wofür bezahlt man denn eine so hohe Steuer zum Unterhalt der städtischen Polizei, wenn diese einen nicht einmal so weit schützt, daß man ruhig in die Stadt oder heraus gehn kann? – Ich hoffe, die Veröffentlichung dieser Zeilen in ihrem vielgelesenen Blatt wird die öffentliche Gewalt veranlassen, diesen Übelstand (nuisance) zu beseitigen, und verharre

Ihre ergebene Dienerin
Eine Dame

Da habt ihr's! Die englische Bourgeoisie ist wohltätig aus Interesse, sie schenkt nichts weg, sie betrachtet ihre Gaben als einen Handel, sie macht mit den Armen ein Geschäft und sagt: Wenn ich soviel an wohltätige Zwecke verwende, so erkaufe ich mir dadurch das Recht, weiter nicht behelligt zu werden, so verpflichtet ihr euch dafür, in euren dunklen Höhlen zu bleiben und nicht durch die offne Darlegung eures Elends meine zarten Nerven anzugreifen! Verzweifeln sollt ihr immerhin, aber ihr sollt im stillen verzweifeln, das bedinge ich mir aus, das erkaufe ich mir mit meiner Subskription von 20 Pfund für das Krankenhaus! o über diese infame Wohltätigkeit eines christlichen Bourgeois! – Und so schreibt "eine Dame", jawohl, Dame, sie tut wohl daran, so zu unterzeichnen, sie hat glücklicherweise nicht mehr den Mut, sich ein Weib zu nennen! Wenn aber die "Damen" so sind, wie wird es erst mit "Herren" stehen? Man wird sagen, es sei ein einzelner Fall. Aber nein, der obige Brief drückt geradezu die Gesinnung der großen Majorität der englischen Bourgeoisie aus, sonst hätte ihn ja auch der Redakteur nicht aufgenommen, sonst wäre ja wohl irgendeine Erwiderung gefolgt, nach der ich mich in den folgenden Nummern vergebens umgesehen habe. Und was die Wirksamkeit des Wohltuns betrifft, so sagt ja der Kanonikus Parkinson selbst, daß die Armen weit mehr von ihresgleichen als von der Bourgeoisie unter unterstützt werden; und so eine Unterstützung von einem braven Proletarier, der selbst weiß, wie der Hunger tut, für den das Teilen des knappen Mahles ein Opfer ist, das er aber mit Freuden bringt – solch eine Unterstützung hat dann auch einen ganz andern Klang als das hingeworfene Almosen des schwelgenden Bourgeois.

Auch sonst heuchelt die Bourgeoisie eine grenzenlose Humanität – aber nur dann, wenn ihr eigenes Interesse es erheischt. So in ihrer Politik und Nationalökonomie. Sie hat sich nun ins fünfte Jahr damit abgequält, den Arbeitern zu beweisen, daß sie nur im Interesse der Proletarier die Korngesetze abzuschaffen wünsche. Das Lange und Breite von dieser Sache ist aber dies: Die Korngesetze, welche den Brotpreis höher halten, als dieser in andern Ländern steht, erhöhen dadurch auch den Arbeitslohn und erschweren dadurch dem Fabrikanten die Konkurrenz gegen andere Länder, in denen der Brotpreis und infolgedessen der Lohn niedriger steht. Werden die Korngesetze nun abgeschafft, so fällt der Brotpreis, und der Arbeitslohn nähert sich dem der übrigen zivilisierten Länder Europas, was jedem nach den oben entwickelten Prinzipien, durch die der Lohn sich reguliert, klar sein wird. Der Fabrikant kann also leichter konkurrieren, die Nachfrage nach englischen Waren wächst und mit ihr die Nachfrage nach Arbeitern. Infolge dieser vermehrten Nachfrage wird allerdings der Lohn wieder etwas steigen und die brotlosen Arbeiter beschäftigt werden; aber wie lange dauert das? Die "überflüssige Bevölkerung" Englands und besonders Irlands reicht hin, um die englische Industrie, selbst wenn sie sich verdoppelte, mit den nötigen Arbeitern zu versehen; in wenig Jahren würde der geringe Vorteil der Korngesetzabschaffung wieder ausgeglichen sein, eine neue Krisis erfolgen, und wir waren soweit wie vorher, während der erste Stimulus in der Industrie auch die Vermehrung der Bevölkerung beschleunigen würde. Das alles sehen die Proletarier sehr gut ein und haben es den Bourgeois hundertmal ins Gesicht gesagt; aber trotzdem schreit das Geschlecht der Fabrikanten, das nur den unmittelbaren Vorteil, den ihm die Abschaffung der Korngesetze bringen würde, im Auge hat, dies Geschlecht, das borniert genug ist, nicht zu sehen, wie auch ihm kein dauernder Vorteil aus dieser Maßregel erwachsen kann, indem die Konkurrenz der Fabrikanten unter sich den Gewinn der einzelnen bald auf das alte Niveau zurückbringen würde – trotzdem schreit dies Geschlecht bis heute den Arbeitern vor, nur um ihretwillen geschehe das alles, nur um der verhungernden Millionen willen schössen die Reichen der liberalen Partei ihre Hunderte und Tausende von Pfunden in die Kasse der Antikorngesetzligue – wo doch jeder weiß, daß sie nur mit der Wurst nach dem Schinken werfen, daß sie darauf rechnen, das alles zehnfach und hundertfach in den ersten Jahren nach Abschaffung der Korngesetze wieder zu verdienen. Aber die Arbeiter lassen sich – und besonders seit der Insurrektion von 1842, nicht mehr durch die Bourgeoisie irreführen. Sie verlangen von jedem, der sich für ihr Wohl zu plagen vorgibt, daß er, als Prüfstein der Echtheit seiner Absichten, sich für die Volkscharte erkläre, und protestieren damit gegen alle fremde Hülfe, denn in der Charte verlangen sie nur die Macht, sich selbst zu helfen. Wer das nicht tut, dem erklären sie mit vollem Rechte den Krieg, sei er offner Feind oder falscher Freund. – Übrigens hat die Antikorngesetzligue den Arbeitern gegenüber die verächtlichsten Lügen und Kniffe gebraucht, um sie zu gewinnen. Sie hat ihnen weismachen wollen, daß der Geldpreis der Arbeit im umgekehrten Verhältnis zum Kornpreise stehe, daß der Lohn hoch, wenn das Korn niedrig stehe, und umgekehrt – ein Satz, den sie mit den lächerlichsten Argumenten hat zu beweisen gesucht und der in sich selbst lächerlicher ist als irgendeine andere aus dem Munde eines Ökonomen geflossene Behauptung. Wenn das nicht half, so hat man den Arbeitern die ungeheuerste Glückseligkeit infolge des vermehrten Begehrs im Arbeitsmarkt versprochen, ja man hat sich nicht entblödet, zwei Modelle von Brotlaiben durch die Straßen zu tragen, auf deren größtem geschrieben stand: Amerikanisches Achtpfenniglaib, Lohn 4 Shilling täglich, und auf dem andern, viel kleineren:Englisches Achtpfenniglaib, Lohn 2 Shilling täglich. Die Arbeiter haben sich aber nicht irremachen lassen. Sie kennen ihre Brotherren zu gut.

Und wenn man die Gleisnerei dieser schönen Versprechungen erst recht erkennen will, so betrachte man die Praxis. Wir haben im Verlauf unserer Berichte gesehen, wie die Bourgeoisie das Proletariat auf alle mögliche Weise zu ihren Zwecken ausbeutet. Wir haben bisher indes nur die einzelnen Bourgeois auf ihre eigne Faust das Proletariat mißhandeln sehen. Gehen wir nun zu den Verhältnissen über, in denen die Bourgeoisie als Partei, ja als Staatsmacht gegen das Proletariat auftritt. – Daß zuerst die ganze Gesetzgebung den Schutz des Besitzenden gegen den Besitzlosen bezweckt, liegt auf der Hand. Nur weil es Besitzlose gibt, sind die Gesetze notwendig; und wenn dies auch nur in wenigen Gesetzen, z.B. gegen das Vagabondieren und die Obdachlosigkeit, worin das Proletariat als solches für gesetzwidrig erklärt wird, direkt ausgeprochen ist, so liegt doch die Feindschaft gegen das Proletariat dem Gesetze so sehr zum Grunde, daß die Richter, besonders die Friedensrichter, die selbst Bourgeois sind und mit denen das Proletariat am meisten in Berührung kommt, diesen Sinn ohne weiteres im Gesetze finden. Wird ein Reicher vorgeführt oder vielmehr vorgeladen, so bedauert der Richter, daß er ihm so viel Mühe machen muß, wendet die Sache soviel er irgend kann zu seinen Gunsten, und wenn er ihn verurteilen muß, so tut es ihm wieder unendlich leid usw., und das Resultat ist eine elende Geldstrafe, die der Bourgeois mit Verachtung auf den Tisch schmeißt und sich entfernt. Kommt aber ein armer Teufel in den Fall, vor dem Friedensrichter zu erscheinen, so hat er fast immer die Nacht im Arresthause mit einer Menge anderer zugebracht, wird von vornherein als schuldig betrachtet und angeschnauzt, seine Verteidigung mit einem verächtlichen: "o, wir kennen diese Ausreden" – beseitigt und ihm eine Strafe auferlegt, die er nicht bezahlen kann und mit einem oder mehreren Monaten auf der Tretmühle abbüßen muß. Und wenn man ihm nichts beweisen kann, so wird er als Schuft und Vagabond (a rogue and a vagabond – die Ausdrücke kommen fast immer zusammen vor) dennoch auf die Tretmühle geschickt. Die Parteilichkeit der Friedensrichter, besonders auf dem Lande, übersteigt wirklich alle Vorstellung, und es ist so an der Tagesordnung, daß alle nicht zu eklatanten Fälle von den Zeitungen ganz ruhig und ohne weitere Glossen berichtet werden. Es ist aber auch nicht anders zu erwarten. Einerseits legen diese "Dogberries" das Gesetz nur nach dem Sinn aus, der in ihm liegt, und andererseits sind sie ja selbst Bourgeois, die vor allen Dingen im Interesse ihrer Klasse den Grundpfeiler aller wahren Ordnung sehen. Und wie die Friedensrichter, so benimmt sich auch die Polizei. Der Bourgeois kann tun, was er will, gegen ihn ist der Polizeidiener immer höflich und hält sich streng ans Gesetz; aber der Proletarier wird grob und brutal behandelt, seine Armut wirft schon den Verdacht aller möglichen Verbrechen auf ihn und verschließt ihm zugleich das Rechtsmittel gegen alle Willkürlichkeiten der Gewalthaber; für ihn existieren deshalb die schützenden Formen des Gesetzes nicht, ihm dringt die Polizei ohne weiteres ins Haus, verhaftet und mißhandelt ihn, und bloß wenn einmal eine Arbeiterassoziation wie die Grubenarbeiter einen Roberts engagieren (1892) engagiert), bloß dann kommt es an den Tag, wie wenig die schützende Seite des Gesetzes für den Proletarier existiert, wie häufig er alle Lasten des Gesetzes zu tragen hat, ohne einen seiner Vorteile zu genießen.

Bis auf die heutige Stunde kämpft die besitzende Klasse im Parlament gegen das bessere Gefühl der noch nicht ganz der Selbstsucht Verfallenen, um das Proletariat mehr und mehr zu unterjochen. Ein Gemeindeplatz nach dem andern wird weggenommen und bebaut, wodurch allerdings die Kultur gehoben, aber dem Proletariat viel Schaden getan wird. Wo Gemeindeplätze existierten, konnte der Arme darauf einen Esel, ein Schwein oder einige Gänse halten, die Kinder und jungen Leute hatten einen Platz, wo sie spielen und sich im Freien herumtreiben konnten; dies hört immer mehr auf, der Verdienst des Armen wird geringer, und das junge Volk, dem sein Spielplatz genommen ist, geht dafür in die Kneipen. Eine Menge solcher Parlamentsakten zur Urbarmachung von Gemeindeplätzen gehen in jeder Session durch.- Als die Regierung in der Session von 1844 sich entschloß, die allen Verkehr monopolisierenden Eisenbahngesellschaften zu zwingen, auch den Arbeitern das Reisen gegen ein ihren Umständen angemessenes Fahrgeld (1 Penny die Meile, etwa 5 Silbergroschen die deutsche Meile) möglich zu machen, und deshalb vorschlug, daß täglich ein solcher Zug dritter Klasse auf jeder Eisenbahn eingeführt werde, schlug der "ehrwürdige Vater in Gott", der Bischof von London, vor, daß der Sonntag, der einzige Tag, an dem beschäftigte Arbeiter überhaupt reisen können, von diesem Zwang ausgenommen und so das

Reisen am Sonntag nur den Reichen, nicht aber den Armen gestattet werde. Dieser Vorschlag war indes zu geradeaus, zu unverhohlen, als daß er hätte durchgehen können, und man ließ ihn fallen. – Ich habe nicht Raum genug, um die vielen versteckten Angriffe auf das Proletariat, auch nur einer einzigen Session, aufzuzählen. Nur noch einen aus derselben Session von 1844. Ein ganz obskures Parlamentsglied (1892) Parlamentsmitglied) ein Herr Miles, schlug eine Bill zur Regulierung des Verhältnisses von Herren und Dienern vor, die ziemlich unscheinbar aussah. Die Regierung nahm sich der Bill an, und sie wurde einem Komitee übergeben. Inzwischen brach der Turnout der Grubenarbeiter im Norden aus, und Roberts hielt seine Triumphzüge durch England mit seinen freigesprochenen Arbeitern. Als nun die Bill aus dem Komitee kam, fand sich, daß einige höchst despotische Klauseln eingeschaltet waren, besonders eine, durch die dem Brotherrn die Macht gegeben wurde, jeden Arbeiter, der mit ihm mündlich oder schriftlich irgendeine beliebige Arbeit, wenn auch nur eine gelegentliche Handreichung kontrahiert hatte, im Falle von Dienstverweigerung odersonstigem ungeziemendem Betragen (misbehaviour) vor irgendeinen beliebigen (any) Friedensrichter zu schleppen und auf seinen oder seiner Agenten und Aufseher Eid hin – also auf den Eid des Klägers – zu Gefängnis und Zwangsarbeit bis zu zwei Monaten verurteilen zu lassen. Diese Bill regte die Arbeiter bis zur höchsten Wut auf, um so mehr als die Zehnstundenbill zu gleicher Zeit vor dem Parlament war und bedeutende Agitation hervorgebracht hatte. Hunderte von Versammlungen wurden gehalten, Hunderte von Arbeiterpetitionen nach London an den Sachwalter des Proletariats im Parlament, Thomas Duncombe, geschickt. Dieser war, außer dem "jungen Engländer" Ferrand, der einzige energische Opponent, aber als die übrigen Radikalen sahen, daß das Volk sich gegen die Bill erklärte, kroch einer nach dem andern hervor und stellte sich Duncombe zur Seite, und da auch die liberale Bourgeoisie bei der Aufregung der Arbeiter nicht den Mut hatte, sich für die Bill auszusprechen, da überhaupt niemand sich dem Volke gegenüber lebhaft für sie interessierte, so fiel sie glänzend durch.

Die offenste Kriegserklärung der Bourgeoisie gegen das Proletariat ist indes die Malthussche Theorie der Populationund das aus ihr entstandene neue Armengesetz. Von der Malthusschen Theorie ist schon mehrere Male die Rede gewesen. Wiederholen wir kurz ihr Hauptresultat, daß die Erde stets übervölkert sei und daher stets Not, Elend, Armut und Unsittlichkeit herrschen müsse; daß es das Los und die ewige Bestimmung der Menschheit sei, in zu großer Zahl und daher in verschiedenen Klassen zu existieren, von denen die einen mehr oder weniger reich, gebildet, moralisch und die andern mehr oder weniger arm, elend, unwissend und unsittlich seien. Hieraus folgt denn für die Praxis – und diese

Schlüsse zieht Malthus selbst -, daß Wohltaten und Armenkassen eigentlich Unsinn seien, da sie nur dazu dienen, die überzählige Bevölkerung, deren Konkurrenz den Lohn der andern drücke, aufrechtzuerhalten und zur Vermehrung anzureizen; daß die Beschäftigung von Armen durch die Armenverwaltung ebenso unsinnig sei, indem, da doch nur eine bestimmte Quantität von Arbeitserzeugnissen verbraucht werden könne, für jeden brotlosen Arbeiter, der beschäftigt wird, ein anderer bisher beschäftigter brotlos werden muß und so die Privatindustrie auf Kosten der Armenverwaltungs-Industrie Schaden leidet; daß es sich also nicht darum handelt, die überzählige Bevölkerung zu ernähren, sondern sie auf die eine oder die andere Weise möglichst zu beschränken. Malthus erklärt mit dürren Worten das bisher behauptete Recht jedes Menschen, der in der Welt existiere, auf seine Existenzmittel für baren Unsinn. Er zitiert die Worte eines Dichters: Der Arme kommt zum festlichen Tisch der Natur und findet kein leeres Gedeck für sich – und setzt hinzu – und die Natur befiehlt ihm, sich zu packen (she bids him to be gone) – "denn er hat ja vor seiner Geburt die Gesellschaft nicht erst gefragt, ob sie ihn haben wolle". Diese Theorie ist jetzt die Leibtheorie aller echten englischen Bourgeois, und zwar ganz natürlich, da sie für diese das bequemste Faulbett ist und ohnehin für die bestehenden Verhältnisse viel Richtiges hat. Wenn es sich also nicht mehr darum handelt, die "überzählige Bevölkerung" nutzbar zu machen, in brauchbareBevölkerung zu verwandeln, sondern bloß darum, die Leute auf möglichst leichte Weise verhungern zu lassen und sie zugleich daran zu hindern, daß sie zuviel Kinder in die Welt setzen, so ist das natürlich Kleinigkeit – vorausgesetzt, daß die überflüssige Bevölkerung ihre eigne Überflüssigkeit einsieht und den Hungertod sich wohlschmecken läßt. Dazu ist aber, trotz der angestrengtesten Bemühungen der humanen Bourgeoisie, den Arbeitern dies beizubringen, vorderhand noch keine Aussicht. Die Proletarier haben sich vielmehr in den Kopf gesetzt, daß sie mit ihren fleißigen Händen gerade die Nötigen, und die reichen Herren Kapitalisten, die nichts tun, eigentlich die Überflüssigen seien.

Da aber die Reichen noch die Macht besitzen, so müssen sich die Proletarier gefallen lassen, daß sie, falls sie selbst es nicht gutwillig einsehen wollen, vom Gesetz für wirklich überflüssig erklärt werden. Dies ist im neuen Armengesetz geschehen. Das alte Armengesetz, das auf der Akte vom Jahre 1601 (43rd of Elizabeth)(43. Jahr der Regierung Elisabeths)) beruht, ging naiverweise noch von dem Prinzip aus, daß es die Pflicht der Gemeinde sei, für den Lebensunterhalt der Armen zu sorgen. Wer keine Arbeit hatte, erhielt Unterstützung, und der Arme sah auf die Dauer, wie billig, die Gemeinde für verpflichtet an, ihn vor dem Verhungern zu schützen. Er forderte seine wöchentliche Unterstützung als ein Recht, nicht als eine Gnade, und das wurde zuletzt der Bourgeoisie doch zu arg. 1833, als sie eben durch die Reformbill an die Herrschaft und zugleich der Pauperismus der Landdistrikte zur vollen Entfaltung gekommen war, begann sie sogleich die Reform auch der Armengesetze von ihrem Standpunkte aus. Eine Kommission wurde ernannt, die die Verwaltung der Armengesetze untersuchte und eine große Menge Mißbrauche entdeckte. Man fand die ganze Arbeiterklasse des platten Landes pauperisiert und ganz oder teilweise von der Armenkasse abhängig, da diese, wenn der Lohn niedrig stand, den Armen einen Zusatz gab; man fand, daß dies System, wodurch der Arbeitslose erhalten, der Schlechtbezahlte und mit vielen Kindern Gesegnete unterstützt, der Vater unehelicher Kinder zur Alimentation angehalten und die Armut überhaupt als des Schutzes bedürftig anerkannt wurde – man fand, daß dies System das Land ruiniere,

"ein Hemmnis der Industrie, eine Belohnung für unüberlegte Heiraten, ein Stimulus zur Vermehrung der Bevölkerung sei und den Einfluß einer vermehrten Volkszahl auf den Arbeitslohn unterdrücke; daß es eine Nationaleinrichtung sei, um die Fleißigen und Ehrlichen zu entmutigen und die Trägen, Lasterhaften und Überlegungslosen zu stützen; daß es die Bande der Familie zerstöre, die Anhäufung von Kapitalien systematisch verhindre, das existierende Kapital auflöse und die Steuerzahlenden ruiniere; und obendrein setze es in der Alimentation eine Prämie auf uneheliche Kinder. (Worte des Berichts der Armengesetzkommissäre.) (2)

Diese Schilderung der Wirkungen des alten Armengesetzes ist im ganzen gewiß richtig; die Unterstützung begünstigt die Trägheit und die Vermehrung der "überflüssigen" Bevölkerung. Unter den jetzigen sozialen Verhältnissen ist es ganz klar, daß der Arme gezwungen wird, Egoist zu sein, und wenn er die Wahl hat und gleich gut lebt, lieber nichts tut als arbeitet. Daraus folgt aber nur, daß die jetzigen sozialen Verhältnisse nichts taugen, nicht aber, daß wie die malthusianischen Kommissäre folgerten – die Armut als ein Verbrechen nach der Abschreckungstheorie zu behandeln sei.

Diese weisen Malthusianer waren aber so fest von der Unfehlbarkeit ihrer Theorie überzeugt, daß sie keinen Augenblick Anstand nahmen, die Armen in das Prokrustesbett ihrer Meinungen zu werfen und sie nach diesen mit der empörendsten Härte zu behandeln. Mit Malthus und den übrigen Anhängern der freien Konkurrenz überzeugt, daß es am besten sei, jeden für sich selbst sorgen zu lassen, das laissez-faire konsequent durchzuführen, hätten sie die Armengesetze am liebsten ganz abgeschafft. Da sie hierzu indes doch weder Mut noch Autorität hatten, schlugen sie ein möglichst malthusianisches Armengesetz vor, das noch barbarischer ist als das laissez-faire, weil es da aktiv eintritt, wo dies nur passiv ist. Wir sahen, wie Malthus die Armut, genauer die Brotlosigkeit unter dem Namen der Überflüssigkeit für ein Verbrechen erklärt, das die Gesellschaft mit dem Hungertode bestrafen soll. So barbarisch waren die Kommissare nun gerade nicht; der krasse, direkte Hungertod hat selbst für einen Armengesetzkommissär etwas zu Schreckliches. Gut, sagten sie, ihr Armen habt das Recht, zu existieren, aber auch nur zu existieren; das Recht, euch zu vermehren aber habt ihr nicht, ebensowenig wie das Recht, menschlich zu existieren. Ihr seid eine Landplage, und wenn wir euch nicht wie jede andere Landplage sofort beseitigen können, so sollt ihr doch fühlen, daß ihr eine solche seid und wenigstens im Zaume gehalten, außerstand gesetzt werden müßt, andere "Überflüssige", direkt oder durch Verführung zur Trägheit und Brotlosigkeit, zu produzieren. Leben sollt ihr, aber leben zum warnenden Exempel allen denen, die Veranlassung haben könnten, auch überflüssig zu werden.

Sie schlugen nun das neue Armengesetz vor, das 1834 durch das Parlament ging und bis heute in Kraft besteht. Alle Unterstützung in Geld oder Lebensmitteln wurde abgeschafft; die einzige Unterstützung, welche gewährt wurde, war die Aufnahme in die überall sofort erbauten Arbeitshäuser. Die Einrichtung dieser Arbeitshäuser (workhouses), oder, wie das Volk sie nennt, Armengesetz-Bastillen (poor-law bastiles), ist aber derart, daß sie jeden abschrecken muß, der noch irgendwie Aussicht hat, sich ohne diese Art der öffentlichen Mildtätigkeit durchzuschlagen. Damit die Armenkasse nur in den dringendsten Fällen beansprucht und die eignen Anstrengungen eines jeden auf den höchsten Grad gesteigert werden, ehe er sich entschließt, sich von ihr unterstützen zu lassen, ist das Arbeitshaus zum zurückstoßendsten Aufenthalt gemacht, den das raffinierte Talent eines Malthusianers erfinden kann. Die Nahrung ist schlechter als die der ärmsten beschäftigten Arbeiter, während die Arbeit schwerer ist; sonst wurden diese ja den Aufenthalt im Armenhause ihrer jämmerlichen Existenz draußen vorziehen. Fleisch, besonders frisches, wird selten gereicht, meist Kartoffeln, möglichst schlechtes Brot und Hafermehlbrei, wenig oder gar kein Bier. Selbst die Diät der Gefängnisse ist durchgängig besser, so daß die Bewohner Arbeitshauses häufig irgendein Vergehen absichtlich sich zuschulden kommen lassen, um nur ins Gefängnis zu kommen. Denn auch das Arbeitshaus ist ein Gefängnis; wer sein Quantum Arbeit nicht tut, bekommt nichts zu essen, wer herausgehen will, muß erst um Erlaubnis bitten, die ihm je nach seinem Betragen oder der Meinung, die der Inspektor davon hat, verweigert werden kann; Tabak ist verboten, ebenso die Annahme von Geschenken von Freunden und Verwandten außerhalb des Hauses;

die Paupers tragen eine Arbeitshaus-Uniform und sind der Willkür des Inspektors ohne Schutz überliefert. Damit ihre Arbeit nicht etwa mit der Privatindustrie konkurriere, gibt man ihnen meist ziemlich nutzlose Beschäftigungen; die Männer klopfen Steine, "soviel ein starker Mann mit Anstrengung in einem Tage tun kann", die Weiber, Kinder und Greise zupfen alte Schiffstaue, ich habe vergessen, zu welchem unbedeutenden Zweck. Damit die "Überflüssigen" sich nicht mehren, oder die "demoralisierten" Eltern nicht auf ihre Kinder wirken können, werden die Familien getrennt; der Mann wird in diesen Flügel, die Frau in jenen, die Kinder in einen dritten geschickt, und sie dürfen einander nur zu bestimmten, selten wiederkehrenden Zeiten sehen, und auch dann nur, wenn sie sich nach der Meinung der Beamten gut betragen haben. Und um den Ansteckungsstoff des Pauperismus vollständig in diesen Bastillen vor der Außenwelt abzuschließen, dürfen die Bewohner derselben nur mit Bewilligung der Beamten Besuch im Sprechzimmer annehmen, überhaupt nur unter ihrer Aufsicht oder Erlaubnis mit Leuten außerhalb verkehren.

Bei alledem soll die Kost gesund, die Behandlung menschlich sein. Aber der Geist des Gesetzes spricht zu laut, als daß diese Forderung irgendwie erfüllt werden könne. Die Armengesetzkommissäre und die ganze englische Bourgeoisie täuscht sich, wenn sie die Durchführung des Prinzips ohne die der Konsequenzen für möglich hält. Die Behandlung, die das neue Gesetz dem Buchstaben nach vorschreibt, steht mit dem ganzen Sinn desselben im Widerspruch; wenn das Gesetz der Sache nach die Armen für Verbrecher, die Armenhäuser für Strafgefängnisse, ihre Bewohner für außer dem Gesetz, außer der Menschheit stehende Gegenstände des Ekels und Abscheus erklärt, so hilft alles Befehlen des Gegenteils gar nichts. In der Praxis wird denn auch der Geist und nicht der Buchstabe des Gesetzes bei der Behandlung der Armen befolgt. Hier einige wenige Beispiele.

Im Arbeitshause zu Greenwich wurde im Sommer 1843 ein fünfjähriger Knabe drei Nächte zur Strafe in die Totenkammer gesperrt, wo er auf den Deckeln der Särge schlafen mußte. – Im Arbeitshause zu Herne geschah dasselbe mit einem kleinen Mädchen, das während der Nacht das Bett nicht trocken hielt; diese Art Strafe scheint überhaupt sehr beliebt zu sein. Dies Arbeitshaus, das in einer der schönsten Gegenden von Kent liegt, zeichnet sich auch dadurch aus, daß alle Fenster nach innen, nach dem Hofe zu gehen und bloß zwei neugebrochene den Bewohnern desselben einen Blick in die Außenwelt gestatten. Der Schriftsteller, der dies im "Illuminated Magazine" erzählt, schließt seine Schilderung mit den Worten:

"Wenn Gott den Menschen für Verbrechen so bestraft, wie der Mensch den Menschen straft für die Armut, dann wehe den Söhnen Adams!"

Im November 1843 starb zu Leicester ein Mann, der zwei Tage vorher aus dem Arbeitshause zu Coventry entlassen worden war. Die Details über die Behandlung der Armen in dieser Anstalt sind empörend. Der Mann, George Robson, hatte eine Wunde an der Schulter, deren Kur gänzlich vernachlässigt wurde; er wurde an die Pumpe gestellt, um sie mit dem gesunden Arm in Bewegung zu setzen; dabei bekam er nur die gewöhnliche Armenhauskost, die er wegen der Schwächung seines Körpers durch die unbeachtete Wunde nicht verdauen konnte; er wurde notwendig schwächer, und je mehr er klagte, desto brutaler wurde die Behandlung. – Wenn seine Frau, die auch im Arbeitshause war, ihm ihr bißchen Bier bringen wollte, so wurde sie gescholten und mußte es in Gegenwart der Aufseherin austrinken. Er wurde krank, aber auch dann keine bessere Behandlung. Zuletzt wurde er auf sein Begehren mit seiner Frau unter dem Geleite der beleidigendsten Ausdrücke entlassen. Zwei Tage darauf starb er in Leicester, wie der bei der Totenschau gegenwärtige Arzt erklärte, infolge der vernachlässigten Wunde und der für seinen Zustand schlechterdings unverdaulichen Kost. Bei seiner Entlassung wurden ihm Briefe eingehändigt, in denen Geld für ihn war, die sechs Wochen lang zurückgehalten und nach einer Regel des Etablissements vom Vorsteher eröffnet worden waren! – Im Arbeitshause zu Birmingham fielen so schändliche Dinge vor, daß endlich im Dezember 1843 ein Beamter abgeschickt wurde, um die Sache zu untersuchen. Er fand, daß vier Trampers (wir haben oben eine Erklärung dieses Ausdrucks gehabt) in ein Hundeloch (black-hole) unter der Treppe nackend eingesperrt und 8 bis 10 Tage in diesem Zustande gehalten worden waren, oft hungrig, ohne vor Mittag etwas zu essen zu erhalten, und in der strengsten Jahreszeit. Ein kleiner Junge war durch sämtliche Strafgefängnisse der Anstalt geschickt worden, zuerst in eine feuchte, gewölbte, enge Rumpelkammer, dann zweimal ins Hundeloch, das zweite Mal drei Tage und drei Nächte, dann ebensolange ins alte Hundeloch, was noch schlechter war, dann ins Trampzimmer, ein stinkendes, ekelhaft schmutziges, enges Loch mit hölzernen Schlafpritschen, wo der Beamte bei seiner Revision noch zwei zerlumpte, vor Kälte zusammengekrochene Knaben fand, die bereits vier Tage dort gesessen hatten. Im Hundeloch saßen oft sieben und im Trampzimmer oft zwanzig Trampers zusammengepfropft.. Auch Weiber waren zur Strafe, weil sie nicht in die Kirche gehen wollten, ins Hundeloch gesteckt, und eine war sogar vier Tage ins Trampzimmer gesperrt worden, wo sie Gott weiß was für Gesellschaft fand, und alles das, während sie krank war und Medizin einnahm! Ein anderes Weib war zur Strafe ins Tollhaus geschickt worden, obwohl sie vollkommen bei Verstande war. – Im Arbeitshause zu Bacton in Suffolk war im Januar 1844 eine ähnliche Untersuchung, woraus hervorging, daß hier eine Blödsinnige als Krankenwärterin angestellt war und allerlei verkehrtes Zeug mit den Kranken trieb, und daß Kranke, die nachts oft unruhig waren oder aufstanden, mit über dem Bettzeug und unter dem Bette her geführten Stricken festgebunden. wurden, um den Wärterinnen die Mühe des Aufbleibens zu ersparen – ein Kranker wurde in diesem Zustande tot gefunden (1892) aufgefunden). Im Armenhause von St. Pancras, London, wo die billigen Hemden verfertigt werden, erstickte ein Epileptischer während eines Anfalls im Bette, ohne daß ihm jemand zu Hülfe gekommen wäre. In demselben Hause schlafen vier bis sechs, ja zuweilen acht Kinder in einem Bette. – Im Shoreditch-Arbeitshause in London wurde ein Mann eine Nacht mit einem Kranken, der im heftigsten Fieber lag, in ein Bett gesteckt, und das Bett war noch dazu voll Ungeziefer. – Im Arbeitshause zu Bethnal Green, London, wurde eine im sechsten Monat schwangere Frau mit ihrem noch nicht zweijährigen Kinde vom 28. Februar bis 20. März 1844 im Empfangszimmer eingeschlossen, ohne ins Arbeitshaus selbst aufgenommen. zu werden – von Betten und Orten der Befriedigung der natürlichsten Bedürfnisse keine Spur. Ihr Mann wurde ins Arbeitshaus gebracht, und als er bat, man möge seine Frau aus ihrer Einsperrung befreien, erhielt er für diese Insolenz vierundzwanzig Stunden Arrest bei Wasser und Brot. – Im Arbeitshause zu Slough bei Windsor lag im September 1844 ein Mann am Tode; seine Frau reiste hin, kam nachts zwölf Uhr an, eilte zum Arbeitshause und wurde nicht zugelassen; am nächsten Morgen erst erhielt sie Erlaubnis, ihn zu sehen, und auch dann nur für eine halbe Stunde und in Gegenwart der Aufseherin, die bei jedem folgenden Besuch der Frau sich zudrängte und ihr nach einer halben Stunde sagte, jetzt müsse sie gehen. – Im Arbeitshause zu Middleton in Lancashire waren zwölf, zuzeiten achtzehn Paupers beiderlei Geschlechts, die in einem Zimmer schliefen. Diese Anstalt steht nicht unter dem neuen, sondern einem frühern, exzeptionellen Armengesetz (Gilbert's Act). Der Inspektor hatte eine Brauerei für seine Rechnung im Arbeitshause angelegt. – In Stockport wurde am 31. Juli 1844 ein 72jähriger Greis aus dem Armenhause vor den Friedensrichter geschleppt, weil er sich weigerte, Steine zu klopfen, und vorgab, wegen seines Alters und eines steifen Knies könne er diese Arbeit nicht tun. Vergehens erbot er sich, irgendeine Arbeit zu übernehmen, die seiner Körperstärke angemessen sei – er wurde zu 14 Tagen Zwangsarbeit auf der Tretmühle verurteilt. – Im Arbeitshause zu Basford fand ein revidierender Beamter im Februar 1844, daß die Bettücher in dreizehn Wochen, die Hemden in vier Wochen, die Strümpfe in zwei bis zehn Monaten nicht gewechselt worden waren, so daß von fünfundvierzig Knaben nur drei noch Strümpfe hatten und die Hemden alle zerlumpt waren. Die

Betten wimmelten von Ungeziefer, und die Eßnäpfe wurden aus den Urineimern gewaschen. – Im West-Londoner Armenhause war ein Portier, der syphilitisch war und seine Krankheit vier Mädchen mitgeteilt hatte, dennoch nicht entlassen worden, und ein andrer Portier nahm ein taubstummes Mädchen aus einem der Zimmer, verbarg sie vier Tage in seinem Bett und schlief bei ihr. Auch er wurde nicht weggeschickt.

Wie im Leben, so im Tode. Die Armen werden auf die rücksichtsloseste Weise, wie krepiertes Vieh, verscharrt. Der Armenkirchhof von St. Bride, London, ist ein nackter Morast, der seit Karl II. zum Kirchhof benutzt wird, voll Knochenhaufen; jeden Mittwoch werden die verstorbenen Paupers in ein 14 Fuß tiefes Loch geworfen, der Pfaff rasselt eiligst seine Litanei ab, das Loch wird lose verscharrt, um nächsten Mittwoch wieder geöffnet und solange mit Leichen gefüllt zu werden, bis keine mehr hineingeht. Der Verwesungsgeruch davon verpestet die ganze Nachbarschaft. – In Manchester liegt der Armenkirchhof der Altstadt gegenüber am Irk, ebenfalls ein wüster, unebener Platz,. Vor etwa zwei Jahren wurde eine Eisenbahn durchgeführt. Wäre es ein respektabler Kirchhof gewesen, wie würde die Bourgeoisie wie die Geistlichkeit Zeter über Entheiligung geschrien haben! Aber es war ein Armenkirchhof, es war die Ruhestätte von Paupers und Überflüssigen, und so genierte man sich durchaus nicht. Man nahm sich nicht einmal die Mühe, die noch nicht ganz verwesten Leichen auf die andere Seite des Kirchhofs zu bringen, man scharrte auf, wie es gerade diente, und schlug Pfähle in frische Gräber, so daß das mit verwesenden Stoffen geschwängerte Wasser des sumpfigen Bodens oben herausquoll und die Umgebung mit den widerlichsten und schädlichsten Gasen erfüllte. Ich mag die ekelhafte Roheit, die hier an den Tag kam, nicht weiter in ihren Details schildern.

Wird man sich noch wundern, daß die Armen sich noch weigern, die öffentliche Unterstützung unter diesen Bedingungen anzunehmen? daß sie lieber verhungern als in diese Bastillen gehen? Mir liegen fünf Fälle vor, wo die Leute wirklich und geradezu verhungerten und noch wenige Tage vor ihrem Tode, als ihnen die Armenverwaltung die Unterstützung außer dem Arbeitshause abschlug, lieber in ihre Not zurück als in diese Hölle gingen. Insofern haben die Armengesetzkommissäre ihren Zweck vollkommen erreicht. Aber zu gleicher Zeit haben die Arbeitshäuser auch die Erbitterung der arbeitenden Klasse gegen die besitzende, die zum größten Teil für das neue Armengesetz schwärmt, höher gesteigert als irgendeine Maßregel der machthabenden Partei. Von Newcastle bis Dover ist unter den Arbeitern nur eine Stimme der Empörung über das neue Gesetz. Die Bourgeoisie hat in ihm ihre Meinung über ihre Pflichten gegen das Proletariat so deutlich ausgesprochen, daß sie auch von den Dümmsten verstanden wurde. So geradezu, so unverhohlen war es noch nie behauptet worden, daß die Besitzlosen nur da sind, um sich von den Besitzenden ausbeuten zu lassen und um zu verhungern, wenn die Besitzenden von ihnen keinen Gebrauch machen können. Darum aber hat dies neue Armengesetz auch so wesentlich zur Beschleunigung der Arbeiterbewegung und namentlich zur Verbreitung des Chartismus beigetragen, und da es auf dem Lande am meisten in Ausführung gekommen ist, so erleichtert es die Entwicklung der proletarischen Bewegung, die den Landdistrikten bevorsteht.

Fügen wir noch hinzu, daß auch in Irland seit 1838 ein gleiches Armengesetz besteht, das für 80 000 Paupers dieselben Asyle vorbereitet. Auch hier hat es sich verhaßt gemacht und würde sich noch verhaßter gemacht haben, wenn es irgendwie zu der Wichtigkeit hätte kommen können, die es in England erreichte. Aber was bedeutet die schlechte Behandlung von 80 000 Proletariern in einem Lande, wo es ihrer dritthalb Millionen gibt! – In Schottland existieren, mit lokalen Ausnahmen, gar keine Armengesetze.

Ich hoffe, nach dieser Schilderung des neuen Armengesetzes und seiner Wirkungen wird man kein Wort zu hart finden, was ich von der englischen Bourgeoisie gesagt habe. In dieser öffentlichen Maßregel, wo sie in corpore als Macht auftritt, spricht sie es aus, was sie eigentlich will, was sie mit all den kleineren, dem Scheine nach nur auf einzelne Tadel werfenden Handlungen gegen das Proletariat meint. Und daß diese Maßregel nicht nur von einer Sektion der Bourgeoisie ausging, sondern den Beifall der ganzen Klasse genießt, das beweisen unter andern die Parlamentsdebatten von 1844. Die liberale Partei hatte das neue Armengesetz erlassen, die konservative, ihren Minister Peel an der Spitze, verteidigt sie und ändert nur einige Lumpereien daran in der Poor-Law- Amendment-Bill (Armengesetz- Novelle) von 1844. Eine liberale Majorität gab, eine konservative bestätigte das Gesetz, und die edlen Lords gaben ihr "Content" ("Einverständnis") beide Male. So ist die Ausstoßung des Proletariats aus Staat und Gesellschaft ausgesprochen; so ist es offen erklärt, daß die Proletarier keine Menschen sind und nicht als Menschen behandelt zu werden verdienen. Überlassen wir es ruhig den Proletariern des britischen Reichs, sich ihre Menschenrechte wiederzuerobern.
verzweifelt und daß eine Revolution schwerlich ausbleiben könne. Carlyle erklärt 1838 den Chartismus und das revolutionäre Treiben der Arbeiter aus dem Elend, in dem sie leben, und wundert sich nur, daß diese so ruhig acht lange Jahre am Tisch des Barmekiden gesessen haben, wo sie von der liberalen Bourgeoisie mit

leeren Versprechungen gespeist wurden – und 1844 erklärt er, daß die Organisation der Arbeit sogleich in Angriff genommen werden müsse,

"wenn Europa, wenigstens England, noch lange bewohnbar bleiben solle".

Und die "Times", das "erste Journal Europas", sagt im Juni 1844 geradezu:

"Krieg den Palästen, Friede den Hütten, das ist ein Schlachtruf des Schreckens, der noch einmal durch unser Land ertönen mag. Mögen die Reichen sich in acht nehmen!" ,

Nehmen wir indes noch einmal die Chancen der englischen Bourgeoisie vor. Im schlimmsten Fall gelingt es der ausländischen, besonders der amerikanischen Industrie, die englische Konkurrenz auch nach der, in wenig Jahren nötigen, Abschaffung der Korngesetze aushalten zu können. Die deutsche Industrie macht jetzt große Anstrengungen, die amerikanische hat sich mit Riesenschritten entwickelt. Amerika mit seinen unerschöpflichen Hülfsmitteln, mit den unermeßlichsten Kohlen- und Eisenlagern, mit einem beispiellosen Reichtum an Wasserkraft und schiffbaren Flüssen, besonders aber mit seiner energischen, tätigen Bevölkerung, gegen welche die Engländer noch phlegmatische Schlafmützen sind, Amerika hat in weniger als zehn Jahren eine Industrie geschaffen, welche in gröberen Baumwollenwaren (dem Hauptartikel der englischen Industrie) schon jetzt mit England konkurriert, die Engländer aus dem nord- und südamerikanischen Markt verdrängt hat und in China neben der englischen verkauft wird. In andern Industriezweigen geht es ebenso. Ist ein Land dazu begabt, das industrielle Monopol an sich zu reißen, so ist es Amerika. Wird also auf diese Weise die englische Industrie geschlagen – wie dies in den nächsten zwanzig Jahren, wenn die jetzigen sozialen Zustände bleiben, wohl nicht anders geschehen kann, so wird die Majorität des Proletariats auf immer "überflüssig" und hat keine andre Wahl als zu verhungern oder – zu revolutionieren. Denkt die englische Bourgeoisie an diese Chance? Im Gegenteil, ihr liebster Ökonom, MacCulloch, doziert ihr aus seiner Studierstube heraus: Es ist gar nicht daran zu denken, daß so ein junges Land wie Amerika, das noch gar nicht ordentlich bevölkert ist, mit Erfolg Industrie treiben oder gar gegen ein altes industrielles Land wie England konkurrieren könne. Es wäre wahnsinnig von den Amerikanern, wenn sie das versuchen wollten, denn sie können nur Geld dabei verlieren, laßt sie hübsch beim Ackerbau bleiben, und wenn sie erst das ganze Land bebaut haben, dann wird die Zeit auch wohl kommen, wo sie mit Vorteil Industrie treiben können. – Und das sagt der weise Ökonom, und die ganze Bourgeoisie betet's ihm nach, während die Amerikaner einen Markt nach dem andern wegnehmen, während ein verwegner amerikanischer Spekulant vor kurzem eine Partie amerikanischer Waren nach England schickte, wo sie zur Wiederexportation verkauft wurden!

Aber selbst für den Fall, daß England das industrielle Monopol behielte, daß seine Fabriken fortwährend an Zahl wüchsen, was würde die Folge sein? Die Handelskrisen würden bleiben, und mit der Ausdehnung der Industrie und der Vermehrung des Proletariats immer gewaltsamer, immer schauderhafter werden. Das Proletariat würde durch den fortschreitenden Ruin der kleinen Mittelklasse, durch die mit Riesenschritten sich entwickelnde Zentralisation des Kapitals in den Händen weniger, in geometrischer Proportion zunehmen und bald die ganze Nation, mit Ausnahme weniger Millionäre, ausmachen. In dieser Entwicklung tritt aber eine Stufe ein, wo das Proletariat sieht, wie leicht es ihm wäre, die bestehende soziale Macht zu stürzen, und dann folgt eine Revolution.

Doch weder der eine noch der andre Fall wird eintreten. Die Handelskrisen, der mächtigste Hebel aller selbständigen Entwicklung des Proletariats, werden, in Verbindung mit der auswärtigen Konkurrenz und dem steigenden Ruin der Mittelklasse, die Sache kürzer abmachen. Ich glaube nicht, daß das Volk sich noch mehr als eine Krisis wird gefallen lassen. Wahrscheinlich bringt schon die nächste, 1846 oder 1847 eintretende Krisis die Abschaffung der Korngesetze und die Charte. Was die Charte für revolutionäre Bewegungen veranlassen wird, steht zu erwarten. Aber bis zur dann folgenden Krisis, die nach der Analogie der bisherigen 1852 oder 1853 eintreten müßte, durch die Abschaffung der Korngesetze jedoch verzögert wie durch andre Umstände, auswärtige Konkurrenz etc., beschleunigt werden kann, bis zu dieser Krisis wird es das englische Volk wahrlich überdrüssig sein, zum Vorteil der Kapitalisten sich ausbeuten zu lassen und, wenn die Kapitalisten seiner nicht mehr bedürfen, zu verhungern. Wenn sich bis dahin die englische Bourgeoisie nicht besinnt – und das tut sie allem Anschein nach gewiß nicht -, so wird eine Revolution folgen, mit der sich keine vorhergehende messen kann. Die zur Verzweiflung getriebenen Proletarier werden die Brandfackel ergreifen, von der Stephens ihnen gepredigt hat, die Volksrache wird mit einer Wut geübt werden, von der uns das Jahr 1793 noch keine Vorstellung gibt. Der Krieg der Armen gegen die Reichen wird der blutigste sein, der je geführt worden ist, Selbst der Übertritt eines Teils der Bourgeoisie zur Proletariatspartei, selbst eine allgemeine Besserung der Bourgeoisie würde nichts helfen. Die allgemeine Sinnesänderung der Bourgeoisie würde ohnehin nur bis zu einem schlaffen Juste-milieu gehen können; die entschiedner den Arbeitern sich Anschließenden würden eine neue Gironde bilden und als solche im Lauf der gewaltsamen Entwicklung untergehen. Die Vorurteile einer ganzen Klasse streifen sich nicht ab wie ein alter Rock – am wenigsten bei der stabilen, befangenen, eigennützigen englischen Bourgeoisie. Das sind alles Schlüsse, die mit der größten Bestimmtheit gefolgert werden können, Schlüsse, deren Voraussetzungen unbestreitbare Tatsachen, einerseits der geschichtlichen Entwicklung, andrerseits der menschlichen Natur sind. Das Prophezeien ist nirgends so leicht als gerade in England, weil hier alles so klar und scharf in der Gesellschaft entwickelt ist. Die Revolution mußkommen, es ist jetzt schon zu spät, um eine friedliche Losung der Sache herbeizuführen: aber milder kann sie allerdings werden als die oben prophezeite. Das wird aber weniger von der Entwicklung der Bourgeoisie, als von der des Proletariats abhängen. In demselben Verhältnis nämlich, in welchem das Proletariat sozialistische und kommunistische Elemente in sich aufnimmt, genau in demselben Verhältnis wird die Revolution an Blutvergießen, Rache und Wut abnehmen. Der Kommunismus steht seinem Prinzipe nach über dem Zwiespalt zwischen Bourgeoisie und Proletariat, er erkennt ihn nur in seiner historischen Bedeutung für die Gegenwart, nicht aber als für die Zukunft berechtigt an; er will gerade diesen Zwiespalt aufheben. Er erkennt daher, solange der Zwiespalt besteht, die Erbitterung des Proletariats gegen seine Unterdrücker allerdings als eine Notwendigkeit, als den bedeutendsten Hebel der anfangendenArbeiterbewegung an, aber er geht über diese Erbitterung hinaus, weil er eben eine Sache der Menschheit, nicht bloß der Arbeiter ist. Ohnehin fällt es keinem Kommunisten ein, an einzelnen Rache üben zu wollen oder überhaupt zu glauben, daß der einzelne Bourgeois in den bestehenden Verhältnissen anders handeln könne, als er handelt. Der englische Sozialismus (d.h. Kommunismus) beruht geradezu auf diesem Prinzip der Unzurechnungsfähigkeit des einzelnen. Je mehr also die englischen Arbeiter sozialistische Ideen in sich aufnehmen, desto mehr wird ihre jetzige Erbitterung, die es doch, wenn sie so gewaltsam bleibt, wie sie jetzt ist, zu nichts bringen würde, überflüssig, desto mehr werden ihre Schritte gegen die Bourgeoisie an Wildheit und Roheit verlieren. Wäre es überhaupt möglich, das ganze Proletariat kommunistisch zu machen, ehe der Kampf ausbricht, so würde er sehr friedlich ablaufen; das ist aber nicht mehr möglich, es ist schon zu spät dazu. Ich glaube indes, daß bis zum Ausbruch des ganz offnen, direkten Krieges der Armen gegen die Reichen, der jetzt in England unvermeidlich geworden ist, sich wenigstens so viel Klarheit über die soziale Frage im Proletariat verbreiten wird, daß mit Hülfe der Ereignisse die kommunistische Partei imstande sein wird, das brutale Element der Revolution auf die Dauer zu überwinden und einem neunten Thermidor vorzubeugen. Ohnehin wird die Erfahrung der Franzosen nicht umsonst gemacht worden sein, und dazu sind ja schon jetzt die meisten Chartistenführer Kommunisten. Und da der Kommunismus über dem Gegensatze zwischen Proletariat und Bourgeoisie steht, so wird es auch dem besseren Teile der Bourgeoisie – der aber entsetzlich gering ist und nur auf Rekrutierung unter den Heranwachsenden rechnen kann – leichter werden, sich ihm anzuschließen, als dem ausschließlich proletarischen Chartismus.

Wenn diese Schlüsse hier nicht hinreichend begründet sein sollten, so wird sich wohl anderswo Gelegenheit finden, sie als notwendige Resultate der historischen Entwicklung Englands nachzuweisen. Aber ich bleibe dabei: Der Krieg der Armen gegen die Reichen, der jetzt schon im einzelnen und indirekt geführt wird, wird auch im allgemeinen, im ganzen und direkt in England geführt werden. Es ist zu spät zur friedlichen Losung. Die Klassen sondern sich schroffer und schroffer, der Geist des Widerstandes durchdringt die Arbeiter mehr und mehr, die Erbitterung steigt, die einzelnen Guerillascharmützel konzentrieren sich zu bedeutenderen Gefechten und Demonstrationen, und ein kleiner Anstoß wird bald hinreichen, um die Lawine in Bewegung zu setzen. Dann wird allerdings der Schlachtruf durch das Land schallen: "Krieg den Palästen, Friede den Hütten!" – dann wird es aber zu spät sein, als daß sich die Reichen noch in acht nehmen könnten.

Anmerkungen F. E.:

(1) Carlyle gibt in seinem "Past and Present" (Vergangenheit und Gegenwart) (London 1843) eine ausgezeichnet schöne Schilderung der englischen Bourgeoisie und ihrer ekelhaften Geldsucht, die ich in den "Deutsch-Französischen Jahrbüchern" teilweise übersetzt habe und auf die ich verweise.

(2) "Extracts from Information received by the Poor-Law-Commissioners" (Auszüge aus dem von den Armengesetzkommissären erhaltenen Bericht). Published by Authority. Londen 1833.

(3) Um allen Mißdeutungen und daraus entstehenden Einwürfen vorzubeugen, will ich noch bemerken, daß ich von der Bourgeoisie als einer Klasse gesprochen habe und alle von einzelnen angeführten Dinge, mir nur als Belege für die Denk- und Handlungsweise der Klasse gelten. Daher habe ich mich auch nicht auf die Unterscheidung der verschiedenen Sektionen und Parteien der Bourgeoisie einlassen können, die nur historisch und theoretisch von Bedeutung sind, und daher kann ich auch die wenigen Mitglieder der Bourgeoisie, die sich als ehrenwerte Ausnahmen gezeigt haben, nur beiläufig erwähnen. Es sind dies einerseits die entschiedneren Radikalen die fast Chartisten sind, wie die Unterhausmitglieder und Fabrikanten Hindley aus Ashton und Fielden aus Todmorden

(Lancashire), andrerseits die humanen Tories, die sich neuerdings als "junges England" konstituiert haben und zu denen besonders die Parlamentsmitglieder Disraeli, Borthwick. Ferrand, Lord John Manners etc. gehören. Auch Lord Ashley steht ihnen nahe. Die Absicht des jungen Englands ist eine Wiederherstellung des alten "merry England" ("fröhlichen Englands") mit seinen glänzenden Seiten und seinem romantischen Feudalismus; dieser Zweck ist natürlich unausführbar und sogar lächerlich, eine Satire auf alle historische Entwicklung, aber die gute Absicht, der Mut, sich gegen das Bestehende und die bestehenden Vorurteile aufzulehnen und die Niederträchtigkeit des Bestehenden anzuerkennen, ist schon etwa wert. Ganz einsam steht der Deutsch-Engländer Thomas Carlyle, der, ursprünglich Tory, weiter geht als die Erwähnten. Er geht der sozialen Unordnung von allen englischen Bourgeois am tiefsten auf den Grund und fordert Organisation der Arbeit. Ich hoffe, daß Carlyle, der den rechten Weg gefunden hat, auch imstande sein wird, ihn zu verfolgen. Meine und vieler Deutschen beste Wünsche begleiten ihn! – (1892) Aber die Februarrevolution machte ihn zum vollendeten Reaktionär; der gerechte Zorn über die Philister schlug um in versauerte Philister-Verdrießlichkeit über die historische Woge, die ihn auf den Strand warf.